作者简介:

藤本猛,1977年生于日本大阪,2009年获得日本京都大学文学博士学位,现任日本京都女子大学教授,研究领域为宋史。主要论文包括《武臣的清要:南宋孝宗朝的政治状况与阁门舍人》《宋代的殿中省》《北宋末的宣和殿:皇帝徽宗与学士蔡攸》等。

译者简介:

沈揿,浙江杭州人,浙江大学历史系本科毕业,京都大学东洋史学硕士毕业。研究方向为宋代社会史、宋代民间信仰,曾在《东洋史研究》发表相关论文。

风流天子与君主独裁制

[日] 藤本猛 著

沈摭 译

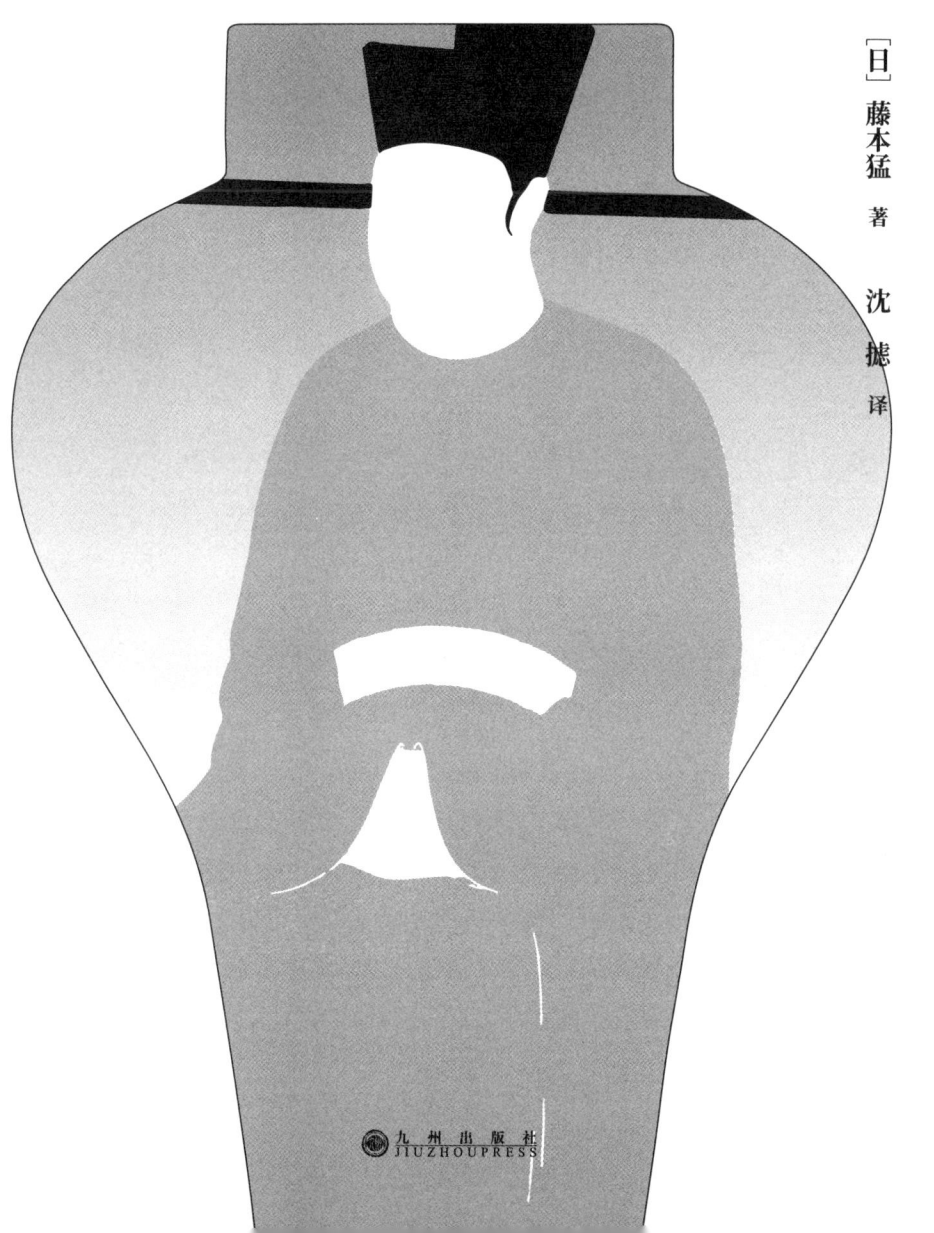

目　录

序　章　1
　　前　言　1
　　第一节　宋代"君主独裁制"论　3
　　第二节　"君主独裁制"下的"专制君主"神宗　10
　　第三节　皇帝直笔的命令文书——御笔手诏的登场　17
　　结　语　23

第一章　崇宁五年政变　25
　　蔡京第一次当国与对辽交涉
　　前　言　27
　　第一节　徽宗朝初年的政局　29
　　第二节　崇宁四年、五年对契丹政策的展开　47
　　结　语　63

第二章　妖人张怀素狱　65
　　前　言　67

第一节 "张怀素狱"概要　69

第二节 主谋者张怀素　71

第三节 告发人范寥　73

第四节 开封的告发　79

第五节 张怀素狱的走向　82

结　语　90

第三章　政和封禅计划的中止　95

前　言　97

第一节 大观、政和年间的封禅计划　99

第二节 议礼局与礼制局　104

第三节 大观、政和年间的政治状况　109

第四节 徽宗与蔡京围绕封禅问题的关系　116

结　语　124

第四章　徽宗朝的殿中省　127

前　言　129

第一节 宋徽宗《蔡行敕》考　133

第二节 宋代的殿中省　160

结　语　179

第五章　北宋末的宣和殿　183

皇帝徽宗与学士蔡攸

前　言　185

第一节　宣和殿与保和殿　189

　　第二节　蔡京一族与宣和殿　212

　　结　语　232

第六章　宋代的转对、轮对制度　243

　　前　言　245

　　第一节　转对的概要　247

　　第二节　轮对的沿革　255

　　第三节　轮对的概要　265

　　结　语　280

第七章　"武臣清要"　285

　　南宋孝宗朝政治状况与阁门舍人

　　前　言　287

　　第一节　孝宗的重用武臣与反士大夫情感　288

　　第二节　孝宗朝宰执权限与御笔政治的开展　298

　　第三节　关于阁门舍人　303

　　结　语　314

终　章　321

论文初刊目录　339

注　释　341

后　记　438

序　章

前　言

　　2012年正月，位于东京上野公园的东京国立博物馆平成馆前，等待入场的人们蜂拥而至，连日不绝。更有甚者，在平成馆内，为了欣赏某幅绘画作品，需要排队等待四五个小时。这幅极精致的风景画是《清明上河图》，被称为中国美术史上首屈一指的"神品"。这件在中国国内也极少展出的一级文物，是为纪念中日邦交正常化四十周年而举办的特展"北京故宫博物院200选"中最重量级的展品，也是其史上首次在国外展出。这幅画描绘的是九百余年前，北宋都城开封汴河两岸清明时节的繁华景象，正是当时都市盛景的写照。而当时在位的皇帝是宋徽宗（1082—1135，1100—1125年在位）。

　　徽宗是北宋的第八位皇帝，名赵佶。在致力于保护、培养文化遗产的同时，他本人也擅长诗、书、画的创作。绘画方面，他师承吴元瑜，在精致的写生花鸟画领域展现了非凡的才能；书法方面，他开创了风格独特的瘦金体，名垂书法史。另外，他在音乐方面同样拥有很深的造诣。这位多才多艺的文人皇帝，是催生了文化繁荣的宣和时代的"风流天子"。

与文化方面取得的极高评价截然相对，徽宗的个人形象却遭到颇为恶劣的评判。因其本人如花花公子般奢靡，将国政尽数交托给一小撮人，人们认为他是最终导致北宋王朝覆灭的亡国之君。被他委任以政务的蔡京等人，则尽是中饱私囊的奸臣，长期随心所欲地压榨人民——徽宗朝被认为就是这样的时代。事实是，他的治世因北方女真族建立的金王朝的侵略而终结，徽宗虽曾一度自敌军中逃脱，却最终与其子钦宗一同被掳至北方，拘禁于寒风呼啸之地，直至悲惨离世。此外，好汉豪杰活跃的《水浒传》也以这一时代为舞台，在虚构的世界中，徽宗完全扮演了无能者、花花公子的角色，这一形象对后世产生了极大的影响。[1]

然而，这样的徽宗形象是后世追溯的，他提前承担了即将到来的王朝灭亡结局的责任。单纯认为他对政治不关心、无责任感、无能力，这或多或少是刻板印象。之所以如此，是因为当时的一手、二手史料大量欠缺，[2] 残存的笔记史料则由南宋以降士大夫的历史观主导，其中充斥着将北宋亡国的结局尽数归咎于徽宗、蔡京等人的偏见。

对于历史人物的评价，应当将其正确地置于当时历史的脉络中。为了理解徽宗这一人物的政治姿态，必须考察他所继承的北宋帝国的政治状况、他所继承的皇帝之位在当时的地位及其实际上采取的行动。当时的皇帝是否真的会将政事尽数交托他人，安逸地享受生活？现在我们正是要重新客观考虑这些问题。

近年来，关于徽宗朝，认为有必要重新审视过去的共识、以其本来的姿态加以重新理解的趋势正在逐渐高涨。在日本，出版了许多与《清明上河图》密切相关的论文集。³在美国，以伊沛霞（Patricia Buckley Ebrey）为代表，关于徽宗时代的论文集也即将出版。⁴这些研究皆以政治、文化、经济、军事等各方面为切入口，从正面角度考察徽宗朝。本书也将附骥尾而行，考察北宋末年徽宗朝的政治状况，进而在宋代政治史的框架之内，再次探讨徽宗皇帝究竟占据了怎样的位置。

首先，本章将先明确徽宗生活时代的政治体制。北宋时代在政治上被看作"君主独裁制"的时代，是君主地位相比前代更加崇高、稳定的时代。首先要确认"君主独裁制"这一观念在宋代政治史研究中得到了怎样的体现，然后思考其中存在哪些问题，应当用怎样的方式走进徽宗朝。

第一节　宋代"君主独裁制"论⁵

宋代"君主独裁制"的概念出自所谓的"唐宋变革论"。

"唐宋变革论"指的是"近世"与"中世"的区别，以及唐宋之间具有划时代的区别。这一观点已基本成为中国史研究者的共识。"唐宋变革论"指出了唐代与宋代政治、经济、社会、文化上存在的巨大变化，最早提出这一观点的是内藤湖南。早在大正三年（1914）的《支那论》中，他便将宋代以降定为近世，其在政治上的特征就是"君主独裁制"的确立。⁶也就是说，自皇帝与贵族阶级共享政治的唐代，变成了天子一人拥有绝对权力的宋代：

这一贵族政治衰微于唐末至五代的过渡期，取而代之的是君主独裁政治。贵族衰微的结果是，君主的位置与百姓愈发靠近，凭借家世获得高级官职的特权不复存在，任命完全依据天子的权力。这一制度自宋代以降逐渐发达，明清时代已演变成完全形式的独裁政治。国家范围内所有的权力之根本为天子一人所有，无论怎样的高官都不再掌握全部权力，君主也绝不再将职务的所有权力委任给官吏。因此，官吏也不再负有其职务的完全责任，君主一人肩负了责任。[7]

与实行贵族政治的唐代相对，宋代皇帝一人掌握着至高无上的权力，对臣僚分而治之。

继承并发展内藤这一学说的是宫崎市定[8]：

我们所认为的中国近世的君主独裁，指的是君主最终下达裁决的政治形式：所有政务由官僚反复研究方案，再由大臣反复审查，最后提请天子获得许可。所以，天子本人积极提议的情况反倒十分罕见。[9]

这一"君主独裁"特征最终被归诸政治制度，即被称为"君主独裁"的国家体制——将权力分散于官僚士大夫，他们各自讨论后提出议案，最终由皇帝进行裁决。换句话说，"君主独裁制"的本质在于组织与机构，皇帝个人的资质并不构成问题。

在此意义上，竺沙雅章认为北宋太祖、太宗两代对宰执以下官员权力和军权的分割，即标志着以皇帝为基础的独裁体制的确立，¹⁰ 可视作对宫崎市定关于"君主独裁制"归于政治制度这一说法的继承。

需要特别注意的是"独裁"一词。首先必须认识到，现今我们印象中的"独裁"一词与"君主独裁制"中的"独裁"并不相同。试想"独裁"一词如今的含义，最常见的日语辞典《广辞苑》第六版的解释是："独断决定事物。也指特定的个人、团体、阶级掌握并支配所有权力。"总之，当我们听到"独裁"一词时，脑海中容易浮现的是掌握权力者以高压姿态进行政治运作的样子。

然而正如前文所述，中国近世的"君主独裁制"是指君主是最终裁决者的同时，所有政务由官僚反复研究提案，"天子本人积极提议的情况反倒十分罕见"。这一点与君主任意行使权力的印象大相径庭。

在现代政治学中，"独裁"被定义为："近代国家发生战争、内乱等非常事态或社会混乱时期登场的政治形态，基于宪法、法律，通过选举或委任的方式，将国政的控制权赋予特定人物。"¹¹ 说到底，作为以大众参与为前提的近代国家体制中的一种形态，基于"君主制"的"独裁制"这一概念本身就不存在。少数人凭借世袭或军事实力操控国政的情况，在政治学中被称为"专制"，特别是对君主的权力毫无限制的政体，被称为"绝对君主制"（专制君主制）。因此，前近代中国的政体在政治学中被称为"绝对君主制"（专制君主制）。

那么，可以认为东洋史中的"君主独裁制"与现代政治学中的"绝对君主制"（专制君主制）是同一回事吗？中嶋敏在其著作中将宋代称为"专制体制"的同时，又在该书的标题中写道"中国君主独裁制的确立",[12]二者的使用似乎未经特别区分。然而,作为"君主独裁制"提倡者的宫崎市定,却明确地区分了"独裁"与"专制":

> 古代的专制君主,比如秦始皇之类,以自己的意志为主,询问大臣其意志的实现方法,若满意大臣的提议,便付诸实行。当然,他们也有可能直截了当地将自己的意志传达给大臣和亲信,让他们实行。[13]

他更加明确地论及:

> 秦始皇是伟大的专制君主。我避免称其为"独裁",是为了与宋代以后的独裁君主制相区别。依我的看法,宋代以后,法律上的独裁君主作为一种制度出现了。当然,开国君主因其个人才能施行了独具个性的独裁,但其做法成为一种制度,为子孙后代所承袭。此种情况下,独裁君主在制度上只是给出最终裁决的机关,所有政策由各个下属机关规划,最后由宰相审查。宰相如果认为天子有两种以上的方案,他便会将之整合,再与原方案一起提请君主最终裁决。然而在古代以及中世,这样的政治模式尚未成为制度。君主依据个人能力实行专制,伴随他的死亡将会诞生全新的局面。后继者若是愚昧无能,大臣会从旁协助,但这完全依赖人与人之间的信任。[14]

简而言之,个人"专制",制度"独裁"。相对于古代、中世基于自己的意志施行政策的"专制君主",近世的"独裁君主"本人积极提议的情况反倒十分罕见，这一点恰恰涉及君主的国家机关化，二者可以说是完全不同的。

梅原郁继承并另行阐释了这一观点：

> 宋代以后（皇帝政治）的特色是，所有的行政事务都被机构化地构建，责任皆归于皇帝一人。皇帝无法恣意行使政治权力。因此，与其称之为"独裁君主制"，不如称之为"君主独裁制"。[15]

> 我们将宋代以后的这种支配形态称为"君主独裁制"。这一制度与独裁君主制完全不同，旨在确保国政的所有裁决权与责任集中于君主一人。[16]

> 诚然，皇帝与一般百姓相比拥有巨大的特权，有时也会任性妄为。但是皇帝按照自己的意愿随意行动的情况，可以说几乎完全没有。[17]

这里的"独裁君主"，换言之即宫崎市定所说的"专制君主"，有别于作为制度的"君主独裁制"。

由宫崎市定确立的"君主独裁制"论，实际上意味着作为个人的君主并未积极自主地总揽政治，皇帝作为君主只是被动地持有最终裁决权的制度、结构而已。君主个人的自主性基本被否定，个人恣意妄为的要素减少，结果便是政治体制的稳定化。可以说，这与尚有可能篡夺皇位的前代贵族政治有很大的不同。换言之，所谓

"君主独裁制"是指君主地位是一种稳定的结构,与作为人的君主个人毫无关系。

宫崎市定所定义的"君主独裁制"获得了广泛的认同。此后的宋代政治史研究将重点置于两方面:支持这种"独裁制"的诸项制度[18],和解释士大夫这一新兴官僚阶层的实态——他们是支持这一制度的政策实际负责人。[19]

寺地遵指出了以"君主独裁制"论为基础的诸多研究中存在的问题。他认为,包括"君主独裁制"在内的唐宋变革论受到了过分关注,因而此前的宋史研究陷入了唐宋类型的比较之中。他提倡并实践了"政治过程论",即从唐宋比较中跳脱出来,在把握当时具体政治问题的基础上,探究当时的政权是如何应对这些问题的。[20]

平田茂树继承寺地遵之说,认为应当解析宋代政治状况下的个别现象,再由此分析政治决策制度、官僚机构、政治文化、政治空间等诸要素之间的关联。[21]他以现有的制度研究成果为基础,着眼于制度运用和实态把握,阐释它们如何在实际的政治中发挥作用。

寺地遵和平田茂树为了探索宋代政治史,舍弃了与其他时代的比较,只专注于解析两宋这个时代具体的政治现象,可以说是批判地继承发展了"君主独裁制"论。由此虽然形成了宋代政治史研究的新潮流,却并未直接深入探讨"君主独裁制"的是非对错。

相较之下,王瑞来与富田孔明的一系列讨论更加直接地质疑了"君主独裁制"。[22]

王瑞来以真宗一朝作为典型,对其进行了个案研究。[23]他对认为"皇权至多不过是士大夫政治之中国家权力制度的一部分而已"的"君主独裁"论加以否定,认为从本质上来说,宋代是所谓的"宰辅专政"体制,即以宰相为首的执政集团掌握中央政治的运作决策,再以皇帝的名义施行的体制。皇帝并未在决策过程中担任决定性角色。他认为"皇帝并非政治舞台上的主角,不过是配角","实际上,皇帝不与朝廷派阀联合就轻率地罢免宰相或执政大臣,这几乎是不可能的。因此,皇帝不得不怀着合作的态度,与士大夫共治天下。皇权开始真正朝着象征化的方向发展"。[24]

然而,即便在前文所言宫崎市定的"君主独裁制"中,君主（皇帝）亦非政治的主导,作为一种制度,只规定了他们将政策立案委托给宰相等官僚,并被委以对其提案的裁决权而已。因此,"君主独裁制"下也可能出现"士大夫政治"或者"宰辅专政"的现象,正如下一节所见,即使在王朝内部,经常进行的也不只是"皇权的象征化"。从这一层意义上来说,将真宗朝作为北宋的典型,令人难以认同。

与之相对,富田孔明指出,北宋中后期"二府"（中书门下与枢密院）的合并化说明,宋初的宰执分权政策已然被放弃,宰相的权力日渐增强。但与此同时,官僚士大夫之中也出现了支持加强皇帝权力的意见。为了调整皇帝与宰执之间的平衡关系,代表士大夫舆论的台谏、太学生的言论逐渐受到重视。

富田孔明的这一观点同样以当时士大夫的言论为基础,即无论如何掌握政治主体性的是士大夫,君主的权力行使仅限于宰执的任免,所以并未跳出士大夫的观念。最终,关于皇帝权力与宰相权力的相对关系,他的结论仅止于士大夫因个人立场而选择了其中一方。

第二节 "君主独裁制"下的"专制君主"神宗

那么,对于上一节所见的围绕"君主独裁制"理论的宋代史以及近世史中的诸现象,诸位是否已有充分的理解?宫崎市定认为,君主基本上不存在自主性,因此在政治上已经稳定的"君主独裁制"此后又有进一步的发展,他甚至将视野扩展至遥远的清代雍正帝时期。然而,又该如何看待此间出现的拥有强烈个性的君主呢?比如我们很容易就能立刻想到的明太祖(洪武帝)朱元璋,他显然并不是那种只接受臣下提出的政策方案的君主。

宫崎市定关于这一点的表达引人注目。他认为明太祖和永乐帝时代的政治,"与宋代的君主独裁制性质并不相同,不如说这是古代专制政治的复活"。[25]

> 像这样天子发挥主导权运作政治的情况,要求天子必须拥有相当强韧的身体与精神。明永乐帝之后,相继出现了多位病弱天子,因而无法再继续维持专制政治。其结果必然只能转化成宋代的君主独裁体制。[26]

从这一点来说,"君主独裁制"就是君主虽掌握最终的决策权,却并无提案权或不追求提案权;反之,享有提案权即"专制君主制"。此外,"专制君主制"对君主个人的体力和精神都有一定的要求,二者不足时,"专制君主制"便有转向"君主独裁制"的可能。

果真如宫崎市定所说,这些偶尔出现的"专制君主",单纯只是古代君主形象的返祖吗?对于"君主独裁制"这一制度而言,他们只是单纯的异类吗？可以将他们作为应排除的对象而舍弃吗？这些"专制君主"对于宋代之后"君主独裁制"的发展难道毫无影响吗？

所谓"君主独裁制"的本质，并非卡里斯玛（Charisma）式的统治。即使归诸制度，这一制度也是某人在某一时间点依靠个人力量塑造的。毫无疑问，历代创业君主和"专制君主"中的许多人都拥有这样的个性。

宫崎市定将这些拥有鲜明个性、与原本的"君主独裁制"不相符的君主称为"专制君主"，并指出其非永续性。然而，洪武帝废止中书、直辖六部的制度和永乐帝的内阁制度都被继承了下来。如此说来，二人并非出现在"君主独裁制"中的古代专制君主，虽然政治手法相似，但他们至多不过是"君主独裁制"下显露强烈个性的君主罢了。有这般发挥政治自主性的君主存在，才能超越前代、创造新制度和先例，并将其留给后世，由此带来了制度的发展。[27]

关于"君主独裁制"的思考由着眼于时代划分的"唐宋变革论"发展而来，却过度偏重于组织和制度问题，因而在制度形成的时间点上，"君主独裁制"也被认为已经完成，对其的思考陷入了停滞，认为它一直毫无变化地延续着，至于其此后的变化则未得到深入关注。时而出现的具有自主性的君主，理所应当地被视为只是"君主独裁制"的绊脚石而已。他们只是短暂返祖，继而作为古代"专制君主"而被排除在外，并在无意识中被舍弃。实际上，他们至多不过是在"君主独裁制"下发挥了自主性，正是他们带来了制度上的巨大变化。研究者们应当舍弃"一成不变地继承已有制度才是正道"的固有观念，重新肯定具有特殊自主性的君主所带来的制度变化和发展。

当我们将这一问题置于北宋时代来思考时，尤其需要注意。五代末年继承后周世宗伟业的宋太祖，依靠以禁军为中心的军事力量发挥自主性，以此为基础建立了宋朝。[28] 以不正当形式继承这一切的宋太宗，因为军事上曾经历失败，所以并未成功继承以军事实力为背景的自主性。然而，他利用"藩邸旧僚"度过危机，激活科举制度，促进了士大夫官僚阶层的发展，并以此为基础构筑了文治主义体制。[29] 此后的几代北宋皇帝沿袭太宗建立的这一统治体制，并将其作为制度继承下来。后周世宗、北宋太祖和太宗其手法虽然不同，却都是以自己的力量运作政权，留下了可供后代沿袭之制的"专制君主"。将此作为"君主独裁制"继承下来的，是第三代的真宗和第四代的仁宗。这些继承者虽是同时代人中至高无上的君王，却也因此被太宗等制度创造者们的强烈个性所束缚。这便是近年以来颇受瞩目的"祖宗之法"。[30] 我们习惯把"祖宗之法"当作北宋时代一脉相承的形态，视其为理应被继承之物，这让人感到有些厌烦。

然而，当君主拥有比祖宗更强烈的个性时，他有可能夺回政治自主性，发挥足以被称为"专制君主"的领导才能，构筑超越"祖宗之法"的新体制。在北宋时代，这位君主就是第六代皇帝——神宗。熊本崇以解析政治事件和政治机构为切入点，依靠细致的史料分析，自具体事象到当时的政治制度、背景，对神宗朝进行了全面的研究。[31] 让我们在这些研究的指引下，确认神宗朝的特征。

自外藩入继大统仅四年，神宗的父亲英宗便已驾崩。神宗才刚即位，便起用地方官王安石，出台了革除五代以来积弊的改革方案，即所谓的"新法"。王安石跳脱了"祖宗之法"之下宰相的固有形象，利用将权限集中于中书门下的方式，克服了存在于全体官僚机构内、因分割统治而造成的低效问题，强有力地推行新法：

> 商议政务的只有王安石和中书检正官,其他大臣都被排除在外。

> 参知政事冯京等人尚且无法干预政事,实权只集中于王安石和曾布等少数人手中。这就是熙宁的政治实态。[32]

王安石离开以后,神宗一改其建立的宰相集权政治构造,解除中书检正官与司农寺之间的联系,形成经由御史台对司农寺的支配,在监察政权的同时强化了皇权:

> 北宋君主独裁制形成之后从未有过的亲政开始了。[33]

神宗未被此前的"祖宗之法"束缚,发挥了自己强烈的个性,毫无疑问是一位积极主动的君主。

神宗亲政之后主导了元丰官制改革。[34] 改革内容当然是为新的"亲政"体制服务。根据近几年的研究,此项改革的目的在于维持官僚体系(职事官体系)下的阶层秩序,将宰执集团分段化(依据三省制,权限分掌、分班奏事、相互牵制),提升与之相对的君主权力:

> 元丰官制改革以后,分割和抑制大臣权限的姿态更加显著。另外,神宗的统治是以皇帝自身强有力的指导为基础的,宰相以下的大臣不过是皇帝意志的忠实履行者罢了。这些在制度上也已经明确。[35]

首先，宰相以下的为政者通常都是士大夫，除了秉持"所掌职事"忠实执行者这一官僚认知以外，不太可能有其他表现……对宰相以下"所掌职事"的约束，似乎既可以看作官僚化对君主权安定的促进，也可以看作对官僚集团的促进。

　　若神宗的想法只是将官吏限定于"职事"的执行者，而并不在意其人格如何，那么职事官体系可以看作使宋初以来的独裁权更彻底化的君主权再构成的一种尝试。[36]

以上便是由熊本崇的研究所见的神宗朝政治实态。

　　神宗开始"亲政"，他不受弊害丛生的旧制度束缚，反而为了克服这些问题进行了制度的改革。这与此前"君主独裁制"下被动的君主形象不相符，因而强烈动摇了一直以来的政治安定性。神宗在世时始终坚持以其政治力为基础的"亲政"体制，但在他死后，宣仁太后产生动摇，最终导致了党争的发生。

　　可以这么说，笔者认为神宗的出现使宋代的"君主独裁制"步入了全新的阶段。北宋末年新旧党争的暗流中，存在太宗（或者说仁宗、宣仁太后）以来的"君主独裁制"（承认士大夫的政治自主性，君主保持被动态度）与神宗以后的新"君主独裁制"（承认君主的政治自主性，有可能"亲政"）这两个选项之间的争论。前者可以用"祖宗之法"来描述，后者则可以用"绍述"（继承神宗的新法改革）来描述。然而，从作为党争主角的士大夫官僚们的角度来看，后者必然需要抛弃自己为政者的地位，因此即使是新法党的官僚也不可能唯唯诺诺地遵从。从中可见北宋末年党争的复杂性。

小林义广正是看到了神宗朝前后,士大夫皇帝观和国家观的某种变化。[37] 根据他的研究,仁宗朝的欧阳修认为国家应有的面貌是:

> 士大夫恰如其"分"地充分认识到自己的责任,在越往上责任越大的阶梯式官僚体制基础之上,拥戴至公——伦理的君主,这才是国家应有的面貌。君主必须通过官僚的意见来体察臣民的动向,并在此基础上决定政策,所以这一国家面貌拥有可以被称为"皇帝机关说"的特征。[38]

这在当时可以说也是庆历新政领导者们的共识。与之相对,下一世代的司马光所持的国家观则有所不同:

> 他心中的君主论或者说国家论,是在濮议时主张的、远超皇统与君主一切所有的君主绝对性。提倡君主或国家的绝对性的思考方法,不正称得上是一种"国家主义"的国家观(或者"国家主义说")吗?[39]

司马光的思想与主导新法改革的王安石等人也有共通之处,即希望将皇权的绝对性推到前台:

> 可以说,继承庆历以来重视舆论传统的同时,神宗以后逐渐显现的、通往皇权的绝对化之路也在被开辟。[40]

也就是说,当时官僚士大夫的国家观是将自己的舆论放在首位,并且认为至公的君主理所当然应对他们的意见表示赞同。所以反而可以认为，他们正从否定君主自主性向皇权绝对化、承认君主自主性的方向变化。

小林义广并没有提及带来这种思想变化的具体原因，只是说："可以认为这是他们熬过来的时代环境所造成的结果。"[41] 想来无论如何，经历真宗朝、仁宗朝实行以士大夫"舆论"为中心的"士大夫政治"之后，诸种矛盾逐渐表面化，所以这或许是意识到现行政治体制的局限性，尤其是缺乏决策及时性所造成的结果。

踏着这一时代变化登场的是宋代最大的政治变动，即神宗朝的变法——新法政治改革。到目前为止，当我们提起新法改革，一般只将目光集中于王安石一人。然而，继续在元丰年间强有力地推进王安石熙宁新法政策的却是神宗本人。[42] 神宗正是北宋时代少有的拥有强烈个性且积极主动的君主，正是他引领"君主独裁制"步入全新的阶段。此后的继承者们被迫面对两种选择：或是"绍述"其制度，或是否定其制度而回归"祖宗之法"。表面上，这是以经济政策为中心的新旧法之间的问题，但暗中却存在着围绕与"君主独裁制"之根本息息相关的皇帝政治姿态的争论。[43]

然而，元丰官制改革启动后仅约三年，神宗便驾崩了。渴望"亲政"的皇帝已经不在，代替幼主哲宗执政的宣仁太后高氏旨在回归"祖宗之法"，在否定新法政策的同时，着力于改变"亲政"体制的基础，即皇帝对士大夫官僚集团的支配体制。根据熊本崇的论述，[44] 元丰官制因导入三省制，使得宰执被各自的"职守"束缚，即使是曾作为首相的左仆射兼门下侍郎也无法干预中书省的进拟权（取得皇帝圣旨的权利），结果导致作为次相的右仆射兼中书侍郎

"越位"成为实际上的首相。这种巧妙的互相牵制，使位居二者之上的皇帝地位稳如泰山。对此，哲宗元祐年间导入三省共同进呈制度，原本中书省独擅的进拟权向三省开放，首相摆脱了"职守"的束缚，影响力覆盖三省全体。再加上根据当初的阶层秩序，宰相本就是从宰执集团中脱颖而出的手握实权者，所以当暂时丧失的事件专决权和专达权再次归宰相所有时，宰相（尤其是首相）的独断遂成为可能。原本为抑制相权而设的元丰官制，反而被改造为使元祐时的吕大防、元符时的章惇等人得以长期独占相权的制度基础。

如此一来，神宗为皇帝"亲政"体制留下的制度遂逐渐被士大夫改变。下一代皇帝无法直接继承神宗的遗产，若他也有志于"亲政"，则必须亲自重构"亲政"体制。为此，恐怕需要拥有能够对持消极态度的士大夫官僚们颐指气使的政治魄力。遗憾的是，神宗朝之后的哲宗朝，不仅原本就因为元祐、绍圣的新旧党争导致朝政严重动摇，而且更如先前所见，恰好还是士大夫们为了挣脱神宗的桎梏而改变制度的时期。最终，年仅二十五岁便驾崩的哲宗根本不可能发挥与宰相们相当的自主性，创造"亲政"体制。这一课题便留给了此后的徽宗朝。

第三节　皇帝直笔的命令文书——御笔手诏的登场

北宋第八代皇帝徽宗，是神宗的第十一子。他于兄长哲宗去世后，出乎意料地继承了皇位。是"绍述"父亲开创的、使皇帝"亲政"成为可能的新"君主独裁制"，还是贯彻被动态度，回归追求政治安定性的"祖宗之法"？这是摆在徽宗面前一道迫在眉睫的选择题。最终，他选择了"绍述"之路。作为其"亲政"体制表征的是被称为"御笔手诏"的命令文书，而这正发端于神宗朝的"内降手诏"。

北宋前期，诏敕必须经由中书门下下发，元丰官制改革以后则必须经中书、门下二省才能下发。自不必说，这正是唐代文书制度的延续。[45]也就是说，朝廷命令文书的作成是以士大夫的参与为前提的，他们不曾介入的制敕将不被承认。这可以说正与宋代以官僚士大夫为政治主体的"君主独裁制"体制相吻合。

与之相对，御笔手诏是以皇帝亲笔为原则，无须经由中书、门下二省便可直接下发执行机关的文书。北宋末徽宗朝的权相蔡京正是掌握了御笔手诏，利用它排除异议，使朝廷政策符合自己的意愿。因此，御笔手诏可以说是一种臭名昭著的命令文书制度：

> 初国朝之制，凡诏令皆中书门下议，而后命学士为之。至熙宁间有内降手诏，是不由中书门下共议。盖大臣有阴从中而为之者，议者已非之矣，至京则又作御笔手诏焉。京益专政，患言者议己，故作御笔密进拟，而丐徽宗亲书以降出也。违御笔，则以违制坐之，以坏封驳之制。事无巨细，皆托而行焉。至有不类上札者，而群下皆莫敢言。（王称，《东都事略》卷一〇一《蔡京传》）

关于御笔手诏，德永洋介曾做过详细研究。[46]根据他的研究，御笔的渊源是神宗朝的内降手诏，是根据皇帝特旨制定和变更法规的一种命令形式。尽管与此类似的"内降"政治形式自真宗朝末的刘太后执政时期已经确立,但仅限于诸如赏赐一部分宠臣之类的君主个人命令。与朝廷政策相关联的"内降"始见于神宗朝,而御笔手诏则被认为是它的后续产物。

神宗熙宁年间(1068—1077)的"内降",是在臣僚提出的文书上加内批,领受机关经中书、枢密院的覆奏,才能将其当作正式颁布的圣旨。这基本上是以各个机关的上奏为出发点的,所以皇帝很难发挥其政治自主性。但实际上,中书、枢密院在覆奏时想要针对内降的内容发表异论也是很困难的。

进入王安石时代之后的神宗"亲政"时期,虽然原则上依然维持覆奏,但在特定领域,这一步骤已经可以省略。三省、枢密院的干涉面变得越来越狭窄。

就神宗朝而言,一言以蔽之,王安石时代与神宗"亲政"时期的状况是不同的。前一时期,虽然内降的法律权威也在缓慢增强,但就算是以神宗强有力的支持为后盾推进新法政治的王安石,此后也不得不改变组织形式,在中书设立检正官,且只能与他们商讨、敕裁政策原案。[47]这正是因为无法保证自禁中而下的皇帝独断总是能够符合执政的意愿。

因此,当神宗开始"亲政"时,对于内降的制约消失,无须经过咨询,以天子之名便可发动强权。相对地,大臣的地位变得脆弱,任何官僚都无法对内降的结果指手画脚。

徽宗朝的"御笔"与此有着相同的形式,内降之中特别重要的案件被赋予"御亲笔"的名目,崇宁至大观年间(1102—1110)的御笔因为适用于违制律,甚至被赋予法律效力。此后,由于在地方上出现御笔奉行率低下的问题，惩罚变得愈加严厉。自政和三年（1113）起，以违御笔法为依据，违者将以大不敬之罪论处。最终，法规是否妥当的问题尚无暇商讨，即时执行已变成义务，三省和枢密院的审议机能就此被麻痹。

此外，神宗朝时还在禁中设置尚书内省，其职能包括处理宫中事务、整理文书、保管发给诏书不可或缺的御宝等。其构成人员"内夫人"在辅助天子文书行政之时，势必需要书写批答，因而能够染指内降的作成。这在相当程度上制约了宦官对于皇帝裁断的置喙。

徽宗朝制定违御笔法时，宦官势力虽有所抬头，但因政和三年设置六司之类的机构改革，最终在文书作成过程中担任重要角色的是尚书内省的女官。所以，御笔制度的开展与尚书内省的扩充二者目的是一致的，都是为了代替三省和枢密院的职能。御笔政治下的决策方式与无秩序的专制政治本就无关。

以上就是对德永洋介论点的归纳。这称得上是非常细致的宋代制度史研究，笔者基本赞同他的观点。余下需要探讨的是，怎样自"君主独裁制"这一宋代政治史进程中捕捉这一议论。

首先必须确认的是，御笔制度并非权相蔡京的原创。基本上，御笔是以内降为发端、自君主而发的制度，并非某位宰相为实现自己的意志而创造的。在最初颁布御笔的崇宁四年（1105）以前，"手诏"实际上已屡有颁布，如崇宁元年（1102）设置讲义司时便有颁布。[48] 翌年，应臣僚上奏，有司对收到"制书、手诏、告词"之时的应对方法进行了明示。[49] 由此可见，"手诏"的颁布已呈现半常态化。

德永洋介认为，御笔最初"是为缓和臭名昭著的党锢而下达的诏敕"，"提到御笔，总之很容易使人联想到蔡京的高压言论统制"，

"需要注意的反而是御笔最初使用之时,正是政府内部蔡京反对派消失之时"。[50] 即对于蔡京而言,在体制安定时期登场的御笔,与其说是对其支配的强化,不如说是对体制清洗的缓和。它绝不会给蔡京体制的维持带来积极作用。

那么,蔡京与御笔之间究竟有着怎样的关系?德永洋介在思考这一问题的基础上,提出了更值得注意的观点:

> 事已至此,很难认为曾从曾布等人手中成功夺权的他(蔡京),对于内降政治的危险性没有任何算计。御笔手诏的登场意味着天子直笔,这不仅打消了关于大臣出谋划策的疑虑,甚至使得与内降关系密切的内夫人都无法介入,自不必说,其中必然包含着想要确实掌握皇帝意图的目的。[51]

由这一记述可见,因为内降中加入了皇帝宸笔(亲笔)的要素,所以蔡京成功防止了尚书内省女官的介入,其良苦用心可见一斑。

与此相关的是,崇宁元年(1102)五月,蔡京自翰林学士承旨晋升为尚书右丞后,即刻有诏:

> 夏五月,诏:"应被受传内降特旨,并许三省契勘,若有戾祖宗格法,可明具奏,更不施行。"(《续宋编年资治通鉴》卷十五,崇宁元年)

对于接受内降手诏的机关而言,内降手诏的内容在正式实行之前,必须听取三省的意见,这一程序正在逐渐严密化。建中靖国元年

(1101），已有"比日内降浸多"的情况出现，所以应该也有对此加以限制的目的。[52] 在蔡京政权实质上开始的时间点颁布这份诏书，其意义非同一般。

御笔的颁布最终趋于常态化，即使在同时代人的认知中，最具权威的"王言"也莫过于手诏和御笔，即所谓"惟王言之大，莫如手诏及御笔"。[53]

根据以上内容，不如说御笔是神宗"亲政"体制被继承后必然出现的事物。蔡京为使出自皇帝的御笔不与自己的意愿相背离，不得不很好地对其加以制约。

正如先前所述，在基本否定君主政治自主性的"君主独裁制"之下，朝廷的命令文书最终是由以宰执为中心的政权颁布的。以内降为发端的御笔手诏制度，是来自君主的命令文书制度，是君主发挥其政治自主性的重要手段之一。御笔手诏在南宋时作为正式的命令文书得到承认，因而可以被视作神宗以降新的宋代"君主独裁制"的表征。

寺地遵在考察南宋宁宗朝韩侂胄专权时，关于其专制体制成立的时期也曾论述道：

> 绍熙五年秋、冬，韩侂胄利用频繁颁布御笔、御批、内批——皇帝超越官僚机构表达意思的方式，成功地渡过了自己的危机。也就是说，不知不觉中，韩侂胄已可以恣意颁布御笔、内批，在统治过程中代替主权者皇帝，按照自己的意愿随意行事。这正是所谓的 pseudo-emperor 的诞生。[54]

"pseudo-emperor"可以表述为疑似皇帝、临时皇帝，为了理解南宋时以专权宰相为中心的政治过程，不能忽视自北宋后期开始存在的御笔制度。

结　语

徽宗正是存在于以上所述政治文脉之中的一位帝王。他摒弃了北宋前期"祖宗之法"的"君主独裁制"，将"绍述"父亲神宗创造的新"君主独裁制"作为国策，还将具有自主性的君主用以表达自身意见的手段"御笔"和"手诏"握在手中。

当初，神宗的"内降手诏"并未被频繁颁布，依然被视作非常规的、制度外的手段。虽然此后它作为正式的"王言"获得认知，并在南宋时广泛使用，但在这一过程中，应当存在一个对"内降手诏"加以一定程度的限制，并使之逐渐定型的过渡时期，而徽宗朝正处于这一时期。此时，皇帝徽宗与宰相蔡京之间既有推进经济、社会政策方面新法的合作关系，也有围绕新"君主独裁制"问题的对抗关系。

徽宗朝作为继承王安石新法的时代，此前相关研究只集中于某些特定的政策内容。[55] 近年来终于出现了正面论述当时政治状况的专著。[56] 即使在宋代相关的概说著作中，也不再如从前一般，只将该时代与北宋的灭亡直接联系并捕捉其否定的一面，而是认为尚有重新审视该时代全貌的余地。[57]

本书将同样摒弃此前关于徽宗朝先入为主的观念与偏见，以徽宗所处的政治背景为依据，探索他的政治姿态。被称为"风流天子"的他，究竟是如何开展"君主独裁制"的？历经北宋灭亡之后，这一制度又是如何在南宋延续的？抑或并非如此？笔者希望在相关问题意识的基础上继续推进考察。

第一章至第三章与徽宗即位伊始至中期的政治状况有关，将选取徽宗与权相蔡京相关的政治事件，考察其背景。第四章、第五章将聚焦于徽宗朝中后期设置的极具特色的官署，对此前未被关注的制度加以整理，考察其政治意义。第六章将围绕自北宋延续至南宋的谒见制度展开，从更广泛的观点出发整理其沿革，解析其中途变化的原因，并指出应当关注当时的皇权状态。第七章作为附篇，将以南宋第二代孝宗朝为例，关注并考察这一时期皇帝如何利用继承而来的御笔制度发挥自身的政治自主性。

第一章 崇宁五年政变

蔡京第一次当国与对辽交涉

前　言

宋徽宗即位后的第七年，崇宁五年（1106）正月戊戌（五日）黄昏时分，开封西方的天空中出现了一颗彗星。这颗长达七十二万里的巨大彗星，[1]自二十八星宿的奎宿贯穿胃宿、昴宿、毕宿，至戊午（二十五日）消失无踪。[2]

天上出现彗星的约二十日间，地上的北宋朝廷发生了一起重大政变。皇帝未在元夕之夜登楼，并于乙巳（十二日）之日避正殿、减常膳、下诏中外臣僚直言朝廷阙失。[3]当夜，他甚至突然派遣宦官，将竖立在朝堂中的元祐党籍碑推倒破坏，事态逐渐紧迫。众所周知，元祐党籍碑是驱逐元祐旧法党人的宣言，[4]是当时的权相蔡京的政策象征。连夜破坏党籍碑，再加上下诏求言，这相当于解除了此前实质上存在的言论管制，其中可以说包含了颠覆蔡京四年多来执政策略的意图。待到天明上朝，蔡京才注意到这一异变。对他而言，这无异于晴天霹雳。他满怀怨恨地说道："石可毁，名不可灭。"[5]大势已定，就算是蔡京本人也无法再进行干预。

劝谏徽宗破坏党籍碑的刘逵，原本依附蔡京才得以晋升，一直被视作其党羽，但此时他却忽然转而反对蔡京。政变前的甲辰之日（十一日），刘逵晋升执政之一的中书侍郎一职。无论是刘逵于政变前日就任执政，抑或是半夜破坏党籍碑，都是在蔡京无从知晓的情况下完成的,可见这足以称得上一场政变。虽然蔡京翌月才被正式罢相,但可以说他的第一次当国时期实际上在这一天已经结束了。[6]

那么,这场政变究竟是怎样引起的?此前人们通常认为,政变的起因是徽宗畏惧彗星出现的天象异变,所以一时冲动罢免了蔡京。[7]然而徽宗的心理因素绝非事件的全部,只要探寻这场政变的政治脉络就可以明确,引起政变的真正原因是徽宗、蔡京二人围绕当时外交政策的对立。

到目前为止学界一般的认识是,徽宗只一味追求艺术造诣,奢侈浪费,对政治毫不关心的同时又缺乏政治统治力,在关键的政策层面上完全依赖蔡京,只是偶尔畏惧天象所以暂时令蔡京下台,最终很快又会将政局全权委托于他。从这样的一般认识来看,徽宗与蔡京在政策层面上并不存在对立。

让我们摆脱这种一般认识,对史料中记载的崇宁五年政变进行考察。当然不能说其中完全没有徽宗的心理因素在起作用,但假如认为这场政变是毫无政治背景的,那显然也是不充分的,必须同样对客观原因加以关注。

本章想要明确的正是崇宁五年政变的政治背景。为此,必须在第一节中首先确认自徽宗即位至蔡京体制确立前后的状况。这一时期的两位关键人物向太后与徽宗,他们的政治姿态也并非如此前的一般认识所言,这对于此后蔡京体制的风格也有很大的影响。第二节将尽可能地出示与崇宁年间宋辽交涉相关的史料,进而展现此前一直被忽略的徽宗与蔡京之间的政治对立问题。

第一节　徽宗朝初年的政局

一、向太后与蔡京——元符三年

　　元符三年（1100）正月，卧病在床的哲宗并未接受新年朝贺。十日，他终于能够接受宰执的探视，但仅仅两天后便于福宁殿驾崩。[8] 究竟由谁来继承皇位？神宗皇后向氏与宰相章惇之间产生意见对立，最终向太后推举的端王被选中，成为徽宗皇帝。反对徽宗即位的章惇此后便下台了。

　　如此开始的徽宗朝，尽管徽宗本人已成年，但向太后依然如他所愿，开始实行垂帘听政。二月，在新法党掌权时受到冷遇的韩忠彦回归中枢，出任门下侍郎，紧接着又在四月升为宰相，朝野称之为"小元祐"。[9]

　　一般认为，向太后垂帘听政期间，朝廷如她所期望的那样行进在新旧两法的中间道路上，绍圣的新法激进派全部失势，旧法党的韩忠彦虽被立为表率，但实际上执政的却是新法稳健派的曾布。[10] 韩忠彦与曾布之间的势力关系确是如此，但关于向太后的政治姿态，即她本人非常谨慎且无权力欲，是个温和的中间道路主义者这一点，存在令人无法认同之处。

　　起用韩忠彦的确是向太后的意思，[11] 但对曾布的起用是否同样如此，则值得怀疑。曾布在章惇下台之后成为宰相，与其说是由于他有定策之功，[12] 不如说是因他从一开始就已获得徽宗的信任。正如后文所述，这是因为唯有徽宗从一开始就以中间道路为志向，为实现这一目的，他对作为新法稳健派的曾布满怀期待。与之相对，向太后又持有怎样的立场呢？与曾布同为新法党却始终处于对立关系的蔡京的动向值得注意。绍圣、元符年间,与蔡京同为新法激进派的章惇、蔡卞接连下台,唯有他一人留在朝廷中枢的时间最长。从其背景中可以窥见向太后的身影。元符三年三月的一件事正是典型例子。

据《长编纪事本末》记载,曾布与韩忠彦合谋,利用北方战线上的河东路重镇太原府知府一职空缺的机会,试图将翰林学士承旨兼修国史蔡京从朝廷调到地方。这对蔡京而言是实质上的降职。曾布与韩忠彦在徽宗面前演了一场好戏,主张适任者除蔡京外别无他人,于是蔡京出任知太原府一事便定了下来。[13] 然而,十余日后,暂定的人事调动被驳回,蔡京得以留在开封:

> 是日,曾布再对,上谕以:"皇太后疑蔡京不当出,欲且留修史。恐陆佃等以修史得辜,不可用。"(《长编纪事本末》卷一二〇《逐惇卞党人》,元符三年四月戊戌条)

曾布急忙力陈蔡京、蔡卞兄弟之奸恶,主张不可将蔡京留下。但徽宗以向太后的意思不过是希望蔡京继续编纂史书为由,将他打发。最终,蔡京并未被外放,而是回到原本的翰林学士承旨一职。[14]

这一事件对于当时的政治状况而言具有象征意义,宰执们在皇帝面前定下的政策因太后而被驳回。可见当时最高意志决定权不在皇帝,而在太后。也就是说,先不论元祐党人的复归与绍圣党人的流放,向太后强势庇护蔡京这一点是很明显的。

徽宗最初即位时已成年,而向太后仍实行垂帘听政,这一点本就更值得注意。对于徽宗而言,击退宰相的反对、拥护自己即位的向太后是自己坚实的后盾。所以徽宗或许出于感激之情,主张与她共同统治。但另一方面,向太后曾近距离观察自哲宗朝初年开始就以强力手腕实行听政的宣仁太后,所以她本人实际上或许也期盼能够实现同样的共治体制。

无论如何,最终的结果是垂帘听政仅短暂地持续了半年多,我们很容易因此认为向太后对政治的介入总体而言十分有限,然而关于一般认识中的人物形象,还是有必要再做思考。实际上正如前文所述,向太后不仅掌握着隐藏的权力,甚至还拥有凌驾于皇帝之上的影响力。[15]范纯仁曾对曾布预测道:"撤帘之后,(徽宗)或许会变更方针。"[16]这恰好是当时官场氛围的体现。

同年七月,向太后的垂帘听政虽已结束,[17]但从现存史料仍可以窥见,她与蔡京的关系在此之后依然十分密切:

> 今宗良等内外交通迹状甚明,蔡京交结之迹天下之所共知也。京作向绛墓志曰:"吾平生与士大夫游,无如承旨蔡公与我厚者。"京为从官而与外戚相厚,书于碑刻,以自矜夸,如此之类,非止一事而已。又京与弟卞久在朝廷,同恶相济。卞则出矣,京则牢不可拔,自谓执政可以决取。人皆谓京因慈云寺,得裴彦臣交结之助,外议讻讻,众所知也。(《国朝诸臣奏议》卷三五,陈瓘《上徽宗论蔡京交结外戚》)

这篇上奏文出自众所周知的硬骨头言官陈瓘。他在文中严厉弹劾蔡京与向太后的兄弟向宗良、向宗回等互相勾结,增强外戚向氏的政治影响力,使之有利于自己。此外,蔡京与"慈云寺事件"相关人员裴彦臣也存在相互勾结的情况。

裴彦臣是谁？同一时期，丰稷在上奏文中指出：

> 臣窃观自古母后临朝，危社稷、乱天下，载在史册，可考而知。手书还政，未有如圣母，退抑谦逊之盛德，可为万世法。谏官陈瓘，何从而知尚与政事。臣尝具奏，非宫省亲近之臣，即外戚招权者，妄传于外臣。今外则唯闻向宗回、宗良藉势妄作，欺惑于人，内则唯闻张琳、裴彦臣等凶谄焰炽，翰林学士承旨蔡京交通其间。宫禁预政之言，中外喧传，人谁不知。谏官陈瓘不胜哀愤，独先抗章，冀开寤二圣之心。臣愚欲乞戒饬外家，窜逐琳等，黜京于外。（《国朝诸臣奏议》卷三五，丰稷《上钦圣皇后乞戒饬外家》）

丰稷为陈瓘辩护，认为他指摘向太后干预政务，不过是惑于宦官与外戚的妄言，真正可恶的是那些宦官和外戚。文中的宦官是指张琳、裴彦臣，外戚则指向宗回、向宗良，蔡京在他们之间往来沟通。[18]

那么，他们之间的关系是何时形成的？正如先前所述，蔡京与宦官裴彦臣之间的交往是以曾经的"慈云寺事件"为契机展开的。根据陈瓘的另一份上奏文可知，绍圣之初，向太后为替"爱主"祈祷冥福，投入自己的私财，命人营造慈云寺。"爱主"可能指的正是她的丈夫神宗。裴彦臣全权负责慈云寺营造事宜，但关于土地的获取问题引发了诉讼。围绕如何处理这个问题，户部、御史台之中既有支持裴彦臣的人，也有反对他的人，意见无法达成一致。最终，寺院用地问题无法定论，营造亦无法展开。[19]然而，据《宋史·范正平传》记载，慈云寺实际上是一座在向氏家族坟墓旁建造的寺院：

> 绍圣中，为开封尉，有向氏于其坟造慈云寺。户部尚书蔡京以向氏后戚，规欲自结，奏拓四邻田庐。民有诉者，正平按视，以为所拓皆民业，不可夺。民又挝鼓上诉，京坐罚金二十斤，用是蓄恨正平。(《宋史》卷三一四《范纯仁传（附正平传）》)

如同这般在家族坟墓旁附带建造的寺院，一般被称为"坟寺"，是用来追怀家族祖先、承担坟墓清扫工作的。[20] 慈云寺或许正是向氏的坟寺。另有记载云：

> 中官裴彦臣建慈云院，户部尚书蔡京深结之，强毁人居室。诉于朝，诏御史劾治。安民言："事有情重而法轻者，中官豪横，与侍从官相交结，同为欺罔，此之奸状，恐非法之所能尽。愿重为降责，以肃百官。"狱具，惇主之甚力，止罚金。(《宋史》卷三四六《常安民传》)

上文再次确认宦官裴彦臣牵涉其中。向太后与向宗良、向宗回等人的父亲向经，葬于开封府开封县丰墙村祖坟，[21] 裴彦臣很可能经太后授意，全权负责坟寺的营建事宜，时任户部尚书的蔡京对此予以协助，强制拆除民居，确保提供建寺所需的广阔土地。然而，因住民的投诉与开封县尉范正平的告发，御史台展开审问。时任监察御史的常安民希望对此予以严惩，但与他有宿怨的宰相章惇最终决定处以罚金了事。以上便是慈云寺事件的始末。史料没有记载慈云寺最后究竟建成何等规模，但蔡京却的的确确借此卖了裴彦臣以及向氏一族一个大人情。

裴彦臣曾于元祐年间奉宣仁太后之名护送受到处分的蔡确。[22]此后，他又成为徽宗的"随龙之臣"[23]，具体情况虽不甚明了，但由此可知，他曾侍奉过宣仁太后、向太后和徽宗。

与裴彦臣一同被提及的宦官张琳，可以确认在元丰末年尚有活动。[24]神宗驾崩之后，张琳曾经历"减年磨勘"，[25]因而他无疑曾侍奉过神宗。之后的元符三年正月徽宗即位之日，他的名字又出现在供承翊卫内臣之中，故应是徽宗的随龙内臣。[26]

如上所述，自绍圣年间起，蔡京通过外戚向氏一族与随龙宦官，逐渐与向太后之间建立了强有力的联系。以此为背景，元符三年上半年，蔡京得以留在朝廷中枢。在章惇、蔡卞等新法激进派逐一被弹劾时，徽宗却道"京与卞不同"（《长编纪事本末》卷一二〇《逐惇卞党人》，元符三年五月甲午条），无论如何，徽宗包庇蔡京完全是屈于太后的威势。正如陈瓘等人的指摘中所述，这在七月太后的垂帘听政结束之后基本上仍在延续。

在此期间，蔡京采取了包括进言建设景灵西宫等在内的政治行动，[27]但更令人瞩目的是，他成功推荐秘书少监邓洵武为国史院编修官。[28]也就是说，蔡京将邓洵武引入监修国史人员之列，成为他个人集团的一分子。这步棋在此后看来异常重要。之所以这么说，是因为翌年即建中靖国元年（1101）十一月，正是邓洵武向徽宗呈献了作为蔡京复归诱因的《爱莫助之图》。[29]邓洵武的人事变动虽然已被给事中驳回，最终却强行下发中书舍人实行，向太后在背后的支持不言而喻。

九月，关于史书编纂一事，相继有诏："甲子，诏修哲宗实录……丁丑，诏修神宗正史。"(《宋史》卷十九《徽宗一》)众所周知，神宗朝的史书编纂本身就是一个重大的政治问题，为当权者态度所左右，即便到了南宋时期依然有重新编写之类的情况发生。[30]《神宗实录》已然经蔡卞之手改写，[31] 所以当蔡京成为编修官，自然需要使用新录来作成《神宗正史》。向太后对此予以许可，这一点不同于我们至今为止对她个人形象的理解。对于一直反对利用《王安石日录》的陈瓘来说，批判蔡京参与史书编纂一事是理所当然的。[32] 与此同时，他还对史局只有兼任官却不置正官，蔡京因此得以擅专史局一事加以谴责。[33] 由此可知，当时蔡京正以实录编纂所为据点，逐渐形成自己的党派。

陈瓘在谴责蔡京与外戚向氏的同时，对向太后本人仍干预国政一事也进行了严厉的批判，因而惹怒了她，遭到降职。相比执政等降为近地郡守(知州、军)的一般情况，徽宗指示将陈瓘降格为更下级的监当官，[34] 向太后怒火之盛可见一斑。据部分史料记载，甚至有徽宗近臣提出，为平息向太后的怒火，应晋升蔡京为宰执：[35]

> 京偃然在职。谓朝廷无识其奸，日夜交纳内侍、戚里，以觊大用。中外见陛下容忍留京，咸谓果有大用京之意。(《长编纪事本末》卷一二〇《逐惇卞党人》，元符三年九月庚辰条)[36]

无论此议适当与否，当时确有流言指出，蔡京与禁中势力勾结，终于得到重用。

然而事态由此开始急转直下。得知陈瓘被贬谪的言官们，接二连三地上奏表示对他的拥护。上文列举的丰稷、陈师锡亦是如此。其中，翰林学士曾肇的上奏尤其针对向太后，请求她宽恕陈瓘。[37] 后援的结果是陈瓘只被降职为知无为军。[38] 不仅如此，徽宗还突然责难蔡京与外戚、宦官勾结，并以此为理由将他从翰林学士承旨一职改任为端明殿学士知永兴军。尽管蔡京被任命为国防要地陕西的地方官，但这实际上等同于降职。这一手法与曾以太原府为借口的韩忠彦和曾布的计划是一样的。[39]

情势的剧烈变化，无疑是因为此前作为蔡京强力支持者的向太后的政治影响力正在逐步减弱。向太后身上究竟发生了什么？

首先是健康问题。太后驾崩于翌年即建中靖国元年正月，而元符三年十月距离她驾崩仅有三个月而已。不难想象，陈瓘事件造成的亢奋状态对于她老迈的身体多少会造成一些负担。

其次正如前文所见，从陈瓘、丰稷等言路官抨击蔡京与太后勾结一事的奏文中可以窥见，虽然向太后七月结束垂帘听政并还政徽宗，但她依然对政策有所干预。无论向太后的表面功夫如何，实际上她很可能正利用蔡京、向氏一族与宦官，继续掌握着权力。言路官们对直接批判向太后有所忌惮，所以他们表面上将蔡京树立为攻击目标，其实真正的攻击对象是向太后本人。正因如此，太后被激怒并将陈瓘外放。然而此后拥护陈瓘的议论接二连三出现，太后的权威受到损害，结果导致她的影响力日渐降低。陈次升确实感受到了这一点，所以在此后的上奏中安慰向太后说："上钦圣皇后乞不以陈瓘之言为念。"[40]

如上所述，元符三年是太后垂帘听政支持派和皇帝亲政支持派之间围绕政治主导权的对立时期。其中，蔡京通过宦官与外戚的关系加入向太后一派，与徽宗近侧的韩忠彦、曾布等人暗中展开斗争。此前关于向太后的垂帘听政，一般认为她实行的是当初韩忠彦和曾布就任宰相时确立的新旧法"中道"政治路线，但事实却并非如此。先不论韩忠彦，曾布就任宰相是在向太后还政以后的徽宗亲政时期，这一点便是明证。此前的先行研究之所以一直产生误会，是因为这一时期的相关史料留存较少。《长编纪事本末》虽保存了《续资治通鉴长编》的许多记述，但关于曾布的记述则是以他本人留下的记录（《曾公遗录》）为基础的。其结果就是，读起来仿佛韩忠彦和曾布的起用是从一开始就计划好的一般。

　　蔡京下台前，作为翰林学士承旨最后的工作是起草新宰相的人事诏书。当时，蔡京得到韩忠彦就任左仆射的麻词，询问徽宗是专任一相还是分命两相，听到"一相"的回答之后，他从学士院出来，说道："子宣（曾布的字）不复相矣。"蔡京的安心感说明，这一时期正是政局可能倒向任意一边的紧要关头。但这最终只是空欢喜一场。徽宗暗中找来曾肇，命他书写任命其兄长曾布为右仆射的制书。[41]徽宗的真实意图是建立韩忠彦、曾布联手的体制。此时的徽宗并未向蔡京道出本心，反而利用了他。可以说徽宗在此时采取的政治行动非常狡猾。

二、徽宗的亲政与曾布的失败——建中靖国元年

　　正如上节所见，元符三年（1100）十月蔡京的降职，象征着向太后影响力的衰退以及徽宗开始亲政的政治体制变化。作为这一变化的起始，一份值得注意的诏书被颁布：

> 朕于为政取人，无彼时此时之间。斟酌可否，举措损益，唯时之宜。旌别忠邪，用舍进退，唯义所在。使政事不失其当，人材各得其所，则能事毕矣。无偏无党，正直是与，体常用中，祗率大下，以与天下休息，以成朕继志述事之美，不亦韪欤。（《宋大诏令集》卷一九五《诫谕中外诏》，元符三年十月己未）

其后的言官们频繁使用"皇极"一词，无疑是诏书中的重要部分，即《尚书·洪范》所言"无偏无党"的实践。就诏书内容而言，不偏不倚地采用元祐、绍圣的旧法党和新法党这一点，表明了一种稳健的"中道"路线。可以说，这既是徽宗重申的施政方针，又是与向太后时代诀别的政治宣言。

紧接着颁布的是翌年改元"建中靖国"的诏书。[42]自不必说，这也是一份想要令确立中道路线的国家安定下来的宣言。

从这一系列流程来看，可以明确的是，以"中道"路线为目标的是徽宗本人，并且这是向太后时代以后之事。虽然再三赘言，但此前的通行观点应当被纠正。

被这样的徽宗选为宰相的是曾布。徽宗亲自召见曾肇，命他书写任命宰相的诏书，这一点在前文中已有论述。作为宰相，曾布之上还有左仆射韩忠彦。韩忠彦虽为旧法党人的复权尽心尽力，但不得不说，除了复归中央之初上奏的四事，其政治活动的影响力十分微弱。如上文所述，徽宗的内心对于任命外戚韩忠彦为宰执原本就很排斥。从这一层意义上来说，韩忠彦想要发挥政治影响力是很困难的。最终，自元符三年至建中靖国元年，实际上是曾布在主导政局。

然而，这一体制仅维持了一年就已崩坏，此后迎来的是蔡京的第一次当国时期。本节将详细审视这一崩坏过程。

曾布体制崩坏的其中一个原因是，曾布之外另一位推进徽宗中道路线的重要人物李清臣，自半年前开始崭露头角。曾、李二人激烈的政争不断扩大，甚至将言官卷入其中。李清臣于元丰年间出任尚书右丞，元祐年间下台，但他曾于绍圣年间严厉批判元祐政策，是主导绍述的人物，可以说是典型的新法党人。[43] 当章惇打算将文彦博、吕公著等人流放岭外时，他却对此表示了反对。由此，他又可算是稳健派。元符三年，李清臣知真定府，同年四月甲辰由礼部尚书晋升门下侍郎，"皆上亲擢"。[44] 从这个意义上来说，他与曾布属于同一类型。因此对曾布而言，李清臣是个强有力的政敌。

首先，台谏陈祐加入李清臣一派，频频弹劾曾布。[45] 当时，在韩忠彦的提议下，作为言官的台谏们再度活跃，并拥有了一定的政治影响力，正如上一节中陈瓘等人的活动所见。然而他们的人事权依然握在宰相手中，所以活动受到一定的限制。[46] 曾布最大限度地利用这一权力，将弹劾自己的言官即刻降职。陈祐于六月甲辰自右司谏外放为通判滁州；丰稷因反对曾布就任右丞而被晋升为工部尚书，任命自己的门人王觌为御史中丞。[47] 但王觌因称新年号"建中靖国"不当、上言不必墨守神宗之法，被"当国者"撤去中丞一职。[48] 之后，赵挺之就任御史中丞，致力于排斥元祐党人。[49] 言路官们的活动乍看之下似乎十分活跃，但除了陈瓘等一部分"硬骨头"，其余许多人最终都成了宰相们的"走狗"。

此外，曾布还以谏议大夫的职位为诱饵，试图拉拢右司谏江公望，命他攻击李清臣。江公望当时并未上钩，计划因此失败。但最终彭汝霖响应，攻击李清臣，并升为谏议大夫。[50]对此，陈次升恳请宰执停止干预台谏人事调动。[51]

两方尽可能多地拉拢台谏到自己阵营中，并对政敌展开攻击，对立最终演化为一场相互中伤的战斗。在这个意义上，握有台谏人事权的曾布占有压倒性优势。焦急的李清臣阵营利用建中靖国元年（1101）正月甲戌向太后崩逝、宰相曾布离开开封出任山陵使的大好时机，反复上奏欲驱逐曾布。但终因推举李清臣继任宰相的意图过于露骨，反而招致徽宗的反感。[52]

十月，徽宗命曾布推荐诏对（召对，带诏谒见）人选时，曾布以自己的门人刘焘、王防、周焘、白时中四人闻奏。李清臣对此秘密上书反对，谴责四人是"四察八侦"。此举惹怒了徽宗，得到"清臣所为，妇人女子之事"的评价。看到李清臣劄子的徽宗，在将劄子退回之时，未按惯例派遣作为上级宦官的御药院奉御，而只命一老卒拿去给他。[53]失宠于徽宗的李清臣完全输了。

曾布在与同样是稳健派新法党人的政敌李清臣的争斗中取得了胜利，李最终以近乎自取灭亡的方式下台。然而，其中的焦点集中于言官如何巩固自身势力、使攻击政敌成为可能这一点，他们过于露骨的表现对胜利者曾布也无法不产生恶劣影响。

因对这一状况感到厌烦，徽宗的政治姿态发生了变化。当初采取"中道"路线，"继志述事之美"，支持以"绍述"为目标的稳健派的徽宗，逐渐倾向于过激的新法路线，即包括驱逐元祐党人在内、彻底回归绍圣的政治路线。

曾布曾有言曰不任用元祐、绍圣的新旧两党过激派，徽宗对此嘉许道："卿自来议论平允。"[54]但当陈瓘下台时，徽宗甚至有应将

"元祐小人"全部流放之语。曾布慌忙搬出徽宗即位当初的诏书予以反驳，认为应当开展和缓统治。徽宗却反过来诘问曾布："卿何所畏？卿多随顺元祐人。"曾布答道："然上体陛下仁厚之德，每事不敢过当，故欲从容中节耳。"最终，徽宗笑着调停说："岂有此，但人言如此，故及之。"[55] 对话虽已结束，但此时的徽宗显然已经改变心意，对曾布也抱有不满情绪。

瞄准这一时机登场的正是《爱莫助之图》。邓洵武呈上这幅图时还上演了一出好戏。根据是否能够绍述新法，当时的官场人物被一分为二，在人数极少的"可能"一栏中，蔡京的名字又被他故意用附签隐藏起来。徽宗见到这幅图，决心再次起用蔡京。[56] 然而这至多不过是一个契机罢了。其背景是徽宗不再满足于曾布的政策，期望更加彻底地绍述新法，邓洵武并未放过这个天赐良机。曾诞上奏请求章惇、蔡京、蔡卞等绍圣人物复权，也是因为感受到了这种氛围。但曾诞的举动激怒了韩忠彦，导致其被除名后流放湖南。[57] 韩忠彦在复权元祐党人以及流放绍圣党人一事上始终十分活跃。

最终，十二月戊戌，蔡京自提举洞霄宫回归龙图阁直学士知定州，翌年即崇宁元年（1102）二月辛丑，改任端明殿学士知大名府，紧接着于三月甲戌成为翰林学士承旨兼修国史，恢复了此前的官职。[58] 在四月乙未未曾入对的情况下，[59] 他自五月便启动了对元祐人的排斥与追夺。[60] 对包括逝世已久的司马光、吕公著等在内的元祐党人的大规模排斥，正是顺从了徽宗此前的意愿。这一过程中，蔡京晋升尚书右丞，韩忠彦于同月、曾布于闰六月相继被罢免。蔡京的第一次当国时期实际上已经开始。

上文详细审视了曾布体制逐步瓦解的过程。最主要的原因是曾布未能将徽宗的心留在新法稳健路线上。此外，他利用言官与政敌李清臣之间反复开展中伤战一事，也是令他失去徽宗支持的重要原因。

关于韩忠彦与曾布的浮沉，此前一直被单纯地理解为是由于支持他们的稳健派的向太后与激进派的徽宗之间的政治姿态不同。然而正如上文所见，向太后并未任命曾布为宰相，对他的人事任命是进入徽宗亲政时期后才实现的。亲自拔擢同为稳健派的李清臣等事也说明，徽宗当初毫无疑问是稳健派。徽宗起用李清臣的意图，是让同为稳健派的他与曾布协力合作。或许还有另一个不太明显的意图，即令自己能在二人竞争之时掌握主动权。当初，李清臣利用前代以来沉寂许久后再次活跃的言路官，露骨地中伤曾布，而曾布紧接着也使用同样的方法与之反复开展中伤战。对此，一贯支持曾布的徽宗也不免感到失望。最终，徽宗不再指望曾布，重新选择了激进派的蔡京。建中靖国元年正是政治主导权从稳健派转移至激进派手中的一道分水岭。

三、蔡京第一次当国——崇宁年间

崇宁元年（1102）七月，蔡京晋升尚书右仆射兼中书侍郎，成为唯一的宰相。此后直到崇宁五年正月为止，蔡京"第一次当国"的专权体制在不足三年半的时间内一直存续着。自不必说，其背后正是改舵"绍述"的徽宗的支持。首先推进的是驱逐反新法的元祐党人（反绍圣派）的事宜。将元符末年上书的人物记名造册，作成《编类元符章疏》；翌年即崇宁二年九月，作成《元祐奸党碑》；在此基础上继续扩大范围，于崇宁三年六月作成《元祐党籍碑》，乞请徽宗亲笔书写并令全国各地竖碑。名单中的人物及其亲族或被罢免，或不受差遣。最终，蔡京将包括章惇、曾布等人在内的政敌也列入碑文，在政治上成功压制了批判自己体制之人。这也是一种言论统制。

政策方面，蔡京模仿神宗朝王安石设置的制置三司条例司，于尚书省设置讲义司，[61] 以此为中心施行新法诸政策。即在既存政务机关以外聚集一批有能力的官僚，为实现各种目的而制定政策，再由作为提举的蔡京汇总。以此为基础，主要的新法政策在蔡京时期得到切实执行，其中较重大者包括学校三舍制度、发行当十钱和夹锡钱、设置漏泽园和居养院等。许多政策在各自相关的先行研究中已有论述，此处不再赘述其内容，而是主要关注政局变化的经过。

提到蔡京当国，无法忽视的是"御笔手诏"。正如序章所述，此前关于蔡京时代的认识是：蔡京当国时期开创了皇帝直笔的御笔制度，掌握并利用这一制度清除阻碍，使朝廷政策能够符合自己的意愿。然而，御笔制度初次颁布的时间是崇宁四年（1105）七月，[62]即蔡京第一次当国的末期，其内容则是缓和对元祐党人和元符上书人的"党锢"，这是在蔡京体制初始时期采用的言论统制手段。

然而，前文已指出，早在蔡京当国开始以前，自禁中直接下达命令的"手诏"已经颁布，所以这称不上是蔡京的原创。为了从侧面证明这一点，不妨先来确认崇宁四年蔡京当国时期的相关内容。

蔡京的第一次当国至此已经三年，迎来体制安定期。审视崇宁四年末蔡京体制下的宰执构成人员，是以复权第一功臣邓洵武为首的集团，包括赵挺之、吴居厚、张康国等人。他们几乎全是蔡京的党羽，唯有赵挺之与之对立。赵挺之于建中靖国元年（1101）正月成为御史中丞，并与时任宰相的曾布联合，尽力驱逐元祐旧党，这一点在前文中已有论述。由此可见他曾是曾布体制的中坚人物之一。崇宁元年蔡京就任尚书左丞的同时，赵挺之就任尚书右丞。[63]崇宁四年三月，赵挺之在蔡京的强力推荐下晋升右仆射。[64]仅就此所见，我们或许会以为蔡京成功拉拢曾是曾布一派的赵挺之，使他也成为自己的党羽。然而，另有史料记载显示，赵挺之之所以晋升右仆射，是因为他在担任门下侍郎时曾向徽宗进言，猛烈批判蔡京的奸恶。[65]真相或许是，徽宗对蔡京长期一人独相的状况感到忧惧，遂亲自拔擢赵挺之。但在其他执政均是蔡京党羽的情况下，赵挺之根本无法与之对抗，他三番五次自请去位，最终仅就任三个月后便辞去了相位。

于是，唯一的异己分子赵挺之离开后，崇宁五年政变前夕的宰执集团人员除了再次独相的尚书左仆射兼门下侍郎蔡京，还有中书侍郎吴居厚、知枢密院事张康国、同知枢密院事刘逵、尚书左丞何执中、尚书右丞邓洵武，这些人无一不是蔡京的党羽。由宰相掌握人事权的台谏更不必说，朝廷变成了由蔡京完全掌权。在这种情势下，蔡京还有必要特意提出御笔制度吗？

现在提到的与蔡京第一次当国相关的事实是，御笔是无须经由宰相和执政便可下发实行机关的，最终对宰执们而言，这并非有利于自己的手段。更何况不仅平时无法掌管御笔作成，还有神宗朝时已整备完成的尚书内省，这些都有可能背离他们的统制。在认识到危险性的情况下，再提出御笔主张可以说是毫无依据的。

那么，应当如何看待最初的御笔手诏颁布于这一时期的事实呢？蔡京亲身体验到御笔的威力是在他翌年下台之时。在此是否可以单纯地认为,《元祐党籍碑》曾是徽宗亲笔作成,所以下令缓和党锢的诏书也应当出自御笔,即这是为强调"天子难能可贵的心意"的措施? 这一方式被各领域的命令文书援引,必然还需要花费一些时间。

至少在第一次当国时期,蔡京积极参与开创御笔制度的可能性很低。最好的事实证明即御笔制度登场仅半年之后,蔡京便因政变发生而下台。

四、政变后的赵挺之、刘逵体制——崇宁五年

崇宁五年正月发生的政变,宣告了蔡京第一次当国时期的终结。在此前后的政治状况又是怎样的?

从彗星出现至破坏元祐党籍碑(乙巳,十二日)的事情原委正如本章前言所述。此后,尽快重新评估蔡京政策的情况连续不断地出现。丁未(十四日)大赦,徽宗一方面宣布继续绍述政策,另一方面却在同日废除了崇宁二年三月以降与元祐党籍相关的二十二项指挥。[66] 庚戌(十七日),终止自党籍叙复记名列表。[67] 癸丑(二十日),下诏废弃朝廷省部所藏党籍碑元本版木与名簿。[68] 丁巳(二十四日),废止书画学、算学等各项学校制度。翌月,重新评估茶盐课法、当十钱等政策。[69]

值得关注的是,相关诸政策之中,丁未(十四日)废止党籍关系指挥、己未(二十六日)救济尚未被检举但应当被叙复之人,[70] 均是应中书省请求而颁布的诏书。由此可见,这一系列反蔡京政策是以中书省为中心施行的。蔡京党羽虽占据执政集团中的绝大多数,但他本人只以尚书左仆射兼门下侍郎的身份兼领门下省与尚书

省，似乎无法干预中书省，他的党羽也无一人与中书省相关。崇宁四年末，中书侍郎吴居厚在刘逵晋升当日，自中书侍郎晋升门下侍郎，中书省由此开始处于蔡京无法干预的状态。其中的详细原因虽不得而知，但在不知不觉之间，由转身反对蔡京的刘逵作为中书侍郎独自领导的中书省，开始披上了反蔡京的色彩。翌年二月丙子蔡京罢相的当日，赵挺之就任尚书右仆射兼中书侍郎，晋升为唯一的宰相。[71]

于是，政变之后仍施行反蔡京政策的就只有以赵挺之、刘逵等所在的以中书省为中心的一小股势力，其余的门下省和枢密院均是由蔡京党羽占据多数。先前既有的研究仅对蔡京的下台大书特书，认为反蔡京政策在此之后似乎得到了强有力的推进，但实际上赵挺之和刘逵等人并未掌握很强的主动权。最终，由政变而诞生的反动体制只在中书省得以立足，其基本盘十分脆弱，所以短短一年多便土崩瓦解也是理所当然的。

如此危险的政变为何竟能取得成功？除了徽宗的支持，别无其他可能。此时能够操纵执政人事变动者，如在党籍碑倒下前日晋升刘逵为中书侍郎，除了蔡京唯有皇帝徽宗一人。且此后召回赵挺之就任尚书右仆射兼中书侍郎的，正是无须经由他人、由宦官带去的御笔手诏。[72]这场政变的真正发动者是徽宗，即这是一场自上而下的政变。

徽宗发动崇宁五年政变的政治要因是什么？直接契机是正月出现的彗星。"星变动摇了徽宗"，政变被认为是由他的个人性格引起的。[73]但更为现实的政治状况是，此时的徽宗与蔡京之间产生了巨大的意见分歧。对于有宋一代而言，这是时常出现的最重要课题之一，即围绕对辽外交方针产生的对立。关于这一状况，将在下一节进行探讨。

第二节　崇宁四年、五年对契丹政策的展开

一、徽宗以前的西北政策

为理解徽宗即位之时的北宋外交状况，首先需要概览自北宋前半期开始的外交经纬。

自真宗朝澶渊之盟缔结以来，宋辽双方基本上将这一体制延续了下来。[74]然而，由于第三方势力西夏的出现，宋辽之间围绕其动向屡屡产生外交问题。

进入神宗朝以来，宋朝对外采取强攻政策，甚至在西面与西夏、在南方与越南李朝交战。[75]宋朝此前在西北方面的基本战略是，联合西夏占领的凉州、灵州以南河湟地区的青唐羌（吐蕃的一支），共同对抗西夏。同时，与西域诸国的东西贸易也经由他们进行。[76]但初代首领唃厮啰去世之后，青唐政权围绕后继者问题发生分裂。宋朝随即放弃原先的协调路线，转而直接进行控制。王韶以青唐族内有力者的归顺为契机，压制青唐东部，设置了熙河路。[77]之后的青唐王董毡反而与西夏联合，对抗宋朝对西北的经营，其帐下大将鬼章连年侵入宋境。然而，最终的结果是青唐对宋入贡。[78]

对于西夏，宋朝曾于元丰四年（1081）乘其国内纷争之时开启战端。以李宪为总帅的五路征讨军攻入西夏，最终宋军虽败北，却在这一过程中夺取了兰州以及定西城、塞门寨等众多城寨。翌年，

围绕宋朝建造的永乐城，宋夏之间战火再起，宋军再次败北。最终，神宗在对外接连战败的情况下驾崩。尽管如此，从获得重镇兰州、设立熙河兰会路等成果来看，他积极的对外政策依然取得了扩大领土之效。

元祐年间旧法党时代，宋朝的外交方针发生了一百八十度的大转变，采取收缩前线的消极政策，即所谓的"弃地论"。截至元丰末年，宋朝曾获得的陕西北部土地悉数复归西夏。这正是当时全盘否定新法政策的国内政治状况的反映。然而，这种"弃地论"也曾因旧法党内部的意见对立而发生动摇。西夏国内，惠宗（嵬名秉常）去世，幼帝乾顺（崇宗）即位，国政也因其母梁氏与外戚干预而陷入混乱。宋夏两国之间的划界交涉几乎毫无进展。自元祐二年（1087）起，西夏连年进攻不断，宋朝的防御战持续了数年之久。[79]

至于青唐方面，董毡死后其养子阿里骨嗣位，对外政策再次转变为亲夏抗宋。元祐二年，阿里骨与西夏合作，自南面进攻熙河路。宋军反击并擒获鬼章，阿里骨请求释放鬼章，最终再次对宋入贡。

元祐八年（1093）宣仁高太后去世，进入新法党再次主政，由哲宗亲政的绍圣、元符时期，宋朝对西夏再次转变为积极政策，两国的划界交涉终于破裂。绍圣三年（1096），宋军抵御大规模进攻鄜延路的西夏军，并于翌年开始进攻西夏，设置了平夏城、灵平寨等城寨。元符元年（1098），宋军大胜，大举进攻平夏城的西夏军，确立了军事优势（《长编》卷五〇三，元符元年十月己卯条）。

青唐方面，瞎征于阿里骨死后嗣位，但他已丧失凝聚青唐全族的向心力。章惇利用青唐族人向宋朝投降之际，命王瞻、王厚（王韶之子）攻陷青唐城、邈川等地，青唐国灭亡。宋将青唐城、邈川分别更名鄯州、湟州，建立直接统治。但因西羌人的激烈抵抗，统治极其困难。

至此，徽宗即位前夕西北方面的大致战况是：宋朝将难以统治的青唐置于直接占领之下，并形成对西夏的压迫之势。元符二年，辽受西夏委托遣使赴宋，在两国之间居中调停。[80] 斡旋的结果是，西夏崇宗首次向宋朝呈奉誓表，两国关系暂时稳定了下来。[81]

二、蔡京当国初期对西夏和辽的战略

元符三年（1100）徽宗即位，历经向太后的垂帘听政，徽宗亲政初期的稳健派体制形成，宰相韩忠彦和曾布对前代的积极政策做了重新评估。特别是放弃对难以实际支配的旧青唐领地鄯州、湟州的直接统治，改为间接统治，赐投降王族陇拶赵怀德之名，命其知湟州（《宋史》卷十九《徽宗一》，建中靖国元年三月丁丑）。

崇宁元年（1102）五月蔡京为尚书左丞，紧接着又作为尚书右仆射兼中书侍郎回归中枢，他一方面批判并处罚韩、曾两人放弃湟州的政策，[82] 另一方面任命自己的党羽（讲议司检讨官）陶节夫为陕西转运副使，击退以夺回石堡等地为目的来犯的西夏军。[83] 西北政策在蔡京手中第三次转变为积极政策。

翌年，王厚作为洮西沿边安抚司公事，与作为监军的童贯一同被派往熙河路，展开对旧青唐领地的再压制作战。同年六月，湟州收复。[84] 崇宁三年，宋诱降仁多保忠，利用因他引发的内乱牵制西夏，王厚和童贯则利用这一间隙进军，四月之内再次压制鄯州、廓州等旧青唐领地全境。[85]

蔡京与宋军发起的青唐压制战究竟有多大的关系？关于这

点，有史料记载：

> 崇宁三年，蔡京秉政，使熙河王厚招夏国卓罗右厢监军仁多保忠。厚云："保忠虽有归意，而下无附者。"章数上，不听。京愈责厚急，乃遣弟诣保忠许，还为夏之逻者所获，遂追保忠赴牙帐。厚以保忠纵不为所杀，亦不能复领军政，使得之，一匹夫耳，何益于事？京怒，必令金帛招致之。（《宋史》卷四八六《夏国传下》）

蔡京反对王厚主张的无益说，坚决诱降仁多保忠，从中可见蔡京积极参与的姿态。

面对宋军对青唐的再次压制，西夏一方面继续向辽求援，[86]另一方面大举进攻泾原路，包围平夏城。[87]西夏虽继续攻入镇戎军、渭州，但最终并未颠覆宋朝的优势地位，掠夺数万人口之后便离开了。当时，西夏方面有檄文指责蔡京、蔡卞弄权：

> 既而又遣渭州蕃落兵士翟胜，持檄抵镇戎军城下，自称："诰斥蔡京、蔡卞弄权。"故京、卞必欲举兵讨之，实因此檄也。四年，林摅使辽陈夏国之罪，亦举此为词。（《编年备要》卷二七，崇宁三年九月条）

可见西夏方面也已意识到，宋朝的攻势是由这两人主导的。[88]

北宋崇宁年间的大攻势可以说大体上是成功的，在完全压制青唐旧域的同时，对西夏也施以压迫。蔡京个人也因收复鄯州、廓州，升守司空、晋封嘉国公。[89]因此在这个时间点上，蔡京的政策和战略是成功的，可以说这亦是徽宗所期待的。

然而进入崇宁四年（1105）后，以下两个重要问题浮出水面。其中一个问题与人事相关，即作为新附地加入的熙河兰湟路应该托付给谁[90]：

> 以童贯为熙河等路经略安抚制置使。先是，蔡京请以童贯为帅，蔡卞沮止之，京密请不已，内批除贯熙河帅兼节制秦凤。京又检元丰李宪例，与枢密同呈，卞于上前作色曰："内臣为帅，非盛世事。贯闻臣此言，必不喜。然朝廷事体可惜。"上曰："可罢贯秦凤。"卞曰："若此甚善。"卞退，京与执政吴居厚、张康国、邓洵武群噪之。卞乃求去，命知河南府。未几，除贯熙河兰湟秦凤路帅。（《编年备要》卷二七，崇宁四年春正月条）

蔡京推荐童贯，蔡卞却强硬反对。最终童贯成为熙河兰湟、秦凤路经略安抚制置使，执掌西北方面广阔地域的军事权，蔡卞则降为知河南府。[91]到目前为止通力合作、积极推进西北经营的蔡京、蔡卞兄弟产生了意见分歧，朝廷变成了蔡京实行一人方针的场所：

> 节夫在延安日久，蔡京、张康国从中助之，故唯京意是徇。（《宋史》卷三四八《陶节夫传》）

由此可知，前线将领陶节夫仅受蔡京一人节制。

另一个问题则更加切实,即辽对于居中调停宋夏关系一事相当认真。[92] 应对这一事态的不同方针,造成了蔡京和徽宗之间巨大的分歧。下文将再行论述。

三、崇宁四年的宋辽交涉

崇宁四年即辽乾统五年(1105)正月,已于前一年六月接受西夏求援之请的辽天祚帝,[93] 派遣枢密直学士高端礼使宋。[94] 高端礼于闰二月抵达雄州宋辽边境:

> 以雄州奏:"北朝遣泛使来议夏国事,已至界上。"止诸路进兵讨伐夏人。(《十朝纲要》卷十六,崇宁四年闰二月癸酉条)

宋朝下令暂时停止与西夏的战斗。四月,使者萧良抵达开封:[95]

> 夏四月,辽使来言夏国疆事。时西边绎骚,辽人遣其签书枢密院萧良来为泛使,言:"朝廷出兵侵夏国。今大辽以帝妹嫁夏国主,请还所侵地。"(《编年备要》卷二七,崇宁四年四月条)

辽朝方面的主张是,"帝妹"已下嫁西夏,请求宋向西夏返还所获得的土地。是年闰二月,西夏如愿以偿令辽下嫁公主。[96]

与暂时停止战斗的宋朝相反,三月以溪赊罗撒为核心的青唐残余势力与西夏勾结,联合攻击西宁州(即鄯州,原青唐城),迎战的宣威城知州高永年因属下羌族的叛乱被捕杀。[97] 高永年是与王厚一同参与青唐压制战的将领，他的阵亡对宋朝而言是一记重创。[98]受此影响，宋军于鄜延路方面重新开启对西夏领土的进攻，获得银州并建造城寨。[99]另外，为进一步分化、瓦解西夏阵营，宋朝于河东、陕西诸路设置了招纳司。[100]

如此情势之下，宋廷于五月答复辽使。宰相蔡京认为辽国书"悖慢"，以异常严厉的措辞亲自起草答书。答书之中并未明言是否返还土地，而是以西夏"造廷请命"，即先到宋廷朝觐、接受册封为条件，待到实现之后才能开始商讨返还土地的相关事宜。[101]徽宗见答书有言：

> 上曰："夷狄不足与较，当务含容，继好息兵，以生灵为念。闻新戎主多行不道，国人怨之，不如洪基。若不答其意，恐遣使未已。今所筑萧关、银州，即是已正削北（地）之罪，可于国书明言之。北虏于夏人唇齿相依，亦为己谋，非特为西夏故也。"（《宋会要·蕃夷二》三〇，崇宁四年五月十一日条）

徽宗认为若不在一定程度上满足辽的条件，彼方必将无数次遣使而来，所以应当大致满足其要求。但萧关、银州之地已归宋朝所有且建造城寨，所以作为西夏的赎罪之地不予归还。他指示可以明言这一点，其余的则可以让步。另外，"造廷"一词过于明示入朝之事，考虑到西夏的立场，遂改为暧昧的"扣关"一词，即单纯表达询问户口、访问之意。[102]

同月，宋廷派遣龙图阁直学士林摅作为辽国回谢使、客省使高俅作为副使，携答书使辽。[103]然而，蔡京对此有所动作：

> 时蔡京欲启边衅，密喻挞令激北虏之怒。(《十朝纲要》卷十六，崇宁四年五月壬子条）

蔡京为与辽再启战端，命林摅故意激怒辽帝。此时的北宋确实压制住了青唐，并在军事上成功遏制了幼主当国的西夏，但辽的国力非西夏可比，这是有可能改变"澶渊体制"这一宋朝国家外交基本方针的大问题。并无史料显示蔡京此举是基于怎样的情报，又怀有怎样的目的。一般来说，为政者采取对外强硬政策总是与国内情势相关，但在现存史料中并未找到当时宋朝境内发生了使蔡京不得不强行采取强硬政策的相关记载。然而蔡京确实违背了徽宗的宥和指示，以相当强硬的姿态与辽展开交涉。

接受这一指令的林摅，自入辽开始便采取了强硬的态度：

> 入境即盛气而往，及见虏主，跪上国书，仰首曰："夏人数寇边，朝廷兴师问罪。以北朝屡遣讲和之使，故务含容。今踰年不进誓表，不遣使贺天宁节，又筑虎径岭、马练川两堡，侵寇不已。北朝若不穷诘，恐非所以践劝和之意也。"虏主出不意，为愕眙久之。(《编年备要》卷二七，崇宁四年五月条）

林摅在辽天祚帝面前直言不讳，指责西夏非但不入贡，反而再三侵宋，认为辽应当首先使西夏改变态度。另外他还挑衅道，若要宋向西夏返还侵地，那辽也应当返还此前从西夏掠夺的唐隆镇。[104] 甚至有一种说法称，林摅反而请辽借兵助宋进攻西夏。[105] 这完全是对辽朝上下的侮辱。

天祚帝听到这些话当然会被激怒。据说林摅留宿客馆的三日间，饮食条件异常艰苦。[106] 甚至有记载称，天祚帝无论如何都想要杀了林摅，但"在廷恐兆衅，皆泣谏止"。[107] 抛开其中夸张和讹传的成分，可以说林摅不顾轻易即可将自身置于险境的状况，完成了蔡京的指令。宋辽交涉也因此突然陷入异常紧迫的境地。[108]

六月，西夏向辽派遣使节陈述谢词。这大概是因为宋遣使赴辽，所以西夏以为辽的调停进展顺利的缘故。[109] 然而正如上文所述，宋辽交涉以失败告终。之后的十二月，西夏再次遣使赴辽，请求其进行休战斡旋。[110]

同年八月，对林摅束手无策的辽朝不等他回国，[111] 便再次遣使赴宋。萧良等人在宋时听闻的答复、国书的内容，与林摅的态度相差悬殊，辽人无法揣测宋朝方面的本意，所以再度遣使确认。宋廷接到这一情报，另遣礼部侍郎刘正夫为北朝国信使。[112] 刘正夫[113] 于十二月抵辽：

> 至是，遣礼部侍郎刘正夫，酬对敏博，与北人议皆如约。（《编年备要》卷二七，崇宁四年八月条）

此处的"约"指的应当是五月时与萧良等人的约定，即基于以西夏"扣关"为条件返还土地的约定。徽宗对此予以嘉许，有重用刘正夫之意。这也显示了徽宗对自己的意志得到正确表达的安心感。[114]

也就是说，林摅并未向辽廷说明徽宗"最终可与西夏讲和"的约定方针，而是遵从蔡京的指令，做出故意激怒辽帝之举。得知这一消息而匆忙奉派赴辽的刘正夫，至多不过是向辽廷传达了徽宗遵守约定的本意而已。二人言行的不同，表明了使者派遣主体的不同。这正是林摅、蔡京的强硬论与刘正夫、徽宗的宥和论之间分歧的表面化。

原本以徽宗宥和论为基础的外交方针已经确定，这一点在国书里也有反映，然而蔡京却单独说动林摅，将宋辽关系带入紧张状态。即便作为宰相，这件事也过于哗众取宠。发觉之后的徽宗，理所当然会对将国政委托给蔡京感到不安。正在此时，翌年正月发生了彗星引起的骚动。徽宗自然不会放过这个天赐良机，展开对蔡京的排斥行动。此外，若不把强硬派的蔡京从外交事务上排除出去，下一次不知他又会对辽使出何种手段，进而可能将宋辽关系带入更深的危机之中。徽宗对此无疑产生了危机感。关于崇宁五年的事态推移，下文将再行论述。

四、崇宁五年的宋辽再交涉

新的一年即宋崇宁五年、辽乾统六年（1106），辽再次派遣使者，下了相当大的功夫。这一点在使者的官职上也有所体现。前一年的使者是签书枢密院事和枢密直学士，而此次派遣的则是知北院枢密使事萧得里底和知南院枢密使事牛温舒，二人都是宰相，[115] 可见辽朝方面的干劲十足。副使牛温舒曾作为哲宗的贺登宝位副使来宋。[116] 他们此次的目的不外乎是确认前一年的和约，促成宋夏和议并使宋返还土地。[117]

宋朝一方决定派遣辽使数日之后，便发生了本章前言所述的政变，蔡京实际上已经失去政治主导权。二月，蔡京辞相，赵挺之复相。这也意味着外交事务主持者的更替。

三月，萧得里底、牛温舒等人抵达开封。从他们的态度可以看出，他们因宋朝方面摇摆不定的方针而感到焦躁和不信任：

> 辽国泛使同平章事萧保先、牛温舒，入见起居毕不退，言有面奏公事，诏令上殿。保先等言："北朝遣来，要还西人土地。"上谕以："先朝画疆，更不复议。崇宁以来所侵土地，俟西人款塞，当令归还。"二人恐惕，无以措辞而退。（《十朝纲要》卷十六，崇宁五年三月戊申条）

二人在朝见之后依然不肯离去，而是要求直接面奏徽宗，请求向西夏返还土地。徽宗对此再次明示方针：尊重"先朝"，即哲宗末元符二年划定的领土范围，无意再度议论；西夏若"款塞"通好，则宋可以返还近年以来获得的土地。"款塞"即叩塞门之意，这与前一年答书中提到的"扣关"一词措辞一致。徽宗表明了自己一贯的宥和政策。

即便徽宗直接向辽使表明了让步之意，后者的不信任感似乎仍然难以消除：

> 宋既许，得里底受书之日，乃曰："始奉命取要约归，不见书辞，岂敢徒还。"遂对宋主发函而读。既还，朝议为是。（《辽史》卷一〇〇《萧得里底传》）

领受国书之日，萧得里底甚至做出了几乎违背礼节的举动，他特意请求谒见徽宗，并当着他的面打开盛有国书的匣子，确认其中的内容。此外，在与徽宗一同出席的宴会上，当听到助兴的伶人有"土少不能和"之语时，牛温舒徐徐站起并说道："臣奉天子威命来和，若不从，则当卷土收去。"暗示了辽方武力介入的可能性。[118] 可见辽使此次是以相当强硬的姿态来交涉的。当然，在派遣使节的同时，辽朝还将军队移动至边境附近，采取了隐然的示威行动。[119]

正如前文所述，哲宗朝以前，辽作为宋夏之间的斡旋者，也曾几次遣使赴宋，但实际上仅停留于形式而已：

> 先是，辽使萧昭彦谓接伴刘逵曰："北朝遣泛使，只为西人煎迫，住不得。若南朝肯相顺，甚善。"（《续资治通鉴长编》卷五〇五，元符二年正月条）

相比之下，此次辽使展现出的态度可以称得上相当强势。不仅是因为新的姻戚关系使辽夏之间的纽带变得更强，其中还有辽自身作为东亚大国的面子问题。前一年林摅的态度无疑引发了相关的事态问题。

辽使特意请求与徽宗本人对话这一点，不用说亦是为了防范如前一年的林摅一般，出现使节和皇帝意见相左的情况。另外，从辽使直接听到徽宗的宥和政策之后惊讶而退，以及当着徽宗的面确认国书内容等举动来看，前一年本应已被改写的宥和策国书，很可能又被强硬派改回至蔡京的激烈言辞版本。

若事态得到确认，则不得不令人强烈怀疑皇帝徽宗与宰相蔡京之间在沟通上存在极大的问题。

事已至此，作为蔡京党羽的执政张康国、吴居厚、何执中、邓洵武等人依然鼓噪应与辽开战。[120] 即使蔡京下台之后，强硬派仍几乎占据了所有执政之位。其中，得以扬眉吐气并支持徽宗宥和政策的只有在政变中成为新任独相的赵挺之：

> 赵挺之独曰："吾观虏辞甚逊，且遣二相臣为使，乃所以尊中国。况所求但云元符讲和已后所侵西界地。"（《编年备要》卷二七，崇宁五年三月条）

他的发言遵循徽宗的意思：崇宁以来所获之地可以放弃，但元符二年划定的领土界线不能让步。或许正是这一发言，才是徽宗舍弃蔡京、选择赵挺之的最主要原因。徽宗"先帝已画封疆，今不复议"的姿态自崇宁四年以来从未改变，所以不如说是蔡京的个人表态导致外交交涉混乱并引发辽方态度强化这一点，正是徽宗对蔡京怀有不满与不信任的原因。崇宁五年的政变与赵挺之的复相，都是为修复这一外交上的龃龉局面而采取的措施。赵挺之的态度令徽宗很是满意。

从以下史料可知，当时赵挺之在宰执内部是孤军奋战：

> 京免相，挺之复为右仆射。始京在崇宁初，首兴边事，用兵连年，不息一日。徽宗临朝，谕辅臣曰："朝廷不可与夷狄生隙。衅端一开，兵连祸结，生民肝脑涂地，岂人君爱民之意哉。"挺之退语同列曰："主上志在爱民息兵，吾辈义当将顺。"时执政皆京党，但唯笑而已。（《东都事略》卷一○二《赵挺之传》）

可以想象，蔡京党羽看向支持徽宗宥和政策的赵挺之的视线有多冰冷。另外，对于如何管理旧青唐领地湟州、鄯州，赵挺之和张康国也产生了尖锐的意见对立。[121]

诸如银州、威德军降格为银川城、石堡寨等[122]针对和议条件的准备工作，很可能也是在赵挺之主导下推进的。另一方面，前线的经略安抚使童贯命刘法进攻西夏领地，或许表明了其反对和议的意思。[123]因此，在宋廷内部此时存在主和势力和强硬势力之间的相互斗争。

七月，西夏使者到来，奉表谢罪。宋朝的体面因此得以保存，同时也满足了和议的条件。[124]西夏此时的表文极尽恭顺之态：

> 答诏略曰："除先朝所画之疆，捐崇宁新取之地。"时知枢密院张康国奏："诏内，难为带'北朝遣使和解'之语。"上曰："北朝于夏国，以此为恩，若不言及，即疑中国不信。"赵挺之曰："陛下之言，神人咸悦。'大哉王言'，今真见之矣。"（《编年备要》卷二七，崇宁五年七月条）

宋廷的答诏正如此前的约定，以哲宗朝元符二年划定的疆域为基准，返还崇宁以来的新附地。但关于措辞，张康国面露难色，认为不应明示辽的介入。徽宗对此冷静反驳，强调其必要性，赵挺之也表示赞同，所以最终决定写明。作为强硬派的张康国直至最后还在抵抗和议。和议成立之际，赞成宥和方针的独相赵挺之的存在对徽宗而言非常珍贵，但同时他的立场亦非常危险。

同月，罢免西宁、湟州、郭（鄜）州城寨主簿和返还城堡的准备工作也在推进之中。[125] 实际返还则要等待西夏誓表送达[126]：

> 乃诏夏国，其城堡，誓表至则赐之。夏人言："故事地界先定，载于誓言，所以守之也。"未肯进誓表。（《编年备要》卷二七，崇宁五年七月条）

然而，西夏使者以此前的誓表已记载划定的地界为挡箭牌，拒绝再次发出誓表。所谓的讲和不过是表面功夫罢了，战争的火种依然残留着。

最终，从史料记载上并不能确认此后双方是否交换了誓表、誓诏。[127] 但宋廷于十月派遣刘正夫、曹穆，向辽方报告了已与西夏讲和一事。[128] 与前一年一样派遣刘正夫，很可能是因为他曾代替此前的林摅，准确地传达了朝廷的意思。不仅如此，他还与政变之后的中书侍郎刘逵关系亲密。[129]

面对辽方的严峻态度，宋朝自崇宁五年正月政变以来一贯坚持宥和政策，终于成功回避了紧迫的情势。翌年即大观元年（1107），西夏才入朝修贡。[130] 这一次的软着陆成功，得益于徽宗一贯坚持宥和政策，以及在至今仍高喊主战论的蔡京党羽占据多数的朝廷中枢内部安插了赵挺之与刘逵，尤其是赵还成为唯一的宰相。

由此也可判明徽宗在政变中选择赵挺之的真正原因。崇宁四年四月，当徽宗将蔡京起草的激烈措辞改为更稳妥的表达之时，正是赵挺之引用《孟子·梁惠王》章句，对这一方针表示赞同：

> 赵挺之曰："陛下信所谓'以大事小，乐天保天下'者

也。"(《编年备要》卷二七,崇宁四年四月条)

此外,赵挺之从一开始便反对蔡京的西北战略:

> 赵挺之曰:"节夫狠戾无比,专为蔡京用。若使节夫在鄜延,必须百端沮抑,西人无由扣关请命。"(《编年备要》卷二七,崇宁四年六月条)

他以与西夏讲和为前提,劝徽宗罢免可能成为和议阻碍的蔡京党羽陶节夫。赵挺之的外交方针始终与徽宗一致。

另一方面,活跃于政变之中并在此后与赵挺之构建协作关系的刘逵,曾于哲宗朝出任辽使接伴使。当时的辽使说道:"此次派遣使节,不过是因为西夏方面逼迫得紧,无可奈何而已。若是宋能顺从,则万事无虑。"

> 逵曰:"事但顺理,无顺情。"是日,辅臣进呈逵语录,众皆称之。上问曾布何如。布亦称善。(《长编》卷五〇五,元符二年正月丙寅条)

在这一次的紧张状况之中,刘逵凡事循理不徇情的态度想必令徽宗感到安心。另外,刘逵还曾于崇宁二年与吴栻一同出使高丽,称得上一位精通外交的人物。

赵挺之、刘逵二人就是徽宗为解决迫在眉睫的对辽交涉问题而选择的宰执。他们以中书省为据点,与残留的蔡京党羽强硬派持续对峙,并遵从徽宗的意思,以宥和政策平息了对外政策的混乱状况。

结　语

综上所述,首先,徽宗初年的蔡京势力源自与哲宗朝开始形成的向太后一族势力的勾结。与此同时,蔡京以实行垂帘听政、握有隐藏实力的向太后势力为背景,围绕继任宰相职位,与曾布上演了激烈的权力斗争。向太后的政治立场亦非此前所认为的"中道"路线。将韩忠彦、曾布任命为宰相,有志于"中道"路线的是徽宗本人。

亲政伊始的徽宗,在韩、曾二人之外还任用了李清臣,因而毫无疑问是新法稳健派的支持者。然而建中靖国年间,曾布未能留住徽宗的心,后者内心逐渐倾向于激进派。最终,蔡京复权,开始第一次当国。驱逐赵挺之后,宰执集团完全被蔡京党羽占据,所以他无须特意依赖御笔制度。

崇宁五年正月,政变突然发生,蔡京的第一次当国期遂土崩瓦解。这场政变的策划者正是徽宗本人,原因则是他与蔡京围绕外交方针存在意见分歧。作为宋朝国家安全保障上最重要事项的对辽政策相关问题,围绕其方针的对立正是引发崇宁五年政变的真正原因。为处理这一问题,朝廷中枢迎来了赵挺之,因为他的意见符合徽宗的意愿。

与多数论者的目光聚焦于此后直到北宋灭亡为止的对辽政策、与女真缔结的海上之盟等问题不同,与之相关的崇宁年间宋辽裹挟西夏的交涉问题可以说并未得到详细论述。结果虽未导致严重问题，但正如本章所见，当时的状况已然十分紧迫。徽宗对引发这一状况的蔡京独断专行的行动持怀疑态度，这才是蔡京第一次当国时期终结的真正原因。

然而，妥善解决对辽交涉问题之后，当初为处理这一问题而建立的赵挺之、刘逵体制并未存续多久，而是立刻土崩瓦解。蔡京下台不足一年便再次复权，开启第二次当国时期。但第二次当国伊始便发生了被称为"张怀素狱"的诏狱事件。此次事件在蔡京复权的过程中有着怎样的背景，又造成了怎样的影响？下一章将再行论述。

第二章

妖人张怀素狱

前　言

北宋末的崇宁五年（1106）是动荡的一年。以正月彗星出现为契机，专权长达五年的蔡京失势下台，他的第一次当国时期突然迎来终结。在这背后，是徽宗与蔡京围绕自前一年开始并处于持续交涉中的对辽（契丹）外交方针分歧形成的对立。关于这一点，前一章已有论述。

最终，对辽采取宥和政策的尚书右仆射赵挺之与中书侍郎刘逵共同掌权的新体制开始了。然而，蔡京党羽中仍有许多人手握重权，所以这一体制的基础非常脆弱。对这一体制而言，唯一的、最大的政治目标就是改善逐渐恶化的对辽关系。同年七月，随着该目标的达成，徽宗对赵、刘二人的信任也逐渐减弱。

关于当初受到全方位重新审视的蔡京诸政策：与大钱发行相关的经济政策仅被限定了行使范围，并未完全废止；[1] 学校政策仅废止了特殊学校（书画学、医学等），天下三舍法被保留了下来。[2] 破坏具有象征意义的元祐党籍碑一事，在政变短短两天之后也有新诏令颁布：

> 已降指挥，除毁元祐奸党石刻，及与系籍人叙复，注拟差遣，深虑鄙浅愚人，妄意臆度，窥伺间隙，驰骛抵巇，觊欲

更张。熙、丰善政,苟害继述,必置典刑。宜喻遐迩,咸知朕意。(《长编纪事本末》卷一二四《追复元祐党人》,崇宁五年正月丁未条)

强调不许"鄙浅愚人"怀有变革以新法为中心的神宗"善政"的企图,这绝非全面解除元祐党禁。

党羽留在执政之位的同时,对他们拥有巨大影响力的蔡京本人也继续留在都城开封,如此情况下想要进行根本性的变革可以说非常困难。从并未彻底变更人事这一事实也可以看出,政变中的徽宗仅将目光聚焦于外交问题,对蔡京内政政策的否定恐怕还没有进入他的视野。

更有甚者,刘逵有时会强行主张与徽宗意见相悖之事。而另一方面,赵挺之则唯恐自己卷入是非之中,因此将责任强行推到刘逵一人身上:

挺之多智,而逵甚专事或不出于上,挺之虑有后患,每阴启其端,而使逵终行之。逵欲取以为功,亦不悟挺之之计,故直前不避。上稍觉其擅事,星既没,上意稍息,亦悔更张之暴,外未有知者。(《编年备要》卷二七,崇宁五年十二月条)

二人逐渐与徽宗离心。与此同时,蔡京一党的郑居中通过姻戚郑贵妃探听徽宗意图,与刘正夫一起谋划了蔡京复权一事,又令御史余深、石公弼攻击刘逵,迫使其下台。[3]

大观元年(1107)正月,蔡京最终复位首相,开启其第二次当国时期。⁴ 赵挺之、刘逵体制仅仅解决了外交问题,其使命就已终结。

在蔡京第二次当国时期正式开启那年的五月,一件谋反案被揭露出来。该事件以其主谋者姓名被称为"张怀素狱"。众多的连坐者中包括与王安石相关之人,以及前任宰相、现役执政等朝廷高官,甚至连蔡京本人也脱不了干系。史书虽并未对此次事件大书特书,但它给第二次当国扬帆起航不久的蔡京带来了相当大的不安,对此后的政策运营也产生了诸多影响。本章将探讨因史料稀缺而难窥全貌的"张怀素狱",希望能看到此次事件对开始不久的蔡京第二次当国有怎样的影响。

第一节 "张怀素狱"概要

让我们先依据史料来确认"张怀素狱"的概要。《宋史·徽宗本纪》大观元年(1107)五月己丑条记载:

> 朝散郎吴储、承议郎吴侔坐与妖人张怀素谋反,伏诛。贬吕惠卿为祁州团练副使。(《宋史》卷二〇《徽宗本纪》,大观元年五月己丑条)

这一事件发生得非常突兀。它在当时的政界究竟被置于何地?关于这一点毫无头绪。然而,吴储、吴侔实际上出身名门,是神宗朝宰相吴充之孙,二人是从兄弟关系。⁵ 吴侔之母是王安石之女,他是

王安石的外孙。在王安石本人的诗中，至今仍留存着被认为是赠予外孙吴侔的作品。关于这一事件的始末，诗注有载：[6]

> 按国史，舒州人张怀素，本百姓，自称落魄野人，以幻术游公卿间。于元祐六年说朝散郎吴储云："公福似姚兴，可为关中一国主。"[7]储云："储福弱，岂能及姚兴。"怀素云："但说有志，不说福。"绍圣四年，怀素入京，又与储结约，储以语侔。崇宁四年，事败狱成，[8]怀素、吴储、吴侔、邵粟并凌迟处斩，杨公辅、魏当、郭秉德并特处死。吴储[父]安持贷命免真决，追毁出身以来文字，除名勒停，送潭州编管。吴侔母王氏系王安石女，特免远窜，送太平州羁管。侔弟僎，道州羁管。公此诗盖为侔作也。吕惠卿子渊坐曾闻妖言不以告，削籍窜沙门岛。惠卿散官安置宣州。蔡卞降职，奉外祠。邓洵武妻吴侔之兄，出知随州。安惇追贬散官。（《王荆公诗》卷四三，律诗《赠外孙》李壁注）

通读此段记载，第一感受是处罚相当严厉。七人死罪，连曾任宰执者也大多受到了处罚，其中还包括蔡京之弟蔡卞。尤为令人震惊的是，对死罪之人执行了断人四肢、剜去喉咙的"残酷之刑"——凌迟处斩。[9]

或许谋反之罪理应被处以如此重罚，但谋反的详情不甚明了，而主犯也未见得拥有多大的影响力。令人不禁感觉，还不如说只是良家子弟与破戒僧偶尔的牢骚而已。究竟为何会导致如此严酷的结局？另外，所引史料末句曾写道："岂怀素之狱不能无滥耶。"[10]似乎在暗示正是某人为达到某一目的而引起了这场"滥狱"。

以下将自事件揭露时开始回溯，对来自其他史料的"张怀素狱"相关信息进行整理。

第二节　主谋者张怀素

首先，关于事件的主谋、作为教唆犯的张怀素，王明清《挥麈录》记载如下：

> 张怀素，本舒州僧也。元丰末，客畿邑之陈留，常插花满头，佯狂县中，自称戴花和尚。言人休咎颇验，群小从之如市。知县事毕仲游怒其惑众，禽至廷下，索其度牒，江南李氏所给也。仲游不问，抹之，从杖一百，断治还俗，递逐出境。自是长发，从衣冠游，号落托野人。初以占风水为生，又以淫巧之术走士大夫门，因遂猖獗。既败，捕获于真州城西仪真观，室中有美妇人十余。狱中供出踪迹本末。时仲游死已久，诏特赠太中大夫，官其二孙。史册不载，毕氏干照存焉。
>
> （《挥麈录》后录卷八）

张怀素看起来是个多嘴多舌之人，在各地反复行骗，最终凭借房中术打入士人阶层。这也符合他被捕时的状态。[11]

此外，他似乎与各地的宗教人士之间也保持着交流。某日，张怀素访问会稽天宁观何道士，二人意气相投，何道士称他状貌怪异但善于议论,还喜欢写大字。[12]

与张怀素来往的士大夫之中,最显赫的人物是吕惠卿与蔡卞,二人均是新法派的大人物,且与王安石关系密切。吕惠卿为张怀素作注的般若心经写序文,比拟前汉张良故事,称张怀素为"黄石之师"。[13] 另有一个故事称:

怀素每约见吉甫(吕惠卿),则于香合或茗具中见一圆药,跳掷久之,旋转于桌上,渐成小人。已而跳跃于地,骎骎长大与人等,视之则怀素也。相与笑语而去,率以为常。(《梁溪漫志》卷一〇《范信中》)

蔡卞则于元祐年间知越州时开始与张怀素深交。[14] 蔡卞沉迷于张怀素的法术,尊称其为"大士",声称他拥有神力,可以召唤飞禽走兽,能与孔子交谈,甚至还曾观看汉高祖刘邦与项羽之战,不知年岁究竟几何。[15]

隔三岔五总有关于张怀素的令人难以置信的轶事被人们加以各种演绎。从这些故事看来,张怀素从事的是脱胎于佛教的各种宗教仪式,能够驱使风水术、奇术与房中术,更重要的是他还能巧舌如簧地笼络他人,从而成功魅惑了包括一些士大夫在内的许多人。

另有记载云:

大观中,有妖人张怀素,以左道游公卿家。其说以谓金陵有王气。欲谋非常,分遣其徒,游说士大夫之负名望者。(《挥麈录》后录卷八)

张怀素鼓吹金陵有王气，欲谋"非常"，派遣弟子前往各地游说富有名望的士大夫，进行有组织的活动。此后，他被一个名叫范寥的人告发，最终卷入前文提及的诏狱之中。那么，告发者范寥究竟是谁？下一节将再行探讨。

第三节　告发人范寥[16]

　　范寥乃蜀人，自负才气，豪放不羁，一月之间便将分到的家财全数用尽。百无聊赖之际，他不经学习便前往应举，最终获得家乡成都科考的第二名。但他沉湎于豪饮，酒后殴杀他人，于是改名"花但石"亡命天涯。在某处做园丁时，他赋诗书于亭壁之上，显露出的才能令主人愕然。主人于是赠予白金（即"白银"），令他离去。而后他自称进士，受到某位名士的赏识，成为其儿子的家庭教师。但他又因醉酒殴打名士之子，再次被驱逐。

　　范寥不着冠，穿着粗野的衣服来见某州太守翟思，希望翟思能雇自己为书吏。翟思见范寥所书精妙，于是许他留下。翟思之子翟汝文偶然见到范寥，认定他绝非寻常之人，建议父亲询问他的来历。又以《易》《书》出题考查，范寥不多久便解答完毕，文理高妙。翟思父子十分惊讶，遂厚待范寥。翟思返回镇江，范寥留在州学。翟思将百千钱交付州教授，嘱咐他范寥一日之内便能将钱用完，所以必须一点一点给他，不能一下全部给他。不久之后，州教授来信道，州学众人与范寥脾性不和，他已将钱尽数交予范寥，令他离去。

翟思在镇江去世之时，有人以袖掩面，号啕大哭。翟汝文猜想来人定是范寥，结果真的是他。翟汝文念范寥劳苦，留他住宿。翌日天明，翟思遗体边陈列的白金器皿全部消失，范寥也不知去向。当时翟家人数众多，却无一人见到范寥。

此后，范寥往广西见黄庭坚，暂时与他一道。黄庭坚去世后，范寥将自翟家拿来的器皿变卖换钱，为他办理后事。

而后，范寥寻得一高僧处出家，得名"恪能"。但不久之后高僧去世，于是范寥前往茅山，投靠落托道人张怀素。当时，张怀素正与吴储、吴侔图谋不轨，吴储、吴侔见到范寥，私下逼问张怀素："此怪人，胡不杀之？"某夜他们又在谋划之时，张怀素观星象道："未可。"范寥听到这些话，翌日便找借口从张怀素身边逃脱，欲往开封却无旅费。汤东野当时还是学生，范寥想找他，他却不在，但汤母给了范寥一万钱，因而他得以直接上京，告发张怀素等人谋反（《梁溪漫志》卷一〇《范信中》）[17]。

以上就是《梁溪漫志》中记载的范寥的故事。原文较长，在此仅记述梗概，未翻译全文。从上文可知范寥的人生经历，他同样出身名门，拥有能够轻松通过解试的才能，但性格放纵不羁，四处流浪。若说他不忘恩义，他却又时常做出不合情理之事。

根据其他史料的记载，范寥出身于成都华阳范氏，是蜀公范镇的族孙，[18] 与范百禄、范祖禹是同族。范镇官至翰林学士，因反对王安石致仕，元祐中被封为蜀郡公，据说与司马光、苏轼交往亲密。[19] 范寥作为范镇族孙，之所以前往黄庭坚身边，或许是因为他们是旧相识。[20] 崇宁四年（1105），黄庭坚在宜州过世，留下题为《宜州乙酉家乘》的日记。据日记记载，范寥到访的时间是同年的三月十五日[21],此后二人始终一同行动。半年后的九月三十日,黄庭坚去世。[22]

关于范寥一直照顾黄庭坚到最后,还为他举办葬礼一事,有人赞赏说,黄庭坚以流放身份去世,没有凭吊之物,但范寥却热心地为他送葬。[23]但此外还有一种截然不同的说法:

> 有范寥信中,成都人,蜀公之族孙。始名祖石,能诗,避事出川,以从怀素。怀素令寥入广,以讽黄太史鲁直。时鲁直在宜州危疑中,闻其说,亟掩耳而走。已而鲁直死,寥益困,遂诣阙陈其事。朝廷兴大狱,坐死者十数人。(《挥麈录》后录卷八)

也就是说,范寥访黄庭坚本就是遵从张怀素的指示,想要游说他加入自己一党。因为对象去世而游说失败,范寥在无计可施之下,最终走到了告发张怀素等人的地步。

范寥当初果真一手包办了黄庭坚的殡葬事宜吗?最早记录他这一行为的史料是黄庭坚《宜州乙酉家乘》的序文,但作序的并非他人,正是范寥自己。他在序文中得意扬扬地写道,自己替无人照料的黄庭坚遗骸吊丧。然而,据说现存的《宜州乙酉家乘》一书在黄庭坚死后就不知所终,直至南宋时才偶然回到范寥手中,再由他自己刊行。所以其来历多有不自然之处,可以说是一本有问题的书。殡葬黄庭坚一事最终不过是范寥的自说自话而已,不能尽信他所言。[24]

《挥麈录》明确记载张怀素派范寥前往湖广游说流罪之人,但他过了许久仍未归来。张怀素听闻范寥从镇江前往开封,认为这必然不是一件好事：

> 一日，怀素语廷云："吾尝遣范信中，往说诸迁客于湖广间，久之不至，闻从京口入都矣。岂非用心不善乎。子其往京师，侦探之。"（《挥麈录》第三录卷三）

根据这段引文的记载，范寥作为张怀素的弟子，怀着游说的目的前往湖广，访问被流放的士大夫，黄庭坚也是其中之一。

与此相对，《京口耆旧传》与《梁溪漫志》一样，也认为范寥访问黄庭坚一事发生在他投入张怀素门下之前：

> 未几，庭坚卒，亲友皆已散去，独寥在。为办棺殓，仍护其丧还，费皆出翟氏。其用意委折如此。还抵和州，知张怀素与知州吴储及弟伟有逆谋。乃变服，介左右，求为仆隶。怀素问："颇识字否？"曰："不识。"怀素俾夜宿书室，寥入即偃卧，未尝一属目。怀素滋欲试之，因责以罪，俾持状入州。状实诉寥者。寥即持入，谩不省所谓，素大喜焉。自是凡与储、伟密谋，书问惟寥是任。寥既尽知其事，即佯狂脱去，欲遂告变，窘于无资，知汤东野好事，往见之，具以告，东野竭力资之。（《京口耆旧传》卷五《范寥》）

范寥在替黄庭坚殓葬之后回到和州，并在此觉察到张怀素与吴储等人勾结。为了得到确实的证据，范寥以仆隶身份潜入张怀素一党，再从中逃脱并去告发。[25]

范寥作为张怀素弟子的时间长短，对思考他做出告发行动的意义具有很大影响。他究竟是长时间与张怀素一伙，因游说士大夫失败，害怕遭到张怀素的谴责而最终告发，还是出于正义感，为了能够潜入搜查而投入张怀素门下，再携带证据去告发？

在此先来探讨主张不同说法的史料本身的可信度。《王荆公诗》李壁注与《挥麈录》采信了范寥作为张怀素一伙到访黄庭坚，然后再行告发的说法。李壁注是南宋李壁引用《国史》而作，清人钱大昕论曰：

> 此洪迈等所修四朝国史也。当据以补宋史之阙。（《十驾斋养新录》卷七《张怀素吴储》）

他判断这本书引用了南宋孝宗朝编纂的《四朝国史》，可信度很高。[26]

另一本总体而言对范寥投去严厉目光的书是《挥麈录》，属于随笔笔记一类，其中的内容多是传闻，关于范寥的记事也是作者从外舅处听说的。但就《挥麈录》本身而言，其中的记事大多被认为可信度较高：

> 动数百千言，退而质之，无一语缪。（《老学庵笔记》卷六）

另一方面，《梁溪漫志》与《京口耆旧传》主张范寥在殓葬黄庭坚之后才知晓张怀素等人的阴谋，继而潜入其中，再行告发。《梁溪漫志》也是南宋的笔记史料：

惟其持论具有根柢，旧典遗文往往而在。（《四库全书总目提要》子部杂家类《梁溪漫志十卷》）

《梁溪漫志》卷首附有南宋开禧二年（1206）国史实录院牒，说明它曾作为编纂高宗、孝宗、光宗三朝正史的参考。《京口耆旧传》是南宋时期为编修地方志（之后的《（嘉定）镇江志》）而收集的京口地区的人物传记，可补正史阙失，可信度也很高。[27]

因此，单纯比较史料本身的可信度，两种说法可谓不相伯仲。然而从史料的个性来看，关于范寥一事，笔者采信《挥麈录》等作品的说法，即范寥在到访黄庭坚之前早已是张怀素弟子。此外还有一个原因，即另一种说法总有无法抹去的矛盾处。范寥本人"落魄不羁"，假装不忘旧恩，结果却对翟氏做出违背情理之事。从这一人物形象出发，很难想象他从一个完全无关之人，突然觉察到谋反事件核心人物张怀素与吴储等人的阴谋，然后即刻潜入成功，取得张怀素的信任，秉持一颗正义之心直至最后的告发。倒不如说他从一开始就在张怀素身边，所以知晓事实，此后又因为某一契机背叛张怀素，如此想来或许更自然。

而且《梁溪漫志》这本笔记史料中多有倾向于元祐党人的记述，比如其中一整卷全部是与苏轼相关的纪事。书中对蔡京父子的贬斥尤其不遗余力。而《京口耆旧传》的内容收集者是当地出身的刘宰，书中尽是关于活跃在镇江的名士们的故事。由传记细节之处可以发现，其中的记述有时会刻意抬高主人公的形象。无论真相如何，范寥始终都是告发张怀素的有功之人，所以作者自然不会写明自己在有意偏袒他。

由前文可知，范寥本人是反对王安石的范镇的族孙，出身名门，放纵不羁，四处漂泊。他在途中曾受到翟氏的知遇，却并未就此安定下来。不知何时，范寥又成为张怀素的弟子。他受张怀素的指示，前往游说包括旧相识黄庭坚在内的湖广名士。然而任务失败，范寥便以此为契机背叛张怀素，乃至告发他谋逆一事。至此，故事的全景朦胧地浮现了出来。

第四节 开封的告发

范寥是在和州察觉到张怀素与吴储等人的勾结。张怀素来自舒州，舒州与和州同属淮南西路。张怀素鼓吹金陵有王气，又派范寥等人前往湖广，看起来他的活动主要集中于长江中下游流域。虽有记载张怀素曾于绍圣四年（1097）来到开封，但他此后似乎并未在开封展开活动。据载：

> 崇宁中，（怀素）到京，又于承议吴侔处，妄言星变。（《编年备要》卷二七，大观元年五月条）

张怀素曾出入吴侔府邸，或许他是在吴储与吴侔任满于开封待阙之时来访的。

正如前一节所见，范寥下定决心前往开封告发张怀素、吴储等人的阴谋，但并无路银。向丹阳人汤东野借了一万钱之后，范寥终于抵达开封。汤东野应是他的旧相识，这笔钱相当于京官最下级的料钱（基本月俸），[28] 对于一介州学生而言是相当可观的数目。

范寥告发之时，任宰相的是司空、尚书左仆射蔡京与尚书右仆射赵挺之。[29] 二人曾有两段时期处于这种地位搭配，第一次是崇宁四年（1105）三月至六月的蔡京第一次当国时期[30]，第二次是大观元年（1107）正月至三月，即蔡京第二次当国时期开始后不久。[31] 范寥的告发究竟发生在哪一时期？《王荆公诗》李壁注认为发生在崇宁四年，但恐怕不确，应以第二次即大观元年为确。依据就是黄庭坚死于崇宁四年九月末，而所有史料都表明范寥在此之后才前往开封，因此告发绝不可能发生在第一段时期内。

此外，接受告发并逮捕张怀素本人的是知江宁府姚祐，[32] 他出任知府的时间是崇宁五年至大观元年，[33] 假设告发之后立即施行逮捕，那么告发一事发生在大观元年才更顺理成章。[34]

范寥的告发涉及唐律"十恶"中包含的重大犯罪之一——谋反。并且此事与知州相关，因此想要上诉州恐怕非常困难，但照理应该可以上诉至上级的转运使或提点刑狱。然而范寥设法筹集了路银，直接向都城开封进发。如此一来，不难想象他应当是去击登闻鼓的：

> 或论长吏及转运使、在京臣僚，并言机密事，并许诣鼓司、登闻院进状。（《宋会要·刑法三》一二，咸平六年十一月十七日条）

"机密之事"可以上诉登闻鼓院、登闻检院。[35] 这些制度依时代不同虽稍有变化，但自仁宗朝以后，便允许将机密之事投文书于登闻检院：[36]

> 经检院者，圆实封奏机密军期事、朝政阙失利害，及公私利济，并军国重事。若经鼓院者，叠角实封，陈乞、奏荐再任、已得指挥恩泽、除落过名、论诉抑屈事，本处不公及沈匿等事，在京官员不法等事。两院状封，皆长八寸。(《朝野类要》卷四《文书·进状》)

经登闻检院上奏的文书均系要事，必须将信封向内折角，再加盖骑缝印，以"圆实封"的密封状态上奏。两院状封皆长八寸，经通信司转达上奏皇帝，确认其中内容，[37] 再指示各负责部门处理。

因范寥的告发内容涉及谋反，徽宗似乎下令宰相商讨此事：

> 时蔡元长、赵正夫当国，其状止称右仆射，而不及司空、左仆射，盖范本欲并告蔡也。是日，赵相偶谒告，蔡当笔，据案问曰："何故忘了司空耶？"范抗声对曰："草茅书生，不识朝廷仪。"蔡怒目嬉笑曰："汝不识朝廷仪。"即下吏捕储、伴等。(《梁溪漫志》卷一〇《范信中》)

颇具意味的是范寥的告发状被原封不动地发了下来，而其中特意只写"右仆射"，因为他原本也打算告发司空、左仆射蔡京。很遗憾，当时的告发之制与对告发的处理方法我们并不十分清楚，或许可以指定向某人告发。从范寥只向赵挺之告发这一点来看，他的目标之一便是使蔡京下台。然而这天赵挺之恰好休息，蔡京是"当笔"。[38] 这种情况下，很显然蔡京与范寥在同一地点进行了问答。为了调查告发内容的真伪，似乎还曾传唤告发人加以审讯。蔡京明显对范寥陷害自己的计划感到愤怒，因而直接进行了质询。

那么，蔡京为什么对差一点成为范寥告发对象一事感到如此愤怒呢？不只是因为他的亲弟弟蔡卞与张怀素交往密切，所以他有可能被连坐。实际上，真正的原因是蔡京自己也与张怀素有深交。侍御史毛注此后如下说道：

> 张怀素恶逆，以地理惑众，京熟与之从游。京妻葬地卜日，怀素主之。尝同游淮左，题字刻石。后虽阴令人追毁，以掩其迹，而众所共知。（《长编纪事本末》卷一三一《蔡京事迹》，大观三年十一月己巳条）

这是两年之后弹劾蔡京的奏文中的一部分，其中包含诸多诬告之词，不可尽信，但当时许多人似乎都认为平日与张怀素相见之人并非蔡卞，而是蔡京。[39] 因此如果张怀素谋反，那么蔡京本人也必然成为处罚对象。事前毫无应对的蔡京将如何度过这一危机？

第五节　张怀素狱的走向

告发之后，负责"鞫狱"（调查案件）的是开封府尹林摅与御史中丞余深，另外还有一名宦官。也就是说，依据皇帝的诏令，在开封府设置制勘院实施"诏狱"，即针对朝廷高官开展直接调查的特别法庭。[40] 众所周知，神宗朝以降，朝中当权者将台官们纳入麾下，利用"诏狱"形式驱逐政敌的例子非常多。[41] 然而，此次作为当权者的蔡京本人反而很可能会遭到驱逐。

但负责鞫狱的二人皆与蔡京有所勾结。正如第一章所述，林摅在蔡京的授意下挑起了宋辽之间的纷争，所以他毫无疑问是蔡京的党羽。[42] 余深此前的经历与蔡京并无太多关联，反倒是此次张怀素狱之后，他也成为蔡京的"死党"。[43] 据载：

> 张怀素妖事觉，（林）摅与御史中丞余深及内侍杂治，得民士交关书疏数百，摅请悉焚荡，以安反侧。众称为长者，而京与怀素游最密，摅实为京地也。（《宋史》卷三五一《林摅传》）

他们从张怀素处扣押了数百封与士庶人等的往来信件，并将其悉数焚毁。[44] 考虑到他们的这一处理方式能避免出现过多的连坐者，所以有人称赞其为"长者"。但实际上，他们这么做是为了处理蔡京与张怀素之间往来的书简。蔡京在鞫狱负责人员里安插自己人的举措看来相当成功。

最终因张怀素狱受到处罚的人物如下页表所列。被判凌迟处斩与死罪的七人应是主犯，但除张怀素、吴储、吴侔外，其余四人的生平均无法判明。仅从官职来看，他们应当是京官、选人之类的下级文官或士人，也有可能是张怀素的亲信或弟子。

接下来的连坐者大多是吴储、吴侔的姻戚。吴安诗是吴储的父亲，王氏是吴侔的母亲、王安石之女、蓬莱县君。[45] 吴僎是吴侔的弟弟，邓洵武之妻是吴侔的姐姐。邓洵仁是邓洵武的兄长，王能甫是吴侔之父吴安持的女婿。[46]

其余安惇、王汜之、王资深、吴居厚、阎守懃诸人，他们各自的事迹虽然很清楚，但依笔者管见所及，并无史料显示他们与张怀素等人有所关联。

从下表同样可知，最终诏狱审结之时，处罚者名单中并无蔡京。不仅如此，还有迹象表明，蔡京反而利用这次诏狱来驱逐政敌，目标人物是新法派的大人物、他的前辈——吕惠卿。

表1　张怀素狱受处罚者一览表

处罚者	官职	罪名	出典
张怀素		凌迟处斩	《王荆公诗》卷四三李壁注
吴　储	朝散郎、知和州	凌迟处斩	《王荆公诗》卷四三李壁注、《十朝纲要》卷十七
吴　侔	承议郎、监润州酒务	凌迟处斩	《王荆公诗》卷四三李壁注、《十朝纲要》卷十七
邵　稟	山阴县尉	凌迟处斩/处死	《王荆公诗》卷四三李壁注、《十朝纲要》卷十七
杨公辅	将仕郎	死罪	《王荆公诗》卷四三李壁注、《十朝纲要》卷十七
魏　当		死罪	《王荆公诗》卷四三李壁注、《十朝纲要》卷十七
郭秉德		死罪	《王荆公诗》卷四三李壁注
吴安诗		潭州编管	《王荆公诗》卷四三李壁注
王氏（吴侔母）	蓬莱县君	太平州羁管	《王荆公诗》卷四三李壁注
吴　僎		道州羁管	《王荆公诗》卷四三李壁注
吕　渊	朝议大夫	特追毁出身以来文字，除名勒停，免真决，不刺面，配沙门岛	《宋会要·职官六八》一四
吕惠卿	观文殿学士，右银青光禄大夫，知杭州	责授祁州团练副使，宣州安置	《宋会要·职官六八》一四、《宋史》卷四七一

（续表）

处罚者	官职	罪名	出典
蔡卞	资政殿大学士，金紫光禄大夫，充醴泉观使，兼侍读	降充资政殿学士，提举亳州太清宫	《宋会要·职官六八》一四
	知寿州	提举亳州太清宫	《宋会要·职官六八》一六
邓洵武	中书侍郎	知随州	《王荆公诗》卷四三李壁注、《宋史》卷三二九
	知亳州	提举亳州明道宫	《宋会要·职官六八》一六
安惇	既卒，赠特进	追贬散官	《王荆公诗》卷四三李壁注
王汝之	降授承事郎	特追毁出身以来文字，除名勒停，免真决，不刺面，配朱崖军	《宋会要·职官六八》一四
王能甫	枢密直学士，朝散大夫，提举西京嵩山崇福宫	落职	《宋会要·职官六八》一四
	知陈州	提举亳州明道宫	《宋会要·职官六八》一六
王资深	承议郎，显谟阁待制，知密州	特责授衡州司马，新州安置	《宋会要·职官六八》一四
阎守懃	延福宫使，唐州团练使，提举西京嵩山崇福宫	责授团练副使，永州安置	《宋会要·职官六八》一四
吴居厚	知徐州	提举南京鸿庆宫	《宋会要·职官六八》一六
邓洵仁	知河中府	提举杭州洞霄宫	《宋会要·职官六八》一六
王寀	知襄州	除名勒停，免编管，勒令侍养	《宋会要·职官六八》三五

图 1　吴氏关系图

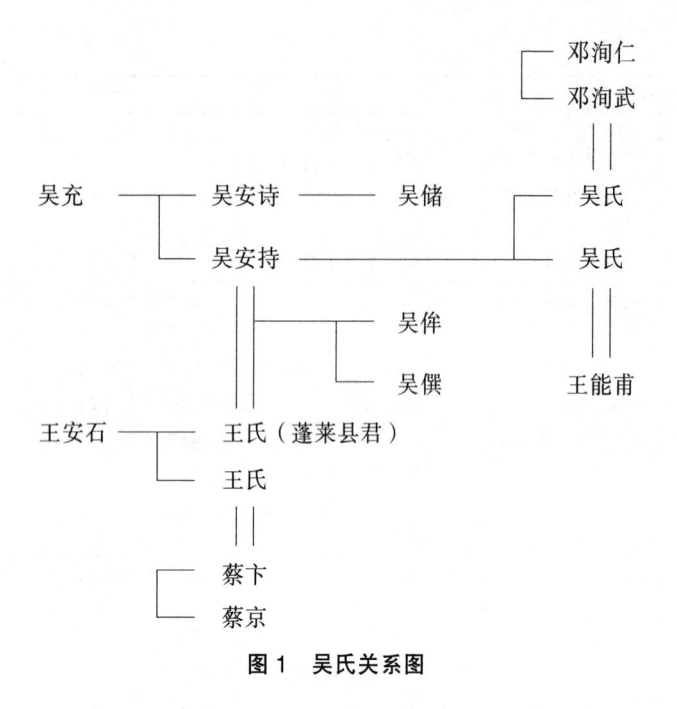

在本章第一节所见《王荆公诗》李壁注中，吕惠卿之子吕渊就因曾闻妖言却未告发而遭到处罚。更详细的记载如下：

> 大观元年，妖人张怀素谋叛，蜀人范寥诣阙上其事，有诏置狱。既伏诛，乃迹其昔所经行之地，以赏以罚，而得其常寓苏州通判吕渊家。寓时能以其术自晦，而莫之谁何。独两浙运判胡公察知其事状，将取以付狱。既觉，即转徙他州。公命劾渊，捕获素，邂逅得罪去，辄已。(《姑溪居士集》卷一九《故朝请郎直秘阁淮南江浙荆湖制置发运副使赠徽猷阁待制胡公（奕修）行状》)

张怀素伏诛后，在搜查他过往行经之地的过程中发现，他曾留宿苏州通判吕渊家。当时张怀素隐藏妖术，因此没有人感到可疑，唯独两浙转运判官胡奕修有所察觉。但张怀素却从住处逃走了。

蔡京以此为线索，逼迫吕渊供认自己谋反：

> 丁亥岁，张怀素事作，蔡京欲因狱事傅致惠卿之子，下狱，榜答数千下，欲令招服与怀素谋反，其子卒不服，得免。（《长编纪事本末》卷一三〇《不用吕惠卿》，政和元年七月十七日条所引吕本中《杂说》）

蔡京命人鞭打吕渊数千下，想逼他承认自己是主犯，并企图以重罪连坐吕惠卿。然而吕渊并未屈服，吕惠卿最终被处宣州安置。

更有甚者，有史料显示邓洵武被连坐实际上也是由蔡京推动的。正如第一章所见，邓洵武曾在建中靖国元年（1101）向徽宗进呈《爱莫助之图》，令徽宗决定起用蔡京，所以他一直是蔡京一党。尽管如此：

> 中大夫、中书侍郎邓洵武罢，守本官知随州。以宋乔年父子与洵武议不合，会妖人张怀素狱兴，其徒有与洵武联姻者，蔡京以为言，遂贻罢免。（《宋会要·职官七八》三一《罢免上》，大观元年四月条）

邓洵武被连坐和罢免的真正原因是他与宋乔年、宋昇父子议论不合。宋氏父子是蔡京家的姻戚，相较于邓洵武与蔡京的关系显然更亲密。[47]

此次诏狱的连坐者当然不止以上所见的著名人物：

> 王寀除名勒停，免编管，勒令侍养。初，寀除知襄州，奉御笔："王寀，张怀素案内有此姓名，与都下宫观。"继而寀奏以自辩云："张怀素等所犯凶逆，罪至诛夷。臣与张怀素并不识面，亦不系亲戚婚姻，不曾保任荐举逐人，亦不曾与书简往还。"故特有是责。（《宋会要·职官六八》三五《黜降官》，政和五年八月十八日条）

据史料记载，涉狱者超过百人。[48] 之后又有御笔手诏颁布，[49] 命各路监司搜查张怀素余党、禁止男女老少聚集诵经，结果导致某些州县采取了过度的管控措施：[50]

> 张怀素诛，朝廷疑其党有脱者，江、淮间往往以诬告兴狱。锡至郡，有告者，按之，则妄也。具疏于朝，由是他郡系者皆得释。（《宋史》卷三五四《沈锡传》）

沈锡出任知江宁府的时间是大观三年（1109），[51] 可见哪怕已经过数年，与张怀素狱相关的诬告仍时有发生。

另一方面，告发者范寥以及为他提供路银的汤东野都得到了赏赐。尤其是汤东野：

> 怀素伏诛，寥起布衣召对，授供备库副使，白上："臣非汤东野，无以见陛下。"上问："东野何人？"即对："镇江府学

内舍生。"且具道所以资送之恩。宰执因言:"朝廷兴学舍法以造士,固应学校之士有忠义奋发,仰副作成者。"有诏,乘递马赴阙。既对,言契上心,即授忠义郎、卫尉寺主簿,再迁为辟雍丞。(《京口耆旧传》卷五《汤东野》)

诏令汤东野乘递马到开封宫阙,谒见徽宗后即刻被授予忠义郎(宣义郎)、卫尉寺主簿之职。[52] 宣义郎是文阶京官的最高位从八品。相比之下,范寥不知为何仅被授予供备库副使的武阶(相当于从七品)、勾当在京延祥观与宫观差遣。徽宗当初想要授予他进士第一人的文阶,但遭到蔡京阻止:"彼素不由学校躐授文阶,不可第。"[53] 蔡京当时确实正在全国推行学校制度。好不容易废止科举、采用经由学校的登用制度,此时出现不经学校而赐予进士及第的情况,必然会令他感到厌恶,这一点可以理解。然而还有一个更重要的原因,自不必说,就是针对将自己逼入危机之中的范寥的报复。另外,如果范寥原本就是张怀素的弟子,不问责他的罪过就已是足够的赏赐了。或许正是考虑到这一点,才授予他武阶。

范寥此后作为武官出任福州钤辖,"其人纵横豪侠,盖苏秦、东方朔、郭解之流云"。[54]

寥每对客言:"其告变,实鲁直纵臾之。"使鲁直在,奈何。(《挥麈录》后录卷八)

范寥总是对他人宣称,告发张怀素之事是受到黄庭坚的怂恿。虽是符合他为人之语,但王明清对此依然批判道:"假使黄庭坚在,他会说什么呢？"

如此这般，范寥的告发并未达成其最初的意图，蔡京未被卷入其中，自己得到的赏赐也很微薄。倒是蔡京反过来利用这次诏狱危机，巩固并强化了自己的权力。

结　语

以上就是依据现存史料可以判明的"张怀素狱"全貌。张怀素、吴储等人具体的"谋反"行为无法确认。如果告发人范寥本就与他们一伙，那么很有可能是因为某一契机才导致他们分道扬镳，最终一方诬告了另一方。

即便如此，令人震惊的是张怀素所构建的组织。他将吴储、吴侔、范寥等名门士大夫之家出身之人纳入麾下，更指使他们前往各地游说"迁客"（流谪人）。可见，张怀素在当时各式各样的民间宗教人士中也称得上是一位"大人物"。他的触手甚至伸到了中枢政界的吕惠卿，以及在这一时期与兄长反目、被放逐到地方的蔡卞等人身上。除却他与蔡京本人接触一事的真伪，张怀素的组织很可能企图纠合元祐党人与新法反蔡京派等不满现状的分子。

然而遗憾的是，我们无法明确范寥的告发仅仅是其个人行为，还是曾受他人唆使。虽然可以认为他试图将蔡京卷入谋反事件这一点来自反蔡京派的推动，但并无佐证。进而言之，即便张怀素一党是反蔡京的，若他与蔡京果真有所接触，对此也不应一概而论。总之，由于史料稀少且错综复杂，所以存在各种各样的可能性。

至少可以肯定的一点是，蔡京在不知不觉间，将原本以自己为目标的诏狱引向了有利于自己的方向，并利用此事来驱逐政敌，可以说展现出了高超的政治手腕。特别是即便如谋反之重罪，在存在诬告可能性的情况下，竟对前任宰相一族出身、又是王安石外孙的名门子弟吴储、吴侔等人施以凌迟处斩这一极端酷刑，应该给时人带来了相当大的冲击。

此外值得注意的是，张怀素的活动基本上限定在江南地区，且诏狱的连坐者也大多是江南之人。[55] 因为就在张怀素狱发生仅半年以前，同一地区还发生了尚未终结的苏州钱法狱。关于这一事件可参看中嶋敏的研究。[56] 这起诏狱与蔡京采取的货币政策有关，涉及私铸钱的制造与流通。自崇宁五年（1106）十二月知苏州蹇序辰落职起，至翌年大观元年（1107）九月结狱，其目的与其说是钱法本身，不如说是蔡京对前一年驱逐自己的刘逵的报复。他将与刘逵有姻戚关系且出身名门的章绖等人定为主犯，想要连坐刘逵。[57] 最终，章绖被流放沙门岛，他的数十位兄弟也遭到了处罚。据说在这一过程中，蔡京一党的开封府尹李孝寿、监察御史张茂直等人对成百上千的嫌疑人施加了残酷的拷问。

如此，江南地区自崇宁五年至大观元年相继发生了两起诏狱，二者的共通点是主犯均出身于当地有影响力的名门士大夫之家，且都有朝中高官遭受连坐。

这一时期闯过科举难关、晋升高官之人，他们的家乡很多已从华北移至长江中下游流域，这一点在先行研究中已然明确。所以应当考虑的是，朝廷内部纷争理所当然会将这一地区卷入其中。然而现今值得关注的是，两起诏狱均发生在蔡京复权不久的同一时期，且针对同一地区，并给当地带来了很大的影响。结果之一就是江南地区的人们通过这两起诏狱，感受到了蔡京体制对地方的威压约束。

同样在大观元年九月：

> 上书观望者五百余人，禁中悉以焚毁，内二十人情重。今择其尤甚者李景直、曾绽、黄宰、方轸四人指斥切害，诏景直除名编管新州，绽依前断，轸、宰以他罪鞫治未竟。（《十朝纲要》卷一七，大观元年九月己亥条）

前一年蔡京下台不久之后，奉诏上书批判蔡京政策的五百余人的奏文被悉数焚毁，情节特别严重的四人还遭到了处罚。这也是伴随蔡京复权的言论统制紧缩政策之一。

这些事件的影响延续了数年之久，在此期间人们无不是一副战战兢兢的样子。江南之人对蔡京毫不掩饰的权力感到恐惧，也可以认为这是此后由花石纲引起的江南掠夺激化的基础。

尤其是钱法狱，当徽宗获知章绽的无辜，派遣沈畸想要替他洗刷冤屈时，蔡京利用人事权令沈畸左迁，重新派遣了孙杰，最终如愿判定章绽有罪。这件事可与迄今为止的诏狱进行对比。此前，在最终判决中起决定性作用的是皇帝的意志，哲宗就曾宽宥过许多元祐党人。[58]

正如第一章所述，崇宁五年正月的政变是以徽宗与蔡京围绕外交方针的意见分歧为背景展开的，关于当时的内政二人则并无明显分歧，徽宗基本上支持蔡京的新法政策。但对于这两起诏狱的处理，二人的意见相左，甚至出现了蔡京的指导力凌驾于徽宗之上的情况，徽宗因此逐渐倾向于排除蔡京的影响力。在政治层面的对立之上，纠葛更深的是二人在文化层面的不同姿态。徽宗自即位以来一直推进诸如制定新乐、制作九鼎之类的文化事业，包含这些在内的全新的仪礼书也在大观、政和年间完成。因为根本想法的不同，二人的对立变得愈加深刻，最终导致了政和六年封禅计划的中止。关于这一过程，将在下一章讨论。

第三章 政和封禅计划的中止

前　言

至上一章，徽宗即位以来的政治状况已经得到确认，在一系列政治事件的背景下，徽宗与蔡京之间存在相克关系这一点已有论及。本章旨在考察大观至政和年间（1107—1118）双方之间的关系。政和六年（1116）准备周详的封禅计划最终被中止一事，正是这一过程中的代表性事件。

"封禅"是唯有实现天下太平的皇帝才有资格举行的国家最重大的仪式之一，秦始皇、汉武帝、光武帝、唐高宗、武后、唐玄宗等著名帝王都曾有封禅之举。[1] 所谓"封禅"，由在诸如泰山之类的名山山顶堆土祭天的"封"与在山麓祭地的"禅"组成。北宋第二位皇帝太宗在平定北汉后曾计划封禅，但因火灾而中止。[2] 之后，第三代皇帝真宗曾于大中祥符元年（1008）举行封禅，这一事件非常有名。真宗认为四年前与契丹缔结的澶渊之盟致使自己威信受损，因而此次封禅是他为了宣扬权威而谋划的国家仪礼，与天书降临是相互配套的。[3] 此后再没有皇帝举行过封禅仪式，宋真宗由此成为中国历史上最后一位封禅的皇帝。

然而，真宗朝百余年后北宋末的徽宗朝，也曾有举行封禅的计划。若当真实行，那么或许这才是史上最后的封禅，但这一计划却于政和六年突然中止：

六年，知兖州宋康年请下秘阁检寻祥符东封典故付臣经画。时蔡京当国，将讲封禅以文太平，预具金绳、玉检及他物甚备，造舟四千艘，雨具亦千万计，迄不能行。(《宋史》卷一〇四《礼志·封禅》)

这一梦幻的封禅计划为什么没有实行？尚无史料对此加以明确论述，到目前为止，对其缘由的探究主要来自思想史方面。刘浦江指出，在宋代儒学复兴的背景下，当时的理学家们关于王朝正统性寻求的是"道德批判的新规则"，而非此前历代王朝采用的传统的五德终始说。同样，包括封禅在内的其他传统政治文化也丧失了其存在价值。[4]

与刘浦江以宋代一般情况作为对象的解释不同，小岛毅分析了徽宗朝编纂的《政和五礼新仪》(以下简称《新仪》)中可见的特征，认为："北宋末这一时间点，正是以天帝受命为重点的王权理论，向以'天理'为秩序理念根本的政治思想转移过程中的起伏时期。"[5] 也就是说，徽宗朝一方面"铸造九鼎、建立明堂，将劳力倾注于追求外在王者性"，此后在朱子学的理解中被视为否定对象，[6] 另一方面则批判真宗朝的天书、圣祖降临与封禅等行为，将注意力集中于确立以经书为基础的祭祀体系。这既是一个稍微脱离了汉唐以来以儒教经学为基础的礼制，开始向后来的朱子学礼制转移的过渡期，也是一个追求"时令思想"的时期。

北宋中后期存在如此巨大的思想倾向变化，封禅之类的国家仪式也失去了魅力，所以最终并未实行，这就是先行研究中所见的解释。笔者基本赞成这一观点。既然如此，为什么还要写下这篇考论呢？这是因为笔者对于政和六年封禅计划的中止还留有疑问：为什么封禅计划明明已经准备周全，却仍被中止？预备船只中的两千艘翌年被转为他用，可见当时实际上做了相当充足的准备。[7]若是时人思想上的变化，无论有意或无意，则应当趁计划尚在纸面上时就早早中止。正如后文所见，当时民众请愿事件大量发生，甚至连雨具这样细微的必要物资都已经准备周全。从持续数年的封禅准备工作来看，当时的确想要举行封禅。如此说来，中止这一仪式无疑是一次相当重大的政治决断，单纯从思想变化来追寻缘由是不够的，有必要考虑当时的政治要因。

因此，本章将考察政和六年封禅计划中止及其之前的政治背景。如果认为当时是思想史上的过渡期，则暧昧的思想起伏又是以怎样的形式反映在当时实际的政治状况中的呢？

第一节 大观、政和年间的封禅计划

让我们先来看看这一封禅计划是如何确立的，以及推动者又是谁。作为举行封禅的前提，从数年前开始，当地父老们已开始举行大规模请愿运动：

> 政和三年，兖、郓耆寿、道释等及知开德府张为等五十二人表请东封，优诏不允。（《宋史》卷一〇四《礼志·封禅》）

政和三年十一月十一日,河南府言:"节次据管内属县命官、学生、道释、耆老等六十六状,咸言'国家累圣相承,功成治定,是宜讲修封禅之仪,以答天地之贶,奉符行事,诚不可稽'。欲诣阙进表,恭请皇帝登封中岳,告成天地。"诏许十二月十八日诣宣德门拜表。二十四日,于崇政殿引见,赐束帛、缗钱有差,所请不允。时本府以少尹一员部送请封人至阙,凡四千六百余人。自是他州诣阙请封人,皆以官部送。(《宋会要·礼二二》一九)

东岳泰山所在的兖州、郓州自不必说,连坐拥中岳嵩山的河南府也有民众请愿封禅,得到诏令许可的地方官府令他们直接奔赴都城开封。朝廷虽未许可封禅一事,但对这些民众进行了赏赐,让他们回去。虽然乍看之下只是朝廷对地方父老的纯粹心愿加以嘉许,皇帝也难得进行了赏赐,但当时受赏者多达四千六百余人,如果由地方官府支出费用送他们上京,则这应当是一场颇具组织性的运动。

翌年政和四年(1114)正月,兖州民众再次请愿封禅,其中包括至圣文宣王孔子第四十七代孙孔若谷。[8] 当时同样经历了翌月上表、召见,皇帝予以赏赐,授予老人官职,但不许可请愿的过程。好似轮换登场一般,二月,郓州、濮州民众同样发起请愿,三月被召见、赏赐钱帛,人数竟达八千六百余人之多。此后,开德府、兴仁府、颍昌府、郑州、广济军等地民众也相继发起请愿。[9] 四月,河南府再次乞请封禅中岳,十月,郓州、兖州第三次请愿,甚至连遥远的永兴军也发起请愿。[10] 不断有来自诸州府的封禅请愿上表奉达,简直像在互相竞争一般。

就这样，自政和三年至四年，各地发生了大规模的封禅请愿运动。从数以千计的人数可知，这应该不是民众自发的请愿，其中当然少不了地方官的唆使：

> 袭庆守张漴使郡人诣阙请登封，东平守王靓谏以京东岁凶多盗，不当请封。为政者不悦，将罪靓，奕言："靓忧民爱君，所当奖激，奈何用为罪乎。"靓获免。(《宋史》卷三五五《虞奕传》)

虽是不同时期的史料，[11] 但从中仍可窥见地方官令民众请愿封禅的情况。政和三年至四年或许也发生了同样的状况。

当时期望封禅的并不只有地方官。秘书省的学士们据说也曾发起请愿，[12] 华镇《乞东封劄子》[13]、傅察《拟请东封表》二文流传至今。[14] 特别是前者文中有"崇宁之初""六年于兹"字样，可见是自崇宁初年历经六年写就，时间恰好是大观元年（1107）。也就是说，自大观元年起，请愿封禅就已经开始。

这一点从大观元年方轸对蔡京的弹劾文章中也可得到确认。方轸父亲是蔡京的同乡，再加上姻戚关系，他得以晋升要位。蔡京本想任用方轸，然而方轸却断然拒绝，反而上书控诉蔡京之过。对此，蔡京于大观元年九月十九日上劄子，围绕弹劾文的内容做了辩解。[15] 其中一条如下：

> 又以宋乔年为京畿转运使，密讽兖州父老诣阙下，请车驾登封，意在为东京留守，是欲乘舆一动，投间窃发，呼吸群

助。不知宗庙社稷何所依倚。(《挥麈录》后录卷三)

方轸认为蔡京策划封禅的目的在于使徽宗行幸外地而自任东京留守，为此，才令与他有姻戚关系的京畿转运使宋乔年命兖州父老请愿封禅。[16] 由此可知，自大观元年开始已有封禅计划，并且是出自蔡京的谋划。

大观元年正是蔡京第二次当国时期的起始之年。当年相继发生苏州钱法狱与张怀素狱，蔡京的各项严厉政策亦付诸实施，可谓是世情不安的一年。[17] 其结果是徽宗与蔡京之间洋溢着不稳定的气息。此时谋划封禅，蔡京的目的或许是想要抚慰徽宗受伤的心。[18]

如果蔡京自大观元年已经开始推进封禅计划，则同年重新制造皇帝印玺"八宝"、翌年正月举行接受新印玺的仪式等事，很可能也与封禅有关。

皇帝印玺自汉代以来就是传统的"六宝（玺）"[19]，宋代未能将之集齐。据蔡絛《国史后补》记载，元丰年间皇帝已有诏想要制造六宝，连作为材料的玉料也已备妥，但终究未能实现。大观初年得到手艺高超的工匠之助，终于制造了六宝。另外，哲宗时发现的"传国宝"也传承了下来，但徽宗废弃不用，而是重新制造了"受命宝"，有着与前者相同的"受命于天、既寿永昌"印文。此外又制造大五寸、有"承天福、延万亿、永元极"印文的"镇国宝"，合为"八宝"，并于大观二年（1108）正月在大庆殿举行接受八宝仪式。此事在御制《八宝记》中留下了记录。[20]

关于八宝与封禅的关系：

尚书省言："唐八宝，镇国以承百王，传国宝修封禅、礼神示。皇帝行宝，答王公疏。皇帝之宝，劳来勋贤。皇帝信宝，以召臣下。天子行宝，答四裔书。天子之宝，慰蛮貊。天子之信宝，发蕃国书。今御宝禁中已有常用之宝，所用至多，不可改移。欲镇国、受命宝皆宝而不用，惟封禅则用之。皇帝之宝，答邻国书则用之。皇帝行宝，降御劄则用之。皇帝信宝，赐邻国书及物则用之。天子之宝，答夷国书则用之。天子行宝，封册则用之。天子信宝，举大兵则用之。余用常用之宝。"从之。(《长编纪事本末》卷一二八《八宝》，大观元年十一月乙丑条)

此时以蔡京为首的尚书省特别提到，八宝中的镇国宝、受命宝仅限于封禅使用。可以认为这是在为接下来的封禅做准备。

蔡京与这些印玺之间原本就有很深的关系。哲宗朝出现"传国宝"之时，受命对其进行考究之人正是当时的翰林学士承旨蔡京。数月之后，蔡京复命，称这毫无疑问是秦代以来的传国玉玺。也就是说，蔡京拥有丰富的相关知识，熟知这些印玺的用途。

由前文可知，自大观初年蔡京第二次当国时期开始起，封禅计划及相关的准备工作已在各个方面展开。然而此后的大观三年（1109），计划因蔡京的下台而受阻。政和二年（1112），蔡京以太师的身份回归开封，计划因而再次展开，翌年开始出现大规模的封禅请愿运动。

然而，尽管发起了耗资巨大的请愿运动，封禅计划依然未能实行，并最终于政和六年中止。其背景与大观元年以来围绕礼制的思想争论问题以及当时的政治状况相关。下一节将先来探析徽宗朝的礼制史。

第二节　议礼局与礼制局

尽管徽宗在位后期受道教（尤其是神霄派）影响巨大，但其在位前期非常热衷于基于儒教的礼制改革。[21]改革的起始时间是崇宁二年（1103）九月，徽宗向讲议司颁布手诏，命其考究历代礼乐沿革。翌年讲议司虽被废止，但刘炳作为大司乐对乐制的检讨仍在继续，以魏汉律思想为基础的大晟乐于崇宁四年完成。[22]同年，象征王权的九鼎完成并被供奉于九成宫，徽宗御大庆殿受贺，演奏大晟乐。[23]

在乐律大晟乐与祭器九鼎之外，徽宗朝为作成新礼制体系而新设置了议礼局。大观元年（1107）正月，置详议官二员、检讨官五员，检讨冠婚葬祭礼制。郑居中被选为总领官。

议礼局追求的是怎样的礼制？关于这一点，可见翌年的徽宗御笔：

> 御笔："议礼局礼，当追述三代之意，适今之宜。《开元礼》不足为法。今亲制《冠礼沿革》十卷付议礼局，余五礼，令视此编次。"（《长编纪事本末》卷一三三《议礼局》，大观二年十一月癸亥条）

新礼制追述上古三代,并不遵循前代的唐礼。基于这一命令,徽宗亲自编制了《冠礼沿革》,可知他非常积极地参与新仪礼书的编纂。他的这种积极性此后亦有所见。大观四年二月,议礼局上奏《大观礼书·吉礼》二三一卷等之时:

> 大观四年二月初九日,奉御笔:"阅所上礼书并《祭服制度》,颇见详尽,内禘祫礼自昔所论不一,今编次讨论,尤为允当。除依今来指挥改正外,余所奏修定。"御笔改正七项。礼书卷第一……礼书卷第二……礼书卷第四……礼书卷第五……礼书卷第十一……(《长编纪事本末》卷一三三《议礼局》,大观四年二月戊寅条原注)

根据徽宗御笔,七项逐一被改正。

此外,编修宾礼、军礼之际,议礼局向徽宗请示,若遇《周礼》与《开元礼》《开宝礼》有分歧,或前者有后者所无的仪礼之类问题时应当如何规定:

> 议礼局奏:"臣等见编修宾、军以下四礼……开元及开宝定礼,并无上件仪注。乞断自圣裁,付本局遵依编修。"御笔:"……唐不知此而移于嘉礼,非先王制礼之意,可依《周礼》参详去取,修立军礼……自当斟酌时事,考循古意,以立礼制。"(《长编纪事本末》卷一三三《议礼局》,大观四年四月丁丑条)

徽宗颁布御笔,否定唐制,指示应当在基本遵循《周礼》的情况下，斟酌考虑当今情势，订立礼制。

议礼局此后也时常一边确认徽宗的想法，一边推进仪礼书的作成。[24]徽宗积极发表了许多意见。

政和三年（1113）四月，仪礼书完成，题为《政和五礼新仪》，徽宗赐御制御书《政和新修五礼序》。向徽宗呈上《新仪》之人是当时的知枢密院事郑居中，他从一开始就一直总领《新仪》作成事宜。[25]而另一方面，此时正是蔡京政治上的失势时期，他并未参与《新仪》的编纂。蔡京幼子蔡絛也将《新仪》编纂事业作为他人之事加以记述：

> 时郑居中亦被旨修《五礼新仪》，既不通详，又乃仪也，非礼也，亦终不能行。（《长编纪事本末》卷一三四《礼制局》，政和三年七月己亥条原注）

从蔡絛文中的批判之语也可看出，《新仪》的编纂与蔡京无关。

于是，自大观至政和年间前期，由郑居中主导的议礼局遵循徽宗本人的意愿，完成了当时的一大事业——作成新仪礼制度。

关于《新仪》的特色，可以参照小岛毅的研究，[26]从中可见徽宗朝将"时令思想"具象化的种种方式。在作为世界中心的王宫，放置"时间、空间上模仿宇宙的王权象征"——九鼎，依据明堂校正时间秩序。运用这些可视的、具象的象征，体现外在威仪、制定秩序，这就是时令思想下的王者像。这也正是徽宗所期望的礼制，九鼎与明堂将时令思想具象化，而《新仪》则用此来制定仪式秩序。

从这个意义上来说，仪礼书《新仪》遵循的是徽宗所追求的王者像，所以其作成当然与徽宗本人有极大的关系，郑居中不过是受意总领全局而已。君臣二人之间必然存在着关于这一时令思想的共识，不难想象，徽宗应该非常信赖郑居中。

虽有赘言之嫌，但需要注意的是，相比之下，蔡京与《新仪》的作成以及议礼局之间几乎毫无关系。相反，继承议礼局而设立的礼制局却与蔡京大有关系。

政和三年七月，于"编类御笔所"置礼制局。[27]这个"编类御笔所"究竟是什么机构？从以下史料中可见端倪：

> 宋兴，崇宁、大观，已百六十年矣，而礼乐制度多阙，不及汉、唐。始神庙有一代典礼之制，不就，及上自亲政，慨然述作，故以属鲁公。崇宁中始讲求未暇，大观初，阴为有意，乃将君臣庆会阁所藏、一时朝廷所被受御笔，悉编类以成书，讬此为名，因命门客黄声、表兄徐若谷为编类官，实欲因官给笔劄，密修讲之。二人者皆未官于朝，编类乃家事，故特命之。声与谷博学谨畏，近时亦罕有也。方草具未久，鲁公罢（大观三年六月四日，京罢相），俄又罢去，遂不成。时声始登第矣（黄声，南剑州人，大观三年贾安宅榜第四甲及第）。政和元年，声乃挝登闻鼓院，密上当时所讲议文书。上喜，命声入馆为正字（政和二年九月十五日为正字），而鲁公益有召意。二年，鲁公归阙（京二月一日受太师，令居第，五月十三日落致仕）。既复相，而上于礼文更留神，且屡督鲁公。鲁公曰："今为一代典章，顾何密之有。不若择通儒，明以付之。"三年，乃下诏具述作旨，因编类御笔所以置礼制局焉。始多聚晓

礼之士与其中，方讲求会议郊庙。庙有三恪陪位礼，而本朝二王后阙三恪不备，因议礼间，才及之，而谮者忽出奇诋，谓鲁公又及三恪，是欲反矣。上偶为之动，鲁公狼狈遽止，因私叹曰："礼制其必不成。"是后晓礼之士或死或去，而亲戚宾客，时多预焉，徒随时事被旨讨论而已。至于一代典礼，盖蔑及也。（《长编纪事本末》卷一三四《礼制局》引蔡絛《史补·礼制篇》）

由这段稍显冗长的引文可知，原本大观年间，蔡京门客黄声、徐若谷将蔡京的御书阁——君臣庆会阁所藏御笔与朝廷所受的御笔分类编纂，[28] 其所在机构应当就是编类御笔所。这是作为蔡京"家事"而进行的一项事业。大观三年（1109）因蔡京下台，这项事业并未完成。其后，进士及第的黄声诉诸登闻鼓院，向徽宗奏明了这项事业的存在。政和二年（1112）蔡京复权，由编类御笔所置礼制局，在此聚集详知礼制之士，考究关于天地、祖先的祭祀问题。

如果这段记载真实可信，也就是说，原本由蔡京私人设立的编类御笔所，被扩充成了作为公共机关的礼制局。有鉴于此，编类御笔所收集的很可能都是与礼制相关的御笔。另外，蔡京对于由他的私人机关发展而来的礼制局应当具有非常大的影响力，这一点不难想象。由其成立始末亦可知，礼制局与徽宗、郑居中主导的议礼局是完全不同的组织。

就蔡京的立场而言，尽管大观年间他出于考究礼制的目的而私自设立了编类御笔所，但最终徽宗却将仪礼书作成一事委派给了郑居中主导的议礼局，之后甚至连蔡京本人都不得不离开开封，所以他在礼制方面并未发挥影响力。政和二年蔡京回到开封，翌年《新仪》编纂完成，议礼局的活动目的已达成，正好顺水推舟将其废止，[29] 并在自身影响力之下设立了礼制局。

此后，礼制局恰如其名，在《新仪》的基础上制造祭器、补遗新仪礼之不足，承担了政和后期的文化行政事业。具体而言，包括修筑圜坛、方坛，制造玉辂，考究太庙祭器、卤簿次序等。[30]

梳理以上内容可知，政和三年礼制局启动的同时，上一节所见的大规模封禅请愿运动也开始了。如此或许可以认为，正是礼制局制造了三年后政和六年封禅的必备用品。蔡京为挽回其影响力不及礼制政策的局面而设立了礼制局，并以此为据点，旨在推动实行封禅。

如上所述，自大观至政和前期，礼制相关政策的中心是议礼局；自政和三年起，则由礼制局继承。在此过程中核心人物前后有所不同，前者是徽宗与郑居中，后者则是蔡京。问题在于徽宗、郑居中与蔡京的关系，其中显现的不和谐音正是此后封禅中止的间接原因。接下来，让我们再来看该时期的政治状况。

第三节　大观、政和年间的政治状况

蔡京的第二次当国时期始于大观元年（1107）。这一年，蔡京利用苏州钱法狱、张怀素狱等事件，加强了对前年下台之后批判自己的反对势力的弹压，为此他甚至无视了徽宗的制止。[31] 蔡京与徽宗之间因此渐生嫌隙。

正如本章第一节所述，徽宗自此致力于制定《新仪》，而另一方面，蔡京则实行封禅计划，制作并呈奉了"八宝"。不仅如此，同月他还上表祝贺甘露、仙鹤等祥瑞。[32] 特意强调祥瑞，恐怕也是在为封禅做准备。

就这样，徽宗、蔡京二人在礼制方面推进着各自的文化政策，而与此同时，徽宗也正在谋划如何在政治上牵制蔡京。这正是蔡京派瓦解的开端。首先需要关注的人物是张康国。

张康国早先以文才获得徽宗的认可，是不经考试就出任中书舍人的俊才。此后，他长期作为蔡京党羽活跃于政治舞台之上，仅用三年就从地方官晋升为知枢密院事。[33] 对他抱有期待的徽宗以宰相之位为条件，令他背叛蔡京并牵制之：

> 帝恶京专愎，阴令沮其奸，尝许以相。（《宋史》卷三五一《张康国传》）

对此，蔡京令御史中丞吴执中攻击张康国，与之对抗，双方形成了对立。对立最激烈的大观三年（1109），张康国在退朝途中忽感不适、突然暴毙。虽然有人怀疑他是被毒死的，[34] 但真相始终不甚明了。由此可见，徽宗、张康国与蔡京、吴执中之间的对立相当尖锐。

同年五月，蔡京派的孟翊在文德殿视朝之时突然呈上《卦象图》，直接向徽宗申诉，认为本朝的火德正在衰微，应修改年号、官名。这恰好引起了旨在遵从时令思想制定仪礼的徽宗的不快，他立即处罚了孟翊，将他编管地方。[35] 虽不知孟翊的行动与蔡京有多大关系[36]，但这件事却成为攻击蔡京的绝佳材料。包括台谏在内的诸多人士对蔡京提出了强烈的非议，[37] 尤其是太学生陈朝老，上奏了言辞激烈的蔡京弹劾文，此后人们争相传写。[38] 不堪忍受的蔡京于六月致仕，结束了自己的第二次当国时期。

徽宗对蔡京的抑制似乎已经取得成功，然而他依然不得不任命蔡京派的何执中为继任宰相。何执中与其说是徽宗藩邸旧僚，不如说他从一开始就是蔡京派来接近徽宗的。蔡京期望通过他来维系与徽宗之间的联系。[39] 此后，他也是依附蔡京出仕：

> 大观初，进中书、门下侍郎，积官金紫光禄大夫。一意谨事京，三年，遂代为尚书左丞〔左仆射〕，加特进……执中与蔡京并相，凡营立皆预议，略无所建明。（《宋史》卷三五一《何执中传》）

何执中一心追随蔡京，在其之后继任首相。

另外，蔡京虽说已致仕，却一直留在开封：

> 太师、中太一宫使、魏国公蔡京守太师致仕，仍提举编修《哲宗皇帝实录》，进封楚国公，其请俸并杂给人从等并依旧，朝朔望。大朝会许立宰臣班，余依故事。又诏："蔡京合得致仕恩泽外，长子显谟阁直学士、承议郎、提举醴泉观攸除枢密直学士，次子宣义郎儵除直秘阁，余依故事。"（《长编纪事本末》卷一三一《蔡京事迹》，大观三年十一月己巳条）

蔡京以提举编修《哲宗实录》为借口留在开封，这与元符三年

（1100）时的情况相同。[40]并且他的儿子们也因恩荫出仕，所以蔡京的影响力依然得以延续。

作为对抗手段，徽宗首先起用了徐勣。徐勣曾与何执中一样是徽宗藩邸旧僚，因不屈服于蔡京而未能得到重用：

> 初，徐勣与执中俱为诸王记室。勣持正尤见礼重，然不至大用，且尝入元祐党籍。至是，才复集贤殿修撰，召对，上劳问甚渥，曰："卿久于外，下民疾苦，当尽言之。"勣曰："事固未易胜言，唯茶盐法为最甚。"……上曰："久不闻卿有言。"欲复用勣，勣不愿留，以显谟阁学士留守南京。（《编年备要》卷二七，大观三年六月条）

由于徐勣本人的拒绝，徽宗最终没有强行重用他。然而，作为何执中的前同僚，徐勣是对抗何的绝佳人选。徽宗利用蔡京致仕的机会，意图抹杀其影响力，所以才会一直寻找能够牵制他的人物。

继徐勣之后，徽宗又找到了张商英。张商英原是新法党人，崇宁初年官至尚书左丞，因与蔡京不合而外放地方，甚至被打入了元祐党籍：

> 张商英入对。商英知杭州，过阙入对，上问向来党籍之由。对曰："臣尝作《嘉禾颂》，大臣以此相媒蘖。若非陛下洞悉本末，臣何由出党籍。"上因语及蔡京乱纪纲事……上又曰："近来风俗甚不美。"商英曰："此政今日之大患也。"上曰："已逐三十余辈矣。"商英曰："余党尚多。"……是日，商

英初见，圣躬微兴，遂留商英为中太一宫使。(《编年备要》卷二七，大观四年二月条）

大观四年（1110）二月，徽宗接见张商英，在确认其政治态度之后，与他谈及无论如何都必须将蔡京的影响力排除出朝野。在这一过程中，徽宗道："已逐三十余辈矣。"张商英却道："余党尚多。"很显然，驱逐蔡京势力是二人共同的目的。由此，徽宗亲自拔擢张商英为相。

大观四年四月张商英正式出任宰相的前夕，随着《哲宗实录》的完成，蔡京也失去了继续留在开封的理由。[41] 此前一直遭到毛注、石公弼、何昌言等人持续弹劾的蔡京，[42] 终于在五月离开都城。徽宗再次下诏：

> 诏："蔡京权重位高，人屡告变，全不引避，公议不容。言章屡上，难以屈法，特降授太子少保，依旧致仕，在外任便居住。"（《长编纪事本末》卷一三一《蔡京事迹》，大观四年五月甲子条）

蔡京由太师贬降为太子少保，被驱逐出开封。这一事件的背景还包括自同年三月开始的旱情，以及彗星的出现。[43] 蔡京退居钱塘（杭州），其幼子蔡絛随行。[44] 蔡京的影响力因此大大降低。

六月，张商英出任右仆射，[45] 当十钱之类由蔡京提出的政策相继迎来转变。[46] 毫无疑问，这一切的背后是徽宗对他的信任。另外，还有伎术官郭天信的作用，据说他一直在张商英与徽宗之间牵线搭桥。[47]

然而，一年之后的政和元年（1111）八月，张商英突然被罢免。[48] 至于罢免张商英的理由则不甚明了。最常提及的一点是，徽宗对于张商英提倡节俭的强谏感到十分为难。[49] 但这一点是基于徽宗本人缺乏政治能力而得出的见解，考虑到徽宗起用张商英的整个过程，很难认为这是真正的原因所在。真正的原因或许反倒是张商英一直难以形成自己的党羽，受到来自多方面的攻击，逐渐失去了徽宗的宠幸：

> 及商英相，不知平心用人，故侍从、台谏官争设智以陷之。会上眷亦衰，言者乞逐商英愈急，意上必有所主，不知商英既去，而京复来矣。（《编年备要》卷二八，政和元年四月条）

> 然意广才疏，凡所当为，先于公坐诵言，故不便者得预为计。（《宋史》卷三五一《张商英传》）

张商英于禁中宦官之中亦树敌颇多，[50] 又受到郑居中一派张克公、刘嗣明的攻击，[51] 最终因对门下省吏张天忱的处罚固执己见，令对手有机可乘，遭陷害而下台。[52] 因接连不断的中伤而失宠于徽宗这唯一的后盾，因而走向失败，张商英的遭遇与崇宁末的赵挺之、刘逵等人是一样的。[53] 当然，最终的结果也可以说是因为张商英暴露了其作为宰相的资质不足。

政和二年二月，蔡京被召回开封。[54] 五月：

> 太师、楚国公致仕蔡京落致仕，三日一至都堂治事。每

第三章　政和封禅计划的中止

日赴朝参，退至都堂，聚议于中书省前厅直舍，治事毕，直即以尚书令厅为治所，仍押敕劄。(《长编纪事本末》卷一三一《蔡京事迹》，政和二年五月己巳条）

归来的蔡京每三日于"中书省前厅直舍"与宰执聚议，此后于尚书令厅押敕劄。也有一种看法认为，从蔡京以太师的身份参加宰执聚议来看，当时他已经作为公相开始了自己的第三次当国时期。[55] 然而，直至同年九月正式进行官制改革，宰相左仆射改称"太宰"，右仆射改称"少宰"，太师、太傅、太保作为三公正式成为宰相之时，蔡京就任宰相一事才终于有了制度性的保证。[56] 虽说是公相，他与作为正式宰相的太宰兼门下侍郎、少宰兼中书侍郎之间的上下关系依然很暧昧。蔡京回归开封后即刻受到徽宗的接见，依据的是元丰年间文彦博的先例，[57] 因此他恢复相位，恐怕也与元祐时期文彦博就任平章军国重事一样职权暧昧，有优老之意。如果实际上仅仅是每三天在都堂参加一次宰执会议，究竟能在多大程度上拥有实权？这一点值得怀疑。但无论如何，蔡京的影响力在一定程度上得到了恢复，这是肯定的。

这一博弈的结果是，徽宗成功对蔡京派形成了牵制，甚至一度将蔡京外放，但因为接替他的张商英的失败，蔡京派最终卷土重来。

不仅如此，其实徽宗本人从未想过彻底将蔡京赶走。蔡京回归之后，徽宗曾于太清楼设宴。当时侍奉徽宗左右的正是蔡京之子蔡攸，他的存在恐怕非常重要。[58] 受其影响，徽宗无法完全舍弃对蔡京本人的同情之心，他或许抱有这样一种想法，蔡京只需承认自己对政治的主导权即可。这一时期，徽宗与蔡京一方面认可了彼此的用处，另一方面又围绕着哪一方拥有政治自主性而展开了主导权之争。

第四节　徽宗与蔡京围绕封禅问题的关系

正如上一节所见，政和初年的政治形势是，蔡京大观初年的政治优势地位被颠覆，徽宗利用任命宰相等手段对蔡京形成了牵制。同时，如本章第二节所见，这一时期也是系统化的仪礼制度的再编时期，由于徽宗本人的积极参与，他与负责人郑居中之间形成了一种非常和谐的关系。在此期间发生了本章第一节所见的封禅请愿运动。政和三年至四年（1113—1114），各地民众以数千人为单位，间歇性地蜂拥至都城，获得了一定的褒奖。花费巨资的大规模请愿运动的背后，是蔡京以及他授意之下的地方官们的身影。

那么这里的问题就是，徽宗本人究竟是否期望封禅？此时最能体现徽宗思想的，正是由他本人推进的《新仪》，根据小岛毅的分析，其中并不存在与封禅相关的内容。[59] 以他的理论为基础，关于宋代的礼制，可以归纳如下。

真宗朝以降，真正受到重视的是对依据五德终始说而产生的、与王朝之德息息相关的星象，以及作为王朝守护神的感生帝的祭祀仪礼，而不是用以确认王朝正统性的封禅仪式。也就是说，当时重视的是王朝之祖的受命，以继承其衣钵的形式来显示王朝的正统性，因此才举行了在仪礼上再现太祖受命的感生帝祀。

这一感生帝理论，原本在郑玄经学中占据核心地位，但在唐

《开元礼》中被改成了祈谷祀，取代其在唐代承担保证王权正统性功能的正是封禅。通过封禅，唐代皇帝直接与昊天上帝相连接，接受其灵力，更新王权威信。举行祭祀的皇帝本人获得了来自上天的重新授命。宋真宗的封禅也是由此延伸而来。

然而宋仁宗以降，对真宗朝的天书、圣祖降临、封禅等行为提出批判，通过恢复明堂祀之类的行为，着力于确立以经书为基础的祭祀体系。像这样的思维方式才是"时令思想"，而将之体系化归纳总结的，正是仪礼书《新仪》。其最基本的思想即极力排除汉唐以来的谶纬要素，以依据经书的王权理论为基础。但另一方面，以同样谶纬要素浓厚的五德终始说为基础的感生帝理论依然被吸纳了进来，并成为此后朱子学的批判对象。但南宋的朱熹本人却并不完全反对五运说，其他的理学家们也曾在哲学思辨的层次上对五运说的合理性表示过赞同与理解。[60] 因此，北宋末年正是汉代以来王权思想向依据朱子学"天理"秩序的政治思想转化的过渡期。

如此一来，本章第一节所见徽宗关于"八宝"的行动就可以理解了。哲宗朝发现印玺，经蔡京特意调查，证实是秦的传国玺，但徽宗仅采用了印文，对玺本身却弃之不用。其实原本作为王权、帝位象征的是鼎，但其重要性在汉代变得薄弱，取而代之的正是印玺。[61] 徽宗依据经书对此加以复原，制作完成了作为新的王权象征的九鼎，并将其置于世界中心的王宫。即使是秦汉以来流传的传国玺，徽宗也不会再将其视为帝位的象征，他很可能并不认可传国玺的价值。因为他期望的是复活上古三代的礼制，而非汉唐的礼制。

从这一思想立场来看，封禅是与徽宗的时令思想不相符的仪式。

关于这一点，正如大观年间翟汝文在学士们反对封禅请愿时所说：

> 汝文曰："治道贵清净。今不启上述三代礼乐，而师秦、汉之侈心，非所愿也。"（《宋史》卷三七二《翟汝文传》）

关于应当排除纬书制度这一点，《新仪》理应率先有所表示。不知蔡京对此是否知晓，总之他依然强行推进封禅计划，反复令民众大规模请愿。徽宗因此不得不几次三番接见民众，反复听他们诉说封禅请愿。让徽宗看到有如此之多的民众盼望封禅，或者是为了展示自己拥有的号召力，这也可以看作蔡京对徽宗的一种示威行动。正是蔡京在逼迫并不想封禅的徽宗强行举行封禅。毫无疑问，徽宗对此会感到相当不快。

然而，蔡京有着不得不做到这一步的理由。据他的幼子蔡絛记述：

> 政和初，上始躬揽权纲，不欲付诸大臣，因述艺祖故事，御马亲巡大内诸司务，在奉宸库古龙涎司中。（蔡絛，《铁围山丛谈》卷一）[62]

> 奉宸库者，祖宗之珍藏也。政和四年，太上始自揽权纲，不欲付诸臣下，因踵艺祖故事，检察内诸司。（蔡絛，《铁围山丛谈》卷五）

> 及政和三、四年，由上自揽权纲，政归九重，而后皆以

> 御笔从事，于是宦者乃出，无复自顾藉，祖宗垂裕之模荡矣。
> （蔡絛，《铁围山丛谈》卷六）

政和三年至四年（1113—1114），徽宗开始亲自掌握朝政大权。以上引文虽然表面上说的是禁中巡察之类的问题，但从笔触之中依然可以窥见，蔡絛乃至蔡京已经察觉到当时的政治主导权正在向徽宗本人转移。

提到对于当时的统治体制而言的大事件，首先就是御笔施行的彻底化：

> 政和三年，诏应承受御笔处分，无故违限一时者，徒二年，一日加一等，三日以大不恭论。（《编年备要》卷二七，大观三年五月条原注）

正如本书曾数次提到的那样，御笔是不经三省、自禁中直接颁布的命令文书，原本是与宋代"君主独裁制"并不相符的制度。大观三年（1109），虽然违抗御笔已经成为与"十恶"之一的"大不恭"相提并论的重罪，[63]但即便如此，怀有异见之人依然获允论奏。至引文中所论的政和三年，仅仅是延迟执行"一时"（两小时），就会受到惩罚。可以说当时已经无暇思考内容，只能盲目执行。

这一时期，蔡京正以太师的身份每三天一次前往都堂治事，但面对御笔执行的新局面，他究竟又能拥有多少实权呢？御笔这一命令文书连兼领门下、中书的太宰、少宰都难以加以统御，蔡京以不领下级官僚的身份，又仅是三天一次的出勤，能够对此加以十分的把握吗？

此外，更重要的是对禁中的尚书内省的组织整备。尚书内省是由禁中的女官们组成的机构，掌管诸如整理文书、保管印玺、管理御用品出纳等禁中事务。[64] 其中的第一人是内夫人，能够代笔内降或御笔。关于尚书内省：

> 诏尚书内省分六司，以掌外省六曹所上之事。置内宰、副宰、内史、治中等官及都事以下吏员。(《宋史》卷二一《徽宗本纪》，政和三年五月丁未条)

如上所述，尚书内省分别掌管来自尚书六部的文书。尚书内省的存在加强了皇帝与作为执行机关的尚书省之间的联系，避免了宰相的介入，为确保皇帝拥有政治主导权做出了贡献。

不仅如此，这一时期郑居中已经完全背离了蔡京派，并与蔡京形成了激烈的对立。郑居中离开蔡京的起因是他与徽宗宠妃郑氏是同族。[65] 原本因为这一身份，他能够获得来自禁中的情报，并借此投机取巧。但大观元年（1107），随着郑居中成为同知枢密院事，[66] 外戚出任执政一事开始被视作问题。此时：

> 京再得政，两人之助为多。居中厚责报，京为言枢密本兵之地，与三省殊，无嫌于用亲。经臣方持权，力抗前说，京言不效。居中疑不己援，始怨之，乃与张康国比而间京。(《宋史》卷三五一《郑居中传》)

郑居中因记恨蔡京不维护自己,遂与张康国联合反对蔡京。此外还有一个远因,即郑居中的岳父王珪曾受到蔡京的追责。[67]

由于这些原因,郑居中于大观年间背离了蔡京。当时曾发现一只双头龟,作为封禅的必要前提,蔡京极力主张这是祥瑞之兆,与之相对,郑居中则从正面对其进行了反驳。[68] 与他一党的黄葆光也对蔡京展开了激烈的攻击:[69]

> 葆光善论事,会文切理,不为横议所移,时颇推重。本出郑居中门,故极论蔡京无所顾。(《宋史》卷三四八《黄葆光传》)

如此这般,自政和三年、四年起,蔡京虽然成为公相,但不过是三日一朝的荣誉宰相而已。相对地,徽宗将郑居中等反蔡京派视为伙伴,主动致力于处理政治问题。然而即便如此,作为唯一的正式宰相,太宰何执中依然是蔡京授意之人,所以蔡京的势力虽然正在逐渐衰退,但仍然可以与徽宗等人抗衡。无奈政和五年(1115),作为关键人物的何执中因年事已高,每月只得工作六天,并于翌年致仕,[70] 于是双方之间的势力平衡又发生了变化:

> 执中辅政一纪,年益高。五年,卧疾甚,赐宽告。他日造朝,命止赴六参起居,退治省事。明年,乃以太傅就第,许朝朔望,仪物廪稍,一切如居位时。(《宋史》卷三五一《何执中传》)

何执中致仕那一年，正是徽宗最终决定中止封禅计划的一年。很可能因为何执中的致仕，蔡京的影响力变得愈加低下，所以徽宗便顺势中止了计划。促使徽宗做出最终决断之人是刘正夫。

刘正夫与郑居中一样，曾经也是蔡京的党羽。崇宁四年（1105），就在对辽交涉因蔡京、林摅搅局而出现混乱的第二年，刘正夫被徽宗寄予厚望，奉命担任赴辽使者。最终他不负所望，引导交涉顺利完成，受到徽宗的赞赏。[71] 此后苏州钱法狱案发，他因蔡京的疏远而被连坐，但徽宗仅将他轻微贬降了事。另外，他即将被蔡京外放成都之时，也是徽宗在最后时刻命他留任翰林学士。不过他最后还是因为谗言而被外放洛阳。刘正夫的任官履历正是蔡京与徽宗反复博弈的结果。[72] 仅从这一点也可以看出，他是如何成为反蔡京势力的一员，如何与徽宗加深联系的。此外，他与议礼局的《新仪》编纂事业也有关联。[73] 其后刘正夫于大观三年（1109）蔡京致仕之际，代替他作为尚书右丞出任执政。至政和六年（1116），他已晋升为中书侍郎。刘正夫向徽宗进言，希望中止封禅：

> 东封仪物已具，正夫请间，力陈不可，帝皆为之止，益喜其不与京同。（《宋史》卷三五一《刘正夫传》）

尽管所需的仪式用具都已齐备，徽宗还是因为刘正夫的进言而决定中止封禅。值得注意的是"益喜其不与京同"这一描述。这意味着，封禅计划的中止果然是徽宗从反蔡京的立场上做出的决断。这是一次非常重大的政治决断，是与崇宁元年（1102）以来间断存续的蔡京体制的诀别。

就在何执中致仕、决定中止封禅的政和六年，蔡京上表请求致仕：

> 御笔："太师蔡京近三上章乞致仕，亲劄诏书，不允所请，仍止来章，兼面谕再四，意确未回。京位三公，为帝者师，然三省机政，事无巨细，自合总治外，可从其优逸之意。自今特许三日一造朝，仍赴都堂及轮往逐省，通治三省事，以正公相之任，事毕从便归第。"（《长编纪事本末》卷一三一《蔡京事迹》，政和六年四月庚寅条）

蔡京屡次三番上表，徽宗不但每次都加以慰留，而且终于认可其"通治三省事"，使得"公相"得以名副其实。[74] 虽然依旧三日一朝，但不只限于都堂，甚至可以前往三省赴职。这一举措正式在制度上将统辖三省的权力赋予了蔡京。然而，在这样的政治背景基础上，公相蔡京实际上是怎样的呢？他与徽宗的心境又是怎样的呢？自己的主张被明确否定的蔡京，真的意志消沉地想要致仕吗？抑或他只是一时闹别扭，觉得皇帝既然不需要自己那就辞职罢了，突然转变态度来试探徽宗的本心？无论如何，徽宗对他加以挽留，允许他插手中书、门下、尚书三省事务。但另一方面，徽宗又下诏优待，命他不必勉强工作，随时可以归第。或许这只是对年迈功臣表示慰藉之情的一份荣誉职而已，徽宗并非真心想要将政治实权赋予蔡京。[75]

徽宗即刻将反蔡京的郑居中、刘正夫分别任命为太宰、少宰，[76] 就是最好的证明：

> 时蔡京大兴工役，民不聊生，变乱法度，吏无所师。郑居中则每为帝言，帝恶京专，乃拜居中太宰，使伺察之。又以正夫议论数与京异，拜为少宰。居中存纪纲，守格令，抑傥幸，振淹滞，士论翕然望治。（陈桱，《通鉴续编》卷一二，政和六年六月条）

就任宰相的郑居中、刘正夫二人深得徽宗信任，毫无疑问是手握实权的。而且二人都与曾经的议礼局有关联，对于封禅的看法乃至徽宗标榜的"时令思想"，都能充分理解。

如上所述，政和六年，徽宗与蔡京自大观以来的争斗终于迎来了结局，朝政也发生了各种各样的变化。始于数年之前的徽宗的"亲政"，至此时终于成功排除了蔡京的影响力，其目标变成了构筑自己的政治运行体制。封禅计划的中止正是这一政治体制变革的象征。

结　语

本章关于徽宗朝的封禅计划为何会中止这一问题，在先行研究已经指出的思想变化的基础上，结合当时的政治状况进行了考察。结果可知，大观、政和年间，徽宗与蔡京之间存在着围绕政治主导权的竞争，这与二人关于理想礼制有不同看法这一事实互相纠葛，最终的结局就是封禅计划的中止。然而，至于最初为何计划封禅，蔡京的目的究竟是什么，最终依然不甚明了。有一种看法认为，蔡京是为了留守东京,但这似乎缺乏说服力。还有的观点认为,封禅的目的已经被掩埋在双方的对立之下,蔡京或许只是在中途才将实行封禅作为自己的目标。

小岛毅首先确认了编纂《新仪》的北宋末的时代特质,而后提出,徽宗以时令思想为基础,建造了祭祀天帝的明堂,改造了祭祀地神的方泽,铸造了象征天下支配的九鼎,革新了宫廷的音乐制度与乐器等,为完成符合自己时令思想的王者形象竭尽诚意与努力。

这样的徽宗,在政和六年(1116)正值三十五岁。当时距离他即位已经过了十七年岁月,他也已经积累了相应的政治经验。与之相对,蔡京已是七十高龄,他重视的是与徽宗理想中的礼制不相符的印玺,期望施行封禅。在徽宗看来,这或许反映出他在思想上依然维持着与从前一样的旧态,即对汉唐以来的祥瑞与纬书要素的重视。蔡京虽然是长期以来推进绍述政策的功臣,是值得尊敬之人,但徽宗无疑已经强烈感觉到,他不再是能够与自己共同畅想未来之人。

政和后期以降,徽宗一边吸收道教要素,一边进一步期望成为独揽大权的皇帝,并以其权威为背景,旨在建立政治上的皇帝"亲政"体制。政和六年封禅计划的中止,是徽宗挣脱"君主独裁制"而向"亲政"进发的转折点。

第四章

徽宗朝的殿中省

前　言

　　今天的辽宁省博物馆曾在伪满洲国时代作为"国立"博物馆奉天分馆，并在抗战结束后的民国时期与故宫博物院、南京博物院并称三大博物馆。与其历史相匹配的是，其中收藏着超过十一万件藏品。特别是与末代皇帝溥仪一起从北京来的、继承自旧奉天博物馆的唐宋元时期的书画藏品非常丰富，其中也包括宋徽宗、宋高宗、宋孝宗三代皇帝的真迹。[1] 其中与以著名的瘦金体所书的徽宗《楷书千字文》、高宗《书曹植洛神赋卷》等一同保存下来的，还有被认为是徽宗亲笔所写的文书——《蔡行敕》。

　　《蔡行敕》长35.5厘米，宽214.6厘米，苍劲有力的行书写于描金八宝笺本之上，除第一行外，正文每行均为七字，到最后的日期部分为止，共二十一行，合计一百二十七字。

图 2 《蔡行敕》

图2（续）

在此先刊载全文:

敕蔡行。省所上劄子,辞免领殿中省事,具悉。事不久任,难以仰成,职不有总,难以集序。朕肇建纲领之官,使率厥司。况六尚之职,地近清切,事繁而员众。以卿践更既久,理宜因任。俾领盾省,寔出柬求。乃愿还称谓,殊见拗谦。成命自朕,于义毋违。尔其益励前修,以称眷倚。所请宜不允。仍断来章。故兹诏示。想宜知悉。
十四日。
　敕。
敕蔡行。

这是一份对名叫"蔡行"之人所上的辞任"领殿中省事"劄子的挽留文书。这份文书正如"敕"之名称所示，是由皇帝下达的文书。并且经过后文的考察，可以认为这是出自徽宗本人亲笔的"御笔手诏"。若是皇帝亲笔所书，这就能成为窥探领受文书者与皇帝之间密切关系的一份史料。

首先需要关注的是"蔡行"和"殿中省"的部分。蔡行是蔡京的直系孙辈，宋代的殿中省则如《蔡行敕》中"朕肇建纲领之官"所述，在徽宗朝初次设立，承担侍奉皇帝左右的职责。另外，殿中省于两宋三百二十年间仅仅存在了二十四年，南宋并未再设置这一官署。这份文书说明由特殊之人就任特殊之职，且徽宗皇帝还亲笔对其加以挽留。

那么，宋代的殿中省究竟是一个怎样的官署？管见所及，目前还没有关于这方面的专论。[2] 但考虑到徽宗朝的政治状况，尤其是蔡京掌权当国，殿中省应当是一个重要的机构。它因什么目的而设立，又做了哪些工作？

以下第一节将探究《蔡行敕》由徽宗亲笔所书的可能性，紧接着第二节将对殿中省进行考察。

第一节　宋徽宗《蔡行敕》考

辽宁省博物馆对《蔡行敕》相当重视，不仅常设展中没有展出，甚至中华人民共和国建立以来也从未公开展出过，可谓秘藏中的秘藏。2005年以博物馆搬迁新馆为契机，同年十二月举办了

"清宫散佚书画国宝特展"，这份文书也自开馆以来首次对社会公众展出。在为配合此次展览出版的《清宫散佚国宝特集》书法卷中，《蔡行敕》以原尺寸彩印刊载。[3] 之后在2011年第三届"宋元明清书画大展"中也曾展出。

除了1961年由文物出版社影印出版，[4]《蔡行敕》本身也曾被收录于近年来的多部美术类书籍之中。其中，《中华五千年文物集刊》和《中国书迹大观》将全文图版收录。[5] 另外，清代《三希堂法帖》第三册中也有收录，其拓本常被介绍为徽宗墨宝。[6] 在这些出版物中，《中国书道大全》附有详细解说，由唐代文书研究大家中村裕一先生撰写。[7]

作为徽宗存世不多的行书作品，《蔡行敕》虽然很受重视，但也遭到了一些质疑。中村裕一在解说中断定，敕在唐代相当于"论事敕书"，在宋代相当于"诏书"，从王言的命题过程来看，这不可能是徽宗亲笔所书。也就是说，唐代王言中的"论事敕书"是由中书舍人、知制诰、翰林学士等起草，再由皇帝亲笔御批（在方案上书写"可"字），再由中书令、中书侍郎、中书舍人等经过宣、奉、行的手续最终完成。而且"论事敕书"的原本都保存在中书省，对外颁布的是由令史、书令史等中书省官吏誊写的副本。根据《宋史·职官志》所载中书省登载的宋代王言的种类，以及《玉海·辞学指南》所载"诏书"形式："敕某……故兹诏示，想宜知悉"，《蔡行敕》符合宋代"诏书"的起草形式。与唐代一样，宋代的王言也由知制诰、翰林学士等起草，因而这份文书并非徽宗亲笔所书，至多不过是誊本而已。以上就是中村裕一的观点。

然而正如先前所述，在近年的美术类书籍中，《蔡行敕》被认为是徽宗行书的代表作，[8] 作为杰出的书法作品已受到广泛认可。这样的笔迹真的是区区一介胥吏可以写出来的吗？

中村裕一从历史制度的角度进行考察，但若从其作为书画作品本身所具备的美术特征角度来鉴定，其真伪又该如何判定？日本现代书法大家西川宁有以下见解：

> 除瘦金体外的行书作品有《恭事方丘敕》（政和七年，1117年，36岁）和《蔡行敕》（无年月），草书作品有《千字文》（宣和四年，1122年，41岁），三幅作品均藏于辽宁省博物馆，近来有印本问世。第一幅作品虽然在文书最后有瘦金体所书"依奏"二字，但作品行书横笔右侧偏高，且从笔触的柔软度上来看也很难让人接受是徽宗所书。这也可以说是瘦金体与行书的区别。阮元在《石渠随笔》（卷二）中将这一作品定义为"宫嫔之墨迹"，这一点也受到瞩目。第二幅作品虽然历来被认为是宋太宗所书，且《式古堂》和《石渠宝笈》中也如是记载，但其与第一幅作品完全出自一人之手。如此看来，关于第三幅作品也似乎应该再多思虑一番。第一幅作品中有"御书之宝"大小二印，第二幅作品也有相同的大印，《千字文》中虽有"御书"之印，这些印章无论怎么看都是相当精致的物件，想来应该都是真品。[9]

西川宁对徽宗亲笔说持怀疑态度。[10] 曹宝麟同样也认为《蔡行敕》的笔势有女子特征，应是徽宗所教女官所书。[11]

另一方面，根据杨仁恺的鉴定，《蔡行敕》的文字虽然与行书、楷书等书体不同，但可以确认与证实为徽宗真迹的《瑞鹤图题咏》等作品有共通性，所以他的结论是该文书应为徽宗亲笔所书。[12]

即使在这些大家中间，对于《蔡行敕》的评价也不尽相同。另外，关于这份文书的来历也有不少疑点。这究竟是徽宗亲笔所书，抑或仅仅是一介胥吏所书？

如前文所述，笔者认为《蔡行敕》是被称作"御笔手诏"的命令文书。关于"御笔手诏"，正如本书序章所述，是出现于徽宗时期并得到广泛应用的一种文书形式。且《蔡行敕》的下达对象是时任宰相之孙、侍奉于徽宗左右的个人，这与由胥吏誊写并发往各地的其他文书性质不同。基于这一点，这是由徽宗亲笔所书命令文书——"御笔手诏"的可能性非常高。

所以，本节将对《蔡行敕》为"御笔手诏"的可能性进行考察。既然难以经由书法真伪鉴定直接得出结论，那就不妨尝试从其他角度来考察。具体而言，即以《蔡行敕》的跋文和收藏印为线索，验证其至今为止的收藏脉络，确认其自南宋以来是被如何对待的，进而探究《蔡行敕》所用御宝（皇帝印玺）所代表的意义，从制度方面来尝试接近《蔡行敕》的真相。

一、《蔡行敕》跋文的探讨

首先，让我们试着从《蔡行敕》的收藏脉络来探究这份文书。该作品原是为了挽留提出辞呈的蔡行而作，理所当然其最初的所有者应当是接受者蔡行。那么蔡行是怎样的一个人呢？如前文所述，蔡行是北宋末年权相蔡京的长子蔡攸之子（详见本章第二节）。[13]可以确定他曾于宣和年间（1119—1125）担任殿中省长官殿中监一职，所以这份文书应是其在任期间由皇帝所赐。

众所周知，宣和末年金军南侵，徽宗禅位于钦宗，都城开封被金军包围，最终惨遭洗劫，太上皇徽宗与皇帝钦宗一同被掳至北方。曾经的繁荣在一瞬间崩塌殆尽。经过这一事件，蔡行的祖父蔡京被列入"六贼"，父亲蔡攸被处刑，蔡氏一族也被流放各地。[14] 蔡氏一族承担了北宋灭亡的罪责，进入南宋以后，其家族也再未复兴。虽然他们的财产均被"籍没"（没收），但王明清在《挥麈录》中却记录了这样一个故事：

> 明清顷于蔡微处得观祐陵与蔡元长赓歌一轴，皆真迹也……微，元长之孙，自云"当其父祖富贵鼎盛时，悉贮于隆儒亨会阁，此百分之一二焉，国祸家艰之后，散落人间，不知其几也"。（王明清，《挥麈录·余话》卷一）

所谓"隆儒亨会阁"，在《挥麈录》中同样有所提及，指的是各位大臣宅邸中悬挂着由皇帝赏赐的御书匾额的建筑物——"御书阁"。例如蔡卞（蔡京之弟）的御书阁题作"元儒亨会"。[15]《挥麈录》中还提到，蔡京的御书阁题作"君臣庆会"。这里的"隆儒亨会阁"或许是蔡微（详情不明）父亲所有。御书阁收藏着皇帝赏赐之物，但其中大部分在北宋灭亡之际均已散佚。这不仅是由亡国之际的混乱造成的，也是因为蔡京的财产被"籍没"，而这份文书有可能也是罚没对象之一。[16] 无论如何，不难想象《蔡行敕》的遭遇应当与它们一样。

南宋初期，《蔡行敕》所藏之处已然不明。待其再次现世之时，《蔡行敕》已被认为是太宗而非徽宗亲笔所书。近代之前书法类书籍之中收录该作品的四本书，按时间顺序排列如下：

明·汪砢玉，《珊瑚网》卷三·法书题跋《宋太宗行书蔡敕》（真迹在金华笺上）

清·卞永誉，《式古堂书画汇考》卷九《宋太宗敕蔡行帖》

清·顾复，《平生壮观》卷二·书翰·北宋·太宗《蔡行敕》

清·敕撰，《石渠宝笈初编》卷二九·御书房《宋太宗书蔡行敕》一卷（上等洪一）

每一部都将其归为太宗所书。[17] 其主要依据是《蔡行敕》的四则跋文：

①元祐三年五月廿六日，给事郑穆拜观。

②天生圣人与物是殊。拜观是敕，盖可见矣。行公在当朝功绩大著，宜膺是宠，亦为不薄。其德望之盛，子瞻已详述，庭坚不暇及，聊志岁月云，时元祐乙亥五月八日，山谷黄庭坚。

③此卷乃/囗宗皇帝御笔敕一道，盖不允/蔡行辞中书省事者。亲兹/字画，飞动若虎踞龙腾，风云/庆会，正以见/圣天子生知不测，远异常流。当/时在廷之臣，得之为至宝。中书/公，非问学、忠勤有素，曷承宠/锡若是哉。诚金玉锦绣，奚足/比具［直］。宜乎，蔡氏子孙，当知其所/重，永永其藏。用是书之，以志景/仰云。淳祐丙午三月望日，/郑清之顿首，书于/养鱼庄。

④钦惟我太祖圣化普洽，夷夏清宁。朝野士夫，得以书画为乐，定千百载之良遇也。伯温先生一日出此卷，乃曰："宋太宗皇帝手敕。"祎展玩之，见其落笔惊人，出言神化。诚天生英特。自出凡一头地，非世可指伦，虽晋之王、刘、陶、索，唐之欧、虞、颜、柳，当奴事其间哉。伯温氏宝爱此卷，甚于木难、尺璧。非识相见，须能洞鞫于兹也。嗟羡不已，拜书于末如此。洪武二十二年四月二十六日，乌伤王祎谨记。

上述跋文的作者分别被认为是①郑穆、②黄庭坚、③郑清之、④王祎。[18] 朱惠良、杨美莉二人认为①②④是伪作，中村裕一则在前文中将③判定为伪作。四则跋文最终似乎都不能采信，但事实究竟是怎样的呢？让我们再来重新探讨一番。

首先，①②均写有"元祐"二字，这是宋哲宗前期的年号，即1086—1094年。既然可以确定《蔡行敕》的接受者蔡行是在宣和年间（1119—1125）担任殿中省职务，且跋文不可能写在尚未完成的作品上，所以这两篇跋文毋庸置疑是伪作。此外，①郑穆于元祐四年（1089）十月成为给事中，故元祐三年五月时他还不是给事中。[19] ②中出现了"元祐乙亥"，而整个元祐年间都不存在乙亥年。[20]

关于③，则如中村裕一所指出的，站在南宋时任宰相郑清之的角度再来考虑当时的情况，将被视作北宋灭亡祸首的蔡京一族成员称为"忠勤有素"，显然不合常理。此外，跋文中还有将"殿中省"错当作"中书省"等问题，对于生活在同一时代的人来说是无法想象的。殿中省虽如本章所述是特殊的官署，但中书省在北宋前期是名义上的宰相所属机构，自元丰年间以降则是名副其实的宰相所属机构，辞去中书省官职相当于辞去宰相之职。关于"蔡行"这一人物是否曾担任宰相这一点，与他同时代的士大夫尚且不会记错，更何况是曾有宰相经验的郑清之，他绝不会犯这样的错误。所以这无疑也是伪作。

关于最后的④，卞永誉怀有如下疑问：

> 此《珊瑚网》本也。按乌伤王忠文祎，洪武五年使云南，六年遇害。刘青田基卒于洪武八年，而此载："洪武二十二年。"王祎记中有"伯温出此卷云云"，其误无疑。或系洪武二年，衍书"二十"两字。俟遇真迹考正。（卞永誉，《式古堂书画汇考》卷九《宋太宗敕蔡行帖》）

他指出王祎、刘基的卒年与"洪武二十二年"之记述有矛盾。[21] 卞永誉没有看过文书实物，只是在《珊瑚网》上看到，所以对原文是否为"洪武二年"存有疑问。然而关于年份的记载，很难认为是"十二"或者"二十"的衍字，很可能是杜撰产生的错误。

综上所述，文书所附跋文无论哪一条都不值得采信。那么又该以什么为线索来调查其收藏关系呢？相关美术类书籍之中至今为止只有上述指正，但事实上《蔡行敕》在四则跋文之后还附有一篇小文。让我们试着从这段文字入手，探究其从明代到清代的收藏脉络。

二、《蔡行敕》收藏脉络

四则跋文之后还有一段文字，内容如下：

⑤宋太宗手敕蔡行中书省事。明嘉靖四十一年秋八月，得于鄞中范氏，墨林项元汴家藏。[22]

这一段与其说是跋文，不如说只是单纯的说明文字。从简短的文字记载可知，这份文书在明嘉靖四十一年（1562）由鄞中范氏之物变成了项元汴之物。

项元汴生于嘉靖四年（1525），卒于万历十八年（1590），秀水檇李（今浙江嘉兴）人，字子京，号墨林山人、香严居士等。他本人擅长书画，与文徵明之子文彭、文嘉兄弟以及陈淳、彭年、丰坊等人是好友。他最知名的身份是大收藏家，他收藏书法、名画，并将其保存于自己的藏书楼——天籁阁。他长于经营，积累了不少财富，每听说有宋版书画便不惜重金求购。他精于鉴赏，购入书画之时不仅亲自鉴别，还请文彭、文嘉兄弟一起鉴定。

《蔡行敕》留下的藏书印之中，"天籁阁""神品"等共计三十六种，全部是项元汴之印。[23]于所藏书画上大量盖藏书印是他的特征，这幅作品应是项元汴所藏无误，收藏时期则如引文所述，为嘉靖四十一年。此外，关于这幅作品先前的所有者"鄞中范氏"，考虑到地点、年代，很可能是指拥有宁波天一阁藏书楼的范钦（1506—1585）。项元汴所写的这类说明文字中通常会记录购入时的金额，这有时会让人感到不快，这次不知为何没有记录价格。也有可能这是在将价格写入文中成为习惯之前购入的作品，或是由他人无偿馈赠之物。

四则跋文之上也有项元汴的藏书印，由此可知在他得到这份文书时，跋文已在作品之上。[24]另外，《珊瑚网》的作者汪砢玉因其父汪荆筠（号爱荆）的关系，与项元汴有所交往，他在著述中除自己所有的藏品外，对其他作品也有所收录。[25]他或许在项元汴处亲自看过这份文书，但《珊瑚网》中并未记录项元汴的这段文字。

由此可知，嘉靖四十一年项元汴购入这幅作品时，它已被视作太宗所书，并且其后已经附有四则符合其内容的跋文。自明代中期开始，古董书画收集热潮逐渐高涨，[26]该作品恐怕也是顺应时代风潮才得以再次现世。

然而，自称书写于宋代的三则跋文之中并未出现"太宗"二字，郑清之的跋文则很不自然地仅表述为"宗皇帝"（第二行开头）。正如四行之后的"圣天子"部分一样，这一部分也是应该换行、抬头的地方。实际上可以看到，在"宗"字之上有着不太自然的污点，很可能被人删去了一个字。[27]

关于《附记》，杨仁恺推测可能是造假者趁太宗传世作品较少之机，为了让其变得更加稀有，因而故意将其庙号删去一字，再加上郑穆、黄庭坚、王祎的题跋。但这是以郑清之跋文是真迹为前提的，如前所述，很难想象这则跋文出自郑清之本人的手笔。另外，如果被删去的字是"徽"，是否有必要舍弃史上著名的文人皇帝徽宗之名号，而将其伪造成假的"太宗书"呢？

与三则疑点重重的宋代跋文不同，王祎的跋文明确称其为太宗所书。实际上，在他的文集《王忠文公集》卷一三之中，有一篇名为《跋宋太宗御书》的跋文留存。其中记载的内容当然与《蔡行敕》上的内容截然不同。[28]伪跋文的作者很可能知晓王祎持有《宋太宗御书》，因而才对其加以附会。[29]

王祎《王忠文公集》共二十四卷，义乌县丞刘杰于正统年间

（1436—1449）刊行，[30] 杨士奇作序，是由此前的《华川集》前集十卷、后集十卷合并而成（《四库全书总目提要》卷一六九《集部·别集》）。后集有宋濂所作序称："子充亦以濂为知己，俾序后集之首简。"或许文集在王祎生前就已经存在。但现今确切可考的最早版本是嘉靖元年（1522）刊本，祝銮作序道[31]：

> 余至义乌，得王忠文公集读之。问其梓，曰："弗存矣。"问其集之藏于人者，曰："千百之一二矣。"（嘉靖元年刊本《王忠文公文集》祝銮序）

截至当时，其流传范围似乎十分有限。[32] 若伪跋文作者是依据王祎文集中的《跋宋太宗御书》而假作跋文的话，他极有可能看的正是嘉靖元年刊本，距离项元汴的购入时间仅仅早了数十年而已。

如此一来，下述推测就成为可能。简而言之，元末明初乱世趋于稳定之际，出现了一幅似乎极具价值的书画作品。作品上有"御书之宝"印，因而人们推测是出自某位皇帝之手。当时的某人偶然得知王祎文集中有《跋宋太宗御书》一文，故附会作了伪跋文。

那么，为什么对文中明确出现的"领殿中省事"视而不见，反而写作"中书省"？从当时情况来考虑，这也是可以理解的。不要说殿中省，明代甚至连中书省都已不复存在，所以对时人而言，这些都是遥远过往的制度。[33] 另外，中书省自唐代以来，历经宋、元两代，至明初尚作为宰相府而存在。与之相对，殿中省至明初已经废止超过二百五十年，况且它也不是值得大书特书的制度。二者知名度相比较，想必时人不曾注意到殿中省的存在，而是看到

"中""省"二字就直接联想到中书省，这也是无可奈何的。况且明初一百年间，正值出版业停滞、衰退时期，市场上少有版本上市，想要翻阅史书也并非易事。[34]

这一趋势直至正德（1506—1521）、嘉靖（1522—1566）年间才产生变化，此后书籍出版业达到了鼎盛。前文所见王祎文集相关情况也与这一大背景有关，他的文集恰好于嘉靖元年重版，因此可以推测其他人参照的很可能是这一版本。[35]

综上所述，或许有想象过多的嫌疑，但《蔡行敕》应当是在明中期被"再度发现"，并加上了伪造的跋文。这正是经范钦之手交予项元汴的那份文书。

项元汴天籁阁的藏书量在当时与范钦的天一阁并驾齐驱，明清更迭之际被清千夫长汪六水所夺。[36] 然而在被夺走之前，已有其他作品在市场上出现，[37] 所以无法判断该文书是何时离开项氏之手的。顺便一提，嘉兴府城池被清兵攻陷的时间是顺治二年（1645）农历闰六月。[38]

回到《蔡行敕》的话题，检视其他藏书印，前隔水的"仓岩子""蕉林居士"，以及郑清之跋的"玉立氏印章"，是明末清初梁清标的藏书印。梁清标（1620—1691）字玉立，号棠村、蕉林、苍岩等，直隶真定（今河北正定）人，崇祯十六年（1643）进士，仕于明清两朝，康熙年间晋升内阁大学士。他不仅擅长书法，还收藏古画，有"甲天下"之称。他的鉴赏能力亦十分高超，经他鉴定并盖上藏书印的书画几乎全部都是真迹。

此前一直流传在江浙一带的《蔡行敕》，无疑是在明清之际被运送至华北，又在清康熙年间为梁清标所得。在此过程中有与自明后期开始的书画热潮密切相关的书画商人们的身影,这一点自不必说。梁清标与北京书画裱装师王际之有来往,据说王际之会将江南书画市场中入得了眼的商品一齐购入,再带去北方。[39]《蔡行敕》或许也是经过一系列类似的活动而被带到了北方。

此外,一位名叫吴其贞的书画商人在明末清初十分活跃。他的著作《书画记》中也提及了《蔡行敕》:[40]

> 书在八宝金笺上,计字百二十七。书法清爽,联绵缱绻,有飘藤荡柳之势。予见此敕,方知徽宗之书无笔不规模于太宗。用"御书之宝"印玺。余后见《凤池帖》上太宗之书,[41]与此无异。卷后黄山谷题识盖赝笔。此得于嘉兴沈氏家。时庚子十二月七日也。(吴其贞,《书画记》卷四《宋太宗〈蔡行敕〉一卷》)

我们无法判断文中的"得"字指的是"得到"还是"看到"。因为出于对书画的保护,他有可能并未在藏品上加盖藏书印。[42]不能因为《蔡行敕》上没有他的收藏痕迹,就断定他不曾收藏这份文书。

另一方面,吴其贞的鉴定水准也颇受好评,据说他并不拘泥于作品的所有者与经历,只给出与实物相符的评论。然而即便是吴其贞,也认为该作品是太宗所书。但史料中的"规模"二字,在这里有"以此为范本"甚至是"模仿"的意思,他也承认《蔡行敕》的笔致与徽宗其他作品有相同之处。从已将《蔡行敕》当作徽宗书法的现在眼光来看,这是理所当然的。讽刺的是,将其归入太宗书法的吴其贞的评论,反而成为这是徽宗亲笔所书的旁证。

吴其贞从"嘉兴沈氏家""得到"或"看到"这份文书的时间

是庚子年十二月七日。考虑到他的生年，这里的庚子年指的应是顺治十七年（1660）。也就是说，嘉靖四十一年（1562）以来，曾在项元汴手中的《蔡行敕》被同样出身嘉兴的沈氏收藏，并于1660年进入吴其贞的视野。

关于"嘉兴沈氏"，《书画记》中也有记载：

> 以上书画十九种，观于嘉兴沈子容家。本高愚公之物，父子进士，皆官工部，好古玩，家多收藏……子容，愚公妻弟兄。愚公子幼，皆子容摄理焉。时甲午三月六日（《书画记》卷三《赵伯骕勘书图一幅》）

"嘉兴沈氏"无疑指的是沈子容。藏品之中有一部分是他替高氏年幼子弟管理的"高愚公"遗品。关于嘉兴高氏，同书也有记载：

> 系得于嘉兴高、李、姚、曹四家。夫四家收藏前后已及百年。（《书画记》卷四《张樗寮楷书杜诗一首》）

其中提到明末清初的嘉兴藏书家高氏，比如高承埏，他是崇祯十三年（1640）进士，凭借任职地方官时抵御清军的功绩，晋升工部虞衡司主事，并于明朝灭亡后归隐故乡。他筑造西园，于藏书楼稽古堂中收藏了超过七万卷书。[43] 他的字是"寓公"。他的父亲高道素（原名斗光）是万历四十七年（1619）进士，任工部屯田司郎中时，因"桂邸案"的冤罪被处死。高道素有善鉴古、工书画之称[44]。高氏父子符合《书画记》所说："父子进士，皆官工部，好古玩，家多收藏"的所有特征,"嘉兴高氏"指的应当就是高道素、高承埏父子。"愚公"恐怕是"寓公"的误写。

高承埏卒于顺治五年(1648),[45] 据前文记述,他留下了两个儿子高佑钯、高佑钖,[46] 由其母亲的兄弟沈子容抚养。1654年时作为其父亲遗产的书画作品,也应当由沈子容一同管理。[47]

沈子容出身于嘉兴沈氏,应与《万历野获编》的作者沈德符是同族。然而非常遗憾,无法找到关于沈子容个人的更多记载。

也就是说,在明末清初的嘉兴,已经拥有大量藏品的高道素、高承埏父子的遗物是由沈子容管理的。吴其贞从沈氏处得到《蔡行敕》,无法否认这是高氏收藏品的可能性。在《蔡行敕》之外,吴其贞在沈子容家中看到的十九幅书画之中,至少有一件曾是项元汴的藏品:[48]

> 是日,见宋拓祖本木刻《淳化帖》十卷,上有文衡山小楷题识,系项墨林之物。(《书画记》卷三《赵伯骕勘书图一幅》)

由此可知,包括同日所见宋拓祖本《淳化阁帖》,项元汴旧藏经高承埏而落入沈子容之手。《蔡行敕》或许也有相同的经历,但沈子容只是代为管理高承埏的遗物,关于他是否最终将文书转让他人这一点,很遗憾并无详情可查。唯一可以确定的是,《蔡行敕》从沈子容手中转移到了吴其贞处。

此后,《蔡行敕》则如前文所述,经王际之之类的书画商人之手被转运到了华北,为梁清标所有。

再回到《蔡行敕》的藏书印,除项元汴、梁清标二人外,还有

"乾隆御览之宝""嘉庆御览之宝""宣统御览之宝"诸印,自不用说,表明这是清朝诸帝的藏品。[49]至《石渠宝笈初编》开始编纂的乾隆九年(1744)十月为止,它一直收藏于御书房之中,清朝灭亡后又与溥仪一同抵达东北,成为现今辽宁省博物馆的藏品。

在以上可确定的范围内再梳理一遍《蔡行敕》的收藏脉络,即鄞中范氏(范钦?)——项元汴——(高道素?——高承埏?)——沈子容——吴其贞——(王际之?)——梁清标——清朝内府。值得关注的是,该作品历经多位明清时期代表性藏书家、鉴定家之手,他们中的大多数都发现了其作为书法作品的价值。可以说《蔡行敕》是得到历代著名鉴定师保证的文书。而且他们还将其错认作宋太宗所书,很难认为这单纯只是一幅由书吏誊写的作品。

三、关于"御书之宝"

《蔡行敕》可见的另一特征,即文书之上印有一处边长10.5厘米的方形"御书之宝"印。这正是宋元以降官印之中常见的九叠篆印,[50]附在同为徽宗所书《楷书千字文》《恭事方丘敕》后的郑居中的劄子也有"御书之宝"印,这些都意味着徽宗亲笔作品之上会加盖"御书之宝"印,这一点几乎毫无疑问。[51]中村裕一曾有一段暧昧的表述:"但是,无法证明'御书之宝'只用于皇帝亲笔,'御书之宝'也非常有可能在其他地方使用。"加盖"御书之宝"究竟有什么意义呢?

"宝"原本指的就是皇帝的印玺,唐代武则天时将各种印玺改称"宝"。《建炎以来系年要录》卷一所引《靖康要盟录》记载,开封城陷落之后,金军夺走了宫中皇帝殿的白玉宝十四枚,其中可见"御书之宝"。而且同时被掠夺的金宝之中,也有一枚同文之印。[52]

这在之后的《大金集礼》中也曾出现，根据记载，从宋朝掠夺而得的玉宝之中有龙钮、螭钮"御书之宝"两枚，金宝之中有"御书之宝"一枚，共计三枚。[53]

然而，这些印玺恐怕并非实际使用之物。《云麓漫钞》中有关于玉玺的说明，从秦代传国玉玺开始讲述。根据其所引《受宝记》记载，宋代于元丰年间制造皇帝六宝，又于徽宗大观二年（1108）增加二宝，变成了八宝，之后再于政和八年（1118）制作定命宝，朝会及各种仪式时陈列印玺。其作为皇位正统性象征道具的意味很强烈。[54] 与之相对的是：

> 本朝故事，虽存前代之制，常所用曰"书诏之宝"，书诏则用之；"御书之宝"，宸翰则用之；"御前之宝"，宣命缄封则用之；奏抄则用"天下合同之宝"；祭祀则用"皇帝恭承天命之宝"。（赵彦卫，《云麓漫钞》卷一五）

上述诸宝恐怕才是平时拿来使用的印玺。并且，文中也明确记载包含"御书之宝"，是皇帝亲笔书写时使用的。

关于"宸翰"，即皇帝亲笔所作文书，南宋史家李心传有更详细的记述：

> 本朝御笔、御制，皆非必人主亲御翰墨也。祖宗时，禁中处分事付外者，谓之内批。崇观后，谓之御笔。其后或以内夫人代之。近世所谓御宝批者，或上批，或内省夫人代批，皆用御宝。又有所谓亲笔者，则上亲书押字，不必用宝。至于御

制文字，亦或命近臣视草焉。(李心传，《建炎以来朝野杂记》乙集卷十一·故事《亲笔与御笔内批不同》)

宋代称作"御笔""御制"的文书，并非全部出自皇帝亲笔。"祖宗时"(即北宋)自禁中而出的文书称作"内批"，徽宗朝以降称作"御笔"，这些文书此后由被称为"内夫人"的女官代笔。至"近世"(即南宋)，所谓的"御宝批"文书既有皇帝书写批示的情况，也有"内省夫人"代笔的情况，[55] 二者都会使用御宝。除此之外还有"亲笔"，由皇帝亲笔"御押"(签名)，并非总是使用御宝。关于"御制文字"(皇帝本人的文学作品)，有些是由翰林学士等近臣代笔。以上就是李心传的见解。但上文只提到"御宝"，关于印文则未有记述。

宋代史料中可以确认的关于御笔与御宝关系的记载，管见所及只有以上两则，其他记述时代相去甚远，如明代史料中可见关于宋代命令文书的记述。《新增格古要论》载宋濂《题宋高宗赐罗尚书手诏》中有关于御宝印文的记述：

右手诏八十四字，盖思陵所赐新安公汝楫者也。按宋制，凡群臣上章有所陈乞，允则就章后批之，谓之批答，不允则别降手诏，谓之御笔。其字乃内夫人代书，玺则用"书诏之宝"，或上自御翰墨以赐之者，谓之亲笔，玺则用"御书之宝"，或用帝笔印记及花书。此诏盖所谓御笔者也。(《新增格古要论》卷一〇《古今诰敕题跋》，元金华宋濂《题宋高宗赐罗尚书手诏》[56])

大臣上奏有所陈乞时：①若允许其请求，会在奏章之后写批示，称作"批答"；②若不允许，则会另外颁布手诏，称作"御笔"；③若字由内夫人代笔，则使用"书诏之宝"；[57] ④若是皇帝本人所书"亲笔"，则使用"御书之宝"，乃至"帝笔印记"和"花书"。"花书"指的应当是如同"天下一人"一样的"御押"；"帝笔印记"指的应当是"御书瓢印（葫芦印）"之类，即现存绘画资料中可见的印记类物品，二者时常同时出现。[58]

李心传并未明言北宋后半段的"御笔"与南宋的"御宝批"之间的关系，以致仍然无法辨明，但如果由禁中颁布的文书"内批"全都可以称作"御笔"，则"御笔"这一大类目下既有内夫人代笔的"御宝批"，也有皇帝的"亲笔"，前者必然有"书诏之宝"印，后者则或有"御书之宝"印，或有"御押（花书）"与"帝笔印记"的组合出现。另一方面，如果"御笔"与"御宝批"指的是同一事物，则"御笔""御宝批"与"亲笔"意味着代笔与宸笔的对立之后，还有女官以外之人参与"御笔（手诏）"的作成，因此作者认为前者的可能性更大。

无论如何，现在探讨的"御书之宝"在他人代笔时并不使用，只有皇帝亲书的"宸翰""亲笔"才会使用。

但也有与上述说法相左的史料，同样出自宋濂的文集：

> 凡有旨，从内出者曰内批，又谓之御笔，皆内夫人代书。而所谓御宝批者，或上批，或内夫人批，皆识之以御宝。唯亲笔则上亲书，押字而不用宝。此批不用宝而有押字，正所谓亲笔者也。聊并及之，以见当时故事云。（宋濂，《文宪集》卷

十三《题孝宗付史丞相内批》[59]）

根据这一记载，只有"亲笔"才是皇帝本人所写，且"不用宝"。同是宋濂的著作，先说"亲笔"也会使用"御书之宝"，在此处的记述中却又说只用"御押"而不用"御宝"，显然前后矛盾。而且比起李心传说"亲笔"时用"御押"而未必使用"御宝"的谨慎措辞，宋濂在文中则全面否定，以为完全不使用。

对此持有相同观点者，还有与宋濂同时代的王祎：

> 宋制，天子御札付外，谓之内批，又谓之御笔。其词多词臣所拟进，而皆内夫人所代书。所谓御宝批者，则或上批，或内夫人批，皆用御宝也。所谓亲笔者，则上所亲书，或加押字，不用宝也。今观熙陵赐丞相张文定公齐贤母子二札，前一札，辞意字画甚古质，且不用御宝，盖亲笔也。后一札，词既温畅，字亦秀润，复识御宝其后，盖御宝批也。（王祎，《王忠文公集》卷一三《跋宋太宗御书》）

与所引第二则宋濂文章一样，这恐怕也是基于李心传的记述，断定"亲笔"指的是用"御押"而不用"御宝"的情况。王祎甚至发现，"御宝"在某一时间点已被看作"御宝批"。

此外，关于"御宝批"使用的"御宝"印文的记载，来自明人程敏政。程敏政是明代的宋史学者，曾编纂《宋遗民录》与《宋纪受终考》，他的见解值得参考。程敏政对宋理宗的御诗做了探讨，并对"御宝"印文也另外进行了思考：

> 宋制，凡群臣有所陈乞，就章后批之，则谓之内批，而不用宝。别降手诏，或有御制诗文赐予臣下，则谓之御笔。其字内嫔代书者，则用"诏书之宝"。或自书，或代笔者，则杂用"御书之宝"。或亲笔，则用押，而不用宝。此卷，前三诗用"御书之宝"，后五札有押而无宝，在当时必亲书，而更代以来亡矣。（程敏政，《篁墩文集》卷三六·题跋《题明良庆会卷后》）

他认为皇帝书写于上奏文末尾的文字称作"内批"，不盖宝，另有"手诏"与"御制诗文"，则称作"御笔"。"御笔"分为以下三种类型：①全部由女官代笔的文书加盖"诏书之宝"印；②一部分出自皇帝亲笔，一部分出自代笔的情况，则杂用"御宝之宝"；③全部出自皇帝"亲笔"，则用"御押"而不用宝。其中，②"杂用"大概指的是杂用"诏书之宝"与"御书之宝"，程敏政的看法似乎是，宸笔、代笔混杂的文书，会在各自对应之处加盖"御书之宝"与"诏书之宝"。据此，有"御书之宝"印的文书，盖印部分即为皇帝亲笔，另一方面这也说明文书并非全部出自皇帝"亲笔"，完全否定了③所述的"亲笔"时只用"御押"而不用"御宝"的说法。

相关讨论已变得相当复杂，主张"亲笔"可以用"御宝"的有南宋的李心传（还有南宋的赵彦卫）、明初的宋濂（第一则史料），主张"亲笔"不用"御宝"的有明初的宋濂（第二则史料）、王祎、程敏政。关于"御宝"的使用是部分否定还是完全否定，在文字上只是"不必用"与"不用"的微妙差别，但在制度上则会造成很大的不同。

简而言之，这与皇帝颁布的文书中"御押"与"御宝"是否有可能并存的问题有关，必须从各种史料的实例来加以判断。基于《石渠宝笈初编》寻找徽宗朝"御书之宝"的使用实例，可见卷二二·重华宫三《宋徽宗花鸟写生一册》（次等洪一）、卷二九·御书房二《宋徽宗书七言律诗一卷》（上等洪一），"御书之宝"与御押一起存在。现存《草书千字文》中，徽宗著名的御押"天下一人"上也有"御书"印，这或许反倒是"帝笔印记"与"花书"的组合，李心传关于印文有错时御押与宝共存的说法也支持这一点。上述皆是出自皇帝亲笔的书画作品。作为文书，碑刻《赐刘既济书》可见与《草书千字文》一样的御押"天下一人"之上有"御书"宝的组合。[60] 另外，虽然现存文书中"御押"与"御宝"并非出自徽宗朝，但不久之后的南宋高宗朝的《宋高宗赐岳飞手敕》（现藏于台北故宫博物院），"付岳飞"字样之上盖有"御书之宝"印，下面则写有"御押"。显然，"御押"与"御宝"同时存在。

图 3 《赐刘既济书》

此外还有其他史料也记载了北宋末年钦宗接受徽宗禅让时的行动：

> 上意稍定，即取纸，御书"可回"二字，用宝，俾使追还中宫、国公。（李纲，《靖康传信录》卷上，靖康元年正月四日条）

靖康元年（1126），太上皇徽宗从开封城出逃的信息被证实，这是一封令意图追随徽宗而去的宦官、王公贵族回开封城的命令文书，正是钦宗在李纲等人面前所做之事。这归根结底是非常事态，但钦宗亲笔的命令文书上确实加盖了"宝"印。"宝"的印文很可能是"御书之宝"或"御书"，对即位仅十一天的钦宗而言，这无疑是沿袭徽宗朝的做法。

通过以上实例可知，宋代皇帝的亲笔文书只用"御押"而不用"御宝"的说法是不正确的，既存在仅用御押的情况，也存在同时用御押、御宝的情况。反过来也可以说，加盖"御书之宝"印的文书，至少有一部分出自皇帝亲笔。

回到《蔡行敕》，其印有"御书之宝"，且正如西川宁所述，"这些印章无论怎么看都是相当精致的物件，想来应该都是真品"，若印并非赝品，则说明《蔡行敕》至少有一部分是宋徽宗亲笔所书。

顺便一提，唐代以前的"御书之宝"，史乘之中基本尚未发现有类似铭文的印玺。例如，唐代皇帝的印玺八宝由门下省所属的符宝郎管理，其铭文可在《大唐六典》卷八中得到确认，并不存在"御书之宝"。反而之后的金、元、明时代，金虽拥有从辽、宋处掠夺的"御书之宝"，但无法找到具体用例；元代皇帝本无亲自书写诏敕的习惯，虽印章制度完备，却无"御书之宝"；[61] 明代有御宝二十四种，但依然不见"御书之宝"。[62] 也就是说，"御书之宝"是宋代特有的。[63]

四、皇帝的"御笔手诏"

关于《蔡行敕》的课题，还剩下中村裕一提出的宋代的文书通达规定。他论述道："从来的研究已经表明，在宋代，起草王言是翰林学士与中书舍人的职责之一。"如果这一结论指的是北宋前期的知制诰与元丰以降的中书舍人，确实没有错误。[64] 然而他又说："宋代诏书也是经过与唐代论事敕书一样的手续，被定为王言，并对外颁布。"这一说法则并非无可指摘。如本书序章所述，《蔡行敕》所处的徽宗朝正值宋代命令文书的重大变革期，正是在这一时期，御书手诏作为王言之一，携法律依据登上了历史舞台。

御笔手诏是以皇帝亲笔为前提，不经中书、门下而直接下达的文书，其名称虽与唐代的"手诏（手制）"类似，但二者其实截然不同。御笔手诏与此前的王言确立过程大相径庭。[65] 中村裕一的见解之中显然忽视了北宋后半期的御笔手诏。徽宗名作《神霄玉清万寿宫碑》匾额之上特意记下"御笔手诏"[66]，正是对其作为北宋末的新制度、最具权威的王言的着重强调。

中村裕一的著作中并未单独讨论《蔡行敕》（他的着眼点是对唐代文书的考察，所以没有单独讨论也是理所当然的），而是将其当作与唐代的论事敕书同一系统的文书，尤其指出了以"敕"开头的文书的共同点：①"敕"之后有"敕某"，必然与人名接续，采用"敕某"的结构。②必然有表示季节的字句，有"比平安好""平安好"之语。③使用"遣书。指不多及"作为结尾句。④最后有"某日",表示书写日期。他指出以上四点为共通点。[67]但四点之中,《蔡行敕》只符合①④,而并不符合②③。

另一方面,唐代的论事敕书用于慰谕公卿、诫约臣下,与其说是用于皇帝与臣僚之间,不如说是用于个人关系之中。从《蔡行敕》内容来看,其应当是由论事敕书引申而来的文书,对这一见解笔者并无异议。

然而,宋代的论事敕书(以及拥有同一系统形式的文书)如果只是由相关机构的官吏或书吏依照形式作成,则应该符合上述四点。事实上,与《蔡行敕》一同被中村裕一当作宋代作品实例的还有《赐陈尧咨敕》(《金石萃编》卷一三〇),符合上述全部四点。这难道不正表明《蔡行敕》并不单纯只是传统的、流于形式的文书吗?

关于这一点,《三朝北盟会编》之中有一段意味深长的记载。金军当时攻陷了宋军无法攻下的燕京,宋金双方就燕京城的交接进行交涉,金方面对于宋国书中出现"惹笔"(具体含义不明)表达了不满。对此,宋使赵良嗣抗辩道:[68]

> 对以:"自来国书,止有司分人修写,拘于体例,自无惹笔。今系主上亲御翰墨,是尊崇大国之意。"(《三朝北盟会编》卷一五,宣和五年三月一八日条《燕云奉使录》)

这说明当时徽宗在亲自书写公文时,并未完全遵循以往体例。《蔡行敕》并不完全符合"敕"等论事敕书所具有的四点共通特征,可以认为也是这一状况的体现。

然而，即使这份文书是御笔手诏，也无法断定它一定出自徽宗亲笔。正如前文李心传、程敏政所言，南宋也存在由女官代笔的御笔手诏，徽宗朝也存在相同的可能性。当初虽然以徽宗亲笔为表面方针，但实际上神宗朝就有内降手诏的习惯，且尚书内省的存在本身就表明了对内省夫人们为皇帝代笔一事的认可：

内降，自祖宗以来有之，但作圣旨行下。崇宁有亲笔，乃称御笔。大观四年夏，始诏："违御笔，以违制论。"六年春，凡御笔颇不类上字。宣和改元后，内降则又时时作吏体，非宫人笔札。（岳珂，《宝真斋法书赞》卷二《徽宗皇帝诸阁支降御笔》）

这段史料记述说明，宣和以降，内降（御笔）逐渐不再出自皇帝亲笔，最后走样成书吏风格的字体，不再是内夫人等女官所写。[69] 关于引文中"吏体"所指，有记载称：

鲁公因奏曰："陛下号令，何可由师成体、外人书。"上曰："宫人作字，旧样不佳。朕教之，今其书颇类男子，良可嘉。卿盖误矣。"其后始通知。今睿思殿文字外库使臣若杨球等掌之，张补等点检。小阉三四人，主出纳，用宝以付外，处之于宣和殿之后廊，但谓之东廊，即其所也。（岳珂，《宝真斋法书赞》卷二《徽宗皇帝诸阁支降御笔》）

蔡京问："陛下的命令为什么用梁师成的字体，由陛下以外之人书写？"[70] 徽宗辩解道："宫人（女官）字本就写得不好，朕是教会她们书写像男人一样的字，实在可喜可贺。是爱卿看错了。"也就是说，即使一般认为徽宗朝御笔已经停止了像神宗朝内降手诏一样由女官代笔，基本上以皇帝亲笔为表面方针，但实际上依然由女官代笔，[71] 这在当时已是共识。前文提及的曹宝麟也认为《蔡行敕》出自"徽宗教诲的女子之手"，阮元在《石渠随笔》中将《祀方丘敕》称为"宫嫔墨迹"，恐怕也是基于这一事实。

那么，在笔迹不断变化的情况下，御笔手诏的真实性又如何得到保证呢？特别是内容为普通命令的情况下，只知其是自禁中颁布的文书，但究竟是否为正式的御笔手诏，接受文书的一方很难做出判断。有鉴于此，御宝的存在就显得尤为重要。正如赵彦卫、李心传等人所说，在作为行政文书的御笔手诏与代笔密切相关的情况下，必须加盖某种形式的御宝。正如前文所见，即使皇帝亲笔，大多也会加盖御宝。徽宗朝后半期，宦官、使臣等肆意使用御笔，此时如果不用"御宝"，则无疑很难发挥其不经三省的特别命令文书之效用。[72] 反过来说，正因为御宝的存在，御笔手诏的政治效力才能得到确认和认知。

综上所述，加盖"御书之宝"的《蔡行敕》，毫无疑问应当是由与徽宗相当亲近的禁中做成的御笔手诏，并且内容是针对蔡行个人的，至少不是由中书省书吏誊写而成的普通命令文书。但御笔手诏存在多种类型，或完全出自徽宗"亲笔"，或部分由女官代笔，或全部由女官代笔，或如宣和以降的情况即由宦官、使臣代笔，等等。制度方面还存在许多详情不明之处，所以无法断言《蔡行敕》

是徽宗亲笔所书。然而文书之上有"御书之宝"印,明清以降的著名鉴定家多承认其价值并收藏这幅作品,由此可见《蔡行敕》出自徽宗亲笔的可能性还是很高的。

接下来将针对《蔡行敕》所展示的内容,即"殿中省"的"蔡行"被徽宗御笔手诏挽留的这一事实继续考察。两宋合计约三百二十年之中,殿中省这一官署仅于北宋末年存在了二十余年。下一节的探讨将从其设置始末开始。

第二节　宋代的殿中省

一、设置过程

殿中尚书之名其实在很久之前的魏晋时代就已经出现,至北魏时成为隶属门下省的殿中监,独立成为殿中省则是唐代的事情。[73] 根据《大唐六典》记载,其正副长官称作殿中监、少监,分别为从三品、从四品,再往下还有丞、主事,其职责如下:

> 殿中监掌乘舆、服御之政令,总尚食、尚药、尚衣、尚乘、尚舍、尚辇六局之官属。备其礼物,而供其职事。少监为之贰。凡听朝,则率其属,执缴扇,以列于左右。凡大祭祀,则进大珪、镇珪于壝门之外,既事,受而藏之。凡行幸,则侍奉于仗内,若游燕田阅,则骖乘以从焉。(《大唐六典》卷十一《殿中省》)

如上所述，其执掌乘舆、服御等相关政令，统领尚食、尚药、尚衣、尚乘、尚舍、尚辇六局，朝会或皇帝行幸时侍卫左右。从六尚局之名可以看出，它们分别负责皇帝的御膳、御药、御衣、张设、厩马、舆辇，殿中监负责统率全局，保障皇帝的个人生活。

进入北宋，"殿中监"之名虽依然存在，但与很多卿监一样，只是单纯的寄禄官，并非实职，与秘书监一样，至多不过是一个用来表示正四品官员俸禄的指标而已。[74] 元丰官制改革虽然将这些寄禄官变回实职，并将已经名存实亡的文阶官恢复为寄禄官，但殿中省尚未作为官署而设置。直至徽宗崇宁二年（1103）才终于正式设置。[75]

关于其设置始末，史料有详细记载：

> 元丰中，神宗欲复建此官，而度禁中未有其地，但诏御辇院不隶省寺，令专达焉。初，权太府卿林颜因按内藏库，见乘舆服御杂贮百物中，乃乞复殿中省六尚，以严奉至尊。于是徽宗乃出先朝所度殿中省图，命三省行之，而其法皆左正言姚祐所裁定，是岁崇宁二年也。（《宋史》卷一六四《职官志四·殿中省》）

也就是说，神宗元丰年间就曾想要设置殿中省，但因禁中无法提供足够大的用地，最终没有实行。直至徽宗朝，权太府卿林颜在确认内藏库时，发现皇帝使用的乘舆、服御杂乱地堆放在一起，不能体现尊崇皇帝之意，因而奏请设置殿中省。徽宗接受了他的建议，展示先朝（此处所指当是神宗朝）的殿中省设计图，下令依图建造。

此时正是崇宁二年二月辛酉。[76]

声称殿中省是神宗时的政策构想，是蔡京体制下的常用手段，即以"绍述"为借口，强制推行各种政策。据说其中很多并非继承自神宗意志。[77] 关于殿中省：

> 诏："秘书省、殿中省、内侍省于三省用申状，尚书六曹用牒，不隶御史台六察。如有违慢，委言事御史弹奏。其尚书六曹分隶六察。"（《长编》卷三二六，元丰五年五月辛卯条）

> 诏："尚书、侍郎奏事，郎中、员外番次随上殿，不得独留身……秘书、殿中省、诸寺监长官视尚书，贰丞以下视侍郎。"（《宋会要·仪制六》一七，元丰五年六月十九日条[78]）

元丰官制改革时期关于殿中省的文书规定、上殿规定均与六部同格，可见当时确实曾有设置的意图。另外，元丰年间已可见御辇院不隶省寺、令专达的记载。[79]

殿中省设于崇宁二年。正如本书第一章所述，前一年三月回归朝廷中枢、仅四个月后便晋升为右仆射的蔡京，此时再次晋升为左仆射，同时在都城大兴土木：

> 于是始缮修大内及诸官司屋宇，并修创景灵宫、元符等十一殿及殿中监，工役大作。（《编年备要》卷二六，崇宁二年二月条）

这一时期，不合蔡京之意的政策恐怕很难得到实施，殿中省亦不例外。正如后文所述，从人事方面来验证，蔡京极有可能与其设置有关。

提议设置的林颜本就曾在绍圣年间与章惇、蔡卞等人结交，是与蔡京亲近的新法派。[80] 林颜向徽宗进言之后不久，先朝所作殿中省图恰好在此时被取了出来，翌年蔡京又呈上《殿中省六尚局供奉库务敕令格式》与《看详》六〇卷。[81] 从提议设置算起尚不到一年，不能不说这一新官署的设置极其迅速。具体如后文所述，殿中省是将原先分割成好几块的各个不同部门统合在一起的巨型官署，[82] 可能只是将各官署的门牌替换一下而已。元丰年间受挫之后，尽管需要在各官署之间调整相关法令，依然在短时间内就确立了敕令格式，可以感觉到殿中省的设置相当急迫，且花费了大力气。那么，设置此机构的目的究竟是什么？

二、地理位置

神宗朝因用地不足而未能设置的殿中省，在徽宗朝实际建造之时，其所在地是哪里呢？从前文所见《续资治通鉴长编》的记载可以看出，神宗要求的场地在禁中，所以作为"追述"神宗朝而设置的机构，首先假设其在禁中是较为妥当的。关于"禁中"的含义，按照一般常识解释，无疑是宫中的意思，更严密地说，如孟元老《东京梦华录》所述，将大内分为南北两边的东西大街的北侧，过会通门即为禁中。[83] 大内的南半部分，有作为正朝的中书、门下两省与作为常朝殿的文德殿，其北侧为禁中，西半部分是皇帝私人生活、内朝的场所，东半部分则是为其服务的宦官们的活动场所。[84] 另外，《东京梦华录》继续写道：

殿相对东廊门楼，乃殿中省、六尚局、御厨。殿上常列禁卫两重，时刻提警，出入甚严……每遇早晚进膳，自殿中省对凝晖殿，禁卫成列约栏［拦］，不得过往。省门上有一人呼喝，谓之拨食家。(《东京梦华录》卷一《大内》)

内诸司皆在禁中，如学士院、皇城司、四方馆、客省、东西上阁门、通进司、内弓剑枪甲军器等库、翰林司(茶酒局也)、内侍省、入内内侍省、内藏库、奉宸库、景福殿库、延福宫、殿中省、六尚局(尚药、尚食、尚辇、尚醖、尚舍、尚衣)、诸阁分、内香药库、后苑作、翰林书艺局、医官局、天章等阁、明堂颁朔布政府。(《东京梦华录》卷一《内诸司》)

这里明确表示殿中省是在禁中。也就是说，可以认为殿中省与其下辖的六尚局位于同一场所。

然而《夷坚志》却有如下记载：

崇宁以来，既隆道教，故京城佛寺多废毁，先以崇夏寺地为殿中省，政和中，又以乾明寺为五寺三监。(洪迈，《夷坚志·支丁》卷一《杨戬毁寺》)

据此，则殿中省建造在崇宁年间被废弃的崇夏寺遗址之上。根据《事物纪原》的记载，崇夏寺创建于唐代且有所来历，宋初石守信修筑山门时，宋太祖曾行幸此寺。[85]另外，《文献通考·郊社考》记载，太祖、太宗时期，崇夏寺是开封遭逢水旱灾害之际派遣官员前往祝祷的四庙五寺之一。[86] 可见其在宋初是受到朝廷尊崇的寺院。

关于崇夏寺的地理位置，尚未发现明确的史料记载。线索之一是《东京梦华录》卷六的记载。元宵节之后，都人郊外散步的场所之中有"乾明、崇夏尼寺"，从名字来看，"崇夏尼寺"或许与崇夏寺相邻。其地点在开封内城东侧旧曹门与旧宋门之间。[87] 然而那里是开封外城，离皇城、宫城相当远，将与禁中相关的殿中省设置在这里，显然不甚合理。

那么，该如何看待《夷坚志》的这则记载呢？一种可能是这只是单纯的记载错误。另一种可能则是殿中省因其职责范围需要处理各类器物，这些物品原本被杂乱无章地保存在内藏省，以殿中省新设为契机，有必要在新殿中省中对这些器物加以有序保管。并且，将多个部署统合在一起之后，其保管之物自然也会增加，包括禁中在内的开封城改造计划也正在进行之中，因此或许需要在有限的土地中寻找更宽敞的保管场所。基于这一点，则有可能使用旧崇夏寺的土地。但如此一来，禁中使用的重要文物将被存放于外城，这一点总令人感觉不太合理。关于《夷坚志》的这则记载，现阶段尚未出现比以上推测更准确的史料，只能留待后人考证。

依据职责范围及《东京梦华录》的记载，虽然可以推测出殿中省位于禁中，但其实也存在当初曾于禁中之外设置临时官署的痕迹：

> 右，臣伏为殿中省见在门下后省权暂置局内。殿中丞许似孙，见任执政官之子。臣为言官，与之同省，虑涉嫌疑。伏望圣慈特降睿旨，令殿中省别行踏逐权暂置局去处，谨录奏闻。伏候敕旨。（慕容彦逢，《摛文堂集》卷九《乞殿中省别处

置局奏状》[88])

慕容彦逢于崇宁初年任左司谏,作为言官隶属于门下后省。[89] 引文所述殿中省,应是指崇宁初年设置后不久的状况。此时的殿中省暂借门下后省的官署,但身为执政官之子的殿中丞与言官同处一室是非常不合适的,所以殿中省必须另寻他处。当时门下后省确实位于大内之内的大庆殿西侧:

> 入第二横门,东廊大庆殿东[西]偏门,西廊中书、门下后省。(《东京梦华录》卷一《大内》)

其建于神宗朝:

> 元丰既新官制,建尚书省于外,而中书、门下省,枢密、学士院,设于禁中,规模极雄丽。其照壁屏下,悉用重布,不糊纸。尚书省及六曹皆书《周官》,两省及后省、枢密、学士院,皆郭熙一手画,中间甚有杰然可观者……后两省除官未尝足,多有空闲处。(叶梦得,《石林燕语》卷四)

中书省、门下省、枢密院、学士院等都是宽敞壮丽的建筑,可能正是因为空余房间很多,所以才借给殿中省当作临时官署。门下后省的所在地虽然不属于本书采用的严格意义上的"禁中",上述史料仍将这些地方称为"禁中"。虽说同是大内,但这里远远称不上是皇帝的私人空间。从在此匆忙设置临时官署这点来看,自神宗朝起一直悬而未决的建造用地问题并未得到解决，这表明殿中省的设置是强行推进的。[90] 从中可以感受到政策制定者强烈的意志，而这一时期正值蔡京当国。

三、内部构成

如前章所述，殿中省虽设置仓促，但其职掌与唐代一样，都是管辖六尚局、负责侍奉皇帝的日常生活：[91]

> 殿中监掌供奉天子玉食、医药、服御、幄帘、舆辇、舍次之政令，总六尚局而修其职。(《宋会要·职官一九》四，崇宁二年二月十二日条)

此时新设的六尚局分别是尚食、尚药、尚醖、尚衣、尚舍、尚辇六部局，除了唐代曾经的尚乘局被尚醖局取代，其余职掌基本与唐代六尚局相同。[92]

北宋前期原未继承唐制设置殿中省，其下属的六尚局被细化，分散至各个机构：

> 今尚食归御厨，尚药归医官院，尚衣归尚衣库，尚舍归仪鸾司，尚乘归骐骥院内安[鞍]辔库，尚辇归辇院。其官随局而移，皆不令[领]于本省。(《宋会要·职官一九》二，《两朝国史志》)

自不必说，这是受到唐后期以降律令官制名存实亡的影响。北宋太祖、太宗时期,每个担当机构都有各自的职能,并不作为统一官署存在。

至北宋末徽宗朝设置殿中省,各机构再次由一个机关加以统率。以下是基于《宋会要》整理而成的对应关系表。与唐代不同的是尚醖局取代了尚乘局。

表2 殿中省六尚局与各个机关的对应关系表(据《宋会要·职官》制作)

北宋前期	职责范围	殿中省六尚局
御厨翰林司	掌供御膳羞品尝之事	尚食局
医官院	掌供奉御药、和剂诊候之事	尚药局
法酒库	掌供奉酒醴之事	尚醖局
尚衣库	掌供御衣服、冠冕之事	尚衣局
仪鸾司	掌供御幄帟张设之事	尚舍局
御輦院	掌供御輦事	尚輦局

结果:

> 国朝,上元节烧灯,盛于前代,为綵山峻极,而对峙于端门。綵山,故隶开封府仪曹及仪鸾司,共主之。崇宁后,有殿中省,因又隶殿中,与天府同治焉。(蔡絛,《铁围山丛谈》卷一)

上元节灯会时的橹,原本由仪鸾司与开封府共同管辖,此后则由殿中省与开封府共同管辖。这应是仪鸾司的职掌向殿中省尚舍局转移的结果。

统合不同部署的人员，能够获得各部署的大量技术人员，所以殿中省的下属人员数量十分庞大。例如，尚食局有膳工二百人，尚醖局有酒工五十人，尚衣局有衣徒三十人、典功二十人，尚舍局有幕士一百人、正供五十人、次供五十人，尚辇局有正供二百二十人、次供一百三十人、下都一百人，等等。[93]《蔡行敕》述殿中省"事繁而员众"，并非单纯的修辞。

殿中省是如此巨大的官署，其内部构成并非如《宋史·职官志》所见，只是殿中监、少监、丞、主事等单一垂直构造这么简单。因为六尚局在各自设置管勾、典御之外，还有提举六尚局一人：

> 诏："六尚局各添置管勾一员，内典御已增置一员外，共置提举六尚局一员，以入内省官充。杂压殿中监在正议大夫之下，提举六尚在延福宫使之上。余依拟定。"（《宋会要·职官一九》七，崇宁二年二月十二日条[94]）

关于殿中监与提举六尚局之间的关系，同年五月二十三日有诏书曰：

> 诏："殿中省监治一省之事，凡事干他司若奏、申、牒、帖，皆专总之。少监为之贰。提举官总六尚之事，凡事不干外司，若承宣旨、供奉应办，及事系宫禁，皆专总之。与少监不相统属。监、少与提举官行移以牒，管勾、典御皆具状申省。"（《宋会要·职官一九》八，崇宁二年五月二十三日条）

也就是说，一方面监、少监在与其他官署交涉时是殿中省的代表,[95] 另一方面，禁中的事务则由提举官管理。另外，提举六尚局并非隶属于殿中少监，与殿中监之间也有牒文往来，虽然承认其上下级关系，但基本上是同级别的。由此可见殿中省与六尚局之间的复杂关系。

提举六尚局是"入内省官"，即由入内内侍省的宦官担任。相对内侍省（前省），入内内侍省又称"后省"。前省作为宦官官署，在唐代就已经存在，入内内侍省在当时则并不存在，至北宋景德三年（1006）由内东门都知司、内侍省入内内侍班院合并而成，是专门统辖侍奉于皇帝身边的宦官的部署。[96] 唐代的殿中省六尚局在之后被分割，与各个归属机构往来的即入内内侍省所属的宦官。也就是说，一直以来负责与各机构打交道的入内内侍省的宦官，被赋予了提举六尚局的职称，统辖承担实务的六尚局，实际上实务机构的职责并无任何变化，侍奉在皇帝身边的依然是宦官。

如果说北宋末设置的殿中省有什么实质性变化，那也只不过是在原有的实务机构之上设置殿中监、少监等官职而已。这些新设官职由文官士大夫担任，与统率六尚局的宦官提举官相互制约。

神宗朝打算设置殿中省之时，关于这一点的讨论颇具意味。王巩对此有所记述：

> 初议官制，张诚一要易都知、押班名，置殿中监。诚一时被眷，无敢异者。既而与诸监制度，作劄子同进呈。神宗顾左右，无内侍官在侧，以御衣遮手而摇之，曰："不可。"遂卷殿中监劄子，收袖中，即别处分事，徐顾苏颂子容、蔡京元长，曰："此名不可辄易，祖宗有深意。"（王巩，《甲申杂记》）

张诚一是神宗宠臣，此后长期担任枢密都承旨一职，如引文所见，他以神宗为后盾发挥着隐蔽的影响力，在神宗去世后遭到了士大夫们的弹劾。[97] 元丰官制改革时，他负责预备调查，[98] 此处的提案应该也是当时工作的一环。他提议新设殿中监，并更改入内都知、押班的名称。入内都知、押班是内侍省、入内内侍省的正副长官，尤其是入内内侍省，负责统辖几乎所有在禁中侍奉的宦官。《宋会要》也有相同的记载：

> 元丰议官制，殿帅张诚一有奏，数言事。内出诚一劄目送局，请改内侍官名。局官苏颂、蔡京、王震、陈稹同奏事进呈，神宗顾视左右曰："此无内侍，祖宗为此名盖有深意，岂可轻议。"取劄子入御袖。(《宋会要·职官五六》三八《九朝纪事本末》[99])

这封奏请更改宦官官名的劄子，首先由详定官制所的官员提出。之后由苏颂、蔡京等向神宗禀报，征求其意见，神宗以谨慎为由将其留中，之后便没了下文。仅从这则记载来看，神宗对宦官官制改革持消极态度，特别是否定了将"内侍"二字从官名中去除这一点。恐怕张诚一当时受到宦官势力的影响，[100] 他们不喜欢公开带有"内侍"的官职名，希望能够获得沿自唐代以来传统的"殿中监"等官职名。然而神宗断绝了他们的念想。

历经以上过程，殿中省在徽宗朝终于得以建立，但结果依然未能如宦官所愿。以往由入内内侍省宦官们在禁中担任的职务，现由六尚局加以整合管理，虽然负责管理的提举官由宦官担任，但代表殿中省的殿中监职位并未授予宦官。以入内都知、押班为首的入内内侍省也未能直接改组为殿中省。也就是说，此次设置的重点是将殿中监、少监的正副长官位置留给文官士大夫，虽说与提举六尚局几乎是同一级别，但他们至少是殿中监的代表，位在提举六尚局之上。当然，这意味着他们能够统辖在禁中侍奉皇帝的几乎所有宦官，能够自上而下地直接掌握他们的动向。对于宦官势力而言，这一制度设计无疑反而违背了他们的本意。

如前文所述，蔡京或许是设置殿中监的推手，仔细想来，元丰年间在宠臣张诚一的提议下，殿中省差一点就要落入宦官之手，而蔡京正是当时引导神宗英明决断、成功阻止此事的详定官职所官员之一。他比任何人都更理解殿中省建立的始末，也在负责统辖禁中宦官的这一职位是由宦官掌握还是由文官掌握的问题上做出了决断。这一次殿中监的设置并非像一部分史料所言，单纯是蔡京为迎合宦官而制定的政策。事实恰好相反，能够统辖禁中宦官、把握皇帝近侧动向的重要职位最后给了文官。由此，殿中监逐渐成为非常重要的职位。接下来，让我们再来看一看蔡京对于殿中省人事安排的影响力。

四、从人事方面看蔡京的影响力

由于北宋末的史料并不多，所以能够明确的殿中监的人数也很有限。而且即便是能够确认姓名者，关于他们的具体事迹亦所知甚少。基于李之亮《宋代京朝官通考》（巴蜀书社2003年版）一书，已确认担任过殿中监、少监之人列举如下，共有十二人。

表 3　殿中监（领殿中省事）就任者表

	姓名	任职期间	出典
①	席　旦	崇宁二年（1103）	《宋史》卷三四七
②	曾孝蕴	崇宁二年（1103）	《宋史》卷三一二
③	范　坦	崇宁三至四年（1104—1105？）	《宋史》卷二八八
④	姚　佑	崇宁四年（1105） 大观元至二年（1107—1108） 大观三年（1109？）	《宋史》卷三五四
⑤	许敦仁	崇宁年间	《宋史》卷三五六
⑥	郑久中	大观元年（1107）	《摘文堂集》卷四
⑦	宋　昇	大观二年（1108） 政和六至七年（1116—1117）	《宋会要·职官一九》一〇、《宋史》卷三五六
⑧	张　阁	大观二至三年（1108—1109？）	《宋史》卷三五三
⑨	高　伸	政和元年（1111） 政和三至四年（1113—1114）	《宋史》卷一六四、《宋会要·刑法一》二七
⑩	刘　瑗	政和元年（1111）	《宋会要·职官一九》一〇
⑪	蔡　行	重和元年（1118） 宣和二年（1120） 宣和六年（1124）	《宋会要·刑法一》三〇、《挥麈余话》卷一、《宋会要·崇儒四》一二、《宋会要·选举九》一六
⑫	王义叔	宣和七年（1125）	《宋会要·后妃四》一二、《宋会要·选举七七》一四

最初成为殿中监的①席旦，被评价为"立朝无所附徇"的硬骨头，虽然成为新设置的殿中省的首任长官，但不久就转任他职了。[101] 下一位②曾孝蕴就任后仅数月，就因为身为张商英的党羽而遭到言官弹劾，离开了殿中省。[102] 紧接着③范坦此后也支持强烈批评蔡京经济政策（当十钱、夹锡钱）的张商英，[103] 很难想象他是蔡京这一边的人。后两人身上看到的不是蔡京，而是张商英的影子。张商英于蔡京当国之初曾受其推荐进入执政行列，但双方此后形成对

立，张于崇宁二年（1103）便已早早失势下台了。[104] 不如说这三人可能是因为徽宗的直接建议而就任这一官职的。关于①席旦：

> 徽宗召对，擢右正言，迁右司谏……新建殿中省，命为监。(《宋史》卷三四七《席旦传》)

他曾受到徽宗召见而获得擢升。②曾孝蕴则是曾公亮的从子：

> 崇宁建殿中省，擢为监。(《宋史》卷三一二《曾公亮传（附孝蕴传）》)

关于③范坦也有如下记载：

> 使于辽，复命，具语录以献。徽宗览而善之，付鸿胪，令后奉使者视为式。迁殿中监。(《宋史》卷二八八《范雍传（附坦传）》)

可见三人都是受到徽宗的知遇后，才被任命为殿中监的。从徽宗本人的角度来看，或许正因为这是与其私生活相关官署的负责官员，他才直接加以任命。

然而，这三人的任期加起来也不到两年，很难想象他们能有什么大动作。并且崇宁初年如前文所述，殿中省尚处于寄居门下后省一角之时，这些初期的殿中监比起之后就任者，总体而言任期都要短一些，大约一年未满就转任其他官职了。

此后，自殿中省被认为转移至禁中时起，蔡京便开始显现对其人事层面的决定性影响力，即④姚祐、⑤许敦仁、⑥郑久中、⑧张阁、⑨高伸这些人。关于④姚祐：

> 徽宗初，除夔州路转运判官。且行，会帝幸禁苑御弓矢，祐奏《圣武临射赋》。帝大悦，留为右正言。历陈绍述之说，迁左司谏。建议置辅郡以拱大畿，进殿中监。(《宋史》卷三五四《姚祐传》)

虽说他也是个被徽宗直接记住的幸运儿，但之后倡导"绍述之说"、建议设置四辅郡等，都是一贯符合蔡京政策的行动。而且作为殿中监，他还制定了各种与六尚局相关的仪制。[105]关于⑤许敦仁：

> 蔡京以州里之旧，擢监察御史，亟迁右正言、起居郎，倚为腹心。敦仁凡所建请，悉受京旨。(《宋史》卷三五六《许敦仁传》)

如上所述，他完全是奉蔡京命令行事之人。[106]接下来的⑥郑久中，其个人事迹不详，但正如本书第一章、第二章所见，他的兄长郑居中是驱逐赵挺之、帮助蔡京实现复权的蔡京派活跃人物。可以推测郑久中应当是受了兄长的影响。关于⑧张阁：

> 崇宁初，由卫尉主簿迁祠部员外郎。资阅浅，为掌制者所议，蔡京主之，乃止。(《宋史》卷三五三《张阁传》)

吏部曾因他资历不足而暂缓升迁，当时正是蔡京强行力主，他才得以晋升。然而此后他成为翰林学士，于蔡京失势后起草了列举其罪状的罢免内制，因而受到舆论的广泛好评。[107]如果单看这一件事，他似乎是反蔡京派，但在引文记载的时间点，他仍欠蔡京人情，所以可以认为他是蔡京的党羽。⑨高伸则是臭名昭著的高俅的兄长，[108]虽然我们对他本人的经历不甚明了，但还是可以将他看作与蔡京、童贯亲近之人。[109]

此外值得注意的，是⑩刘瑗身为宦官这一事实。如前文所述，殿中监这一官职的特点在于，虽然从特性上来说应当由宦官担任，但实际上这又是一个文官职位。即便如此，身为宦官的刘瑗还是担任了这一官职，这可以说是特例。刘瑗与蔡京等人早有往来，哲宗绍圣年间：

> 遂与惇绝，为翰林院学士承旨，交纳内侍郝随、刘瑗、外戚向宗良等，故势益牢。（《三朝北盟会编》卷四九，靖康元年七月二十一日条《幼老春秋》）

此后又多次遭到陈次升弹劾。[110]

综上所述，经过最初的两年之后，崇宁四年（1105）以降能够确认的殿中监几乎都与蔡京有所关联。

除此之外，最能证明蔡京掌控殿中省的证据，是大观、宣和年间的殿中监⑦宋昪、⑪蔡行二人。因为他们都是蔡京的亲族，且与之非常亲密。

⑦宋昪是宋庠的曾孙，宋庠曾于天圣年间与其弟宋祁并称"二

宋"。史书中有时会将宋昇误记为"宋昇":

> 崇宁初,由谯县尉为敕令删定官,数年至殿中少监。时乔年尹京,父子依凭蔡氏,陵轹士大夫,阴交谏官蔡居厚,使为鹰犬……迁正议大夫、殿中监。(《宋史》卷三五六《宋乔年传(附昇传)》)

他历任殿中少监、殿中监,与其父宋乔年一同依附蔡京,活跃于官场之上。说起来这也是理所当然的,因为宋乔年之女(即宋昇之姐或妹)嫁给了蔡京长子蔡攸,所以宋氏与蔡京家是姻戚关系:

> 女嫁蔡京子攸。京当国,始复起用。(《宋史》卷三五六《宋乔年传》)

接下来则是作为本章切入点的《蔡行敕》的接受者⑪蔡行。虽然《宋代京朝官通考》的殿中监名单上没有他的名字,但正如《蔡行敕》所书,蔡行是"领殿中省事"。所谓"领殿中省事":

> 宣和间,凡官品已高而下行职事者,皆称"领"。如蔡行以保和殿大学士领殿中省,高俅以开府仪同三司领殿前司,王革以保和殿大学士领开封尹之类,是也。(徐度,《却扫编》卷上)

当时高官品担任低职事者,会加一"领"字。蔡行只因以保和殿大学士的身份就任殿中监,所以使用了特殊的称呼方式,[111]这在当时颇为流行。[112]

关于蔡行,正如此前所述,他是蔡京长子蔡攸的儿子。[113]虽然其具体事迹难以考证,但宣和二年(1120)十二月于禁中延福宫举办的招待宰执的宴会,留下了如下记载:

> 上遣殿中监蔡行,谕旨曰:"此中不同外廷,无弹奏之仪。但饮食自如。"(王明清,《挥麈录》余话卷一)

可见他在宣和二年已就任殿中监。然而他与殿中省的关联在此之前已有所见。两年前的重和元年(1118),蔡行作为详定官参与了殿中省《六尚法》的编修:

> 殿中省编修《六尚法》。书成,详定官蔡行、少监赵士谞、删定官李秘、高尧臣,各转一官。(《宋会要·刑法一》三〇,重和元年十二月十三日条)

当时相关法案的制定多由对象官署的正副长官(哪怕只是名义上的)总领全局,[114]所以蔡行此时已成为殿中省长官的可能性很高。

而且《宋会要·崇儒》亦有记载:

> 诏:"殿中监察行、户部侍郎王义叔,并兼校正御前文集。"(《宋会要·崇儒四》一二,宣和六年四月七日条)

"殿中监察行"应是"殿中监蔡行"的误写。[115]由此可以明确,蔡行至少于宣和二年与六年时担任殿中监。[116] 遗憾的是，受限于史料，无法判断在此期间蔡行是否一直担任殿中监（或领殿中省事）。如果他一直在任，则比起之前看到的历代殿中监仅一年左右的任期，他的任期可以说非常长，《蔡行敕》"卿践更既久"之语就并非只是单纯的修辞了。

能够确认的北宋最后一位殿中监是⑫王义叔，在任时间是宣和七年，他是王婕妤的叔父，[117] 或许他正是因为这层关系才得到起用。并且此前一年，他与前任蔡行一同从事徽宗文集的整理工作，因而无法否认存在与之相关的可能性。同年十一月，他因为祖母服丧而请求辞职，但未获批准。这正是与《蔡行敕》一样的故事。[118]

除了北宋最末期的⑫王义叔，从崇宁年间以降的殿中监履历来看，⑧张阁尚存疑，而其他已经明确的八人之中有七人与蔡京相关，当中⑦宋昇、⑪蔡行二人还是蔡京的姻戚与亲族。

这里更值得关注的是，此前《挥麈录》的记载中宣和二年宴席之时蔡行的立场。在连宰相蔡京等都不曾踏足的禁中深处，向紧张的朝臣们传达皇帝"此中不同外廷"的正是身为殿中监的蔡行。被徽宗皇帝视为"内廷"一边的蔡行，他的立场并非元老蔡京的嫡孙，而是于禁中侍奉徽宗左右的殿中监或保和殿学士。由此可知，当时的殿中监与皇帝有多么亲近。

结　语

如上文所见，北宋末设置殿中省，并非只是单纯对侍奉皇帝的机构进行改造，其真实目的很可能是蔡京对于禁中的介入。他采用甚至可以称得上强硬的手段，对士大夫此前无法介入的禁中产生影响并设置殿中省，最终还任命自己的亲族担任殿中监（领殿中省事）一职。由此，他将宦官们置于监视之下，将向来只有宦官、女官承担的皇帝近侧工作，转移到了身为士人的殿中监手中。

按照一般的说法，蔡京与以童贯为首的宫中宦官相勾结，在皇帝身边布置自己的势力。这一说法的前提是，不这么做就无法把握禁中的情况。蔡京与宦官势力之间存在协作关系当然是事实，然而蔡京坚决设置了损害宦官利益的殿中省，并任命自己人尤其是自己的亲族为长官，从而无须通过宦官的介入就能积极了解皇帝的意志。这才是设置殿中省的主要目的：

> 在京百司，皆隶台察，而阁门、殿中监，多嬖倖持权者，蕰其职独不与，怙宠自肆，弊尤甚，无敢谁何者。公请隶台察如他司，上从之。未数月，复如旧。（杨时，《龟山集》卷三七《张安时墓志铭》）

可见凭借皇帝的宠幸，御史等人很难对他们的行为形成掣肘。[119] 部署之人并非宦官，而是仰仗自己鼻息的士人，这一点非常巧妙。

靖康元年（1126）正月三日，前一年末将皇位禅让给钦宗的太上皇徽宗由蔡攸等人相伴，暗中逃离了开封：

> 是日夜漏二鼓，出通津门，御舟东下。太上皇后及王子、帝姬接续皆行，童贯、蔡攸、朱勔护卫，扈从车驾，侍从百官

往往逃遁。(《三朝北盟会编》卷二七,靖康元年正月三日条)

短短四天后,六尚局就依"祖宗之法"恢复了原状,殿中省就此解体。[120] 其存续时间仅有短短的四分之一个世纪。此后即使进入南宋,殿中省也再未设置。这无疑是因为所谓的殿中省官署是与蔡京体制密切相关的产物:

> 蔡京专以绍述劫持上下。然拆尚书省,改左右仆射为太宰、少宰,修殿中省官制等,公然违背神宗皇帝圣恩。其他不可一二数也。伏乞鉴察。(《国朝名臣奏议》卷一一九《财赋门·新法一一》,吕好问《上钦宗论绍述》贴黄)

殿中省与废除尚书省、公相制一样,都是违背神宗皇帝意志之事,可以算得上蔡京专权期间最不可容忍的事情之一。所以,殿中省可谓是蔡京体制下既特殊又重要的机构。深得皇帝信任并且能够影响禁中,如实体现上述特征的正是徽宗皇帝的御笔手诏《蔡行敕》。

《蔡行敕》的接受者是有可能长期支配殿中省的⑪蔡行。诚如所见,他是蔡京之子蔡攸的儿子,从亲近禁中的程度这一点来看,比起蔡京,蔡攸一家的存在感或许更强。蔡攸与蔡行一样还保有另一个官职,也可以进出禁中,即宣和殿(保和殿)大学士一职。下一章将会对蔡攸的宣和殿(保和殿)大学士这一官职加以考察,探讨蔡攸与徽宗是如何由此联系在一起的。

第五章

北宋末的宣和殿

皇帝徽宗与学士蔡攸

前　言

　　北宋末，金军分兵两路南下，察知此事的宦官童贯自太原逃归开封。大臣们带着他在途中得到的女真牒文前往"宣和殿"，进呈徽宗皇帝。看到牒文的徽宗大为震惊，一时无法言语，眼中浮现泪光。牒文是金兵攻宋的檄文，在宋人看来自是态度十分傲慢。徽宗道："朕想要休息片刻，你们今晚再来吧，到时候再商量。"

　　当晚，当大臣们再次来到"玉华阁"时，宇文虚中与吴敏二人已经先到了。徽宗道："他们二人先行入见，你等着。"宇文虚中与吴敏依次谒见后，徽宗终于召大臣们入见。然而，徽宗突然晕倒不省人事，还从御床上滚了下来。左右之人赶紧呼救求助，暂时先将他搬入"保和殿东阁"。经群臣商议，先让他服下些煎药，总算是恢复了意识。徽宗举手索求纸笔，用左手写下几个字："朕已半身不遂，这般残躯如何能够妥善处理大事？"大臣们见字，却无人言语。于是徽宗继续写道："诸公为何不言？"左右之人回身将纸给大臣们看，但大臣之中依然无一人应答。徽宗没有办法，只能又写道："皇太子应即位。予为教主道君，退隐龙德宫。"关于等候在外的吴敏，徽宗又道："吴敏是朕亲擢，召他作诏。"吴敏即刻入内起草诏书。皇太子应召入宫，大臣们为他穿上了御袍。太子此时仍然犹豫不决，徽宗与皇后夫妇二人便一同劝说他。最后徽宗坚持下令，钦宗皇帝就这样诞生了。当时正是宣和七年十二月二十三日。[1]

以上就是徐梦莘《三朝北盟会编》（以下简称《会编》）中记载的徽宗禅位始末。此后，身为太上皇的徽宗在约十日后，即翌年靖康元年正月三日深夜，携几位随从悄悄离开开封城，行幸江南。[2]关于徽宗半身不遂的记载，此后亦不见于史书。根据其他史料，徽宗此前曾与吴敏有所商议：

上皇曰："不可不称疾，恐变乱生。"敏曰："亦好。"（《长编纪事本末》卷一四六，钦宗"内禅"，宣和七年十二月庚申条）

实际上，虽然前日商议之时，徽宗问吴敏"莫须称疾"，吴敏的回答是"恐亦不须"，但事到临头，徽宗还是采取了行动。[3] 由此可见，徽宗在这一幕禅让剧中无疑用尽了浑身解数来称疾装病，而吴敏也是演员之一。大臣们的沉默说明，面对眼前这一幕，他们内心当中正在进行一场雄辩。

现在需要解释的是，这一幕剧的舞台为什么选在"宣和殿""玉华阁"以及"保和殿东阁"。正如后文所见，这些殿阁虽说几乎都是同一区划内的建筑物，但也有相互配置关系，"宣和殿"或"保和殿"正是它们的总称。

这些建筑位于开封皇城内西北隅，即所谓"禁中"的最深处。皇帝虽然日常在禁中与宰相、大臣们"视朝"，但只在禁中最靠近外朝的前殿（垂拱殿），以及稍稍深入一些的后殿（崇政殿或延和殿），虽说是禁中，却也是拥有公共性质的场所。[4] 相对于这些禁中的中央部，西部则是完全属于皇帝的私人空间。除了恩典赐宴，连宰相一般也不允许进入。就对宋朝政治过程的一般认识而言，在禁中最深处的宣和殿制定诸如帝位禅让之类与国策相关的重大决定，不能不说令人颇感不甚合理。其中凝缩了徽宗时代所具有的特殊性。

因此，本章将对宣和殿所含的政治意义进行考察。

徽宗时代的宣和殿作为他个人的兴趣场所青史留名，这一点在美术史、文化史方面已略有言及，但都不是正面的观点，关于其构造也充满模糊之处。虽然近年来北宋开封研究的代表作《宋代东京研究》以及融入考古学成果的《北宋东京城研究》相继问世，[5]但都并未对本文关注的宣和殿的具体位置与沿革深入探讨，配图也仅仅展示了传世史料中唯一标示了宋代开封城地图的元至顺刊本《事林广记》后集《宫室类》中的《京阙之图》（图4）。[6]傅熹年的研究虽进一步较为详尽地提示了开封禁中的宫殿配置图，具有一定的参

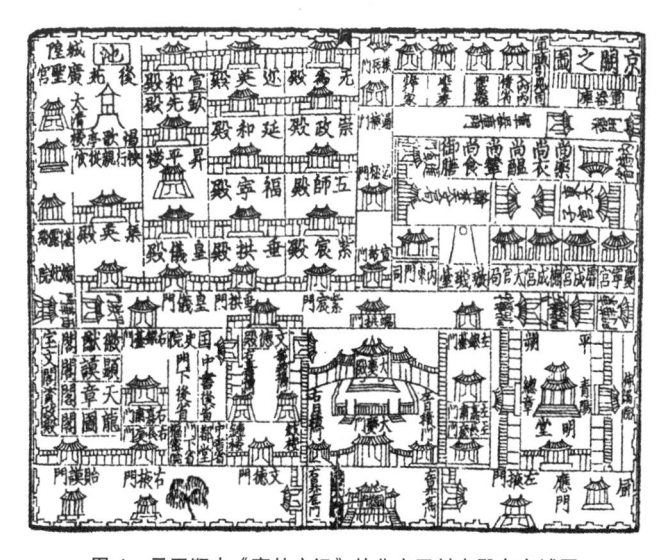

图4　元至顺本《事林广记》的北宋开封宫殿东京城图

考价值（图 5），[7] 但几乎没有论及宣和殿与保和殿的关系。日本学界虽有久保田和男关于北宋开封的研究，但依然没有深入宣和殿的详细配置等问题。[8] 因此，本章的第一个目标是整理与宣和殿相关的记载，探明其究竟具有怎样的样式、拥有何种职能。

第二个目标则是确认宣和殿所置馆职的特殊性，以与皇帝徽宗

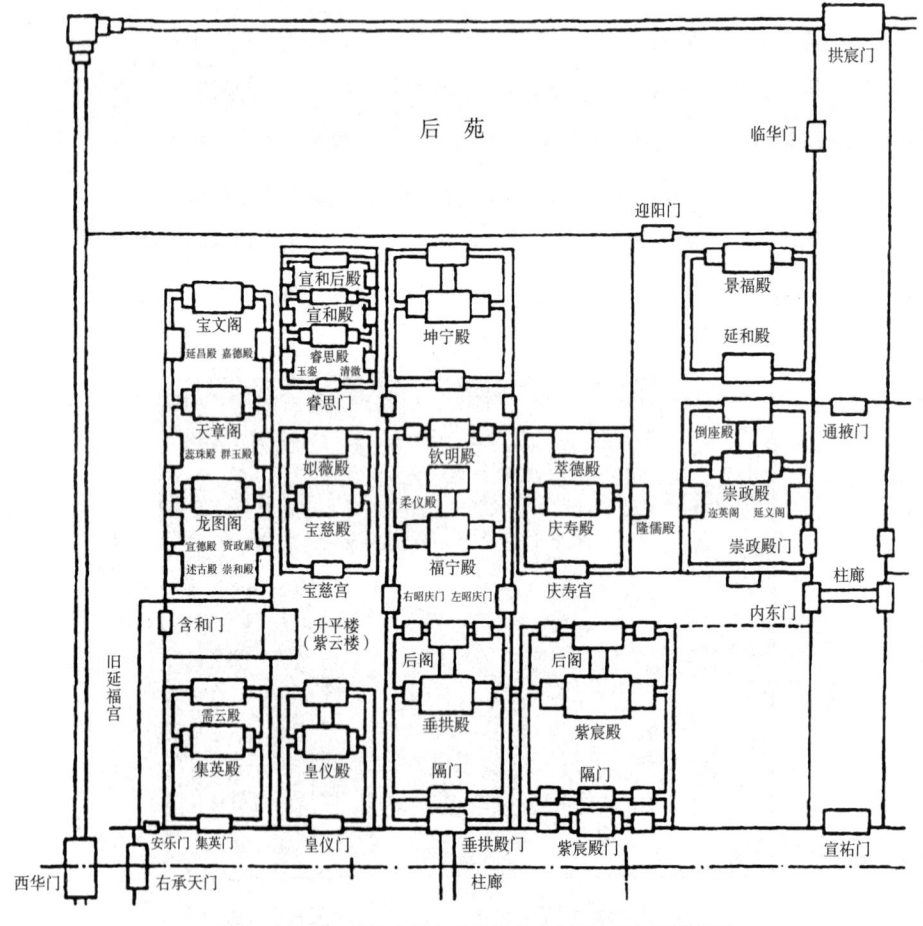

图 5 《傅熹年建筑史论文集》的北宋开封宫殿图西北部分

的关系为中心,考察与他关系密切的人物——蔡攸。试图通过关注位于禁中的宣和殿,以及相关制度背后所见的蔡京之子蔡攸,窥见徽宗朝政治的幕后。

最后,在考察以上两点的基础上,再次回顾徽宗的禅让剧,解读其中隐藏的真实意义。

第一节　宣和殿与保和殿

一、沿革及诸殿关系

关于宣和殿的简要说明载于《宋会要·方域·东京杂录》。[9] 大致整理如下:

神宗熙宁八年(1075)	营造睿思殿
哲宗绍圣二年(1095)四月二日	于睿思殿后方营造宣和殿
元符三年(1100)	废宣和殿
徽宗大观二年(1108)四月	宣和殿再建
大观三年	徽宗《御制宣和殿记》[10]
重和元年(1118)	宣和之后殿建成
宣和二年(1120)	因与年号重复,改称保和殿[11]

神宗首先营造睿思殿,哲宗出于对父亲的尊崇之意并未使用,而是在其后方营建新殿。这就是宣和殿的初始,之后徽宗将其进一步扩建并投入使用。进入宣和年间,因为宣和殿与年号重名,所以改称保和殿。也就是说,宣和殿就是保和殿。这很可能是普遍的认知。

然而，根据蔡絛《铁围山丛谈》的记载，保和殿是在宣和殿后方营造的，二者是不同的建筑物：

> 宣和殿后，又创立保和殿者，左右有稽古、传古、尚古等诸阁，咸以贮古玉印玺、诸鼎彝礼器、法书图画尽在。（蔡絛，《铁围山丛谈》卷五）

蔡絛是蔡京之子，如后文所述，他是熟知禁中详情之人，所以对他的记载不应完全否定。前言所见宣和七年的禅让剧中，宣和殿与保和殿也是作为不同的建筑物登场的。其他诸如《宋史》《编年备要》等也有记载：

> （政和三年）夏四月戊子，作保和殿。（《宋史》卷二一《徽宗本纪》）

> 保和殿，政和三年四月作，九月殿成，总为屋七十五间。（《宋史》卷八五《地理志·京城》）

> 保和殿成。上自记之有曰："乃诏有司徙屯营于宫垣之外，移百官舍宇，俾就便利，得其地，迁延福宫于宫城之北，即延福旧址，作保和殿……总为屋七十五间。工制甚巧，人致其力，始于四月癸巳，至九月丙午殿成。"（《编年备要》卷二八，政和三年九月条）

这些史料并未单纯记载宣和殿改称保和殿，而是说保和殿在政和三年（1113）四月开始营造，于同年九月竣工。也就是说，宣和二年改称一事的七年前，保和殿就已经存在。

令事态变得更加复杂的是"保和新殿"的存在：

> （宣和元年）九月甲辰朔，燕蔡京于保和新殿。(《宋史》卷二二《徽宗本纪》)

王明清《挥麈录·余话卷一》记载的蔡京《保和殿曲燕记》，想必就是根据这一次宴会创作的。文中有"落成于八月"之语，由此可知"保和新殿"是宣和元年（1119）八月落成的建筑物。[12]

也就是说，现在的状况是政和三年九月落成的"保和殿（A）"、宣和元年八月落成的"保和新殿（B）"以及原来的"宣和殿（C）"、重和元年（1118）的"宣和后殿（D）"，共计四座建筑物，分别存在且关系不明。[13]

为了阐明诸殿之间的关系，首先必须把握和比较其内部构造。幸运的是，前文列举的王明清《挥麈录》中，保留了同样出自蔡京之手的《太清楼特宴记》（史料Ⅰ）和《保和殿曲燕记》（史料Ⅱ）两篇文章。[14]虽然有些麻烦，但还是先来看史料Ⅰ《太清楼特宴记》。

以下是政和二年（1112）三月关于宣和殿（C）的记载。[15]徽宗为同月复权的蔡京在位于禁中后苑的太清楼举行宴会。蔡京正是在此时得见宣和殿（C）真容：

> 是日，徽宗垂拱殿视朝之后，于崇政殿召蔡京等人，观看弓马所子弟武艺、弓术，以及宫人蹴鞠。尔后，自景福殿西墙入苑门（后苑之门）。此时，徽宗对蔡京道："此跬步至宣

和,即昔言者所谓金柱玉户者也,厚诬宫禁。其令子攸掖入观焉。"蔡京东入小花径,南过碧芦丛,又东入便门,抵达宣和殿。建筑物只三楹,左右有挟屋,原也只三楹。其中陈列图书、笔砚、古鼎之类的青铜器,几案台榻均涂以黑漆。垂木为朱色,栋木为绿色,均无纹样。东西廊下各有殿,亦三楹,东曰琼兰,积石成山,有泉出自石穴,注入池沼之北。有御笔"静"字榜悬挂,是洗涤心灵之地。西殿名凝方[芳],后曰积翠,南曰瑶[琼]林,北洞曰玉宇。有石自墙壁突出,花木茂盛。后有池沼曰环碧,两旁有亭曰临漪、华渚。沼次有山,殿曰云华,阁曰太宁。登左侧山路而上,道中有亭四座,曰琳霄、垂云、骞凤、层峦,虽不大高峻,然俯瞰悬崖,仿若深山大壑。次曰会春阁,下有玉华殿。玉华殿旁有御笔"三洞琼文之殿"榜,置有神像。旁有种玉轩、缘云轩对峙而立。[16]

以上就是史料I《太清楼特宴记》所见宣和殿的情况。原文冗长,在此只叙述梗概。事情的发端是因为言官仅凭徽宗的只言片语就批判宣和殿过于奢华,所以徽宗想将宣和殿的实际状况展示一番。他命蔡京撰文,也有想要大肆宣传宣和殿潇洒雅致的用意。出于这一目的的产物就是《太清楼特宴记》。[17]从文章的口吻来看,这应是蔡京首次造访宣和殿(C),值得注意的是,被徽宗任命为导游的正是他的儿子蔡攸。

根据这篇文章,宣和殿(C)的特征与要点可归纳成如下六点(图6):

(一)宣和殿本殿三楹,左右挟屋亦三楹。

（二）东廊有琼兰殿。有假山，泉水流至池沼。

（三）西廊有凝芳殿，北有积翠殿，南有瑶林（琼林）殿，北洞曰玉宇。[18]

（四）北有池沼曰环碧，旁有临漪亭、华渚亭。

（五）更北有（百尺之）山，有云华殿、太宁阁，沿左侧山道而上，相继有琳霄亭、垂云亭、骞凤亭、层峦亭。

（六）紧接着有会春阁，山下有玉华殿。有"三洞琼文之殿"榜与种玉轩、缘云轩。

琼兰殿、凝芳殿、环碧之名同样见于《宋史·地理志》，可见二者毫无疑问指的是同一座宣和殿（C）。[19]

宣和殿本殿三楹，即桁行三间。以一间约五米计算，三间就是十五米。即使将左右挟屋也算在内，至多不过四十五米。可见宣和殿并非十分庞大的建筑物，反倒像是充满潇洒趣味的公馆。

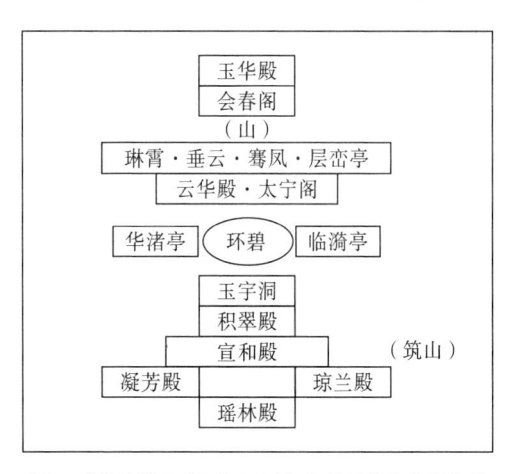

```
                    ┌─────────────┐
                    │   玉华殿    │
                    ├─────────────┤
                    │   会春阁    │
                    ├─────────────┤
                    │   （山）    │
                    ├─────────────┤
                    │琳霄·垂云·骞凤·层峦亭│
                    ├─────────────┤
                    │云华殿·太宁阁│
                    └─────────────┘
        ┌──────┐      ┌──────┐      ┌──────┐
        │华渚亭│      │ 环碧 │      │临漪亭│
        └──────┘      └──────┘      └──────┘
                    ┌─────────────┐
                    │   玉宇洞    │
                    ├─────────────┤
                    │   积翠殿    │
                    ├─────────────┤
                    │   宣和殿    │    （筑山）
                    ├──────┬──────┤
                    │凝芳殿│琼兰殿│
                    ├──────┴──────┤
                    │   瑶林殿    │
                    └─────────────┘
```

图6 《太清楼特宴记》（史料I）所见的宣和殿布局

接下来看史料 II《保和殿曲燕记》：

宣和元年九月十二日，徽宗召蔡京、王黼、童贯、蔡攸，以及宗室等人，于保和殿宴会。先于文字库赐食，后自临华门入内，于东曲水鳌列，谒徽宗于玉华殿。徽宗为先导，一行人沿西曲水踱步，循酴醾架，至太宁阁，登层峦亭、林［琳］霄亭、骞凤［褰凤］亭、垂云亭。欣赏美景之后，终于抵达保和殿。殿三楹，一楹七十架，有二挟阁，无华美色彩。落成于八月，植竹、桧。正中一楹置御榻，东西二楹陈列古鼎之类。左挟阁曰妙有，设古今儒书、史子楮墨，右挟阁曰日宣［宣道］，藏道家之书与《神霄诸天隐文》。徽宗踱步前行至稽古阁。稽古阁有周宣王石鼓。继而巡邃古、尚古、鉴古、作古、传［访］古、博古、秘古诸阁，徽宗亲言祖宗训谟、三代古器、汉晋隋唐书画。至玉林轩，过宣和殿、列岫轩、天真阁，凝德殿东有崇石峭壁，高百丈［尺］，茂林倍于往昔所见。过翠翘、燕阁诸处，徽宗于全真殿内亲自烹茶。出瑶林殿，稍作休憩，至玉真轩。玉真轩在保和殿西南庑，乃安妃妆阁。西墙悬挂安妃像，蔡京题诗如见安妃本人。于玉华阁拜谒安妃，酒宴，夜漏二鼓而散。[20]

在此，蔡京的题诗中出现了"保和新殿"一词。另外，《编年备要》也有相同记载："燕蔡京于保和新殿。"由此可见，文中登场的"保和殿"是保和新殿（B）。和宣和殿（C）一样，文章也强调了保和新殿（B）并不奢华。同样归纳要点如下（图 7）：

（一）自临华殿门（或指临玉华殿之门）入内，谒徽宗于玉华殿。徽宗亲自引导，过太宁阁，登层峦亭、琳霄亭、骞凤（寨凤）亭、垂云亭。

（二）保和殿三楹，一楹七十架，有二挟阁。八月落成。

（三）左挟阁曰妙有阁，有经、史、子、楮墨，右挟阁曰日宣（宣道）阁，藏道家之书。

（四）有稽古、邃古、尚古、鉴古、作古、传古（访古）、博古、秘古诸阁。

（五）有玉林轩、宣和殿、列岫轩、天真阁、凝德殿。

（六）凝德殿东有假山高百尺（约三十米）。[21]

（七）过翠翘、燕阁，有全真殿。由此可出瑶林殿。

（八）保和殿西南庑有玉真轩，是刘安妃妆阁。西墙悬挂安妃画像。

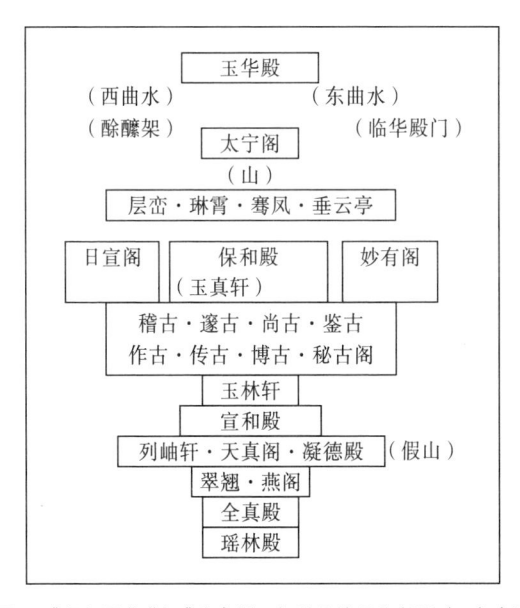

图7 《保和殿曲燕记》（史料Ⅱ）所见的保和新殿（B）布局

泛读一遍可以发现，保和新殿（B）与"宣和殿"应是作为不同的建筑物登场的。另外，文中还有独具特征的稽古、邃古等诸阁，可知蔡絛《铁围山丛谈》记载的"保和殿"指的应是这座保和新殿（B）。[22]

此外，还有许多建筑物的名称与史料 I《太清楼特宴记》中的记载相同，即玉华殿、太宁阁，以及层峦、琳霄、骞凤、垂云四亭。关于这些殿、阁、亭的登场顺序，史料 I 时的记载是太宁阁、四亭之后出现玉华殿，但史料 II 则先在玉华殿谒见，然后众人才在徽宗的带领下到太宁阁、四亭，可见两次的巡回路线是相反的。由史料 I 可知这些建筑物位于宣和殿以北，因此史料 I 中是自南侧巡回。由此可以假定史料 II 中是自北侧南下的路线。玉华殿则正如《宋史・地理志》"玉华殿（在后苑）"的记载，位于宣和殿北至西的后苑，这一点也是佐证。

史料 II 中描绘的保和新殿（B）"三楹，楹七十架，两挟阁"，这一构造与史料 I 所见宣和殿（C）的构造完全一致。也就是说，不仅建筑物的构造相同，连周边建筑物的名称也是一样的。更有甚者，虽然琼兰殿与凝德殿名称不同，但二者东侧都有假山，再加上史料 II 中蔡京也说往昔曾见，所以这里指的很可能就是史料 I 政和二年三月所见宣和殿（C）东廊附近的假山（要点二）。

从以上史料可以判明，宣和殿（C）与保和新殿（B）是同一区划内存在的、形式相同的不同建筑物。二者之所以形式一致，或许是考虑到有必要保持同一区划内的统一，也可能是受制于地理因素不得不如此。也就是说，宣和殿（C）后方（北侧）营造的就是保和新殿（B）。

与之相对，关于政和三年（1113）九月的保和殿（A），依据《编年备要》的记载可归纳出以下特征和要点（图8）：

第五章 北宋末的宣和殿 197

九月，保和殿成。上自记之，有曰："乃诏有司，徙屯营于宫垣之外，移百官舍宇，俾就便利得其地，迁延福宫于宫城之北。即延福旧址，作保和殿，五楹挟三，东侧殿曰出光，西侧殿曰葆光。保和之后，有殿曰燕颐，西旁有殿曰怡神、曰凝神，其楹数如保和，总为屋七十五间。工制甚巧，人致其力，始于四月癸巳，至九月丙午殿成。上饰纯绿，下漆以朱，无文藻绘画五采，垣墉无粉泽，浅黑，作寒林平远禽竹而已。前种松竹、木犀、海桐、橙橘、兰蕙，有岁寒秋香、洞庭吴会之趣。后列太湖之石，引沧浪之水，波池连绵，若起若伏，支流派别，萦纡清泚，有瀛洲方壶、长江远渚之兴。左实典谟、训诰、经史，以宪章古始，有典有则，右藏三代鼎彝、俎豆、敦盘、尊罍，以省象制器，参于神明，荐于郊庙。东序置古今书画，第其品秩，玩心游思，可喜可愕，西挟收琴阮笔砚，以挥毫洒墨，放怀适情。"（《编年备要》卷二八，政和三年九月条）

（一）迁延福宫至宫城之北，于旧址营造保和殿。
（二）本殿"五楹挟三"（"挟三"指挟屋各三间），东曰出光殿，西曰葆光殿。
（三）后曰燕颐殿，两侧曰怡神殿、凝神殿。楹数同保和殿。
（四）殿屋总计宽七十五间。
（五）后方庭院并列太湖石，引流凿池。
（六）左侧置典诰、训谟、经史等书。

文中所指保和殿（A）"五楹挟三"，即包含挟屋在内桁行十一间，东西有殿，北侧平行之地也配置三殿，即呈"工"字形。这与前文

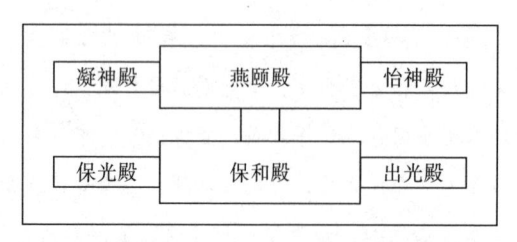

```
          ┌─────────┐
  ┌─────┐ │ 燕颐殿  │ ┌─────┐
  │凝神殿│─│         │─│怡神殿│
  └─────┘ └────┬────┘ └─────┘
               │
  ┌─────┐ ┌────┴────┐ ┌─────┐
  │保光殿│─│ 保和殿  │─│出光殿│
  └─────┘ └─────────┘ └─────┘
```

图 8 《皇朝编年纲目备要》所见的保和殿（A）布局

所见宣和殿（C）、保和新殿（B）不同，是总计七十五间的宏伟殿宇。另外，作为保和新殿（B）一大特征的稽古、邃古等诸阁也不存在。从这些记载来看，保和殿（A）与保和新殿（B）应当是地基、形式相异的建筑物。

正如前文所见，宣和殿（C）所在之地并不十分宽敞（后苑百数步空地），因此保和新殿（B）也只能以相同的形式营造。与之相对，保和殿（A）整整大了一圈，需要更广大的土地，也就是要点（一）所指的延福宫旧址。

新延福宫同样是具有相当规模的建筑物，甚至因此惹得民怨载道。新延福宫由童贯等宦官营造，政和三年（1113）春动工，翌年八月落成。[23] 正如引文所载，保和殿（A）也是政和三年四月开始营造的，从动工时期一致这一点看来，二者的营造计划是相互关联的。并且据《宋史·地理志》记载，营造保和殿（A）的旧延福宫土地位于后苑西南，原是百司供应之所。[24] 因此它指的应当是保和殿（A）。另一方面，宣和殿（C）、保和新殿（B）都被认为位于禁中后苑东。[25] 二者的位置分别位于后苑的东西两侧，是连区划都不在一起的不同建筑物。

那么，前言所示四座宣和殿关联建筑物中，只剩下宣和后殿（D）。以笔者管见所及，其史料记载只有本节开头所举的《宋会要》

中的《东京杂录》。然而让我们发挥一些想象力，《东京杂录》所见的宣和后殿（D）创建于重和元年（1118），另一方面，保和新殿（B）于宣和元年（1119）八月落成，如果以宣和殿（C）为中心，则二者均位于其北侧。重和元年开始营造的宣和后殿（D）是否在翌年作为保和新殿（B）落成了呢？位于史料Ⅱ中宣和殿（C）后殿的正是保和新殿（B）。另外，《东京杂录》或许应该如此解读：

乃改宣和殿为保和殿者，宣和之后殿。

重新总结以上内容，即严格来说宣和殿（C）与保和殿（A）、保和新殿（B）都是不同的建筑物。即使进入宣和年间，宣和殿（C）依然存在，并未避年号之讳而改名。其中，保和新殿（B）作为宣和殿（C）后殿（D）被营造，二者位于同一区划内（图9）。

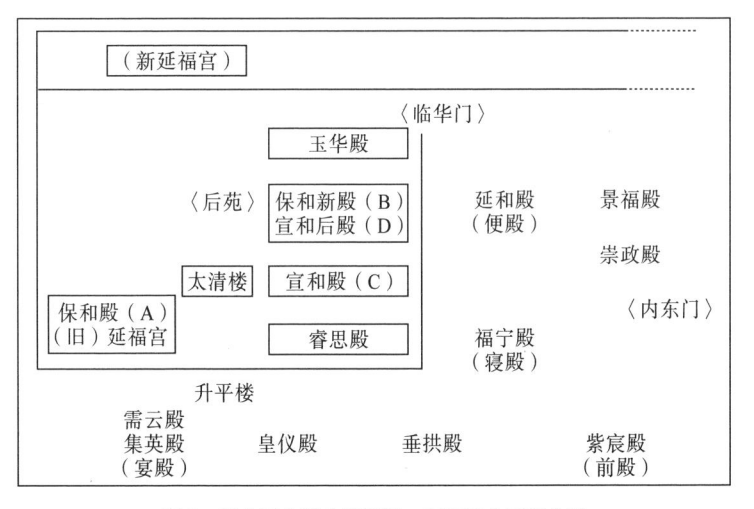

图9 禁中西北部的宣和殿、保和殿关系概念图

看来在称呼殿名时，存在以中心殿宇名称代指一群建筑物的情况。在这种情况下存在两种殿名，一是某座殿作为总称的殿名，二是作为个别具体建筑物的殿名。也就是说，此时广义的"宣和殿"中即使存在狭义的"宣和殿（C）"与"保和殿（本文所述保和新殿B）"亦无不妥。

从这一角度考虑，宣和殿改称问题也基本可以得到解决。即被更改的并不是个别殿的名称，而是作为区划总称的"宣和殿"改称"保和殿"。原本宣和改元就是因为徽宗对"重和"这一年号已被辽朝用过一事感到不快，所以将自己日常所在殿宇的名称改作年号。[26] 与年号重复而更改殿名一说可以说是完全本末倒置。

如此一来，殿名变更对于下文所见冠以"宣和殿"之名的一些职名也产生了影响。变更名称的御笔如下：

> 宣和秘殿名称已摽纪元号，所有见行带领宣和殿职事，易以保和殿为名，应干班缀叙位、杂压恩数等，并仍旧。（《宋会要·职官七》一〇，宣和元年二月一日条）[27]

伴随着所在空间的殿名变更，学士职等职事所冠殿名也由宣和殿变为保和殿。

依据前文所述，结论是保和殿最终分别存在于两个地方（后苑东、西）。但诸史料中出现的"保和殿"无疑指的几乎都是与稽古等诸阁相伴的、本文所指的保和新殿（B）。由此可以推测，当初后苑西侧营造的殿宇（A）虽然曾一度被命名为"保和殿"，但之后又在宣和殿后方营造了"保和殿"（B），并将其用作包含宣和殿在内的一系列殿宇的总称，甚至职名也用了这一名称。如此一来，原本的保和殿（A）或许已经丧失了"保和殿"这一称呼。前文所见《宋史·地理志》载："今其地乃百司供应之所。"这一记载之所以十分模糊，不再称呼"保和殿"，或许也是出于这个原因。以上内容虽只是推测，但可以确定的一点是，拥有如后文所述的政治意义的"保和殿"仅指本书中的保和新殿（B）。

综上所述，在此重新归纳四殿沿革：

大观二年（1108）四月	宣和殿（C）改修
政和二年（1112）	延福宫北移
同年三月	与蔡京等人于宣和殿（C）曲宴
政和三年四月戊子	于延福宫旧址开始营造保和殿（A）
同年九月丙午	保和殿（A）建成
重和元年（1118）	于宣和殿（C）后方开始营造后殿
宣和元年（1119）八月	后殿（D）落成，称保和（新）殿（B）
同年九月甲辰朔	与蔡京等于保和新殿（B）曲宴
宣和二年二月	宣和殿（C）与保和新殿（B）之总称由"宣和殿"变更为"保和殿"，保和殿（A）丧失原称

二、宣和殿的职能

正如前文所见，从狭义上说，宣和殿（C）、保和殿（A）、保和新殿（B）虽是不同的建筑物，但除了位于后苑西侧的（旧）保和殿（A），本文关注的宣和殿（C）、保和新殿（B）在广义上是一体的。因此，下文统一使用作为总称的"宣和殿"来称呼它们。

关于宣和殿一般是如何利用的，有如下记载：

> 徽宗亦踵神宗、哲宗故事，昼日不居寝殿，又以睿思时为讲礼、进膳之所，乃皆就宣和燕息。（《宋会要·方域一》一九《东京杂录》）

徽宗白天并不在寝殿，而是在睿思殿"讲礼、进膳"，在宣和殿"燕息"：

> 宣和秘殿，建自绍圣中，经毁撤废，更至崇宁初继复缮完。朕万几余暇，游息须臾之间，未始不居于此。（《宋大诏令集》卷一六四《置宣和殿学士御笔》（政和五年四月二十四日））

也就是说，徽宗的私人时间几乎都是在宣和殿度过的。那里究竟拥有怎样的职能？以下将分文化职能、政治职能两方面来阐述。

（一）文化职能

宣和殿所有职能之中，最有名的莫过于作为书画古董陈列馆这一项。关于这一点，引文史料已有展示，没有必要再作说明。其收藏库正是附属于宣和殿（C）后方保和新殿（B）的稽古、邃古、尚古、鉴古、作古、传古、博古、秘古诸阁。著名的《宣和博古图》正是宣和殿展品的目录，[28] 其中网罗了宫中的主要藏品。据说这些藏品在北宋灭亡之际被金人尽数掠夺而去。[29] 其中还包括镶嵌在宣和殿墙壁上的《定武兰亭》刻石。[30]

本殿与诸阁之外,还建有名为"宣和殿小库"的藏宝阁,可以确认其中收藏了诸如珠宝之类的物件:

> 太上受命,享万乘至尊之奉,而一时诸福之物毕至,如好奇赏异,故天下瑰珠举入尚方,皆萃于宣和殿小库。宣和殿小库者,天子之私藏也。(《铁围山丛谈》卷六)

由此可见,这应当是收藏皇帝个人财宝的内藏之一。[31] 宣和末年金军迫近,奉派出使议和的使节携带的财宝就出自这里:[32]

> 会郑望之使金营还,帝命师成及望之以宣和殿珠玉器玩复往。(《宋史》卷四六八《梁师成传》)

其次可以确认的是宣和殿作为宫中图书馆的职能。宋朝的宫中藏书原本收藏在总称"崇文馆"的三馆、秘阁之中,[33] 之后后苑太清楼也有所藏,真宗、仁宗朝与宗室等曲宴之时还会举办图书阅览会。收藏太宗遗物的龙图阁等虽也有部分图书,但宫中主要的藏书楼还是三馆、秘阁及太清楼这两处。

进入徽宗朝,秘阁藏书的缮写、宫中图书的整理工作即刻展开。[34] 关于欠卷部分,全国范围内的收集工作虽在推进之中,但并不只是等待各地进呈,官方同样十分积极地主动搜集。[35] 政和年间,以增补仁宗庆历年间《崇文总目》的形式,大幅增加了宫中的藏书目录,并命名为《秘书总目》:

秘书省校书郎孙觌奏："太宗建崇文院，为藏书之所。景祐中，仁宗诏儒臣即秘书省所藏，编次条目，所得书以类分门，赐名《崇文总目》。神宗始以崇文院为秘书省，厘正官名，独四库书尚循《崇文》旧目。顷因臣僚建言，访求遗书。今累年所得《总目》之外凡数百家，几万余卷，乞依景祐故事，诏秘书省官以所访遗书讨论撰次，增入《总目》，合为一卷。乞别制美名，以更《崇文》之号。"从之。仍命觌及著作郎倪涛，校官［书］郎汪藻、刘彦适撰次，曰《秘书总目》。(《宋会要·职官一八》一九，政和七年十一月十四日条)

《秘书总目》完成之后，藏书的整理、修补工作仍在继续。宣和四年（1122），设置补完校正文籍局（《文献通考》作"补全校正文籍局"）的同时，还敦促天下藏书家进呈图书，若有宫中未收的图书，可以得到赏官的恩赐。其结果就是宫中图书规模达到北宋史上最完备的程度。徽宗的文人皇帝形象可谓鲜明生动。在此基础上，书籍被复制成两套，除秘阁、太清楼外，也藏于宣和殿之中：

诏："朕若稽古训，祗率先猷，肆命臣工，载新秘府，比因万机之暇，命驾临观。重惟三馆图书之富，而历岁滋久，简编脱落，字画讹舛，较其卷帙，尚多逸遗，甚非所以示崇儒右文之意，朕甚悯焉。乃命建局，以补缉校正文籍为名，设官总理，募工缮写，一置宣和殿，一置太清楼，一置秘阁，仍俾提举秘书省官兼领其事。凡所资用，悉出内帑，毋费有司，庶成一代之典，顾不韪与。"(《宋会要·职官一八》二四，宣和四

年四月十八日条）[36]

具体情况如前文所见，保和新殿（B）左挟阁妙有阁藏经、史、子、集四部之书，右挟阁宣道阁藏道家相关书籍。这些书籍正是当时图书充实政策的成果。[37]

虽然以上是收藏具体"事物"的行动，但此外还有作为宗教设施的要素。这也可以算是一种文化职能。当然，所谓宗教涉及的是徽宗朝最受厚遇的道教，即便是在前文所见的图书收藏之中，道教相关书籍也常与其他四部图书做对比。与盛极一时的神霄派道教密切相关的是，政和七年（1117）四月，"神霄"降临宣和殿，徽宗命蔡攸、王黼等人一同观赏：

> 诏道箓院略曰："朕乃上帝元子，为太霄帝君，悯中华被金狄之教，遂恳上帝愿为人主，令天下归于正道……"寻诏翰林学士承旨王黼、宣和殿学士蔡攸、盛章等至宣和殿观神霄降临。（《编年备要》卷二八，政和七年四月条）

不知众人具体看见了什么，对于徽宗而言，重要的是"神霄"降临在了宣和殿。[38]

此外，位于宣和殿（狭义的保和新殿B）一角的玉真轩，正如前文所见，是刘安妃的妆阁。刘安妃是政和年间的宠妃：

> 朝夕得侍上，擅爱颛席，嫔御为之稀进。（《宋史》卷二四三《后妃传》）

宣和三年（1121），刘安妃三十四岁去世，之后追赠明节皇后。徽宗非常宠爱刘安妃，乃至神霄派道教的领袖林灵素将她视为"九华玉真安妃"。[39] 从她在宣和殿一角被赐予妆阁一事来看，宣和殿的确是徽宗的私人空间。另外，"玉真轩"之名无疑来自"九华玉真安妃"，室内悬挂画像这一点同样透露出些许宗教意味。

宣和殿中不仅有书画、古董之类的艺术品，还有宋朝规模最大的宫中藏书，在作为现实文化中心地的同时，还伴随着徽宗的志趣而带有一定的宗教色彩。另外，宣和殿中甚至还有宠妃的生活空间，可见它对徽宗而言是非常重要的地方。

（二）政治职能——御笔作成与睿思殿文字外库使臣

宣和殿是皇帝日常所在之处，因而它带有政治色彩这一点应该不难想象：

> 太上自即位以来，尤深考慎，虽九重至密，亦不得预知，独自语学士以姓名而命之也。及晚岁，虽倦万几，然每命相犹自择日，在宣和殿亲札其姓名于小幅纸，缄封垂于玉柱斧子上，俾小珰持之导驾于前，自内中出至小殿，上见学士始启封焉。以姓名垂玉柱斧子，政与唐人金瓯覆之何异。（《铁围山丛谈》卷一）

即便到了徽宗晚年，宰相的人事任命依然由其本人在宣和殿决定，他亲自在小幅纸上写下姓名，缄封并垂于玉柱斧子上，再前往（应该是内东门）小殿，令翰林学士草诏。

在政治意义上最值得关注的，是宣和殿作为御笔手诏的颁布地这一点。关于御笔手诏已有专门的论述，[40] 本书亦时而言及，作为皇帝宸笔登场的御笔手诏，曾受到神宗朝内降手诏旧例的影响，因而由尚书内省内夫人等代笔的御笔也得到了承认。此外，宣和年间宦官也参与了御笔的作成：

> 内降自祖宗来有之，但作圣旨行下。崇宁有亲笔，乃称御笔。大观四年夏，始诏违御笔以违制论。六年春，凡御笔颇不类上字。宣和改元后内降，则又时时作吏体，非宫人笔札。鲁公因奏曰："陛下号令，何可由师成体、外人书。"上曰："宫人作字，旧样不佳。朕教之，今其书颇类男子，良可嘉。卿盖误矣。"其后始通知。今睿思殿文字外库使臣，若杨球等掌之，张补等点检，小阉三四人，主出纳、用宝，以付外，处之于宣和殿之后廊，但谓之东廊，即其所也。寔梁师成统之焉。（岳珂，《宝真斋法书赞》卷二《徽宗皇帝诸阁支降御笔》引蔡絛《国史后补》）

宣和年间，蔡京视之为不成御制的、由宦官写就的御笔手诏，其写作地点位于宣和殿后廊，即通称的"东廊"，因而被称为"东廊御笔"。由"睿思殿文字外库使臣"杨球等人写就，张补等人点检。相同记载见于以下两则史料：

> 繇是贵戚、近臣争相请求，至使中人杨球代书，号曰"书杨"，京复病之而亦不能止矣。（《宋史》卷四七二《蔡京传》）

> 我朝家法最善，虽一熏笼之微，必由朝廷出令，列圣相承，莫之有改。其后老蔡用事，患同列异议，始请细札以行之。初犹处分大事，既而俯及细微。后不胜多，至使小臣杨球、张补代书，谓之东廊御笔，讫成祸乱。（《历代名臣奏议》卷一五一《用人·刘克庄》）

据前引《宝真斋法书赞》记载，统辖杨球、张补等人的是宦官梁师成。梁师成原本从属于贾详的书艺局，政和年间获得帝宠，以宦官身份应举。从史料可见，他景仰当时著作已被列为禁书的苏轼，并自诩颇具文学才华。[41] 另有记载称：

> 帝本以隶人畜之，命入处殿中，凡御书号令皆出其手，多择善书吏习仿帝书，杂诏旨以出，外廷莫能辨。（《宋史》卷四六八《梁师成传》）

梁师成作为"善书吏"得到选拔，模仿皇帝书法写就御笔，与诏旨混在一起发放外廷。因此，他也被称为"隐相"。[42] 由他统辖的"睿思殿文字外库"，其职责是向外朝传达来自内廷的旨意。杨球等人的头衔是"睿思殿文字外库使臣"，正是引文史料中的"善书吏"，这表明了二者的统属关系。正如前文所述，睿思殿位于宣和殿之前，原本是神宗的燕殿，但遗憾的是，尚无史料明确显示文字外库的设置时间与具体职掌。

慕容彦逢的文集《摛文堂集》卷八现存《睿思殿御前文字外

库书写文字郭景倩可三班借职制》外制,《水东日记》载《太清楼特宴记》亦可见政和二年当时的官职"睿思殿御前文字外库镌字艺学"与"睿思殿御前文字外库祗应"。[43]另外,据说继天子八宝之后的"第九宝",也就是政和七年(1117)制作的定命宝,也是以睿思殿御前文字外库为中心制作的。[44]当时以御笔为始、与皇帝相关的文书作成,很可能与睿思殿御前文字外库有关。[45]

徽宗在睿思殿讲礼、进膳,而根据多种史料可以确定,睿思殿与宣和殿是相邻的。[46]且《事林广记》一书中的《京阙之图》中虽然出现了作为总称的"宣和殿",却未见睿思殿。因此,二者或许与宣和殿(C)、保和新殿(B)之间是相同的关系,即存在于同一地方,广义的"宣和殿"中也包含了睿思殿。[47]正因如此,以睿思殿为头衔却在宣和殿活动也是很有可能的。其名称之所以没有更改,或许是因为睿思殿尚留有神宗的印记,所以主张"绍述"的徽宗想要利用这份政治影响力。

实际上,从事御笔作成的杨球、张补等人虽说只是从属于文字外库的使臣,但因为与文书作成相关,所以才有了"睿思殿御前文字外库书写文字"之类的头衔。正如先前所述,他们可以模仿徽宗的笔迹,是"善书吏"。

这两人中,关于张补的记载很遗憾不见于其他史料。但是关于杨球,还有些许可以判明的部分。

首先,杨球竟出现在《三国史记》这份令人感到意外的史料中:

崇宁中,学士洪灌随进奉使入宋,馆于京。时翰林待诏

> 杨球、李革，奉帝敕至馆，书图簇。洪灌以金生行草一卷示之。二人大骇曰："不图，今日得见王右军手书。"洪灌曰："非是。此乃新罗人金生所书也。"二人笑曰："天下除右军，焉有妙笔如此哉。"洪灌屡言之，终不信。（《三国史记》卷四八《金生传》）

金生是统一新罗的书法名家"神品四贤"之一，这个记事片段显示他的书法水平已可与王羲之媲美。故事中的主角洪灌（？—1126）是高丽睿宗、仁宗朝人，虽官至尚书左仆射，但因李资谦之乱丧命，确实是北宋末的人物。[48] 中文史料中并无他以学士身份被派往中国的记载，但高丽唯一一次于崇宁年间遣使赴宋的记录，时间是高丽肃宗九年（即北宋崇宁二年，1103年）七月，[49] 而杨球当时恰好就是"翰林待诏"。

"翰林待诏"是广泛赋予当时的翰林院（与学士院不同）众人的称号，无论从哪个角度都很难认为这是严密的"官"或"差遣"。太宗朝还存在"翰林棋待诏"与"翰林琴待诏"之类因为擅长下棋、抚琴而得以侍奉皇帝的人物。[50] 简而言之，以一技之长得以侍奉皇帝之人，一律授予"翰林待诏"这一称号。不能说"翰林待诏"一定是经常从事御笔之类文章写作的人物。然而反过来说，以"翰林待诏"这一十分暧昧的名称留在皇帝身边的人，其中或许有一部分正是皇帝的代笔。叶梦得称之为"近岁"之事：

> 唐诏令虽一出于翰林学士，然遇有边防机要大事，学士

所不能尽知者，则多宰相以其处分之要者自为之辞，而付学士院，使增其首尾常式之言而已，谓之"诏意"。故无所更易增损，今犹见于李德裕、郑畋集中。近岁或尽出于宰相，进呈讫，但召待诏，即私第书写。或诏学士，宰相面授意，使退而具草，然不能无改定也。（叶梦得，《石林燕语》卷五）

唐代的诏令虽然几乎均由翰林学士写就，但诸如国防大事，则是先由宰相亲自写就要点，再交给翰林学士院增添前后固定句式。然而"近岁"以来，假如是由宰相起草全文，则是进呈皇帝之后，再召"待诏"至宰相私第写就；假如是由翰林学士起草，则由宰相面授大意，学士再退而具草。叶梦得所谓的"近岁"即北宋末至南宋初，"待诏"曾从事诏令的写作。[51] 这一做法与唐代以来传统的王言作成过程不同。杨球也被认为是翰林待诏中的一员。[52]

杨球在南宋以成忠郎、敕令所检阅文字的头衔登场，[53] 虽然通过中书门下后省的召试可以从武阶转成文阶，但因沈与求的反对而被阻止。从出身来看，他是蔡京家吏杨哲之子，曾得到范宗尹的推荐。[54] 由此可知，他与蔡京之间有很深的渊源。从他顺利通过召试策论而及第一事来看，可以确定他拥有一定水准以上的文章写作能力。另外，成忠郎在政和寄禄阶中是相当于正九品的武阶小使臣，由睿思殿文字外库使臣或翰林待诏出职（出官）成忠郎是有可能的。[55]

虽然只能确认以上一鳞半爪的事实，但在宣和殿作成命令文书（尤其是御笔）这一点是毋庸置疑的。

如上所述，宣和殿不仅是收藏美术品、书籍的宝库，也是包含宗教意义的徽宗个人的兴趣馆，而且是行政文书的颁布地，在政治上同样是很重要的场所。特别是作为皇帝宸笔的御笔，其作成理应在皇帝的日常所在地进行。[56]

第二节　蔡京一族与宣和殿

一、宣和殿学士的设置

正如上一节关于宣和殿构造与职能的叙述所示，宣和殿在徽宗朝不单纯是一处文化据点，徽宗皇帝还在这里度过了许多时光。在经常颁布御笔的这一时期，这还是一处带有政治色彩的重要场所。作为涉及这一场所的制度，宣和殿学士自然是不能忽视的。

宣和殿学士设置于政和五年（1115）：

> 可置宣和殿学士，班在延康殿学士之下，以两制充，听旨除授。凡厥恩数，并依延康殿学士体例施行。(《宋会要·职官七》一〇，政和五年四月二十四日条)[57]

首位学士是蔡京长子蔡攸。[58] 此职最初位于延康殿学士（原端明殿学士，政和四年改称）之下，但第二年就改为翰林学士之下、诸阁学士之上。[59] 紧接着在政和七年：

> 宣和殿学士、朝议大夫蔡攸为宣和殿大学士，官叙班联、

恩数请给人数等,并依资政殿大学士例施行。(《宋会要·职官七》一〇,政和七年六月二日条)

比照资政殿大学士设置宣和殿大学士之职,并再次命蔡攸出任。[60] 之后又为茂德帝姬的驸马都尉蔡鞗设置了宣和殿直学士、待制之职。[61] 结果,宣和殿一共设置了四种馆职。

关于这些宣和殿馆职,梅原郁已有所言及。[62] 他指出了蔡京一族与宣和殿学士之间的密切关系,即这是徽宗朝贴职滥发背景下,蔡京一党为强调自己相对于其他贴职者的优越性而特意创置的。此外,详细考察这些馆职,可以发现其与别的馆职拥有不同的特性。

首先,关于其设置的御笔如下:

宣和秘殿,建自绍圣中,经毁撤废,更至崇宁初继复缮完。朕万几余暇,游息须臾之间,未始不居于此。近置直殿,以左右近侍官典领,吾□□□□[士大夫未]有以处之。宜置新班,以彰荣近,以永其传。可置宣和殿学士,班在延康殿学士之下,以两制充,听旨除授。凡厥恩数,并依延康殿学士体例施行。(《宋大诏令集》卷一六四《置宣和殿学士御笔》,政和五年四月二十四日)[63]

也就是说,近年于宣和殿置"直殿",以左右近侍之官(即宦官)典领,而士大夫并不任职。在此基础上新置学士一职,正如以宦官的"直殿"为蓝本来设置学士职。同样关于宣和殿学士,传世的

《萍洲可谈》中也有记载：

> 宣和殿，燕殿也，中贵人官高者皆直宣和殿。始置学士命蔡攸，置直学士命蔡翛、蔡儵，置待制命蔡絛。后又置大学士命蔡攸，自盛章、王革、高佑皆相继为学士，班秩比延康殿学士为加优。凡外除则换延康，盖宣和职亲地近，非他比。己亥岁改保和殿。（《萍洲可谈》卷一）

这说明它果然是沿袭宦官"直宣和殿"一职设置的。[64] 也就是说，宣和殿学士是在宦官官职体系基础上进一步设置而成的，其设置脉络与此前为优待文学之士而设的馆职大相径庭。如果无视其与宦官直宣和殿一职之间的关联，只视之为到目前为止的馆职中的一则特例，则很有可能误判宣和殿学士的本质。

那么，"直宣和殿"究竟是什么？李焘《长编》注引李德刍《郧獻子》的记载云：

> 内臣旧有管勾天章阁之类，政和中，择三十人用事者，改称直睿思殿、宣和殿，及祗应大御佩鱼。（《长编》卷三二二，元丰五年正月条，李焘注）[65]

宦官中曾有"管勾天章阁"之类的官职，政和中又择三十人称"直睿思殿""直宣和殿"。"管勾天章阁"之名见于仁宗朝吕诲的上奏文。文中指出，当时宦官之中天章阁、后苑、内东门、御药院四个部署的管勾职待遇太好，请求限制其人数与年限。[66] 四者是宦官之中最接近皇帝的职位,并且都有实职。[67]尤其天章阁是收藏第三代皇帝真宗遗物的地方,同时也是仁宗的书斋,很可能也是他的私人天地。因此,管勾天章阁应是宦官之中最亲近皇帝的职位。

以类似形式设置的正是"直睿思殿"与"直宣和殿"。睿思殿是神宗的燕殿,诚如所见,它已经用作称号赋予了从事御笔作成的宦官和使臣。这里又有与睿思殿相关的官职登场。《宋代官制辞典》中有关于直睿思殿的论述。[68] 政和三年(1113)十二月十八日始定位贴职,至政和六年九月废止,位次于直秘阁,为宦官所带职名,简称"直殿"。其史料来源如下:

> 九月二十二日,保静军节度观察留后、提举龙德宫、直睿思殿杨戬奏:"朝廷肇新直殿之职,其系衔等次序,安敢有议,若止以带职、非带职,正任转官先后为次,大恐未称朝廷肇新直殿职任之意。伏望详酌立法施行。"诏带直睿思殿人,系衔序位等,在不带职人之上。(《宋会要·职官五六》四二《官制别录》)

> 十二月十八日,中书省言:"勘会直睿思殿既系衔序位在不带职人之上,合为贴职立文。其睿思殿供奉,亦当一体立法……今参酌修立到'集贤殿修撰至直秘阁、直睿思殿并睿思殿供奉为贴职'等条。"(《宋会要·职官五六》四三)

从这段记载可以看到政和三年重新设置宦官贴职这一意味深长的事实。这里的"贴职",是伴随元丰官制改革曾一度消失的三馆秘阁的馆职,元祐年间曾与实职分离,之后又作为名誉称号而恢复的下级馆职，与单纯以"带职"之类同义使用的广义"贴职"不同。[69]这一狭义的贴职范畴，最终以《宋会要·职官五六》四四"政和六年九月十七日条"所见手诏的形式整备完成。[70]其中并未出现政和三年所见的直睿思殿、睿思殿供奉（官），正因如此，龚延明才解释二者虽然最初计划作为贴职，但最终却没有实现。然而，史料中零星可见政和六年以后实际上存在带直睿思殿职名的宦官，[71]由此可见，上引《宋会要》政和六年的规定至多不过与士人贴职相关，面向宦官的贴职并不包括在内。

据此可知，在馆职滥发屡遭非难的徽宗朝，甚至还存在赋予宦官的贴职。

与贴职中的睿思殿一同登场的是"宣和殿"，很容易想象二者基本上性质相同。史料中也可确认，政和年间是"直宣和殿"，而宣和年间则是"直保和殿"。[72]其中可以看到的就任者是梁师成与童贯，二人正是当时宦官之中与徽宗最亲近之人。

也就是说，宣和殿本就存在任命宦官的馆职"直宣和殿"，宣和殿学士这一士人馆职也是在前者的延长线上设置的。由设置脉络可知宣和殿学士的特殊性，与此前的馆职截然不同。

关于宣和殿学士的职掌，虽然没有明示，但它应当有特定的职事，在这个意义上与其他馆职相同。然而，宣和殿学士与其他馆职最根本的区别在于，此前的馆职只不过代表了一种优越性而已，比如虽冠以观文殿或资政殿之名，却不必真正去这些殿阁工作。不同的是，宣和殿学士似乎可以出入冠名的宣和殿。曾任宣和殿待制的蔡絛在《铁围山丛谈》中提到，他于政和年间在宣和殿"侍祠"之时，"深严之禁，尝备闻之"。[73]关于蔡攸有如下记载：

> 徽宗将斥去京，用中书舍人王安中为御史中丞，使劾京。攸时直宣和殿，通籍禁庭，闻其事，亟入宫请间，为父扣头恳请。徽宗乃已，徙安中为翰林学士。京复安职。(《东都事略》卷一〇一《蔡攸传》)[74]

> 上自此每欲用之(陈瓘)，而朝廷上下皆恐其复用。又曾于宫禁对左右说及瓘宜召之意。时蔡攸亦在侧，对曰："瓘得罪宗庙，陛下虽欲用之，如其在天之灵何。"上蹙頞者久之。(朱弁，《曲洧旧闻》卷八)

蔡攸通籍禁庭，能够尽早察知徽宗的意思，并在外人知晓之前采取行动，暗中帮助父亲蔡京。若非频繁出入禁中，是不可能做到的。徐度《却扫编》卷中也有记载：

> 国朝，宰相、执政既罢政事，虽居藩府，恩典皆杀。政和中，始置宣和殿大学士，以蔡攸为之，俸赐、礼秩悉视见任二府。其后踵之者，其弟修［脩］、其子行，而孟昌龄、王革、高伸亦继为之。然皆领宫观使或开封府、殿中省职事，未尝居外，及革出镇大名，仍旧职以行，而恩典悉如在京师。其后蔡靖以资政殿学士知燕山府，久之，亦进是职再任，恩数加之，虽前宰相亦莫及矣。(《却扫编》卷中)

这段记载在强调宣和殿大学士俸赐、礼秩优越性的同时，叙述了除宣和后期的王革、蔡靖外不予外任的原则。[75] 这或许来自宣和殿学士基本上在宣和殿侍奉的意识。

若果真如此,则效仿宦官贴职来设置宣和殿学士一职也就可以理解了。从一开始,宣和殿学士就和宦官一样,是为了在禁中的宣和殿侍奉徽宗而设置的,是性质不同的馆职:

> 窃以殿阁胪分,宣和为清燕之首,簪绅森拱,学士列内朝之班。规模盖出于宸心,选置必由于睿鉴。虽二府钧衡之任,造次莫前。唯万机听断之余,于焉居息。(程俱,《北山小集》卷二〇《代宣和殿学士表》)[76]

宣和殿是皇帝燕息的首选之地,宣和殿学士列内朝之班,人选必定由皇帝亲自决定,这一叙述明确显示宣和殿学士只在禁中侍奉。

无论是宣和殿学士或大学士,第一位受到任命的都是蔡攸,可见他与学士职之间的关系非常密切。关于这一点,更值得关注的事实是,曾经的大学士蔡攸在落学士职转为外任之时,带着"直保和殿"这一称号。宣和四年(1122),蔡攸作为童贯的副官出任河北河东路宣抚副使,与金军联合对辽作战。这一阶段,地方官并不能带保和殿大学士的称号。[77]与此相对,外任时却可以带表示在宣和殿当值的"直宣和殿"这一宦官贴职称号。政和年间,童贯就是"直宣和殿、陕西河东路宣抚使"。[78]正是利用这一点,蔡攸赶在出征同年正月已带"直保和殿"贴职。因此,四月就任河北河东路宣抚副使时,他也是带着这一贴职从开封启程的。[79]翌年五月,蔡攸仍是"少傅、镇海军节度使、兼侍读、直保和殿、河北河东路宣抚使",[80]直至六月就任领枢密院事时才落职。[81]蔡攸长年带大学士称号，又在无法继续带这一称号时，改为带原本属于宦官贴职的"直保和殿"。以笔者管见所及，宦官之外带"直保和殿"称号的士人只有他一人。蔡攸与宣和殿之间显然关系匪浅。

南宋的陆游此后曾指责道：

> 方宣和间，王黼以太宰而行应奉司，蔡攸以三孤而直保和殿，紊乱之事，遂为祸萌。（陆游，《渭南全集》卷五《条对状三》）

蔡攸不仅成为"三孤"之一的少保或少傅，还带"直保和殿"这一宦官贴职，这是制度紊乱的表现。

综上所述，虽然北宋末残存的史料很少，但"宣和殿学士"依然可以说是由宦官贴职"直宣和殿"发展而来的特殊馆职，与位于禁中的宣和殿这一场所有着紧密的联系。正如上一节所见，与宣和殿有关就代表着与徽宗个人有关。值得注意的是，蔡攸总是开启端绪之人。

极端地说，宣和殿的学士职当初几乎就是为蔡攸专门设置的，也可以说其设置就是为了将蔡攸与宣和殿联系在一起。正如后文所述，无论是长期以来只有蔡攸一人担任宣和殿学士、大学士，还是此后使用原本属于宦官的直宣和殿一职，这些事实的背后实际上都是为了能够使他继续与宣和殿保持联系。

其实稍加思索就可以发现，宋代馆职制度原本就是面向特定的个人设置的。龙图阁既是收藏太宗遗物之所，同时也是真宗的私人书斋。当时出任宋朝第一位待制的是杜镐。真宗接连将专为他所置的直学士、学士称号赐予他。杜镐作为真宗实质上的顾问（至多是文化方面的顾问），与龙图阁这一场所保持了紧密的联系。[82] 这是诸殿学士之滥觞，本节所见蔡攸与宣和殿之间的关系也是如此。

当初被认为专门为蔡攸设置的宣和殿馆职，可以确认在他之后还有数人就职。章末表格已尽可能列出以大学士为首，学士、直学士、待制的就任者。以下是若干补充说明。

首先可以明确的是《萍洲可谈》中记载的就任者。直学士：②蔡翛、③蔡儵；待制：④蔡鞗；学士：⑤盛章、⑥王革、⑦高佑。

②蔡翛是蔡京的第三子，从其他史料亦可确认，他于宣和元年八月就任保和殿直学士。[83]

③蔡儵、④蔡鞗分别是蔡京的第二、第四子，除《萍洲可谈》，无其他史料能够确认他们曾就任直学士、待制。以上四人均是蔡京之子，可以很明显看出宣和殿这一馆职与其他馆职的不同性质。

⑤盛章历任地方官之后，于政和年间长期担任开封府长官，并被赐第。[84] 无其他史料能够确认他曾就任宣和殿学士。

⑥王革就任保和殿大学士一事，在此前引用的《却扫编》中已有言及，与同书卷下"王保和革为开封尹"记载相符。[85] 但除了《却扫编》，无其他史料记载。

⑦高佑是小说《水浒传》中臭名昭著的高俅的兄弟，无法确认他曾就任宣和殿学士。

其次，在另一份言及宣和殿职就任者的史料《却扫编》中，还列举了⑧蔡行、⑨孟昌龄、⑩高伸、⑪蔡靖几人。

⑧蔡行是①蔡攸之子，长期把持殿中省，[86]《却扫编》中记载他以保和殿大学士领殿中省事。[87]

⑨孟昌龄于徽宗朝一直从事与水利相关的差遣，臣僚曾有"孟昌龄父子河防之役"的非难。[88] 进入南宋，他与蔡京、童贯等"六贼"一样，本人及子孙受到不予录用的处分。[89] 从《却扫编》可以确认他曾就任保和殿大学士。[90]

⑩高伸与⑦高佑一样是高俅的兄弟，曾出任殿中监。无其他史料可以确认他曾就任保和殿大学士。

⑪蔡靖在北宋末与金交涉割让燕京之时，曾出任同知燕山府（燕京改称），同时成为保和殿大学士。

以上列举的是《萍洲可谈》与《却扫编》中的所见人物。另外，任宣和殿（保和殿）职的还可以举出数人。

首先，如前文所述，迎娶徽宗之女茂德帝姬的蔡京之子⑫蔡鞗曾任待制、直学士。

其次是⑬王黼。他代替蔡京出任宰相，也是臭名昭著的人物，政和六年（1116）成为宣和殿学士。[91] 但正如表中所示，这只是他于父丧期间被重新启用时赐予的称号，极有可能是一种特殊举措。

另外，《宋史》还记载⑭薛嗣昌、⑮刘昺曾就任宣和殿学士，[92]《会编》记载⑯宇文虚中曾就任保和殿大学士[93]。

如上文所见，现今可见的宣和殿学士职就任者合计只有十六人，难以掌握其全貌。除了北宋灭亡前夕这一时代客观条件的制约，从零星的史料记载来看，就任者多是蔡京、高俅一族，还有与"六贼"相关的⑬王黼、⑨孟昌龄，对这些人的回避情感亦是造成史料缺失的原因之一。总之可以确定的是，活跃于徽宗皇帝身边、被后世称为"奸臣"的人物，大多带有宣和殿学士职。

开启宣和殿馆职端绪的通常都是蔡攸，这一点已有论述。由表可知，除了王黼的特例，以及因为迎娶茂德帝姬得到恩典而就任待制的蔡儵，政和年间就任宣和殿学士、大学士的只有蔡攸一人。由此可见，当初设置宣和殿学士原本就是以授予蔡攸为目的的。宣和殿学士的登场或许就是在蔡攸与宣和殿、与徽宗关联的基础上才开始的，此后学士职的扩展至多不过是其结果而已。如此一来，首先必须确认的是蔡攸与徽宗之间的关系。关于这一点，下文将再做探讨。

二、徽宗与蔡攸

提到蔡攸，迄今为止几乎没有关于他个人的认识，大多数情况下对他的描述仅仅是"蔡京之子"。北宋末，"权相蔡京"纵然炙手可热，但实际上如果将目光专注于蔡攸这一人物再检索史料就会发现，他其实比蔡京更早得到徽宗的知遇：

> 元符中，监在京裁造院。徽宗时为端王，每退朝，攸适趋局，遇诸涂，必下马拱立。王问左右，知为蔡承旨子，心善之。及即位，记其人，遂有宠。(《宋史》卷四七二《蔡京传（附攸传）》)[94]

蔡攸在徽宗即位前便与之有所接触，并且他的谦恭给徽宗留下了很好的印象。当然，徽宗肯定知道与章惇、蔡卞等一同推进新法的翰林学士承旨蔡京其人，但他当时不过是诸王之一，蔡京未必会与他十分亲密。蔡京在徽宗心中的分量越来越重，应该始于徽宗即位后他与向太后勾结时。[95] 与此相对，徽宗内心对蔡攸的亲近从他还是端王的时候就已经开始了，比蔡京要早得多。

从徽宗对蔡攸的称呼，亦可见二人关系之亲昵。徽宗并不直呼蔡攸的名字，而只叫他"蔡六"，这是家人才能享有的礼遇。[96] 另外，之后的宣和四年（1122），蔡攸作为宣抚副使前往燕京临行时，他甚至语带下流地与徽宗戏言：

> 蔡攸副童贯出师北伐……既行，徽宗语其父京曰："攸辞日奏，功成后要问朕觅念四、五都，知其英气如此。"京但谢以小子无状。二人乃上宠嫔，念四者阎婕妤也。（周煇，《清波杂志》卷二）[97]

相比诚惶诚恐的蔡京，徽宗不过一笑了之。这幅场景表明，无论蔡京还是蔡攸都与徽宗非常亲近。

那么，如此受到徽宗宠爱的蔡攸究竟是个怎样的人物？蔡攸字居安，是蔡京的长子。据《东都事略》记载，靖康元年（1126）蔡攸"年五十"被诛杀，因此他应当生于熙宁十年（1077）。[98] 他很可能是以恩荫入仕的，在元符年间成为监在京裁造院，二十三四岁时受到时为端王的徽宗的知遇。崇宁三年（1104）特赐进士出身，任秘书郎，并于政和年间参与《九域图志》的编纂以及礼制局各项制度的制定。[99] 然而，在汇聚三馆精英的编纂者团队中，蔡攸一直显得格格不入：

> 道、史官僚合百人，多三馆隽游，而攸用大臣子领袖其间，懵不知学，士论不与。（《宋史》卷四七二《蔡京传（附攸传）》）

另一方面，蔡攸自幼便十分聪慧。有故事记载，蔡攸随叔父蔡卞拜访王安石时，他尖锐的提问甚至连王安石也无法回答。[100] 还有，徽宗在宴席上称呼蔡攸"相公公相子"时，他即刻就能作答"人主主人翁"，[101] 可见其机敏。这种快速应变的才能，或许也是他受到徽宗宠爱的一个重要因素。所谓"懵不知学"的评价，或许是后世对于蔡京一族的偏见导致的。

另外，显示蔡攸经常侍奉徽宗左右的史料中还有记载：

> 攸历开府仪同三司、镇海军节度使、少保，进见无时，益用事，与王黼得预宫中秘戏，或侍曲宴，则短衫窄袴，涂抹青红，杂倡优侏儒，多道市井淫媟谑浪语，以盅帝心。妻宋氏出入禁掖，子行领殿中监。视执政，宠信倾其父。（《宋史》卷四七二《蔡京传（附攸传）》）[102]

禁中宴会之上，蔡攸扮丑混在优伶之中，演出了一场闹剧。蔡攸之妻宋氏当时也可以出入禁中，而通常情况下一般官僚皆无法出入禁中，[103] 正因如此，权相为维持权力必须与宦官联手，这也是宣和殿学士的特殊性所在。身为学士的蔡攸暂且不说，连他的妻室都可以出入禁中，这究竟是怎么回事？关于这一点，有一则颇具意味的故事：

> 蔡京父子在京城之西两坊对赐甲第四区，极天下土木之工。一曰太师第，乃京之自居也。二曰枢密第，乃攸之居也。三曰驸马第，乃鯈之居也。四曰殿监第，乃攸子之居也。攸妻刘，乃明达、明节之族，有宠，而二刘不能容，乃出嫁攸，权宠之盛亚之。（《朱子语类》卷一四〇《论文下〈诗〉》）[104]

此处所载蔡攸之妻刘氏，原本与明达、明节两位刘皇后是同族，[105]因为与徽宗有染而不容于两皇后，无法留在宫中，所以赐予蔡攸为妻。也就是说，蔡攸之妻"刘氏"正是利用这一层关系得以出入禁中，这也是可以理解的。但蔡攸之妻是先前所见的"宋氏"，这一点从姻戚关系来看是确凿无疑的，故与《朱子语录》所说的"刘氏"有矛盾。或许可能是在宋氏亡故之后，徽宗才将刘氏赐予蔡攸。抑或宋氏本就是刘氏的养女，亦未可知。

还有其他史料可以显示蔡京一族与"刘氏"之间的联系。

根据第一节所引史料Ⅱ《保和殿曲燕记》的后半段记载，蔡京曾面见刘安妃，即明节皇后。面对作诗请刘安妃莅临的蔡京，徽宗道："况姻家，自当见。"蔡京道："顷缘葭莩，已得拜望。"[106]"葭莩"即"葭莩之亲"（语出《汉书·中山靖王胜传》），指远亲。由这则对话可知，明节皇后刘氏与蔡京应当在不久前结成了亲戚关系，她是蔡京的远亲：

> 及政和末，伯氏既联姻戚里，后大辟第，开河路，作复道，以通宫禁。（《铁围山丛谈》卷三）

正如引文所述，这里所指其实是以蔡攸一家为中心的外戚联姻。由此可以推测，蔡攸拥有与蔡京不相干的、能够独自与徽宗保持关系的途径。

再回到探究蔡攸与徽宗关系这一点上来，至宣和后期，根据史料记载，从各种政治场景中亦可窥见两人之间的密切关系。

蔡攸于宣和四年（1122）以宣抚副使的身份，与宣抚使童贯一同出征燕京,这一点前文已有言及。但蔡攸当时的立场并非为了襄助童贯,而是为了监视他的行动。这正是徽宗在蔡攸出征时授予其批答的原因:

> 攸辞免如常礼。批答云:"……卿朕所倚毗,无出右者。所以辍卿为副,实监军尔,如军旅之事,卿何预焉。只专任民事,及监察贯之所为可。"(《会编》卷六,宣和四年五月九日条《北征纪实》)

这一时期,徽宗对于童贯的信任正在逐渐下降,[107]诸事于童贯之外另外安排其他宦官,独自收集情报。[108]决定任命蔡攸为副使,极有可能也是出于这一考虑,蔡攸与童贯并非从一开始就是协力关系。[109]此次战役之中,蔡攸的使命是监军[110],大多由宦官担任,背后可见他与徽宗之间极强的信赖关系。

最终宋大败于辽,无法凭一己之力攻取燕京,不得不借助金军的帮助,责任几乎由童贯一人承担。宣和五年(1123)七月,童贯自燕山府回师后便即刻致仕。[111]反倒是蔡攸,在一个月前的六月以少师领枢密院事,作为童贯的后继者成为执政。[112]

至此,终于回到了本章前言所述的舞台。宣和末,因金军南侵,徽宗演出了一场禅位戏码,但蔡攸在此并未出现。然而其他史料记载显示,蔡攸很可能与这出戏码的创作有关:

> 徽祖将内禅,既下哀痛之诏,以告宇内,改过不吝,发于至诚。前一夕,即玉虚殿常奉真驭之所,百拜密请,祈以身

寿社稷。夜漏五彻，焚词其间，嫔嫱巨珰，但闻谒祷声，而莫知其所以然。明日，遂御玉华阁，召宰执，书"传位东宫"四字，以付蔡攸。又一日，钦宗遂即位，实宣和七年十一月辛酉也。（岳珂，《桯史》卷八《玉虚密词》）

上将谋内禅，亲书"传立[位]东宫"字以授李邦彦，邦彦却立不敢承。白时中辈皆在列，上踌躇四顾以付攸。攸退，属其客给事中吴敏，敏即约李纲共为之，议遂定。（《朱子语类》卷一三〇，本朝四）[113]

徽宗最初想将写有"传位东宫"的纸交给次相、少宰兼中书侍郎李邦彦，但李邦彦无论如何都不敢接受。在这种情况下，徽宗面对在列宰执，并未将纸交给太宰兼门下侍郎白时中，而是踌躇着递给了蔡攸。[114] 接受御书的蔡攸退出后立即将之交付吴敏，令其与李纲一同起草禅位诏书。本章前言所见的禅位戏码之中，当（假装）濒死的徽宗用颤抖的左手写下禅位皇太子御书时，蔡攸也在大臣之中。根据《长编纪事本末》的记载：

宰执复奏事，上皇谓蔡攸曰："我平日性刚，不意蜂虿敢尔。"因握攸手，忽气塞不省，坠御床下。（《长编纪事本末》卷一四六《内禅》，宣和七年十二月庚申条）

在徽宗装病摔倒这出禅让大戏高潮部分担任助演的正是蔡攸。自然，作为徽宗宠臣的蔡攸不可能不参与这样重大的场面。负责起草诏书的吴敏从一开始就是与蔡攸合作的演出者之一。[115]

如此这般，蔡攸、吴敏与禅让戏码密切相关的传闻在朝野上下都很有名。靖康元年有人上奏：

> 伏睹道君太上皇帝，去冬锐然以大位内禅于陛下，不谋宫闱，不闻阉宦，不询群臣，使神器永有依归，其贤于唐太宗远矣。蔡攸出入密侍，闻上皇倦勤之意甚久，奸人多虑，用心不臧，不肯宣露者，将有所待。一旦上皇除陛下为开封牧，攸知事势已定，又自度父子稔恶，平时内惮陛下刚明，遂授其语于吴敏，俾之建白。攸又赞除敏为门下侍郎，其虑患深矣。敏不自揆，乃攘为己功，群小交口称道为有定策之勋，兹实骇闻。内禅出上皇之意，虽百吴敏，何能为哉。敏既贪天功以为己力，又德蔡攸所授之语，惟思报蔡氏之恩，略不顾君臣大义，虽交章攻京、攸之罪，而敏横身障蔽，斥逐台谏，招引同门，以为其助。（《靖康要录》十万卷楼丛书本卷一〇，靖康元年九月五日条"臣僚上言"）

也就是说，蔡攸早就察知徽宗有禅位之意，并告诉了吴敏，让他向徽宗提议禅位，企图保全自身。到了近二十年后的南宋绍兴年间，高宗还不得不特意否定二人与禅位之间的关联。[116]说起来，吴敏其人相当受蔡京的赏识，蔡京还让他迎娶自己的女儿，[117]也有说法称他自小就养在蔡京家中。[118]吴敏不仅与蔡攸相识，甚至可以说受到他很强的影响。

此外，根据另一位登场人物李纲本人的记录，他也曾进言吴敏，令其劝徽宗禅位：

> 余时为太常少卿，素与给事中吴敏厚善，夜过其家，谓敏曰："事急矣，建牧之议，岂非欲委以留守之任乎。东宫恭俭之德，闻于天下，以守宗社是也，而建以为牧非也。巨盗猖獗如此，宗社不守，中原且无人种，自非传以位号，使招徕天下豪杰，与之共守，何以克济。公从官以献纳论思为职，曷不非时请对，为上极言之，使言不合意，不过一死，死有轻于鸿毛者，此其时也。"（李纲，《靖康传信录》卷上）

相对于认为太子监国即可的吴敏，李纲直言若非禅位必不能打开局面。[119] 然后，李纲当天随宰执进入禁中，在"文字库"等待谒见徽宗。这里指的很可能就是睿思殿文字外库。最终，李纲尚未入对，徽宗就已决定禅位。

以上虽然至多不过是自说自话而已，但李纲应当如他所描述的那样参与了徽宗的禅位戏码。朱胜非将这样的李纲明确称为"蔡攸党羽"，并责难道："纲与吴敏以攸诡计取执政。"[120] 虽然这是南宋初期与李纲利害关系直接对立者的言辞，在某种程度上需要打些折扣，但蔡攸、吴敏、李纲三人事实上谋划了禅让之事应当是确定无疑的。不管怎样，他们的谋划不可能没有得到徽宗的同意。他们无疑事先暗中察觉到了徽宗的禅位意图，再书写剧本，最终完成了整出戏码。当时最先有所察觉的应当是蔡攸，这一点不难想象。先前引用的史料中也有蔡攸打算利用吴敏的记载：

> 当时蔡攸出入禁中,刺得密旨,报吴敏、李纲,欲使二人进用,为己肘腋。(《会编》卷五六,靖康元年九月十九日条"又上言")[121]

> 伏见李纲本以凡才,误膺器使,卵翼于蔡氏之门,倾心死党。逮上皇将有内禅之意,攸先刺探,引纲为援,使冒策立之功。(《靖康要录》卷一一,靖康元年十月一日条"又臣僚上言")

当时这些针对李纲的弹劾文无一例外地指责,蔡攸、吴敏、李纲三人之中首先由蔡攸窥见徽宗的意图,再令吴敏、李纲二人从旁协助。

如上所述,前言提到的禅位当日,领枢密院事、执政蔡攸作为"大臣"中的一人谒见宣和殿中的徽宗,演出了禅位戏码。在原来的剧本中,应由宰相李邦彦接受徽宗的御书,但他却始终保持沉默。虽然发生了这一意外状况,但蔡攸立刻不动声色地接过了禅位御书,并如事先商议好的那样,令在外等候的吴敏、李纲起草禅位诏书。这应当就是事件的真相。这一天从最初到最后,真是一出名副其实的禅位大戏。

禅让结束后成为上皇的徽宗,于靖康元年(1126)正月四日悄悄离开开封城,而当时陪伴在他左右的正是蔡攸与宦官等人。[122] 之后双方暂时达成和议,金军撤军,此时的问题变成了怎样平稳地迎上皇入开封,若处置不当,则无论如何都要避免两帝并立危机的出现。据说徽宗将于镇江复辟或要在地方独立,此类流言当时正在开封煞有介事地传播。[123] 事实上,徽宗自开封被围时就已下令停止漕运、勤王之兵留守不动,不能说他毫无自立之意。[124] 于是,朝廷上下在对如何顺利唤回徽宗一事商讨一番后，[125] 最后决定利用陪侍左右的蔡攸：

> 始上皇留镇江未返，幸臣、宁远军节度使、吴县朱勔邀上皇幸其里第，朝廷忧之。少宰吴敏请令蔡攸劝上皇北归以赎罪。(《建炎以来系年要录》卷一，靖康元年条)

钦宗朝成为执政、宰相而留在开封的吴敏，建议以保全蔡攸自身为交换条件，命他劝上皇返回开封。[126] 三月，宋焕（又作宋晖）奉钦宗之命前往徽宗身边，[127] 而宋焕正是蔡攸之妻宋氏的同族。[128] 最终徽宗返回开封，途中李纲奉派到南京迎候他的到来。[129] 之所以派他，或许仍是因为他与蔡攸走得近。[130] 从吴敏、宋焕、李纲这些人亦可看出，时人关于蔡攸对徽宗具有的影响力大小有着怎样的认识。

回到开封的徽宗直接入住龙德宫，最终不得不隐居。[131] 对于作为陪侍的蔡攸，人们对于他尚未受到任何惩罚极感不满，甚至他入京都可能招致不测。[132] 最终蔡攸未能免罪，他与父亲蔡京以及童贯一同被贬黜，[133] 最后流放海南岛赐死。[134] 关于他最后的模样，有记载称：

> 蔡攸、脩亦赐死。脩闻命曰："误国如此，死有余辜，又何憾焉。"乃饮药。而攸犹豫不能决，左右授以绳，攸乃自缢而死。(周煇，《清波杂志》卷二)

临死之时,他仍不肯认罪。

综上所述,徽宗与蔡攸之间的关系,自徽宗即位以前开始至他退位南逃再回到开封为止一直延续,蔡攸一直是时常侍奉徽宗左右的宠臣。他在深受徽宗信赖的基础上,一方面通过与后宫的姻戚关系与禁中往来,另一方面又成为宦官贴职衍生而成的宣和殿学士,得以出入当时最主要的枢要之所——宣和殿。宣和殿学士一职无疑是为了蔡攸与身处禁中的徽宗有所往来而实行的制度上的强有力的一步措施,反过来说,除此之外这一特殊职位并没有更多的意义。

结　语

前一章已提及,殿中省只设置于徽宗一朝,由蔡京姻族宋昇与他的孙子蔡行长期担任领殿中省事一职,基于这一事实,可以推测蔡京在宦官之外还通过这些人掌握了徽宗的私生活,进而讨好维持政权不可或缺的皇帝。[135] 这一结论本身虽并无错谬,但考虑到本章论述的作为另一种手段的宣和殿学士的存在,可以明确这是远超当初预想的。之所以这么说,是因为宣和殿即使在禁中,也是徽宗度过一天中大半时光、作成在当时政治体系中十分重要的御笔的场所,而学士职拥有可以自由出入宣和殿的特权。蔡行以宣和殿大学士领殿中省,意味着他身兼可与禁中往来的两处重要职位。

然而不管怎么说,与宣和殿学士之职密切相关的是蔡行之父蔡攸，学士职本就是在徽宗与蔡攸关系之上形成并发展的。通常并未受到重视的蔡攸，相较于其父蔡京，其实与徽宗的距离更为亲近。第一期至第三期蔡京专权体制的背后，作为其政权的支援力量，蔡攸在禁中的存在是无法忽视的：

> 御史中丞陈过庭言："罪恶之著，莫甚蔡攸。当京擅权专政，彼则以阴谋诡计出入宫禁，外示异同，中实附会。及童贯兴师召乱，彼又副之，出构边隙，归冒重赏。以襦袴之资而当大位，以斗筲之器而握重兵，蠹国害民，亚于京、贯，窜殛之罚，不可以免。"（《靖康要录》卷五，靖康元年四月二十九日条）

陈过庭的弹劾文确实指出了当时蔡攸所起到的作用。实际上，正如前文所见，蔡攸在禁中屡屡将可能导致蔡京下台的政治行动扼杀在萌芽状态。

那么，在宋代政治史上又该如何看待皇帝身边的蔡攸、蔡行等人呢？正如序章所述，徽宗朝出现的"御笔"命令文书，滥觞于神宗朝的内降手诏，其显著特征之一即相对于将君主的恣意性具象化的例外的命令文书，它是作为拥有法律依据的恒常制度登场的。无论如何树立覆奏原则，其存在本身就蕴含着可能摧毁以宰执与台谏等士大夫为中心的既有政治运营框架的危险性。对于蔡京而言这同样是危险的。诚如事实所见，宣和年间在未告知宰相蔡京的情况下，由宦官书写而成的御笔曾肆意颁布。

也就是说，为了自身政权的安定，蔡京不但需要压制宰执集团与言路官之类的士大夫集团，还不得不紧盯作成御笔的皇帝身边人。在这一点上，蔡京一向对以童贯为首的宦官集团有所妥协，但通过掌握了可以出入御笔作成场所的宣和殿学士、领殿中省事之职的儿子蔡攸、孙子蔡行，他可以更加直接地与禁中往来联系。这一体制本就是自蔡攸凭借与徽宗之间的关系得以留在禁中开始的，正是基于这一点，才有了十五年的蔡京专权。

在宣和殿代书御笔的杨球，本就是蔡京家吏之子，蔡攸与杨球也是旧相识，更进一步说，也就是他的旧主。不难想象，身在禁中宣和殿的蔡攸，对于陷入无序状态的御笔作成应当拥有一定的影响力。

宣和（保和）殿的学士职，在北宋灭亡之后为南宋所继承。然而宣和殿已不复存在，因而已演变成徒有其名的名誉称号。[136] 如本章所示的宣和（保和）殿学士，仅见于北宋末的徽宗朝时期。

表4　宣和殿（保和殿）学士职就任者主要官历（不分官、差遣、职）表

姓名	时期	主要官历	出典
①蔡攸		通直郎、鸿胪寺丞→赐进士出身	《宋史》本传
	崇宁三年正月十九日	秘书省秘书郎	《选举九》一四
	崇宁五年	直秘阁→集贤殿修撰→编修国朝会要→枢密直学士	《宋史》本传
	政和三年八月二十八日 政和四年四月十四日 政和四年五月九日	龙图阁学士、提举醴泉观、兼侍读、编修国朝会要、详定九域图志、充编类御笔、礼制局详议官	《礼三四》一四 《职官一八》一五 《礼二》三六
	政和五年四月	**宣和殿学士**	《萍洲可谈》卷一
	政和五年八月十五日	**宣和殿学士**、讨论指画制度	《礼二四》七〇

（续表）

姓名	时期	主要官历	出典
	政和六年六月十二日	**宣和殿学士**、礼制局详议官	《礼一四》六七
	政和七年五月四日	**宣和殿学士**、提举秘书省	《职官一八》一九
	政和七年六月	**宣和殿学士**、朝议大夫	《礼二四》七七
	政和七年六月二日	**宣和殿大学士**	《职官七》一○
	政和八年九月二十日 政和八年闰九月一日	**宣和殿大学士**、中奉大夫、上清宝箓宫使、兼神霄玉清万寿宫副使、兼侍读	《乐四》一 《运历一》一八
	政和末	提举大晟府	《宋史·乐志》
	宣和元年三月十九日 宣和元年九月一日	**宣和殿大学士**、淮康军节度使	《乐四》二 《崇儒六》一一
	宣和四年一月七日	淮康军节度使、开府仪同三司→少保、镇海军节度使、开府仪同三司、**直保和殿**	《礼三四》一八 《职官一》三
	宣和四年四月八日	少保、镇海军节度使、开府仪同三司、河北河东路宣抚副使、**直保和殿**	《职官四一》二○
	宣和四年十二月十八日	少傅、镇海军节度使、河北河东路宣抚司、判燕山府	《职官一》三
	宣和五年五月十一日	少傅、镇海军节度使、兼侍读、**直保和殿**、河北河东路宣抚（副）使→少师、安远军节度使	
	宣和五年六月	少师、安远军节度使、领枢密院事	《宰辅表》
	宣和六年九月	落节钺、少师	
	宣和七年六月十九日 宣和七年七月四日	少师、领枢密院事→太师（太保？）、领枢密院事	《职官一》三 《礼二八》八六
	靖康元年二月十八日	太中大夫、提举亳州明道宫	《职官六九》二○
	靖康元年四月二十九日	节度副使、永州安置	《职官六九》二四
	靖康元年十月	浔州安置→雷州安置→万安军安置→诛死	《系年要录》卷一
②蔡絛		恩泽→亲卫郎→秘书丞	《宋史》本传
	政和五年八月十五日	显谟阁待制、参详明堂使	《礼二四》七○
	政和七年六月	龙图阁直学士	《礼二四》七七

(续表)

姓名	时期	主要官历	出典
	宣和中	礼部尚书兼侍读、提举醴泉观	《北山小集》卷二〇
	宣和元年八月	**宣和殿直学士**	《萍洲可谈》卷一
	宣和末	知镇江府	《宋史》本传
	靖康元年五月一日	潭州安置	《职官六九》二四
	靖康元年七月二十一日	责授昭信军节度副使	《职官六九》二五
③蔡脩	?	**宣和殿直学士**	《萍洲可谈》卷一
	崇宁五年（?）	太常少卿	《宋史·陈禾传》
	政和五年八月十五日	显谟阁待制、参详明堂使	《礼二四》七〇
	政和七年六月	龙图阁直学士	《礼二四》七七
④蔡絛	?	**宣和殿待制**	《萍洲可谈》卷一
	宣和五年十月	徽猷阁待制→落职勒停	《能改斋漫录》卷一二
	宣和六年一月	朝奉郎、提举明道宫	《长编纪事本末》卷一三一
	宣和七年三月二十九日	龙图阁直学士、朝奉郎、提举上清宝箓宫、侍读→赐进士出身	《十朝纲要》《选举九》一六
	宣和七年四月六日	毁出身敕、罢侍读、提举亳州明道宫	《职官六九》一七
⑤盛章	?	**宣和殿学士**	《萍洲可谈》卷一
	大观二年三月	奉议郎→两浙路提点刑狱	《会稽续志》
	大观二年八月	兼行常平事	《北山小集》卷一九
	大观二年十月八日	兵部员外郎	《会稽续志》
	大观三年九月二十日	吏部员外郎	《职官五五》三八
	大观三年（?）	京畿路转运副使	《宋史》本传
	政和元年九月二日 政和三年二月二十二日	集贤殿修撰、知苏州	《选举三三》二六 《瑞异一》二一
	政和三年闰四月	知真定府	《宋史》本传
	政和三年十二月	知平江府→枢密直学士	《姑苏志》
	政和五年三月	开封尹	《刑法四》八七

第五章　北宋末的宣和殿　　237

（续表）

姓名	时期	主要官历	出典
	政和七年六月	太中大夫、开封尹→显谟阁待制	《礼二四》七七
	政和八年七月四日 重和元年十二月十五日	开封尹	《礼五》五 《刑法二》七三
	宣和元年七月十八日	宣奉大夫、提举南京鸿庆宫→单州团练副使、筠州安置	《职官六九》三
	宣和五年（？）	知京兆府、提举江州太平观	《宋史》本传
	靖康元年八月二十八日	单州团练副使、万州安置	《职官六九》二七
⑥王革	？	**保和殿大学士**	《却扫编》卷中、卷下
	崇宁四年八月十八日 大观三年十月七日	度支员外郎	《职官五一》九 《方域一三》二三
	政和二年五月二十七日 政和四年（？）	朝散郎、司农卿→集贤殿修撰、河东路转运使	《宋史》本传
		直龙图阁	《选举三三》二七
		大理卿	《给事集》卷二
	政和三年 政和七年二月三日	户部侍郎→开封尹	《忠惠集》卷二 《刑法四》八九
	政和七年六月	太中大夫、开封尹→迁三官	《礼二四》七七
	宣和元年五月十五日	户部尚书、降两官	《职官六九》三
	宣和元年十月三日	刑部尚书	《刑法一》三一
	宣和三年四月五日	起复正奉大夫、延康殿学士、知河南尹	《职官七七》一二
	宣和四年二月四日 宣和四年五月三十日	起复光禄大夫、行开封尹	《职官六三》一〇 《礼六一》七
	宣和五年八月二十九日	大名尹→延康殿学士、提举西京嵩山崇福宫	《职官六九》一三
	绍兴四年二月二十五日	左金紫光禄大夫、充龙图阁待制、提举华州云台观	《仪制一三》一〇
⑦高佑	？	**宣和殿大学士**	《却扫编》卷中
	官历不明		
⑧蔡行	？	**宣和殿大学士**	《却扫编》卷中
	重和元年十二月十三日 宣和六年四月七日	领殿中省事	《刑法一》三〇 《崇儒四》一二

（续表）

姓名	时期	主要官历	出典
	宣和六年五月二十日	通议大夫、守殿中监、兼校正御殿前文籍→赐进士出身	《选举九》一六
	靖康元年四月八日	通议大夫、提举杭州洞霄宫→责授昭化军节度副使、襄阳府安置	《职官六九》二三
	靖康元年五月一日	洪州安置	《职官六九》二四
⑨孟昌龄	政和二年十月四日	朝请大夫、行都水监丞→中散大夫、行将作少监	《方域一六》三二
	政和四年十一月二日	都水使者	《方域一三》二五
	政和五年七月 政和五年十一月十七日	工部侍郎	《河渠志》 《方域一三》二五
	政和六年闰正月二十六日 政和六年六月五日	户部侍郎	《职官五四》二九 《刑法一》二九
	政和六年六月	户部尚书、兼详定一司敕令	《崇儒三》一一
	宣和元年六月七日	兵部尚书→依旧延康殿学士、提举上清宝箓宫、提举三山河桥	《职官六九》三
	宣和二年八月二十日	**保和殿学士**、银青光禄大夫	《方域一五》二九
	？	**保和殿大学士**	《却扫编》卷中
	靖康元年二月十八日	落职、在外宫观	《职官六九》二〇
⑩高伸	？	**宣和殿大学士**	《却扫编》卷中
	政和元年	殿中监	《宋史》本传
	政和三年	殿中监	《刑法一》二七
	其他官历不明		
⑪蔡靖	政和三年	礼部侍郎	《忠惠集》卷三
	政和四年九月十五日	左司员外郎	《崇儒二》二四
	政和五年二月十四日	中书舍人→太子詹事	《职官七》二四
	宣和五年九月六日	知河间府→同知燕山府	《会编》一八
	宣和七年十一月二十八日	同知燕山府、**保和殿大学士**	《会编》二三

（续表）

姓名	时期	主要官历	出典
⑫蔡絛	政和八年三月十六日	朝散郎、**宣和殿待制**、驸马都尉	《帝系八》五七
	重和二年正月十日	中大夫	
	宣和六年四月十七日	通议大夫、保和殿待制、驸马都尉、提举上清宝箓宫→**保和殿直学士**	《帝系八》五八
	靖康元年二月二十九日	深州防御使	
	靖康元年七月二十一日	勒停	
⑬王黼		校书郎→符宝郎、左司谏→左谏议大夫→给事中	《宋史》本传
	政和三年正月十七日	御史中丞	《职官五六》三九
	政和四年四月十四日	翰林学士、朝散郎、知制诰、兼侍读	《仪制一〇》一八
	政和四年五月	翰林学士→户部尚书	《宋史全文》卷一四
	政和五年正月六日	户部尚书、侍读	《选举一》一四
	政和五年二月二日	翰林学士、侍读	《选举四》九
		翰林学士承旨、朝请郎、知制诰	《宋史》本传
		（丁父忧）	
	政和六年十月四日	起复**宣和殿学士**、提举宝箓宫	《职官七七》八
	政和七年三月二十二日	起复**宣和殿学士**、提举宝箓宫、兼侍读、修国史	
	重和元年正月	尚书左丞	《宰辅表》
	重和元年九月	中书侍郎	
	宣和元年正月	通议大夫、中书侍郎→特进、少宰兼中书侍郎、神霄玉清万寿宫使	《宋史》本传
	宣和二年十一月十三日	少保、太宰兼门下侍郎	《职官一》三
	宣和三年九月五日	少傅、太宰兼门下侍郎	
	宣和四年六月十九日	少师、太宰兼门下侍郎、荣国公	

（续表）

姓名	时期	主要官历	出典
	宣和五年五月九日	少师、太宰兼门下侍郎、庆国公→太傅、太宰兼门下侍郎、楚国公	
	宣和六年十一月	太傅、楚国公致仕	《宰辅表》
	靖康元年正月三日	责授崇信军节度副使、永州安置	《职官六九》二〇
⑭薛嗣昌	?	**宣和殿学士**	《宋史》本传
	政和二年十月四日	朝请大夫、行都水监丞→中散大夫、行将作少监	《方域一六》三二
	政和四年十一月二日	都水使者	《方域一三》二五
	政和五年七月 政和五年十一月十七日	工部侍郎	《河渠志》 《方域一三》二五
	政和六年闰正月二十六日 政和六年六月五日	户部侍郎	《职官五四》二九 《刑法一》二九
	政和六年六月	户部尚书、兼详定一司敕令	《崇儒三》一一
	政和七年正月一日	户部尚书	《职官五七》五八
	宣和元年六月七日	兵部尚书→依旧延康殿学士、提举上清宝箓宫、提举三山河桥	《职官六九》三
⑮刘昺 (初名炳)	元符末	进士	《宋史》本传
		太学博士→校书郎→大司乐→起居郎→殿中少监	
	大观元年	中书舍人	《摛文堂集》卷四
		给事中→领议礼局→翰林学士→工部尚书→提举纪元历	《宋史》本传
	大观二年六月二十八日	显谟阁直学士、知陈州	《职官六八》一六
	政和三年二月十六日	落职免官→户部尚书	《职官二七》二一
	政和五年二月十四日	翰林学士→太子宾客	《职官七》二四
	政和五年五月十八日 宣和六年六月八日	户部尚书	《食货五六》三五 《食货四三》一二
		宣和殿学士→知河南府→金紫光禄大夫→流琼州	《宋史》本传

（续表）

姓名	时期	主要官历	出典
⑯宇文虚中（初名黄中）	大观三年	进士	《宋史》本传
		起居舍人→国史编修官	
	政和六年闰正月二十二日	同知贡举	《选举一》一四
	政和六年六月二十九日	中书舍人	《礼三九》一〇
	政和八年八月十三日	提举凤翔府上清太平宫	《职官六八》四一
	宣和四年三月	中书舍人	《长编纪事本末》卷五三
	宣和五年	宣抚司参议官	《宋史》本传
	宣和五年六月九日	集英殿修撰	《会编》卷一八
	宣和七年十二月二十二日	**保和殿大学士**、河北河东宣谕使	《会编》卷二五
	靖康元年二月	**保和殿大学士**→资政殿大学士、签书枢密院事	《宰辅表》
	靖康元年三月	资政殿大学士、中大夫、知青州	
	建炎元年五月	韶州安置、承议郎、提举亳州明道宫	《系年要录》卷五
	建炎二年二月八日	责授安远军节度使、韶州安置→太中大夫	《系年要录》卷一三
	建炎二年五月十三日	资政殿大学士、提举万寿观、祈请使→此后，在金为官	《系年要录》卷一五

* 出典中的《宰辅表》《河渠志》出自《宋史》，《运历》《乐》《选举》《礼》《职官》《瑞异》《刑法》《崇儒》《方域》《仪制》《帝系》《食货》出自《宋会要辑稿》。《系年要录》即《建炎以来系年要录》，《会编》即《三朝北盟会编》。

第六章 宋代的转对、轮对制度

前　言

　　至上一章为止，笔者主要着眼于北宋末期的徽宗朝，选择这一时期的各类政治事件以及具有特征的官职，解明事件背后的真相，从而探讨徽宗、蔡京、蔡攸等人之间的关系。本章则不仅限于徽宗朝，而是对包括徽宗朝在内的整个宋代的谒见制度，尤其是大多数一般官僚也能参加的转对、轮对制度的研究。

　　在宋代，官僚直接当着皇帝的面上奏自己意见的行为，被称为"对"。宰执等因其职务关系，理所当然有"对"，其他官僚其实也有机会"对"，宋代存在着各种各样的"对"。皇帝指名某些官僚即"召对"，反之官僚请愿后获得皇帝许可则是"请对"，宿直的翰林学士是"（翰林）夜对"，官僚外任地方官时是"入辞（朝辞）"，而从地方回到都城的官僚则是"入见"，等等。[1]

　　这些"对"之中，也有的是定期针对虽任职于首都开封，但因职务关系平时没有机会谒见皇帝的官僚，称作"转对""次对""轮对"等：

> 　　且庙堂之上，至于百执事之臣，有大臣以陈善闭邪，有侍臣以献可替否，有台官所以绳愆纠谬，有阙官所以补阙拾遗，在内又有轮对之制，在外间有召对之命，凡可以言者非一

人也，天下之事岂无可言者耶。(蔡戡，《定斋集》卷十一《廷对策》)

"轮对"在引文中虽然极为少见地与针对外任官员的"召对"并称，但这实际上是京官轮流面见皇帝的制度。关于这一点，平田茂树在探讨"对"与"议"的构造时曾有所提及，另外，徐东升近几年也曾发表过相关专论。[2] 平田茂树将转对、次对、轮对视作同一事物，即指的是一两位朝廷高官按惯例上殿奏事，也称作"面对"。与此相对，徐东升认为转对可以称作"次对"，仅限文班常参官参加，至南宋实行轮对时，参加者已经包含了侍从以下官员与三衙大帅等武官。两种制度的功能虽是共通的，但因为获准参加的官僚范围不同，所以频率也不尽相同。

此外徐东升还认为，这些制度虽然是京官面见皇帝的重要途径，有开言路、防闭塞、除弊政、选人才的作用，但实际上其功能并未得到充分发挥，原因则是皇帝本人的消极态度、权臣的阻挠和参加者的利己行动。平田茂树也表示，转对官自身对这一制度也持敬而远之的态度，尽说一些无用的空话或不切实际的高论，所以这一制度作为官僚表达个人意见的手段，并未完全发挥作用。二人都认为转对、轮对制度的最终效果相当有限。

以上的意见都值得一定程度的肯定，然而效果如此单薄的制度为什么依然坚持实行至南宋后期？平田茂树和徐东升的论述主要集中于北宋的转对，对南宋的轮对并未详细论述。留存至今的史料尤其是南宋史料之中，"轮对"一词频繁出现，可见这一制度在当时依然受到鼓励，并一直实行。其中必然有相应的理由。本章将重新考察两种制度的由来,特别是对南宋时代的轮对加以概述,考察这一制度所具有的影响力。

第一节 转对的概要

一、转对的沿革

虽然平田茂树和徐东升已有记述,但首先还是来确认转对、轮对制度的沿革。

宋代转对制度的起始,最早可追溯至太祖建隆三年(962)二月:

> 每五日内殿起居,百官以次转对,并须指陈时政得失、朝廷急务,或刑狱冤滥、百姓疾苦,咸采访以闻,仍须直书其事,不在广有牵引。事关急切者,许非时诣阁上章,不得须候次对。(《长编》卷三,太祖建隆三年二月甲午条)

在京文武官员每五日须入内殿(主要是垂拱殿),利用这一问候皇帝的机会,轮到的官员将谒见皇帝,并上奏各自的意见。该制度的起源一般认为是唐代宗时期开始的延英殿奏事,奏事中有宰相的"召对"、其他人的"特召"、官僚请愿的"请对",以及外朝官员按顺序轮流定期的"次对"。[3]太祖朝开始的转对是以百官为对象的,具体而言是在朝文班朝臣以及翰林学士等,[4]接下来太宗淳化二年(991),"常参官"成为次对对象,[5]但实际上的参加者似乎是朝官以上的文官。然而,此后真宗朝的陈彭年有如下叙述:

> 臣准诏:"在朝文武百官举行转对,在外群臣各许上章奏事"者,此陛下思纳昌言以安庶汇之意也。(《诸臣奏议》卷一四五,陈彭年《上真宗答诏五事》)

在陈彭年的认知中,能够参加转对的是在京的文武百官,这一范围变得愈加广泛。

建隆转对、淳化次对仅在短时间内实行过,尽管此后的真宗咸平三年(1000)与景德三年(1006)[6]、仁宗天圣七年(1029)也曾反复出现转对诏书,[7]却并未见鼓励之意。这一点确如平田茂树、徐东升所述。

1067年宋英宗驾崩,宋神宗即位:

> 治平四年,诏:"御史台每遇起居日,令百僚转对。"御史台请:"依阁门仪制,谕两省及文班秩高者二员于百官起居日转对。若两省官有充学士、待制,则缀枢密班起居。内朝臣僚不与。"诏从之。又诏:"遇转对日,增二员。"(马端临,《文献通考》卷一〇七《王礼考·朝仪》)

最初的参加范围是"百僚",但因御史台请愿,改为仅限于中书、门下两省官员及高阶文官,每次参与人数也由二人增加至四人。约五年后的熙宁四年(1071),御史台提到转对官即将全部轮转完毕一事,有诏令称剩余官员完毕后即终止转对。[8]由此推测,转对本就不是永久性的制度。有资格参加者全部轮过一次转对之后,并不进入下一轮转对,而是直接结束。此前的仁宗朝也有下述记载:[9]

> 八年九月六日，御史台言："先准敕：'百官起居日，令转对奏事'，今已周遍。"诏权罢。(《宋会要·职官六〇》二，天圣八年九月六日条)

亦说明轮对基本上仅限一轮。所以人们才会有"对实行轮对一事并不怎么热心"的印象，原因很可能是制度本就限定了参加者的范围，且每人只能参加一次。关于神宗朝的这次转对，或许也是因为畏惧即将来临的日食才开始实行的。[10] 也就是说，王朝并未考虑将这一制度作为常设制度。历代皇帝在即位之初，大多会颁布寻求臣下意见的求言诏书，轮对制度或许是谒见的配套组合。所以这是由皇帝的高见而特别实行的制度，每次所有参加者轮转一遍完毕之后即宣告结束。

紧接着哲宗元祐年间，转对不在起居日而是在文德殿视朝时进行，即只在每月朔日实行一次，频率进一步减少到之前的六分之一。元祐三年（1088）五月一日文德殿视朝时，苏轼[11]、苏辙[12]兄弟一起进行了转对。另外这一时期，侍从官与权侍郎以上的职事官（即高品位文官）无须参加，转对的范围缩小到仅限于卿监、郎官以上。[13] 虽然绍圣年间侍从官再次获准参加，但频率只有每月一次，之后的徽宗朝也是如此。开始在明堂举行视朔礼后，更是每年仅实行一两次。[14]

进入南宋，在与金朝尚未缔结和议的绍兴七年（1137）：

> 诏行在职事官令转对一次。(《建炎以来系年要录》卷一〇九，绍兴七年三月甲申条)

转对的参加范围扩展至行在职事官。但正如文中记载的"一次"所示,这是每人仅限一次的临时性举措。关于当时实行转对的机缘,绍兴九年(1139)有记载称:

> 具位臣刘某。准御史台牒,五月一日视朝,论[轮]当传[转]对,今具己见须知奏闻者。(刘一止,《苕溪集》卷一四《转对奏状》,绍兴己未)

从日期来看,极有可能与北宋后期一样,仅于月朔视朝时实行。能够确认的实例皆是如此,如孝宗隆兴年间(1163—1164)三月一日[15]、乾道年间(1165—1173)十月一日[16]、乾道四年十一月一日[17]、理宗朝(1224—1264)十二月一日[18]、淳祐六年(1246)十月一日等,由此可知每次都是在当月一日进行。[19]另外,关于参加者的范围,光宗朝时:

> 卿监而上虽有转对,然岁或不得再见也。(彭龟年,《止堂集》卷二《论爱身寡欲务学三事疏》,绍熙三年)

参加者只有卿监,也就是仅限朝官以上的文官。

综上所述,可以认为自北宋后期至南宋,转对基本上指的就是每月一次的视朝转对。当然,相较于北宋前期五日一次的起居转对,视朝转对的次数急剧减少,能够参加转对的机会也变得非常少。正如前文所见,虽然哲宗元祐年间进一步收缩了参与范围,但是:

> 今一岁中,视朝有数,臣寮转对者,每次二员,凡不过

十余人。(《诸臣奏议》卷七七《听言》，范百禄《上哲宗乞审议转对之制》)

实际上，一年之中能参与转对的人数相当少。假如一年仅有十余人，则有参加资格者全部轮转一遍需要花费数十年时间。

二、转对的概要

转对的沿革如上所述。从前文列举的史料也能看出，负责这一制度的是御史台：

> 诏："……宜令御史台告示百官，遇起居日，依旧仪转对，其余内外文武臣僚未预转对者，亦许具章疏实封闻奏。"(《宋会要·职官六〇》二，天圣七年二〔四〕月二十四日条)

正如大多数转对参加者会在劄子的抬头处写上"臣准御史台告报"，[20] 御史台也会以告报或牒文的形式发布某月某日应举行转对的通知，接受通知者要在指定的日期将上奏内容作成文书（劄子），且必须将文书提交阁门。[21] 关于提交日期，"合前一日赴阁门投进文书"，也就是在转对的前一天。[22] 例如，范祖禹于元祐六年（1091）十二月一日转对，当时《转对条上四事状》上书写的日期是"十一月三十日"。[23] 这一规定与一般请对时相同。[24]

但转对并不能单纯因个人愿望而实行，且因为频率并不高，会出现虽有参加资格，但自己在尚未轮到时就被任命为没有转对资格的地方官的情况。对此，至神宗朝：

> 今后臣僚授外任差遣者，如转对资次未到，许令先引对，对讫朝辞。(《宋会要·职官六〇》四，熙宁元年三月二十三日条)

先实行转对，既而才是向皇帝告辞的朝辞，获得外任地方的许可。转对的实行一如既往，也就是说，这一时期只在每五日一次的内殿起居日之时转对，但已确定转任地方之人可优先转对。这一点在以下史料中可以得到证明：

> 侍御史刘琦等言："臣僚受差遣后，每遇起居日，令四人转对。员数既多，遂至淹延月日，有妨赴任。"诏应臣僚已授差遣，并令依例朝辞，许于当日实封转对文字于阁门投进。[25]（《宋会要·职官六〇》四，熙宁元年八月三日条）

如果实行频率以及每一次的人数都不变，则无法消化等待转对的官员数量，最终会导致其赴任延迟。因此，获准赴任外地的官员按规定朝辞后，能于当日进行转对，文书也可于当日提出。此后，内殿起居日之外，朝辞之日也会实行一部分转对。实例如下：

> 准御史台告报，臣寮朝辞日具转对。(曾巩，《元丰类稿》卷二九《熙宁转对疏》)

曾巩于熙宁二年（1069）由英宗实录检讨官转任越州通判，[26] 在一天之内同时朝辞与转对。

下文则记述了转对当日的一般流程：

> 侍御史张纪言："转对臣僚随班起居，于殿庭留身，行缀不至齐整。乞候起居罢，随大班齐退至殿门板壁外，令阁门知班揖住。候两省官才退，再引。检会仪制，转对官随班退，转对官二员出班，引班舍人近前接引。"诏依仪制。(《宋会要·职官六〇》四，熙宁元年五月十九日条)

转对官依品级高低分组，寒暄问候之后并不直接退出，而是留在垂拱殿（或紫宸殿，内殿起居宫殿）的庭院内，队伍排得并不整齐，看上去很煞风景。所以今后必须严格遵守仪礼制度，转对官员也要分组退出，等两省官内殿起居结束并退出后，再由负责的舍人前来接引，将两人带入宫殿。

跟随舍人上殿后，终于到了谒见的环节，但之后的具体行动几乎没有相关记载。仅有"今转对者……至其日再拜于上前而退"的描述，[27] 或许原本不应如此，仅仅是在皇帝面前行两次拜礼而已。从之后的轮对来看，转对者很可能需要在皇帝面前将事先提交的劄子再读一遍。当时有官员请愿，请皇帝对劄子内容的真伪进行质询，[28] 由此可见，转对之时皇帝几乎是一言不发的。

此外，事先提交的转对劄子也会经整理后一起送至宫中。[29]

三、转对的效果

关于前文所述的转对，徐东升将其效果简洁地概括为三点：第一，增加广泛表达意见的机会，使皇帝不至于耳目堵塞；第二，征集意见，作为决定政策的材料；第三，皇帝评价官员。其中第一、第三点具有一定成效，但第二点的效果则如徐东升所述，是相当有限的。补充若干史料后，可以看到即使在神宗朝也曾出现如下情形：

> 然自降诏书，四年于兹，转对者固多矣，未闻有一言能开悟圣听，一事有推行于时者，岂言尽不足采，其事皆不足行邪……今在廷之臣言事四年，而卒无可采者，其为朝廷所宜尤远矣。(《诸臣奏议》卷七七《百官门·转对》，王存《上神宗乞收百官转对封章留中采择》)

完全看不到其作为政策而灵活运用的样子。

以上，自北宋至南宋断断续续传承的转对制度，原本就是花费数年时间将所有参加者轮转一遍完毕后就结束的一次性制度。其援用的是即位后立刻要求群臣进言的制度，是给予群臣谒见皇帝机会的恩典之一。因此，参加范围基本限定为有参内资格的京官。另外，有资质者即使此后将外任地方，朝廷依旧想方设法给予他们谒见皇帝、陈述意见的机会。自哲宗朝至南宋，变成每月仅有一次的文德殿视朝转对，皇帝一方通过转对听取意见的机会也变得相当稀少。正如平田茂树和徐东升所说，转对中的政策提案采用率很低，并非很有成效的制度。

第二节　轮对的沿革

轮对制度与上一节所述的转对制度在名称、性质上均十分相似，二者有时甚至被视作同一事物。正因如此，迄今为止将轮对与转对加以区分并进行考察的研究几乎付之阙如。如本章前言所述，平田茂树、徐东升关于轮对的考察也非常少。对此，笔者将在梳理轮对制度的基础上，将其与转对制度做比较分析。另外，因为二者在字形上颇为相似，所以必须考虑到史料混淆使用的可能性。总之，先以现存史料中明确显示为"轮对"的内容为基础来考察。

首先需要确认，是否真的应该将转对与轮对区别考察。关于这一点，只要列举二者在同一史料中分别登场的情况即可一目了然。例如，蔡幼学《育德堂奏议》中同时出现了"淳熙轮对劄子""绍熙轮对劄子"与"开禧转对奏状"。[30]《育德堂奏议》是宋本，而不是从之后的《永乐大典》中辑出而成的内容，[31] 所以可以认为转对与轮对在当时已有所区别。更好的证明是，轮对劄子有三封，而转对奏状仅有一封。如后文所述，轮对最多三劄，二者在不同制度下实行的可能性很高。[32]

在更加具体的传记史料之中，也存在南宋人将转对、轮对分开记录的情况。淳熙五年（1178）的进士张午的墓志铭，提及了受诏入对（召对）、转对讨论军政弊端、轮对三件事。[33]

此外，徐东升列举的下列史料，也能佐证转对与轮对是不同的制度：

轮对、转对必先当务之急，眂其所论之当否而为升黜焉。

（真德秀，《西山文集》卷一四《对越乙藁·十一月癸亥后殿奏已见劄子》）

然而与此同时，这条史料也显示二者性质共通，可以并称。徐东升认为二者的不同点在于参加者的范围不同，转对仅限于文班常参官，而轮对则面向包含一部分武官在内的侍从以下官员，参加范围更广。其史料依据如下：

自侍从以下，五日轮一员上殿，谓之轮当面对，则必入时政或利便劄子，若台谏则谓之有本职公事，若三衙大帅则谓之执杖子奏事。（赵升，《朝野类要》卷一《轮对》）

这篇题为《轮对》的文章确实一口气记载了很多内容，但仔细阅读后可以发现，侍从以下实行的是"轮当面对"，台谏则是"有本职公事"，三衙大帅则是"执杖子奏事"，至多不过是将三者并列而已，并未提到三者全部属于"轮对"范畴。相反，这则史料恐怕应当解释成，通常的轮对中并不包含台谏、三衙大帅。所以这则史料反而否定了徐东升关于轮对中包括三衙大帅的见解。那么，转对与轮对的区别究竟是什么？轮对的参加者范围究竟如何？为解答这些疑惑，后文将继续进行探讨。

首先沿时间线对南宋的轮对加以梳理。绍兴二年（1132），高宗好不容易终于在临安安定下来，五月，他通过如下诏书开始轮对：

手诏："用建隆故事，行在百官日轮一人专对，令极言得失。"先是，诏省台官限半月，各述利害，条具以闻。而御史中丞沈与求言："台谏系言事官，遇有职事，非时入对，不在轮对及条列之限。"乃命釐务官通直郎以上，如初诏（后诏在此月己丑、六月辛亥）。（李心传，《建炎以来系年要录》卷五四，绍兴二年五月戊子条）[34]

"建隆故事"指的自然是太祖朝开始的转对，这可以被视作想要再开转对。但与迄今为止的北宋轮对非常不同的是，这里变成了每日一人的"专对"。当时尚处于亡命政权时期，身在朝廷的官员数量想必并不是那么多。此后，按照御史中丞沈与求的建议，下诏将对象改为"釐务官通直郎以上"，即正八品朝官以上的职事官。[35] 值得注意的是沈与求当时使用了"轮对"一词，这正是南宋最早开始轮对的诏书，"轮对"可能是手诏中"日轮一人专对"的略称。也就是说，人数从多人变成每次仅一人，而频率也从每月一次变成每天一次。可以推测或许是因为与北宋的"转对"大不相同，所以称之为"轮对"来加以区别。所谓"轮对"其实是特殊形态下的"转对"。

这次南宋最初的轮对，大约花费四个月才轮转完成：

诏："职事官轮对已周，复令转对。"（《系年要录》卷五四，绍兴二年八月癸丑条）

上述诏书的颁布表示"轮对"已经结束，之后将实行"转对"。这里明确将"轮对"与"转对"分开使用，应当是因为由"日轮一人转对"简略而来的每日一人的"轮对"已经轮转完毕，又要开始通常的"转对"。据此则通常的"转对"指的应是北宋后期实行的每月一次、每次数人的转对。然而按照这一频率，转对进行中的翌年绍兴三年（1133），又颁布了关于"轮当面对官"因病缺席的诏书。[36] 这里的"轮当面对"，从文字构成上来看有一个"轮"字，虽很可能是"轮对"的略称，但也可能指的是从前年开始的通常的"转对"，又或是史料没有明示的其他制度，这一点无法确证。若是前者，则"轮对"与"转对"的区别就变得不再明确了。绍兴五年，殿中侍御史周葵同样表示：

> 轮对之法，肇自祖宗，陛下首复此制。（《宋会要·职官六〇》九，绍兴五年十二月二十三日条）

上一节中标志着南宋转对起始的绍兴七年诏书也有相同记载，另外《宋会要》记载：

> 右正言李谊言："昨缘车驾巡幸，朝廷机务少暇，扈从臣僚不多，准三月二十二日诏：'行在职事官止许轮对一次。'"（《宋会要·职官六〇》一〇，绍兴七年十月二十八日条）

这里也使用了"轮对"一词。综上所述，"轮对"原本指的是"日轮一人转对""轮当面对"等特殊情况下的"转对"，如果着眼于二者的巨大差异，则能够很明确地将其区分开来。但在定期谒见皇帝、上奏意见这些方面，"轮对"可以看作"转对"的一种特殊版本，也可以说二者之间并无明显区别。所以可以说"转对"与"轮对"在南宋初期尚未分化。此后逐渐分化，如前文所见，至南宋中期二者已被认为是两种不同的事物。

顺便一提的是，轮对有时也表现为"日轮面对""轮当面对""轮当陛对"等，尤其是亦称作"面对"。所谓"面对"，顾名思义指的是面向皇帝而对（谒见），严格来说比轮对的表示范围更广，也包括召对、转对。例如，孝宗末的淳熙十四年（1187）叶适进行"轮对"，[37] 他在第二年如此叙述道：

臣去冬蒙恩而对，论一大事。（叶适，《水心先生文集》卷二《辨兵部郎官朱元晦状》）

此时"轮对"与"面对"指的是同一事物。但刘克庄于淳祐六年（1246）进行的"面对"[38]，他自己又称作"召对"[39]。因此后文在考察轮对时，并不会将只记述为"面对"的情况纳入范围内，尽管其中也有包含轮对的可能性。

让我们回到轮对的沿革。绍兴五年（1135），因吕祉的进言免除侍从参加轮对，[40] 又因周葵的进言，允许登闻检、鼓院、敕令所删定官参加轮对。[41] 翌年，因陈公辅的进言，行在审计、官告、粮科、权货、盐仓及茶场等处有志者也获准参加，甚至无法面见之人也获允提交文书，[42] 在进行各项调整的同时，轮对一直在持续进行。然而，当时高宗正在向平江府（苏州）移驾，台谏官也不过只有三人，正值亡命政权时期，所以轮对参加者也不是很多。

绍兴七年三月再次颁布"转对"诏书，至十月底，所有参加者已经轮完一遍。彼时，李谊进言：

"今百司官吏半在行宫,若只将见今臣僚轮对,委是次数频繁。望准建隆、天圣故事,每遇内殿起居日,轮一员或两员面对奏事。候百官俱集,自依近制。"诏遇六参日轮一员。(《宋会要·职官六〇》—〇,绍兴七年十月二十八日条)

经过上述改变,轮对变为每月六次,与曾经的起居转对成为同一制度,并且每次只有一人。此前每月三十人的轮对官急剧减少至六人。

此后,秦桧成为宰相,应"对"的官员忌惮秦桧,称病不参加之人甚多。所以有诏书命因病缺席之人在病愈后上殿,吏部负责监督此事。然而即便如此,参加"对"者也不过只有大理寺的十余人而已。[43] 制度的有效利用程度同样令人担忧,进言内容至多不过是请求春季禁猎,[44] 或为防止惠民局的处方错误而发行医书[45]之类,没有真正涉及国事的建议。[46] 那么,秦桧究竟对轮对的哪一部分感到恐惧呢?有记载称:

金归河南地,桧方自以为功。如圭轮对,言:"两京之版图既入,则九庙、八陵瞻望咫尺,今朝修之使未遣,何以慰神灵,萃民志乎。"帝泫然曰:"非卿不闻此言。"即日命宗室士㒟及张焘以行。桧以不先白己,益怒。(《宋史》卷三八一《范如圭传》)

如上所述,秦桧不希望皇帝在自己无法得知具体情况的轮对场合,从官僚处获得政策建言以及各种情报。这一情况在之后似乎也没有变化。高宗于绍兴二十四年(1154)颁布了严厉督促官员参加轮对的诏书，但讽刺的是负责此事之人正是秦桧。[47]

翌年秦桧去世，他的专权也随之结束。于是一位名叫黄中之人上奏：

> "陛下励精庶政，无异于神宗之用心，故百僚转对，至今行之，未尝废也。然而二十年间，大臣专恣，好佞恶直，一时习尚，往往以言为讳，凡所建明，不过毛举细故，以塞责而已……臣谓陛下宜追述神祖之意，特降诏书，申饬在位，自今已往，应转对之官，有所开陈，要在竭诚尽忠也，切于治道，毋得蹈常袭旧，攟摭细微，以应故事。然后陛下观其人，择其言，而为之虚心访问，俾得以尽其情实。积日累月，庶几有补于万一，则旧章不为虚设矣。"上览疏曰："中所论极当。朕方欲与卿等相度特降指挥。大抵转对之法，恐朝政阙失、民间利病有不得上文者，皆当论奏。自秦桧当国，转对之名虽不废，而所轮者不过大理寺官数人，攟摭细微，姑应故事而已，初无鲠切有及于时事者，如此则缪悠之谈，何补于国。今中所言颇合朕意，可令士大夫知之。"[48]（《系年要录》卷一七七，绍兴二十七年六月甲辰条）

黄中在此首先使用了"转对"的称呼，并说这是二十多年来的制度。高宗对此并未表示任何异议，可知当时转对与轮对尚未分化。黄中的发言内容说的是，秦桧时代该制度有名无实，为逃避责任，多是敷衍了事的上奏，希望今后能够以北宋的神宗为楷模，再次活用这一制度。颇具意味的是，高宗对此表示强烈赞同，甚至直接点出了秦桧的名字。[49]

五年后金海陵王南侵时，高宗禅位，绍兴三十二年（1162）六月孝宗即位后，张震立即提议开展轮对。高宗时期进行的是每五日一次的面对，加上中间的休假时间，两年都无法将百官轮转一遍。假如每日行"对"，则所有人可在数月内陈述自己的意见，也可看出官员的贤愚。全员轮转一遍之后，也可以再实行五日一次的轮对。这就是张震的建议。另外，他还建议涉及机密之事留于禁中，其他则可以交付外朝讨论，再将其中可行的方案付诸实施。[50] 事实上，孝宗经常采用轮对者提出的方案：

> 轮对便殿，进止详雅，敷奏明白，历陈救荒漕运附试三事，孝宗嘉纳，悉以付中书。（楼钥，《攻媿集》卷一〇四《朝奉大夫李公墓志铭》）

> 未几又值轮对，略尝效其愚忠，以为当今人才衰，而肯论事者益少，劝陛下长养收拾，崇奖其直言。陛下御批依奏，即日付出。（《历代名臣奏议》卷二〇六《听言·刘光祖论言事本末疏》）

上述引文均为具体的政策建言，也有可能只是墓志铭的褒奖之辞而已，但依然可以作为轮对建议获得采用的实例。

乾道七年（1171）新设的武官官职阁门舍人，参照文官官职也获准参加轮对。[51] 有趣的是，吕祖谦曾感叹自己的轮对日期因为这件事比当初预想的延迟了两个月。[52] 如此这般，官僚们关于轮对的感受也将在后文加以叙述。阁门舍人参加轮对之制，在之后的宁宗朝也继续实行。[53]另外，乾道八年，成忠郎（正九品武官）、阁门祗候、武学博士孙显祖提交劄子，表示自己虽身为武官，但差遣属于职事官范畴，因而希望能够参加轮对。他的请愿获得了许可，[54]武学博士也获准参加轮对。

南宋中期以降，光宗、宁宗均在即位之后立即颁布百官轮对的诏书：[55]

> 临御之初，日令职事官一员轮对，俟周遍日复用五日之制。（《宋会要·职官六〇》一一，淳熙十七〔六〕年二月二十七日条）

> 日轮一员面对。（《两朝纲目备要》卷三，宁宗绍熙五年七月戊子条）

以上两则记载都显示，当时是每日实行轮对。特别是光宗朝，在每日轮对全部轮转一遍之后，又变回五日一次的频率，这显然是沿袭高宗、孝宗朝的习惯，[56]可以推测宁宗朝应当也是如此。在这期间，绍熙二年（1191）允许六院官参加轮对，[57]参加者的范围进一步扩大。这应当是伴随南宋中期六院官（检、鼓、粮科、审计、官告、进奏官）上升为财务、经济官员而出现的变化。[58]

南宋后期理宗、度宗朝的详细情况，因史料不足而无从了解。虽然史书、政书之中未能找到明确的诏书，但理宗嘉熙二年（1238）[59]、淳祐四年（1244）[60]以及度宗咸淳七年（1271）[61]均有实行轮对的实例。理宗景定四年（1263），有如下记述：

> 诏："群臣遵依旧制，五日一轮对。如遇恙，则痊日补对，不许推托求免。"（佚名，《宋史全文》卷三六，景定四年十一月庚辰条）

依然是不曾变化的每五日一轮对，因病缺席者则另择他日补对，不准回避轮对。

如上一节所述，由这一时期相关的多种史料可知，南宋也曾实行"转对"，从其实行日均为每月初一日（文德殿视朝日）以及通过御史台告知参加日期这两点来看，应当说"转对"与"轮对"确是两种不同的制度。并且南宋中期以降，"轮对"与"转对"被视为不同制度这一点虽然已在前文中有所论述，但南宋初期尚未分化的"轮对"与"转对"又是怎样在中期以后明确区分的？从徐东升列举的史料中可以找到理由：

> 卿监而上虽有转对，然岁或不得再见也，至于百官轮对，大率近三岁始一周尔。（彭龟年，《止堂集》卷二《论爱身寡欲务学三事疏》，绍熙三年条）

在光宗绍熙三年（1192）这一时间点，"轮对"之外，"转对"也在同时进行，"转对"由卿监以上官员参加，"轮对"则允许百官参加。也就是说，可以推测南宋初期"轮对"是"转对"的一种特殊形式，虽然尚无二者同时分别实行的迹象，但至光宗时，参加者范围已得到区分，二者同时作为不同的制度而实行。或许正是因此，时人才理所当然地认为二者是不同的，并在文献记载中也加以区别。

"轮对"与"转对"像这样同时实行是从何时开始的呢？因现存史料实在太少，且二者都有可能称作"面对"，所以无法明确得出结论。总之，南宋中期以降，皇帝即位后每日实行、之后约每五日实行的是"轮对"，其参加者范围较广，是泛称"百官"的文武职事官。与此相对，每月一次、频率较低的是"转对"，参加范围仅限于卿监以上（大概不及侍从），二者是有所区别的。

对南宋人而言，相较于限定参加者、频率也低得多的"转对"，以更多官员为对象、频繁实施的"轮对"听上去更为熟悉，该制度也在个人文集等史料中频繁登场。接下来一节将归纳由这些史料判明的轮对制度的概要。

第三节　轮对的概要

一、举行日程

绍兴三十二年（1162），获得高宗禅位的孝宗颁布诏书，将"面对"的日程从以往的每月"一、五日"变更为"三、八日"。[62] 这是为了选在优先向成为太上皇的高宗问安的日期。由此可以推测，高宗朝的轮对是在每月逢一、五之日，即一日、五日、十一日、十五日、二十一日、二十五日，从这一点亦可知是每五日一次轮对。事实上，周必大曾于高宗绍兴三十年十月二十五日轮对，[63] 的确是逢五之日。

到了孝宗朝改为"三、八日"轮对,即每月三日、八日、十三日、十八日、二十三日、二十八日。但十日后的诏书中,因孝宗前往德寿宫(太上皇高宗的宫殿)"起居"(问候)的日子变成每月八日、二十二日,与八日的轮对日程重合,阁门询问解决办法,得到的回答是将前往德寿宫的日期改为七日、二十四日,[64] 轮对于"三、八日"举行的事实再次得到确认。然而同一天又实行了每日轮对,[65] 所以这里的"三、八日"指的可能是最初轮对完毕、回归每五日一次后的规定。

更令人烦恼的是同一天出现的如下史料:

> 同日,吏部状:"昨降指挥,每于六、三日轮面对官一员。合自卿监以下至律学正,依杂压转轮当对。"(《宋会要·职官六〇》一四,绍兴三十二年六月二十七日条)

根据上述史料,吏部收到的是每月"六、三日"轮对的指令。关于此处"六"为什么排在"三"之前,难以找到合理的解释。就一般情况而言,指的应当是"逢六、逢三之日",与之前"三、八日"的规定相矛盾。遗憾的是,二者到底是什么关系无从确证。但还有其他史料也记述为"六、三日"。翌年隆兴元年(1163)也有如下记载:

> 有旨:"昨已降指挥:'六、三日引面对官,遇上殿班数足,台谏官下到文字,隔面对官于六、三日引。'令今后遇引面对官日,如台谏、侍从以上乞上殿班次数足,令面对官次日

及后班空日引。"(《宋会要·职官六○》一四，隆兴元年六月二十四日条）

这段引文记载的也是每月"六、三日"轮对（面对）一事。[66] 并且此处可见关于轮对的规定。包括轮对班（组）在内，当日能够上殿的班的数量是有上限的，按上限数量安排妥当日程后，若有台谏官因紧急情况提出请对，则优先将其加入上殿的班数内，最终就会超过当日的限额。假如发生上述情况，则会将原本列入预定的轮对班"隔下"（延期）至下一个"六、三日"。此后这一规定又经修改，哪怕延期，也会在第二天或下一次上殿班名额出现空缺时再实行，并非一定要等下一个"六、三日"。如此一来，"有本职公事"的台谏官会比轮对（面对）之人更有优先权，这类情况虽然在高宗朝已有发生，[67] 但当时一旦被隔下，往往需要延期五至六日甚至十日。[68] 与此相比，孝宗朝的状况可以说已经得到了相当的改善。

淳熙四年（1177）也颁布诏书称今后的轮对按旧例于"六、三日"会见，[69] 可见这果然是标准的轮对日期。

之后的淳熙十四年十月，太上皇高宗驾崩，孝宗自下月起每逢一、五要去高宗灵前上香，所以轮对的日期又变更为四、九日。[70] 之所以必须如此变更，或许是因为这一时期轮对的日期一、五日与上香日重合，所以知阁门事才会询问皇帝该如何处理。有官员上奏，希望至翌年太上皇埋葬结束为止，除宰执的内殿奏事外先暂时停止轮对，这一请求获得批准。[71]

除了孝宗朝这些关于轮对日期的规定，从诸多史料中可见的这一时期的轮对日期，[72] 还有隆兴元年（1163）三月十四日[73]、乾道六年（1170）九月十五日、乾道六年十一月十三日、乾道六年十二月十三日、乾道七年六月二十二日、乾道八年正月九日、淳熙二年（1175）八月一日、淳熙十四年二月十三日、淳熙十五年十一月二十三日[74]，与已经判明的规定并不完全一致。或许是前文所述的台谏官紧急请对而加入其他上殿班，或许是与其他活动、休假日重合等，因为当时发生的各种各样的事情而变更了日期。

紧接着，光宗即位后似乎又开始每月逢三、逢八轮对：

> 淳熙十六年二月十二日，礼部、太常寺言："讨论到，面对官昨绍兴三十二年六月十五日改作三、八日引对，今来乞依前项体例施行。"从之。（《宋会要·职官六〇》一四，淳熙十六年二月十二日条）

自此以后就找不到关于轮对日程相关规定的明确记载了。从史料可见实例来看，宁宗朝曾于嘉定三年（1210）六月十五日、嘉定五年八月一日、嘉定六年二月十一日[75]、嘉定十一年四月二十二日和五月二十六日[76]、嘉定十五年六月五日、嘉定十七年正月二十二日[77]轮对，这一时期可能是在逢一、五或者逢二、六的日子实行。理宗朝可确认曾于宝庆元年（1225）七月三日、淳祐五年（1245）六月六日、淳祐十二年六月二十四日、宝祐三年（1255）四月十七日、宝祐四年三月十一日、景定元年（1260）八月十一日[78]轮对。度宗朝则曾于咸淳四年（1268）七月二十一日[79]轮对。从这些例子中很难看出有特定的轮对日期。正如前文所见，皇帝即位后最初是每日轮对，从第二轮之后才开始规定五日一次，仅从这些零碎的实例中显然无法确定当时现实状况中的规律。

二、举行场所与管辖部署

北宋的转对是在内殿起居时实行，因而举行场所是垂拱殿（紫宸殿）。南宋初期轮对、转对尚未分化的时期，也是在内殿起居时实行，所以场所基本也是垂拱殿（紫宸殿）。关于南宋的轮对，有如下记载：

> 日御便殿，轮对百官，而未尝可否。（魏了翁，《鹤山集》卷二一《答馆职策一道》）

仿佛与之对应一般，淳熙年间曾有在便殿轮对的记录。[80]"便殿"是指天子休息的别殿，所以正殿以外的前殿、后殿都能称作"便殿"。乾道六年（1170）在垂拱殿[81]，淳熙十四年（1187）二月十三日在廷和殿[82]，端平二年（1235）七月十一日在后殿[83]都曾实行轮对。

然而在空间狭窄的南宋宫城中，皇帝出御的宫殿只有垂拱殿与崇政殿而已，有时会根据需要更换悬挂的牌额，且没有关于其详细情况的资料，[84]所以探讨当时在哪里轮对或许没什么意义。淳熙二年十月又在选德殿轮对，[85]选德殿是孝宗于淳熙初年在禁垣东边建造的射殿，在这里经常举行被称作"内引"的召对。[86]

如果同一座宫殿也会发生更换牌额的情况，则以上史料中出现各式各样的殿名这一点，意味着轮对时并非总是悬挂同一牌额。由此可知，当时并不存在固定于某座宫殿内轮对的理念。

然后是关于总管轮对的部署。正如第一节所见，转对是由御史台负责各项流程。但至于轮对是由哪个部署负责，轮对官又是从哪里收到轮对日期的通知，尚未找到能明确解答这些问题的史料。一些转对劄子中能看到来自御史台的牒文之类的固定句式，但就笔者管见所及，轮对劄子中并不曾出现这样的语句。这也可以说是轮对与转对的重大区别之一。

以下史料中有关于轮对管辖部署的线索：

> 同日，吏部状："昨降指挥，每于六、三日轮面对官一员，合自卿监以下至律学正，依杂压转轮当对。本部已轮秘书丞郑闻至监登闻鼓院沈载二十员，回报了当。缘目今卿监、郎官有自除授之后未经面对之人，今欲乞将卿监以下不以曾未轮对，依杂压从上创行轮对。其已关二十员，仍候将来轮到日，依次轮对施行。"有旨："依。"（《宋会要·职官六〇》一四，绍兴三十二年六月二十七日条）

这是孝宗即位不久后发生的事情。吏部收到转对指挥后，依照指示对秘书丞郑闻至监登闻鼓院沈载等二十人回报关文，通知他们依"杂压"（宫中仪礼排序）顺序自上而下轮对。然而现在的卿监、郎官中仍有未经轮对之人，将首先由他们轮对，但因为已通知郑闻以下二十人，所以希望等未经轮对之人轮对完毕后，再依次轮对郑闻等人。

由这则记载可知，轮对是按照杂压的顺序实行的，吏部会通过关文通知每个当事人。

三、每名官员参加轮对的频率

正如本章第二节末尾所述，相较于转对，轮对的参加者范围更广，实施频率也更高。但根据前文彭龟年《止堂集》的记载，光宗时期卿监以上的中上级文官每年能参加一次转对，而在这之下的中下级文武职事官则将近三年才能获得一次轮对的机会，从每位官僚各自的角度来看，举行频率更低的转对反而能更快轮到。但这只适用于那些可以同时参加转对的官员，范围非常有限。现存的一般南宋文集中，轮对比转对的出现频率更高，或许也与这一点有关：

> 陛下朝夕论事，不过二三大臣，虽侍从台谏，固已进见有时，况于其下百执，倘有奇谋远虑，安能为用。逾二三岁，始一轮对，以疏贱之臣，咫尺天威，方且惊惶畏慄之不暇，尚安能从容言天下事哉。不过指摘细微，以应故事。（《历代名臣奏议》卷二〇〇《袁说友乞来忠言疏》）

在这段宁宗朝的相关记载中，轮对的频率是每两三年一次。还有史料对宁宗嘉定年间两年之内两度轮对一事大书特书，[87] 可见一年能轮到一次已是相当罕见之事。

当然，参加的总人数与实行频率有很大的关系，比如高宗初期曾在行幸地临时政府每日轮对，四个月就全部轮转了一遍，而驻跸临安之后，一部分武官也参与其中，进入五日一次的第二轮轮对时，频率的变化或许可以达到数倍之多。嘉定年间符合后者的情况，南宋中期以降大致也保持着这样的频率。

所以对于官僚而言，轮对称得上一次宝贵的机会，他们也会预测自己的顺序。比如此前列举的吕祖谦，他曾感叹因阁门舍人参加轮对，所以自己的轮对日期与之前的预测有所不同。[88] 吴泳、薛季言等人的私人信件中也有诸如"轮对又在今春""轮对当在来春"之语。[89]

四、轮对当日的流程

轮对当天的流程是怎样的？据以下史料记载：

> 乙未六月，余为编修官兼侍右郎官轮对，至待班所，则吴叔永舍人已先在彼侍立矣。叔永借余奏劄一观，余答："对毕，当纳副本，今未敢示人也。"及对，至论伦纪处，上反复论难累百言，余一一条析以对。上色庄然，玉音温厚，不以为忤。既退，叔永问曰："对，何其久也。某立得肚饥矣。"余示以奏藁，叔永叹美曰："诸人皆不敢言矣，君真不易。"（刘克庄，《后村先生大全集》卷一一二《杂记》）[90]

刘克庄先至待班所按序等待轮对。在待班所，中书舍人吴泳已早早到来。刘克庄此时带劄子而来，一般来说或许已经可以确认上奏内容了。吴泳说希望借劄子一阅，但刘克庄却拒绝道："对毕，当纳副本，今未敢示人也。"之后上殿谒见皇帝，他将劄子通读一遍，在讨论有关人伦人纪内容时，理宗表达了反对意见，他则逐条做了辩解。退出宫殿后，很可能还是回到待班所。此时吴泳又在等他，并说道："对，何其久也。某立得肚饥矣。"

第六章　宋代的转对、轮对制度

从这则史料来看，待班所是轮对前集合等待之地，从字面意义来看，轮对以外的其他谒见场合应当也会使用。吴泳从头至尾始终站在待班所，估计那里没有椅子之类的物件。史料虽并未记载吴泳为什么在那里，但他作为中书舍人是中书班的一员，或许是因为一般职务方面的事情而要行"对"。

出待班所直至来到皇帝面前的流程如下：

> 凡上殿轮对，初面西立，舍人引北面，躬身听赞："拜"，声绝，两拜起，躬身听赞："祗候"，直身立。引稍前两步，再躬身听赞："拜"，两拜起，躬身听赞："祗候"，面西立。竢三省奏事退，引升殿，立东南角，舍人前奏衔立、姓名、上殿因依，引赴御座左，侧身立，搢笏。当殿未出笏乂［叉］手，及横执劄子，为失仪。如有宣谕，即口奏云："臣官不该殿上拜容。臣奏事毕，下殿谢恩。"奏事毕，依旧路下殿，北面，不候赞，两拜随班。（陈世崇，《随隐漫录》卷一）

"舍人"指的应当是负责仪礼的阁门的舍人。最初先向西站立，在舍人的引导下转向北，躬身听舍人说出"拜"的指令。直至舍人的声音消失（舍人大概会使用"引声"，即将音节与声音拖长的发音方式），再两拜（即"常起居"之礼，在殿下向皇帝行两次拜礼，奏"圣躬万福"），起身，再躬身听舍人说出"祗候"的指令后，笔直站立。在舍人的引导下前进两步，躬身听到"拜"的指令后，两拜而起，再次躬身听到"祗候"的指令后，向西而站。等待三省宰执奏事完毕退出宫殿，结束后再在舍人的引导下上殿。舍人上奏官位、姓名、上殿缘由之后，再引导轮对之人至皇帝御座的左侧，侧身（因敬畏而蜷缩身体，或面向斜前方）而立，搢笏（将笏夹在腰带上）。在殿中叉手（两手在胸前交叉）不拿笏而立或横拿劄子，都是失仪的表现。如果皇帝有所言语，则回答："臣官不该殿上拜容。臣奏事毕，下殿谢恩。"奏事完毕之后，依原路退出，面向北，无须等候舍人发声，而是直接两拜，最后返回原班。

与仪礼相关的特殊用词很多，虽然我们难以完全理解其中的细节，但大致的氛围应当能够把握。轮对与其他"对"一样，在朗读事先准备好的劄子这一点上没有任何区别。[91]朗读劄子时，有人因读错字音而遭到皇帝的严厉批评，[92]这些小事会改变轮对之人在皇帝心目中原本的印象。

并且如同刘克庄遇到的情况，皇帝有时会提出问题，而大臣可以当场口头回复。[93]李焘等人的情况则是读完劄子后皇帝并无只言片语，他们则继续上奏其他与劄子内容无关之事。[94]

五、轮对劄子

最初的高宗时期，似乎不需要提交劄子，但绍兴五年（1135）胡寅上奏，请求在因故延期轮对时，可将原本想要陈述的内容密封后以劄子的形式提交阁门，他认为这是基于"祖宗时百官转对故事"[95]的做法。但这终究只是轮对无法实行、需要延期时的规定。当时仍是轮对与转对尚未分化的时期，之后的宁宗朝：

> 上即位之初，轮对，首陈三事，曰畏天命，曰法祖宗，曰结人心，敷叙详明，用故事不纳副封。（楼钥，《攻媿集》卷

九八《中书舍人赠光禄大夫陈公神道碑》）

从上述史料记载可知，过去无须上交副本。但与此同时，从此前刘克庄的发言可以看出，提交副本在宁宗朝时已是寻常事。

这类劄子是轮对时在皇帝面前朗读的，所以必须慎重书写，这一点自不必说。所以通常情况下，轮对数日之前就已经写成。比如真德秀等人为二月十一日的轮对提前准备好了劄子，但他在八日转任他职，因而无法上奏。[96] 又如陆九渊，哪怕轮对日期近在眼前，他也不提笔写劄子，而是要等到轮对当天早上一口气写完，然后直接参加轮对。[97] 从这些例子来看，轮对的劄子与转对不同，无须事先提交，等轮对结束之后将副封提交阁门即可。然而，与陆九渊同时代的周必大有一篇题为《轮对前一日封入奏状一首》的劄子，因而无法否认需要在轮对前一天向阁门提交实封劄子的可能性。[98]

此外，关于轮对劄子还有如下记载：

> 进呈。臣僚奏："近者百执事轮对、辞见，连章累劄，猥及细微。欲自今凡有轮对及辞见，并不许过三劄。若军国利害，事大体重者，不拘于此。"上曰："轮对官说此甚当。上殿官多是论事，不务大体，以至琐屑，或事有成宪者，一一奏陈，以多为能，无益于事。自今只用三劄。"（《宋史全文》卷二七下，淳熙十五年十一月甲辰条）

淳熙十五年（1188）时劄子篇幅限制在三劄之内。原因是叙述已有法律依据可循之事或细微小事的冗长劄子太多。前年末沈清臣的轮对或许是导致上述限制措施出台的契机之一：

> 是日，引军器监丞沈清臣轮对，劄子凡八千言，一一展读。知阁张蘵奏："辰正引例隔下。"清臣奏读如初，久之，蘵又云："简径奏事。"上目之，令勿却。已而甚久，次当引林栗，已来伺候。上知清臣对必久，先令作十六日。蘵前奏："妨进膳。"清臣正色曰："言天下事。"读竟乃已。上劳之曰："卿二十年闲废，今不枉矣。"（周必大，《文忠集》卷一七二《思陵录》上，淳熙十四年十二月辛巳条）

沈清臣带着长达八千字的冗长劄子谒见，并将其中内容一字不漏地全部读完。知阁门事张蘵上奏，依先例应在辰正时刻"隔下"（延期），但沈清臣不予理睬，继续朗读劄子。片刻后，张蘵再次提醒沈清臣"简径奏事"，但孝宗用目光制止了他，命沈清臣继续读劄子。时间已经过了许久，下一个轮对的林栗也已到达并寒暄完毕。孝宗料想沈清臣的轮对还需要不少时间，因而将林栗的轮对延期至两天后的十六日（沈清臣的轮对日为辛巳日即十四日）。看不下去的张蘵再次上奏："妨进膳（用餐）。"但沈清臣非常严肃地说道"言天下事"，丝毫不肯退让。最终，沈清臣将劄子全部读完才结束轮对。[99] 或许正是因为存在这样的实例，所以才会有限制劄子篇幅的规定，此后的轮对劄子至多为三劄。[100]

绍兴五年（1135），皇帝曾命翰林学士将这些劄子编类，[101] 之后的宁宗朝似乎也进行过同样的作业。[102]

六、基于轮对的人物评定

轮对制度不仅让朝中官员能够表达各自的意见，从皇帝的角度来看，这也是一个通过临场表现、上奏内容对官员进行鉴定的机会。这一点与接受外任的官员问候的朝辞制度是共通的。

孝宗曾通过轮对制度拔擢了许多人才，应孟明便是其中之一，关于他有如下记载：

> 轮对，首论……帝嘉奖久之。它日，宰相进拟，帝出片纸于掌中，书二人姓名，曰："卿何故不及此。"其一则孟明也。乃拜大理寺丞。（《宋史》卷四二二《应孟明传》）

可见皇帝通过轮对时的表现来观察人物，并作为实际人事调动时的参考。其他还有诸如王尚之即日就任两浙转运使的例子。[103] 其他史料中亦常见有官员因轮对时的上奏而获得拔擢。[104] 徐东升提到的轮对（转对）的三种效用之中，"第二，集思广益"和"第三，考察官员"两点，在孝宗朝可以说是颇具成效的。

之后的理宗朝同样如此，李心传就因轮对时议论条理清晰，获得皇帝钦赐同进士出身，并获授上级差遣。[105]

但另一方面，也有因轮对而惹皇帝不高兴的人：

> 进呈徐存劄子，陈乞宫观。上曰："徐存胸中狭隘，不耐官职。向因轮对，尝识其人，可与宫观。"赵雄等奏曰："陛下知人之明过于尧舜，臣下凡一经奏对者，辄知其为人，以一

字褒贬，无不曲尽。"上曰："立功业，耐官职，须有才德福厚者能之。荀卿曰：'相形不如论心，论心不如择术。'朕每于臣下，观其形以知其命，听其言以察其心，相形论心，盖兼用之。"（《皇宋中兴两朝圣政》卷五七，淳熙六年九月庚申条）

孝宗对自己看人的眼光相当有自信，轮对时的鉴定也很严格，他给徐存的评价就非常辛辣。另外，理宗朝时：

登甲科，甚有文名，落魄不羁。为正字日，因轮对，及故相擅权。理宗宣谕曰："姑置卫王之事。"迈即抗声曰："陛下一则曰卫王，二则曰卫王，何容保之至耶。"上怒不答，径转御屏，曰："此狂生也。"迈后归乡里，自称"敕赐狂生"。（周密，《齐东野语》卷四《潘庭坚王实之》）

王迈不断上奏令人头疼的史弥远一事，令理宗非常生气。一方面是王迈有意揶揄理宗，另一方面也是因为轮对是直接接触皇帝的机会，所以才导致理宗的不快。

结果，忌避轮对的官员越来越多：

碌碌者颇以轮对为忧。此百官陛对之制，而天日照临，贤否毕见也如此。（《系年要录》卷二〇〇，绍兴三十二年六月条引吕中《大事记》）

虽然平田茂树、徐东升二人都指出，很多官员是因为害怕事后遭到权相的报复，所以才不上奏有建树的内容，但实际不止如此，其中也有对直接上奏皇帝这一行为本身的忌避。诸如迫不得已请求修正现行法令之类的上奏有很多，但自高宗开始，皇帝本人就对此加以批评：[106]

> 近年臣僚奏对札子，须至四、五，率皆细微常事，徒困人精神。（周必大，《文忠集》卷一五二，奉诏录《臣僚奏札御笔》）

> 群臣进对者不能尽遵皇祖之训，或陈不急之务，苟塞一时之责，是诚何心哉。（袁燮，《絜斋集》卷二《轮对建隆三年诏陈时政阙失劄子》）

普通官僚为了不触及皇帝的逆鳞，尽可能多写一些无关痛痒的劄子上交皇帝。劄子篇幅被限制在三劄以内一事，自不必说也与此有关。

宋代自然并非只有这样的士大夫官僚。像前文所见的沈清臣一样，或者反过来像王迈那样，利用轮对机会向皇帝提出主张的硬骨头并非没有。理宗朝的孙梦观[107]、度宗朝的黄震[108]亦是如此，最终前者受到好评而后者则惹怒了皇帝。理宗朝的邓若水是一个极端的例子：

> 将对前一日，假笔吏于所亲潘允恭，允恭素知若水好危言，谕笔吏使窃录之。允恭见之，惧并及祸，走告丞相乔行简，亦大骇。翼日早朝，奏出若水通判宁国府。退朝，召阁门舍人问曰："今日有轮对官乎？"舍人以若水对，行简曰："已

得旨补外矣，可格班。"若水袖其书待庑下，舍人谕使去，若水怏怏而退。自知不为时所容，到官数月，以言罢，遂不复仕，隐太湖之洞庭山。(《宋史》卷四五五《邓若水传》)

轮对前一天，邓若水自其好友潘允恭处借了一名笔吏（书写人），潘允恭知道邓若水好讲危言，所以命笔吏将邓若水的文章偷偷录写了一份。看到复本后的潘允恭害怕祸及自身，就向丞相乔行简告密，结果连乔行简也大惊失色。翌日早朝，乔行简上奏将邓若水传任为通判宁国府。丞相等奏事结束后，理宗召见阁门舍人，问今日是否有轮对官。舍人虽然回答了邓若水的名字，但乔行简却说："已得旨补外矣，可格班。"邓若水将劄子放在袖子中，正在庑下等待轮对，但阁门舍人前来说明情况，他也只能怏怏离开。邓若水自知不为世人所容，最后辞官隐居洞庭山。

从这件事可以看出，劄子（或其副本）是由笔吏写就的，其内容纵使是丞相也无法事先知晓，丞相阻挠轮对的唯一办法就是进行人事变动。被秦桧视为危险的轮对，其保密性可以说还是一如既往地好。对每一位官员而言，轮对都是人生中的一件大事。

结　语

以上就是对自北宋开始的转对，以及自南宋开始的轮对的考察，重点是先行研究较少关注的后者。转对、轮对在有一定职事的官员持劄子与皇帝行"对"这一点上是性质相通的。北宋时的转对,最初在每五日一次的内殿起居时举行,但后期变为在每月一次的朔日文德殿视朝时举行,只有除侍从官、权侍郎外的卿监、郎官以上官员才能参加,每次二至四人。进入南宋后,身处行在的职事官开始每日一人的特殊转对,这种特殊转对之后被称为"轮对"。因此,最初的轮对是转对的一种形态,二者并未得到明确区分。轮对基本在皇帝更替时实行。起先每日轮对,待所有参加者轮流一遍完毕后,又以五日一次的频率继续实行。至南宋中期,转对变成与轮对同时进行,但这里的转对仅限于卿监以上的中级文官,且只在每月朔日实行。因此,以更多文武职事官为对象的轮对,在一般官僚看来是更加熟悉的制度。

尽管轮对是每天或每五天一次,频率相对较高,但从官员的角度来看,每三年左右才能参加一次。虽然有很多人忌避轮对,但也有人反过来借此机会吐露骨鲠之言,说出自己的真实想法。南宋人在预测自己参加轮对的日期时,总是透露出一种期待感:

> 某登朝六载,轮对者三,上封事者一。每当陛对,必自盟其心,不敢有一词谀悦其上。(吴泳,《鹤林集》卷二七《答陈和仲埍书·二》)

吴泳在私人信件中用充满自豪感的笔触陈述了参与轮对一事。

回顾南宋人的墓志铭、列传,其中有许多与参加轮对相关的记载,且当时的轮对内容也常被抄录下来。这表示在一般官僚的人生之中,参加轮对具有非常重大的意义。也就是说,对他们而言,轮对是一生仅有一次的大舞台。

进一步审视史料会发现，某人轮对结束后不久，他的劄子就已被很多人看过。[109] 甚至有参知政事在读完劄子后感叹不已。[110] 理宗朝史嵩之起复、所有人缄口不言之时，徐元杰却在轮对时弹劾他：

> 疏出，朝野传诵。帝亦察其忠亮，每从容访天下事，经筵益申前议。未几，夜降御笔黜四不才台谏，起复之命遂寝。（《宋史》卷四二四《徐元杰传》）

徐元杰的上疏被朝野上下竞相传读。轮对的上奏是提交皇帝的，但劄子也是公开的。关于这一点，参加轮对的官员应当也是知道的，所以在轮对的同时，也需要注意来自官场的目光。很多官员的上奏尽是一些无关紧要之事，在这种情况下，说一些硬骨头话，既是对皇帝的回复，也是向其他官僚的自我展示。

另一方面，从接受方皇帝的角度来看，很能想象他会无视轮对对官场的影响力。所以，皇帝基本上对轮对官的上奏持"嘉纳"态度，有时还会有其他慰劳之语：

> 帝从容嘉纳，且劳之曰："卿昔安在。朕不见久矣。其以所著书示朕。"（《宋史》卷四三四《陈傅良传》）

孝宗还曾在轮对中注意到一位名叫盖经的八品官，即日便颁布特旨命他改官。[111] 轮对成为皇帝能够直接赐予恩宠的场合。这件事很快就会传到其他官员的耳朵里。

皇帝直接听取官僚的意见，赐予相应的恩宠，而这一动作又展示给其他人看，轮对的这一效果虽脱离了其本来的政策建言的功能范畴，但与其他的朝辞、召对等也是共通的。相比限定于特定官僚，轮对是赋予担任普通职务、无法面见皇帝的中下级官僚的权利，无须复杂的条件。而且机会稀少也正是其特征之一。

希望读者在此回想一下。转对在北宋并未得到鼓励，至仁宗时又在一班高级官僚的授意下简简单单就被停止了，希望恢复的请愿也毫不留情地遭到了拒绝。与之相对，南宋的轮对除太上皇驾崩这样的事态外一直得以持续。其中，高宗曾奖励轮对，孝宗耐心地听完了冗长的轮对，并慰劳轮对官。为什么南宋的皇帝对普通官员也如此在意，一定要维持轮对制度呢？他们究竟为什么展现了与北宋皇帝不同的姿态？

可以想到的一点是南宋初期轮对开始时的政治状况，这一点或许与南宋诸帝的态度有很大关系。南宋的轮对始于绍兴二年（1132），仅仅三年前刚发生了逼迫高宗退位的明受之乱，此后兀术率军大举南侵，高宗则窜逃各地，好不容易终于在当年一月回到杭州。轮对是四个月之后开始的。发动明受之乱的主体力量是心怀不满的苗傅、刘正彦等扈从亲卫军。

所以，轮对始于皇帝威信一落千丈、需要重振王朝之时。为了朝廷内部不再出现谋反之人，有必要消解支持自己的官僚们的不满，给他们释放想法的机会，通过皇帝直接听取意见、展示赐予恩宠的姿态，来维持朝廷的向心力。再出发的南宋时代将此当作理所当然的政治文化，因而促成了轮对制度的延续。

第七章 『武臣清要』

南宋孝宗朝政治状况与阁门舍人

前　言

　　上一章考察了自北宋至南宋的转对，以及与之并行的南宋时登场的轮对。这一制度出现的原因在于，相较于北宋，南宋皇帝希望通过给予中下级臣僚谒见的恩赐，以及为官界提供发声的场所，借此获得更强的向心力。其中提到了有效利用轮对、很好地把握了官僚资质的南宋第二位皇帝——孝宗。在孝宗的时代，前代高宗朝时未频繁使用的御笔制度变得更加活跃，同时他还改革了参与轮对等谒见仪式的阁门司。这背后有着怎样的政治背景？

　　孝宗被誉为南宋第一明君，他在位时期也被认为是南宋最强盛的时期。这一评价很大程度上因为对金战事迎来了暂时的安定和平，以及孝宗自外藩入继皇统后对养父高宗的笃厚孝行。关于这一时期王德毅曾有研究，此外近年来亦有关于其内政方面的考论，[1] 青木敦指出孝宗朝是开展各方面改革的时期，[2] 安倍直之更是论述了这一时期政治体制的特质。[3]

　　特别是安倍直之的考论，非常富有建设性。他指出，这一时期的孝宗并非"依赖宰执或台谏等官僚机构的中枢部分来进行政治运营"，他的目标是"以皇帝为主体的政治运营"，实行的是亲信政治。笔者基本赞同他的论述，但他的考察在主题上仅限于亲信体制的构筑，而关于孝宗构筑这一体制的理由，他只说是为了防止出现如同前代秦桧一般的权相。这的确是要因之一，但若探寻这一时期的政治状况，还可以发现除此之外其他的可能性。

本章将在安倍直之考论的基础上更进一步，考察孝宗朝的政治状况究竟是怎样的，其背景之中又有着孝宗怎样的思虑。另外，本章还将关注被认为在"亲政"体制中担任重要角色的阁门舍人。这一官职虽是孝宗朝新设，却从未受到过多关注。这完全是因为史料缺乏所致，但作为这一时期政治体制的象征，其对此后的光宗、宁宗时期也产生了很大的影响。

本章使用的"武臣"，往往因为名称很容易被误认为主要指的是因为军事能力而在朝为官者，但在宋代却未必如此。根据梅原郁对于"武臣"的定义，[4] 最重要的是这不过是持武阶而未持文阶的官僚范畴之一而已，所以其中也包括恩荫得官者和宦官等。本章亦事先声明，并非前者所指含义。

第一节　孝宗的重用武臣与反士大夫情感

首先请看下面这段颇具深意的史料：

> 臣闻祖宗朝最重武臣亲民资序，必历亲民，始得擢用，与文臣改官亲民事体略等。况今圣神临御，外则用为提刑、郡守，内则增置阁门舍人，同于观阁。小则通注知县、县尉，俾历民事。则武臣关升之法，亦宜稍同文臣，以明陛下文武并用之意也。（韩元吉，《南涧甲乙稿》卷一〇《措置武臣关升劄子》）

这是淳熙年间韩元吉论述武臣晋升的劄子。其中提及于地方任用武臣为提点刑狱、知州，于中央设置阁门舍人，这些都源自孝宗文武并用之意图。[5] 也就是说，可以窥见此时的政治体制，并非只任用一部分亲信官员，而是打着"文武并用"的旗号，相较此前更加重用武臣。

不仅如此，南宋孝宗朝还一度实行特别优待武臣的晋升政策，即自乾道六年（1170）起的数年间。据《宋史·孝宗本纪》列举如下：

乾道六年（1170）闰五月癸巳	增加武臣环卫官
同月戊申	恢复武臣提刑
六月壬申	增加武学生定员
八月庚戌	新设阁门舍人
乾道七年一二月庚申	允许阁门舍人轮对
乾道八年三月	武举合格者授官用黄牒[6]
淳熙四年（1177）二月癸巳	立武臣授环卫官法
十月丁丑	令监司、守臣每岁推举知县候补武臣二人
淳熙五年五月庚子	设置武学国子员

当时情况如上所示，可以说这些都是对武臣有利的政策。

同一时期孝宗的言辞之中，亦有令人瞩目的部分：

> 大抵治体不可有所偏。正如四时，春生秋杀，乃可以成岁功。若一于肃杀，则物有受其害者。亦犹治天下者，文武并用，则为长久之术，不可专于一也。（《两朝圣政》卷五四，淳熙三年十月己卯条）

如"属意种蠢臣"之句,卿等切勿分别文武,便有晋室之风,当视之如一,择才行兼备者用之。(《两朝圣政》卷六一,淳熙十一年十一月丙戌朔条)

诸如此类表示文武一律方针的言辞频频出现。

宋有鉴于五代之弊,以文臣士大夫作为统治的基础,其地位自然优于武臣,这一点自不必说。在方针上倡导"文武平等",不仅局限于略微提升地位卑下的武臣的待遇,更是将文臣、武臣平等对待,这类言辞出自宋朝皇帝之口,还是令人颇感惊讶的。

而且这些发言并非单纯停留在口头上,优待武臣的政策也存在于时人的认知之中。例如乾道七年,反对张说就任签书枢密院事的张栻曾说道:

栻复奏曰:"文武诚不可偏,然今欲右武以均二柄。而所用乃得如此之人。非惟不足以服文吏之心,正恐反激武臣之怒。"(《两朝圣政》卷五〇,乾道七年二月条)

当时文武对立,张栻正是在考虑到优待武臣政策的前提下,提出反对任用张说。同样的记载还有:

宋孝宗时,王师愈上奏曰:"臣忝惟皇帝陛下知人之明,得于天纵,文武之臣固已并用而无偏。"(《历代名臣奏议》卷一七〇《选举》)

第七章 "武臣清要"　291

　　　　隆兴中，议者多谓文武一等，而辄为分别，力欲平之。
（《老学庵笔记》卷二）

由此可见，孝宗文武并用的政策深为时人所知。

　　在此期间，淳熙元年（1174）决意删去文臣寄禄官、选人的左右字，[7]但这与武臣并无直接关联，只与文臣内部范畴相关。这里所谓的"左右字"，旨在清楚区别元丰官制改革之后变得难以理解的科举合格者"有出身"和与之相对的"无出身"，同一寄禄官名前有出身者加"左"，除此之外加"右"。也就是说，是否科举出身这一点变得更受强调。但在南宋史学家李心传看来，这依然与当时的武臣政策相关：

　　　　淳熙改元，赵善俊建言，以为本范纯仁偏蔽之论，请复省去。从之。（元年三月戊子降旨。）盖时方右武、善俊迎合而言，非公论也。（李心传，《建炎以来朝野杂记》乙集卷一四《赵善俊乞文阶去左右字》）

李心传意识到，赵善俊于淳熙初年请求删去左右字，是为了迎合当时的优待武臣政策。在此更进一步思考，可见孝宗优待武臣政策的背后，是他对于文臣以及科举出身者并不特别重视的态度。

　　孝宗朝采取的确实并不只有重视武臣政策。根据贾志扬（John W. Chaffee）近年来在其著作中的论述，孝宗朝还采取过积极任用宗室官僚进入朝廷中枢的政策。[8]另外，如前文所述的删去文臣左右字等，无一不与重用非科举出身官僚有关。

事实上，孝宗屡屡表示过对士大夫的强烈不信任感，尤其确实表明这一点的是御制《科举论》。[9] 孝宗反对当时的宰相赵雄（字温叔）称赞科举合格者中名列前茅的郭明复、刘光祖为"大好士人"，并推荐他们为馆职一事：

> 寿皇宣谕云："朝廷用人以才，安论科第。科第不过入仕一途耳。"温叔唯唯而退。（《癸辛杂识》前集《科举论》）

此外，孝宗还特意在刘光祖《科举取士之道》之后加上御制批答：

> 夫近世取士莫若科场，及至用人，岂可拘此。诗赋经义，学者皆能为之，又何足以分重轻乎。夫科场之弊，不精考文格之高下，但以分数取之，直幸与不幸尔。至于廷试，未尝有黜落者，尽以官资命之。才与不才者混矣，是科场取士之本已弊也。夫用人之弊，人君患在乏知人之哲，寡于学而昧于道。况又择相不审，至于怀奸私，坏纪纲，乱法度，及败而逐之，不治之事已不可胜言矣。宰相不能择人，每差一官，则曰："此人中高第，真好士人也。"终不考其才行何如。孔圣之门，犹分四科，人才兼全者自古为难。今则不然，以高科虚名之士，谓处之无不宜者，何尝问才之长短乎。夫监司、郡守系民之休戚，今以资格付之，宰相虽择其一二，又未皆得其人。及至陛对，既无过人之善，粗无凡猥之容，则又未能极精其选。（史浩，《鄮峰真隐漫录》卷一〇《回奏宣示御制策士圣训》）

孝宗一方面承认科举作为选拔人才方式的有用性，另一方面对于科举成绩影响此后的晋升、官职任命这一点提出强烈批判。他甚至说：

> 国朝以来，过于忠厚，宰相而误国者，大将而败军师者，皆未尝诛戮之。虽三代得天下以仁，而启誓六卿曰："不用命，戮于社。"羲和废职，犹且征之曰："以干先王之诛。"况掌邦邑军师之大事乎。要在人君必审择相，相必为官择人，不失其所长。悬赏立乎前，严诛设乎后，人才不出，吾不信也。今朕延登二三柄臣，皆精白一心，尽忠无隐，宜免乎此。更勤夙夜，益凝庶绩，岂不休哉。（史浩，《鄮峰真隐漫录》卷一〇《回奏宣示御制策士圣训》）

对于此前宋代宰相、将军即使犯错也不受处罚这一点，他亦提出严厉批判，甚至言及"诛戮"之词。这篇文章令朝野震惊，甚至有人认为这必不是出自孝宗亲笔，而是曾觌所为。关于文章的后半部分，孝宗似乎因为接受史浩激烈的谏言而将其撤回。[10]

自北宋以来，对文官士大夫而言，科举不仅是成为官僚的手段，科举合格本身就是一种身份地位的象征，保证了他们作为知识人的身份。科举取得的成绩是决定此后仕途的一项重要因素，名列前茅本身就是展现自己优秀的指标。尽管如此，孝宗仍认为科举不过是录用官员的一种手段而已，不应该仅凭"进士及第""出身""同出身"之类的成绩，盲目地给予差遣或职事。换句话说，这表明不应对科举士大夫另眼相看，而是希望实现基于个人评价、以才能为中心的思想。这与此前宋朝采纳的基本理念有很大的不同。

与此处强烈可见的想法一样，孝宗排斥士大夫的发言亦反复出现：

> 近时儒者多高谈，无实用。(《宋史全文》卷二四，乾道二年四月甲戌条)

> 上谕芮烨曰："卿当先正士大夫风俗。"(《两朝圣政》卷四八，乾道六年十月癸酉条)

> 上曰："今士大夫能文者多，知道者少。"(《两朝圣政》卷五四，淳熙二年九月己亥条)

> 上又曰："近世士大夫多耻言农事。农事乃国之根本，士大夫好为高论，而不务实，却耻言之。"(《两朝圣政》卷五五，淳熙四年五月甲子条)

可见当时的孝宗对士大夫抱有强烈的不满，因此孝宗对于士大夫以外的武臣、宗室等开始实施积极的政策。

那么，孝宗为什么到了抱有这种想法的地步呢？其中一个很重要的原因已有数位学者指出，即前代高宗朝执牛耳者权臣秦桧的存在。[11] 秦桧掌权时代在各个方面培植自身势力，高宗皇帝几乎无能为力。[12] 孝宗应该旨在抑制已经得到强化的相权，防止再次出现像秦桧一样的权臣。

另一个原因即宰执群体的政治运营能力不佳。孝宗朝初期，和战两派围绕对金政策产生争执，即使隆兴和议达成，朋党政治的气氛依然变得日益浓厚：

> 陈应求尝告孝宗曰："近时宰相罢去，则所用之人，不问贤否，一切屏弃。此钩党之渐，非国家之福。"赵温叔为相，多引蜀士，及罢相，有为飞语以撼蜀士者。王季海言："一宰相去，所用者皆去，此唐季党祸之胎也。岂圣世所宜有哉。"（《鹤林玉露》甲编卷六）

对于士大夫的朋党化，孝宗亦予以相当的关注，尤其是对执政大臣，甚至到了限制他们在自家宅邸与其他官员接触的地步，[13] 这并非杞人忧天。

此外还有一个更重要的原因，即士大夫之间盛行清谈之风，出现了厌恶实务的倾向。孝宗重视实务能力，如强化文臣"须人"的规定、使之具备实干政治经验等。[14] 另外：

> 上赐玺书曰："近世书生但务清谈，经纶实才盖未之见，朕以是每有东晋之忧。"（《宋史》卷三八六《刘珙传》）

> 上曰："今士大夫微有西晋之风。"（《朝野杂记》乙集卷三《孝宗论士大夫微有西晋风》）

> 上曰："'何以聚人，曰财。'周以冢宰制国用，《周礼》一书，理财居其半。后世儒者尚清谈，以理财为俗务，可谓不知本矣。"（《两朝圣政》卷六〇，淳熙十年八月是月条）

从非难士大夫的言辞中可以窥见，孝宗觉得当时的士大夫轻视实务，那副模样与晋代忙于清谈的士人一模一样。[15]

还有其他人也表明过相同的士大夫观：

> 为士者耻言文章行义，而曰："尽心知性。"居官者耻言政事书判，而曰："学道爱人。"（陈亮，《龙川集》卷一五《送吴允成运干序》）

> 秀才好立虚论事，朝廷才做一事，哄哄地哄过，了事又只休。（《朱子语类》卷一二七《本朝》）

从陈亮、朱熹的言论中，也可以感受到这种风气之盛。[16]

正如先前史料所见，当时的士大夫有不愿出任财政相关官职的倾向，甚至到了令孝宗为人事任命而苦恼的地步：[17]

> 礼部员外郎莫济为司农少卿。魏杞奏曰："济尝中词科，且掌南宫笺奏，但恐议者以为蹊径未是。"上曰："中都官初不分清浊。"（《两朝圣政》卷四五，乾道二年九月条）

从这段对话可见当时存在的风潮，士大夫阶层将差遣分为"清流"与"浊流"，财政相关官职归为浊流，相关人事任命被认为应当另辟蹊径。将清浊思想带入官场、厌恶实务，正是中古贵族之风。这表明，在当时科举士大夫的思考之中，相较于肩负政权的自豪感，更多地充斥着仿佛与曾经的特权阶级贵族一样的傲慢意识。最终，如同"大臣不任事"所说,执行职务产生了严重的问题。[18]对于士大夫的这副模样,孝宗想必怀有强烈的不满。[19]

如前所述,孝宗积极任用武臣、宗室等科举士大夫以外的官僚,其背景是他对士大夫怀有很强的不信任感。当然,这也是为了防备士大夫之中出现第二个秦桧。另外也是因为当时士大夫官僚的结党争斗贯穿始终,而另一方面,他们对于实际的政治运营中不可或缺的经济政策等却不肯加以注目,孝宗对这种政治态度怀有强烈的不满。孝宗旨在从一直以来的士大夫中心政治体制中脱离出去,实现以皇帝为中心的"亲政"体制,所以他才会积极重用武臣、无出身文臣、宗室等士大夫以外的官僚:

> 国子博士钱闻诗劄子论:"今日登用武臣,不过于武臣中选用有文采者。欲以此激励武勇,恐反息其习,将见将帅子弟必有事文墨、弄琴书,趋时好尚,以俟进用者。"上曰:"若如此时,朕安得人使。"(《两朝圣政》卷五六,淳熙五年八月戊子条)

这条史料显示,孝宗选用的武臣基本都是拥有书写文章能力之人。[20]钱闻诗有意无意中说道,对于这些人的武艺是无法怀有期待的,恐怕他们最终流于文弱,多是寻求侥幸进用之人。孝宗重用的当然不是作为武士的武臣,而是有文采之人,钱闻诗很可能装作没有察觉到这一点,对得到重用的武臣们提出异议,所以才有了这段发言。

孝宗即位之初想对龙大渊、曾觌等人委以权要之时,[21]或许已经预想到被剥夺了既得权益的文臣士大夫会有所抗拒。所以,他无视了关于这件事的所有反对意见，甚至将反对者全部左迁。当然，即便如此也不代表他全然无视士大夫，强制推行政策。对于南宋政权而言，将北宋的士大夫政治设定为理想的时代，并向朝廷内外展示继承的意图，是王朝存续必不可少的措施。南宋的骈文多取材于北宋，显示的正是这一状况。[22] 从后世士大夫赋予孝宗"南宋第一明君"的极高评价来看，可以说他能够很好地对各官职加以掌控和运用。

第二节 孝宗朝宰执权限与御笔政治的开展

正如上一节所见，孝宗从无条件重用那些远离实务的士大夫的体制中挣脱出来，那么，作为实际政治体系的全新的皇帝"亲政"体制又是怎样具体构建的呢？

乾道七年（1171）四月，周必大上言四事：

> 一曰重侍从以储将相，臣不复远引祖宗故事，且以绍兴初言之。当时近臣往往极天下之选，故议论设施皆有可观，中兴之功不为无助。只自秦桧专政，以收集阘茸庸俗之士充员备位，人才衰弱，职此之由。陛下忧勤十年，作成甚切。凡侍左右，无非亲擢，其能否贤不肖岂逃睿鉴。臣愿陛下更赐留神，每进一人，不徒取一时之长，须可备他日之用，则人才见矣。
>
> （《周文忠公奏议》卷二《论四事劄子》，乾道七年四月六日）

第一件事就是主张进一步充实侍从，当时孝宗已即位近十年，周必大却愈加希望他信任侍从。第二件事是主张台谏增员：

> 二曰，增台谏以广耳目。臣闻人主深居九重，所赖以周知中外之利害，别白臣下之邪正者台谏也。然好名者失于徼讦，泥古者失于迂阔，听之未见其益，违之宁免归非。必欲得人，固亦难矣。臣愿陛下勿以其难遂虚其官，或博问详试而用之，或命忠信之臣而举之，必得端士，增广聪明，诚助治之大端也。(《周文忠公奏议》卷二《论四事劄子》，乾道七年四月六日)

原本当宰执出现错误时负责弹劾他们的台谏，自秦桧时代以来已在其压制下成为宰执的"党羽"。[23] 所以，孝宗又进一步抑制了无用的台谏。孝宗朝二十七年间，仅仅任命了两人为御史中丞（御史台长官），特别是乾道五年（1169）至淳熙十年（1183）的十五年间，该职位一直空缺。

也就是说，这份劄子是在御史中丞空缺的第三年中呈上的，显示了北宋以来作为政策运营当事人的侍从、台谏在这一时期并未完成使命。这很好地体现了孝宗朝的政治状况。

孝宗为了确立自己的"亲政"体制，做的最重要的一件事应该就是确保命令系统的运转。为了达成这一目的，首先需要将枢密院的命令系统置于自己的直接管辖之下，即任命近侍武臣为枢密都承旨（枢密院长官），其命令文书不再经由中书、门下。[24]

不仅如此，孝宗积极运用御笔手诏系统这一点也值得注意：

> 今朝廷有一政事而多出于御批，有一委任而多出于特旨。使政事而皆善，委任而皆当，固足以彰陛下之圣德，而犹不免好详之名。万一不然，而徒使宰辅之避事者得用以借口，此臣爱君之心所不能以自已也。臣愿陛下操其要于上，而分其详于下。凡一政事，一委任，必使三省审议取旨，不降御批，不出特旨，一切用祖宗上下相维之法。使权固在我，不蹈曩日专权之患，而怨有所归，无代大臣受怨之失。此臣所以为陛下愿之也。(陈亮，《龙川集》卷二《论执要之道》)

陈亮对孝宗事无巨细地运用被称为"御批""特旨"的御笔手诏这一点提出批评，他认为应当像祖宗朝一样，由三省总揽全局。实际上，在当时的史料中，孝宗的御笔手诏频繁登场，可见孝宗当时正是基于这些御笔处分来实现"亲政"的。据乾道四年（1168）七月的史料记载：

> 先是，禁中密旨直下诸军，宰相多不预闻。(《宋史》卷三八三《陈俊卿传》)

陈俊卿成为宰相后向孝宗强谏[25]，终于"大抵政事复归中书矣"[26]。

非但如此，陈俊卿还告知百官，凡是由孝宗直接下达的命令，都需要向宰执报告，并接受审查。[27] 也就是说，各机关此前并未向宰执报告，这一时期宰执无法获知的命令文书来自禁中。根据北宋神宗朝的规定，内降命令下达后需要向三省报告。[28] 但此时的御笔摆脱了这一限制，无疑成为拥有最高权威的命令文书。

由皇帝直接向实施机关下达命令的这种状态，早在孝宗即位次年即隆兴元年（1163）已经存在：

> 省中忽得宏渊出兵状，始知不由三省，径檄诸将。浩语陈康伯曰："吾属俱兼右府，而出兵不与闻，焉用相哉。不去尚何待乎。"（《宋史》卷三九六《史浩传》）

当时，宰相史浩反对对金采取强硬政策，但坚决想要恢复旧地的孝宗采纳了强硬派官员张浚的意见，不经由中书门下直接向前线将军下达命令，史浩最终愤而辞相。[29] 曾是藩邸旧臣且深得孝宗信任的史浩尚且是这样的状况，其他宰相就更不必说了。

此外，以御笔制度为前提，上一章中已然确认的轮对制度，可以说在这一"亲政"体制中也占据了很大的比重。听取臣僚的意见，并即刻以御笔的形式将其命令化，在此期间不允许宰执介入，这在理论上是可行的：

> 既得对陈六事移晷。上诘难反覆，公辨奏从容，手笔付外多施行者。（叶适，《水心文集》卷一七《蔡知阁墓志铭》）

作为墓志铭，这一史料或许有作褒扬之词的可能性，却展现了孝宗在轮对时听取并采纳臣僚的意见，立即以御笔的形式向施行机关下达命令的样子。

另外，孝宗这一时期对待宰相之草率，是其职位空缺的时长。其间如下所示：

乾道元年（1165）二月戊申陈康伯罢免，同年十二月戊寅洪适就任（269天）

乾道二年三月辛未洪适罢免，同年十二月甲申叶颙就任（252天）

乾道三年十一月癸酉叶颙、魏杞罢免，四年二月己亥蒋芾就任（72天）

乾道四年六月戊午蒋芾罢免，同年十月庚子蒋芾再任（101天）

淳熙二年（1175）九月己未叶衡罢免，五年三月壬子史浩就任（919天）[30]

在此期间，参知政事等人自然仍在执政，但宰相二人如此长时间空缺依然是一件不寻常之事。被誉为士大夫政治黄金时代的北宋仁宗朝，宰相空缺的情况就从未发生。此外，南北两宋合计，宰相空缺时间约只有六年半，[31] 其中约四年半是在孝宗朝。尤其是淳熙五年，时隔约两年七个月重新任命史浩为宰相（丞相）之时：

> 又特于洪夫人诞日，拜公为相，寻又有御札，径赐之曰："丞相今日正谢，今赐酒果为太夫人之庆，可与丞相同领此意。"（张淏，《云谷杂记》卷四《史浩眷遇》）

孝宗特地选在史浩母亲洪氏生日当天任命之。从这一片段可以感觉到孝宗对史浩的良苦用心，但同时这也表示任命丞相一事并非迫在眉睫。

前代高宗朝秦桧专政体制下，不任命给事中、中书舍人等官，直到他死后三省机能才得以恢复，[32] 但其基石已变得很脆弱。这被认为是孝宗朝政治姿态成为可能的基础。[33]

就这样,孝宗在未告知宰执等人的情况下保持其政治实权,构筑起以自己为中心的皇帝"亲政"体制:

> 孝宗临御久,事皆上决,执政惟奉旨而行,群下多恐惧顾望。(《宋史》卷三九七《徐谊传》)

> 乾道至淳熙,万几独运,而大臣充位。(《困学纪闻》卷一五《考史》)

这一时期的宰执群体在政策立案之时,至多不过是形式上的存在而已,实权掌握在皇帝手中。这正是当时的政治状况。

第三节　关于阁门舍人

一、阁门舍人的特征

如上一节所见,孝宗的"亲政"体制是利用与宰相等人不相关的御笔、轮对系统构建的。正如本章第一节开头引韩元吉所言,在内的阁门舍人与在外的武臣提刑、知州,正是其象征性存在。

其中,阁门舍人设置于孝宗乾道六年(1170)。自北宋时代开始,武臣之中已设有阁职这个类别。[34] 北宋有阁门通事舍人、阁门祗候两种阁职,通事舍人于此后的政和年间(1111—1117)改称"阁门宣赞舍人"。阁职原本负责宫廷内的礼仪管理,相比拥有实权者,更多地是一种武臣的荣誉称号,在这一点上与文臣的馆职具有相同的性质。然而，因北宋末閤职滥发，其地位开始变得低下：

> 监察御史胡舜陟奏："閤门之职祖宗所重，宣赞不过三五人，熙宁间，通事舍人十三员，祗候六人，当时议者犹以为多。今舍人一百八员，祗候七十六员，看班四员，内免职者二百三员。"(《宋史》卷一六六《职官志·东西上閤门条》)

有鉴于此，乾道六年新设了閤门舍人：

> 乾道六年，上欲清閤门之选，除宣赞舍人、閤门祗候仍旧通掌赞引之职外，置閤门舍人十员，以待武举之入官者。(《宋史》卷一六六《职官志》)

> 閤门，右列清选也……乾道间，孝宗始仿儒臣馆阁之制，增置閤门舍人，以待武举之入官者，先召试而后命。又许转对如职事官，供职满二年与边郡，遂为戎帅、部刺史之选云。近岁熊提刑飞、谯知阁熙载、姜节使特立之进，皆自此阶，故武臣以舍人为清要。(《朝野杂记》甲集卷一〇《閤门》)[35]

由以上史料可知，閤门舍人定员十人，基本上以武举及第者为对象，而且有三点可以明确：(一)必须先召试，(二)閤门舍人可以参加轮对，(三)閤门舍人供职满两年，将被任命为边境知州。接下来分别考察这三点。

首先，关于召试。最初作为閤门的既定事项中似乎就有这一条,《宋会要》于乾道六年（1170）八月传令设置阁门舍人后记载：

> 并立召赴中书省，试时务策一道，限八百字以上。并试步射七斗、弓四箭，就学引试。如应格，则收［取］旨除授。（《宋会要·职官三四》八，乾道六年八月六日条）

先有策问作为笔试，再有弓箭技术的实际考察。孝宗朝的阁门舍人赵介[36]、宁宗朝的厉仲方[37]、理宗朝的王霆[38]，事实上都是通过召试成为舍人的。周必大的文集中留有关于策问实例的记载，虽然规定为"时务策"，但实际上不仅有时事问题，似乎还有关于故事的解释问题。[39] 周必大于乾道八年（1172）正月就任礼部侍郎兼权中书舍人，当时的中书舍人是中书后省的长官，[40] 所以召试策问或许是由中书舍人在中书后省作成的。关于这一点，阁门舍人赵介的墓志铭有记载：

> 初孝宗置此官，视文臣馆职，对策舍人院，而后除。（《周益文忠公集》卷七二《高州赵史君（介）墓志铭（庆元五年）》）

这符合在中书舍人院进行召试的记录。中书舍人的职掌之一是：

> 及召试人聚议选题，试毕考试定，缴申三省。（《宋会要·职官一》七八《宋续会要》）

这里的"召试"应当包括文臣馆职与武臣阁职两方面：

> 臣窃惟武臣之召试阁门舍人，与文臣召试馆职无异。（楼钥，《攻媿集》卷二九《缴李谦召试阁门舍人》）

进入光宗朝，这一状况立即发生了变化：

> 至是，介有召试之命，丞相葛邲言："介武举第一人，乞免试。"上从之。（《宋史全文》卷二八，绍熙二年九月丁卯条）

绍熙二年（1191）以降，武举状元免试。此外，嘉泰元年（1201）有诏：

> 诏今后召试阁门舍人，必择右科前名之士。（《宋会要·职官三四》一〇，嘉泰元年十二月二十六日条）

这条记载显示了名列前茅的武举及第者的优越地位。元人方回亦有记载：

> 如阁门舍人则孝庙初置，以处武举状元，不试而除。余武举名士召试策一道而除，以比文臣馆职。（方回，《续古今考》卷五）

武举状元可无条件成为阁门舍人。

其次，关于参加轮对。阁门舍人获准参加轮对始于乾道七年（1171），即设置舍人的次年：

> 诏阁门舍人自今依文臣馆职,以次轮对。(《宋会要·职官三四》八,乾道七年十二月二十日条)

正如上一节所见,此时的轮对是支持孝宗"亲政"体制的制度之一,轮对的意见有时会由御笔直接反映到政策上。朱熹论经界法之时有言:

> 往时有阁门舍人林宗臣者,亦丞相之邑子,尝因奏对,论及此事,其言愤激痛切,盖有所指。今泉之贫民愿士,人人能诵道之,公议良心,不可泯没。(朱熹,《晦庵先生朱文公文集》卷二八《与留丞相书·六[辛亥四月二十四日]》)

这里的"奏对"极有可能就是轮对。

最后,关于转任知州。根据先前所见《朝野杂记》的记载,阁门舍人供职两年后,将被授予边境差遣。许多史料中都有相同记载:

> 进呈:"昨得旨,阁门舍人黄夷行可与郡。臣退而考之,则资历尚浅,在外止数月,到阁门才二年。陛下用人虽不当问资历,然近方立《阁门舍人格目》。"上曰:"若不用资历,则他人皆有词,须得用资历也。阁门舍人几年当得郡。"赵雄奏:"近降指挥,须关升后更历二年,补外者与郡,则有出身人六年,无出身人八年方可。今夷行才历二年半。"上曰:"夷行又是阁门祗候,非舍人,自难为行,不若且待。"(《两朝圣政》卷五五,淳熙四年七月丙午条)

根据记载，当时已制定《阁门舍人格目》，明确规定阁门舍人到任两年可授予郡守差遣。通常，规定"有出身"者即武举及第者需六年，除此之外入仕的"无出身"者则需八年。在孝宗朝，关于不经武举成为阁门舍人者已有明确的规定，这一点颇具深意。此时的黄夷行只有两年半的资历，按制无法授予其郡守差遣。孝宗也认为黄夷行原本只是阁门祗候，并不适用阁门舍人的规定，他需要积累更多的资历才行。孝宗明知黄夷行是阁门祗候，为何在先前的降旨中称他为"阁门舍人黄夷行"？关于这一点尚无头绪。

总之，由此可知，阁门舍人并非只就职两年即可得到知州资序，自出身以来的合计资历很可能也必须超过一定年数才行：

> 照已降指挥，履历、考任应格，方许与郡。先是淳熙四年三月诏，阁门舍人依秘书丞例，理亲民资序后，供职实历二年，乞补外与知州差遣。(《宋会要·职官三四》一〇，嘉泰元年十二月二十六日条)

首先须有亲民资序，再历阁门舍人两年，若本人希望外任，则可授予知州差遣。所以，先前《阁门舍人格目》的规定很可能指的是成为舍人以前的亲民资序，武举出身者需四年，无出身者则需六年以上。南宋中期，武臣升格亲民资序，武举、军班、武艺特奏名出身者必须"二任四年"，其他出身者必须"二任六年"，[41] 再各自加上作为阁门舍人的两年，则至少已需六年或八年。而这至多不过是基本规定，所以哪怕获得更加优越的待遇或突然获授亲民资序者，加上作为阁门舍人的两年，还是需要六至八年的勤务经验。[42]

像这样任职阁门舍人之后获授知州差遣的情况，也与蔡必胜、厉仲方分别出任知沣州、知安丰军之例相符。[43] 关于他们转任外职之时是否带着阁门舍人的阁职，有以下记载：

> 中书门下省言："阁门舍人若除授差遣，合与不合于衔内带行。"吏部检承乾道八年七月二十七日诏旨，环卫官系行在职任，既除授在外差遣，不合于衔内带行。诏吏部申明行下。(《宋会要·职官三四》一〇，淳熙四年正月二十三日条)

阁门舍人外任时似乎不许带职，这与其职务内容相关：

> 阁门言："近置阁门舍人十员，令阁门具所分职务。诸殿觉察失仪，兼侍立，驾出并行幸去处亦如之，兼六参、常朝、后殿引亲王起居。"从之。(《宋会要·职官三四》八，乾道六年八月十九日条)[44]

至少当时在"对"的场合，阁门舍人需要承担与此前阁职相同的实务，包括监察诸臣是否失仪或引导亲王起居。

但是，据后世史料记载：

> 林嶩，三山人，右科首选。庆元中，以阁门舍人守潮州。(《宋诗纪事》卷五九)

> 陈琰，以阁门舍人，出知辰州。(《经义考》卷一八九

《春秋》引《金华府志》）

二人似乎都是带阁门舍人职而成为知州的。此外，也有像蔡必胜、厉仲方那样，在朝廷出任阁门舍人后转任知州，再回朝时被称为"复还阁门"者。[45] 但在现存宋代史料之中，并未发现带阁门舍人职出任地方官者。

阁门舍人突破武举，能够在亲近皇帝的内廷活动。像这样授予其中希望外任者地方官之职，恰好也与当时在文臣中严格执行"须入"的时期相符，可以认为二者都是孝宗特别重视地方政治经验带来的结果。[46]

二、关于亲近性

关于拥有如上所述特征的阁门舍人，淳熙五年（1178）九月孝宗行幸秘书省之时，曾与史浩有一番对话：

> 乃奏："阁门舍人方以比馆职，亦当列于西庑，崇儒矫弊，皆有深意。"孝宗谓公："视文武如一，为得大体。"（楼钥，《攻媿集》卷九三《纯诚厚德元老之碑（史浩神道碑）》）

当时的次序详载于《南宋馆阁录》之中。[47] 当时的阁门舍人与文臣的台谏、在京官有馆职者并列一排。由此优待也可看出，在孝宗斡旋下创置的阁门舍人，其重要特征中最主要的一点就是亲近性。

能够证明这一点的是，阁门舍人承担了当时最重要的命令文书"御笔"的传达之责。如上一节所见，完全掌握命令系统是孝宗

"亲政"体制的一大支柱,只有获得信赖之人才能处理相关文书,而参与文书传达的正是阁门舍人。淳熙五年九月,陈俊卿上言禁用"白劄子":

> 是时,御前多行白劄子,率用左右私人赍送。(朱熹,《晦庵先生朱文公文集》卷九六《少师观文殿大学士致仕魏国公赠大师谥正献陈公行状》)

当时传送白劄子的是"左右私人"。宁宗朝时:

> 庆元二年丙辰,余丞相拜左相,权直院傅舍人伯寿草麻,首联云:"天乙之兴,中□实为左相。"中□乃仲虺也。阁门舍人读麻,既读破句,又不识□字。当日察院入文字,罢读麻舍人。得旨,今后宣麻人,与学士同锁宿,点句与之,以便宣读。(谢采伯,《密斋笔记》卷三)

> 七年春,丙授崇信军节度使、开府仪同三司、万寿观使。遣阁门舍人闻人玙锡命,赐旌节、金印、衣带、鞍马。(《宋史》卷四〇二《安丙传》)

第一段引文虽在揶揄阁门舍人知识不足,但从中依然可以明确,宁宗朝的阁门舍人承担了丞相任命的"宣麻"以及节度使任命文书的传达之责。阁门舍人作为皇帝的"左右私人",从事重要命令文书的传达工作。

接着再来考察史料中可见的阁门舍人的晋升过程。除去详细经历不明，或不过是作为赴金使者临时授予头衔的情况，可以大致分为三个系统。其一，外任后回归内廷再晋升；其二，一直作为地方官迁转；其三，转任地方武臣。在确认了上述阁门舍人的亲近性特征的基础上，尤其需要注意的是第一种情况，即内廷晋升。其代表性人物正是前文已数次提及的蔡必胜。[48]

蔡必胜是乾道二年（1166）的武状元，新设阁门舍人后即刻应试就任。此后他外任知沣州，丁母忧后又任知邵州。值得关注的是，他自地方回归之后再度成为阁门舍人，其后成为带御器械，接着成为知阁门事。二者都是皇帝身边最亲近的官职，就任者还包括孝宗即位不久之后发生的枢密院任官问题中的主角——龙大渊、曾觌。这一晋升途径在蔡必胜之后也十分常见，这些人不久之后都将在宫中拥有很大影响力，包括姜特立、谯熙载、周虎、吴衡、朱熠等人。蔡必胜成为知阁门事之后，在拥立宁宗（嘉王）一事上发挥了巨大的作用：[49]

> 赵忠定在西府，密谋内禅，念莫可达意于寿圣者。韩侂胄，寿圣甥也，乃令阁门蔡必胜潜告之。侂胄遂因知省关礼白寿圣……嘉王却避再三，侂胄、必胜扶抱登御榻，流涕被面。（《鹤林玉露》甲编卷四）

此外，与蔡必胜一同在拥立宁宗一事上十分活跃，其后又驱逐赵汝愚，成为平章军国重事的权相韩侂胄，也曾在孝宗朝出任阁门舍人。《止斋先生文集》卷一一有《秉义郎韩侂胄特授阁门舍人》外制留存。他也是经由阁门舍人的阶梯，晋升为知阁门事的其中一人。[50]

像这样自阁门舍人晋为知阁门事,再成为握有大权者的情况,在当时并不少见。从孝宗即位后立刻任命龙大渊、曾觌为知阁门事亦可知,他期待着知阁门事等上级亲信武官,能够在自己的政治体制中发挥重要作用。然而,知阁门事等官职向来都是"勋贵、外戚"出任的阁职,[51] 其任命在士大夫看来是极其缺乏公平性的。当其仅限于面向内廷时尚不成问题,然而一旦开始承担政治实务,则必然遭到士大夫的反对,龙、曾二人引发的混乱正是如此。虽然此时孝宗强行将自己的意见贯彻到底,但面对比预想中更激烈的反对,他或许也急于寻求对策。基于这一事态新设的就是阁门舍人一职。

如此想来,先前所见阁门舍人选拔召试的存在就变得愈加重要。也就是说,孝宗为了避免自己重用的亲信武臣被单纯地视作佞臣、倖臣,特意将实施召试一事委托给了中书舍人等士大夫。新设的阁门舍人没有过去的坏印象,并且由文臣士大夫亲自确保他们的教养,所以被称为武臣之"清要"。另外,其中还含有优待武举出身者的意思,如此一来,闯过了武举、召试这两轮由士大夫担任考官的选拔考试,其"清要"特性更加能够得到保证。于是,阁门舍人的晋升过程,成了为孝宗"亲政"体制必需的亲信集团提供优秀人才的公平选拔体系:

> 孝皇独运万机,颇以近习察大臣。(《困学纪闻》卷一五《考史》)

确实如王应麟所言,孝宗为实现"亲政"和抑制士大夫,将亲信武臣作为左膀右臂。为了回避士大夫对亲信武臣的批判,特意设置了阁门舍人一职。

结　语

如本章前言所述，安倍直之主要通过分析龙大渊、曾觌、张说、王抃等皇帝身边官员的情况，指出孝宗实行的是亲信政治，但经本章考察可知，他们并不只是一小群人，孝宗一直在积极任用武臣等科举士大夫阶层以外之人。究其原因，这一时期的士大夫流行言而不行之风，且因朋党而起的党争问题亦十分激烈，所以孝宗认为有必要对科举作为选拔考试拥有过大的影响力这一点重新审视。

孝宗令宰执短时间内频繁更替、长时期不任命宰相（丞相）等，正是以北宋以来的"君主独裁制"为前提，对士大夫等科举官僚为基础的政治运行机制加以否定的行动。他以御笔亲自决定政策，将近习、阁职以及枢密院实务官僚层作为亲信加以利用。从将记录地方官姓名的卡片贴在内殿屏风上这一有名的情节亦可窥见，孝宗完全掌握了地方官的人事权。[52] 另一方面，如上一节所见，孝宗积极运用轮对、内引，与许多文臣官僚接触，接连拔擢有能力者。从这些事实来看，孝宗旨在排除对于科举制度的过度依赖，提高围绕自身的向心力，构建皇帝能够发挥自主性的"亲政"体制。当然，这一政治体制对于皇帝的个人能力有一定的要求，孝宗则完全能够担当大任，所以他才被称为南宋第一明君。[53]

孝宗构建的"亲政"体制，虽然成功地将政治权力集中到了皇帝身上，但到了后代却成为导致政治混乱的一个重要原因。因为与接下来的废黜光宗、拥立宁宗有关的，正是因孝宗重用宗室政策而成为宋代第一位宗室执政的赵汝愚，以及外戚兼阁门舍人出身的韩侂胄。而且，皇帝"亲政"体制必须由皇帝自主决定政策，所以皇帝的个人资质将毫无保留地反映在政治层面上,若皇帝放弃自主立场,则不得不允许原本处于辅助地位的亲信集团来独断。此后扳倒赵汝愚而得以专权的韩侂胄,代替了并不亲自参与政务的宁宗,作为其唯一的亲信掌握御笔[54],由此成为权相[55]。他并非掌握了足以掣肘皇权的权力,而是对孝宗朝高涨的皇权加以垄断,从而掌握了权力。

表5 阁门舍人一览表*

	姓名	履历	出典
D	林尧臣	(隆兴元年)武举进士→阁门舍人	《淳熙三山志》卷二九
A	蔡必胜	武学→(乾道二年)武状元→江东将领→东南十一将→阁门舍人→知沣州→母丧→知邵州→知光州→阁门舍人→带御器械→父卒→带御器械员外供职→(光宗)知阁门事→(宁宗)知池州→知楚州(庆元三年—五年)→知庐州(庆元五年—嘉泰元年)→吉州刺史、提举崇道观→知扬州→(嘉泰三年)卒	《水心先生文集》卷一七
B	熊飞	(乾道二年)武举进士→成忠郎、水军统制(乾道七年)→忠翊郎、阁门舍人(乾道九年)→忠训郎、阁门舍人(淳熙元年)→武节大夫、镇江府驻劄御前诸军副都统制→持服→(淳熙元年三月)起复→知扬州(淳熙元年四月—五月)→泽州刺史、知襄阳府(淳熙元年五月)→知楚州(绍熙五年—庆元二年)→(庆元二年)降一官→武德大夫、泽州刺史→(庆元二年)追两官、罢宫观	《宋会要·职官三四》一〇、《职官七二》四九、《食货八》四一、《兵一三》二九、《方域一一》二五、《宋史·河渠志》、《(嘉庆)广西通志》卷二二三《熊飞题名》
B	林宗臣	(乾道八年)武状元→襄阳府帅府权宜官→阁门舍人→知钦州	《宋会要·选举一八》五、《(嘉靖)龙溪县志》卷七

(续表)

	姓名	履历	出典
A	应材	（乾道元年三月十六日）监行在赡军激赏新酒库→从义郎、阁门舍人→（淳熙三年八月一日）兼同主管左右春坊→（淳熙七年）卒	《宋会要·职官七》三一，《食货二一》五，《圣政》卷五五，《宋诗纪事补遗》卷四四
C	陈雷	阁门舍人→（淳熙二年）金国申议副使	《宋会要·职官五一》二六
C	张时珍	阁门舍人→（淳熙十五年）金使节	《圣政》卷六四
C B	蒋介	（淳熙二年）武状元→（绍熙四年）阁门舍人、明州观察使→贺金万寿副使→知利州→知夔州（开禧元年—三年）	《止斋先生集》卷一四，《宋诗纪事补遗》卷五四
D	王斌	严州知分水县（淳熙四年）→阁门舍人→武节郎、主管侍卫步军司公事→（嘉定十一年）武翼大夫、带行遥郡刺史。在京宫观	《宋会要·职官四八》二〇、《职官六二》一六，《浦阳人物志》下卷《方凤传》
B	林嶷	（淳熙十一年）武状元→（庆元中）阁门舍人、知潮州（庆元四年—五年）→知滁州（嘉泰三年—开禧元年）	《宋诗纪事》卷五九
D	江伯夔	（淳熙十四年）武举第二名→阁门舍人→东南第十将	《淳熙三山志》卷三〇
C B	林伯成	（淳熙十四年）武举进士→阁门舍人（庆元三年—嘉泰四年）→（开禧中）贺金正旦副使→阁门舍人→知高邮军→知真州	《宋会要·选举二一》七，《刑法二》一三三，《淳熙三山志》卷三〇，《尊白堂集》卷五
D	熊武	（淳熙十四年）武举进士→阁门舍人（嘉定二年—十一年）	《宋会要·选举二一》一一，《玉牒初草》嘉定十一年四月癸亥
B	王石孙	（淳熙中）武举省元→黔阳县尉→兴州机宜文字→阁门舍人→（开禧中）知高邮军	《淳熙三山志》卷三〇
D	厉仲方	（绍熙元年）武状元→侍卫步军司计议官、武学谕、阁门舍人→贺金生辰副使→知安丰军→阁门舍人→知和州→权庐州→左领卫中郎将→建康防守→左领卫中郎将→主仙都观→邵州→（嘉定五年）卒	《水心先生文集》卷二二《厉领卫墓志铭》

（续表）

	姓名	履历	出典
A	姜特立	恩荫→承信郎→（淳熙中）福建路兵马副都监→擒贼→阁门舍人→太子宫左右春坊、兼皇孙平阳王伴读→（光宗）知阁门事→浙东马步军副总管→（宁宗）和州防御使→外祠→庆远军节度使	《宋史》卷四七〇
A	谯熙载	太子宫左右春坊、平阳王伴读→忠州防御使、知阁门事	《宋史》卷四七〇
A	韩侂胄	"秉义郎韩侂胄特授阁门舍人"	《止斋先生文集》卷一一
A	周虎	（庆元二年）武状元→秉义郎、殿前司护圣步军第一将同正将→武学谕、阁门舍人→金国贺生辰副使→知光州→知楚州→开禧北伐抗金→武功大夫→（嘉定元年）正任文州刺史→（同年）主管侍卫马军行司公事→（二年）成州团练使→（四年）侍卫马军都虞候→（五年）带御器械、兼干办皇城司→提举佑神观→贬知徽州→（八年）自便→（十年）复元官→母丁忧→（理宗）和州防御使→（绍定二年）卒	《漫塘集》卷三二《故马帅周防御圹志》，正德《姑苏志》卷五一
C	朱龟年	武节郎、阁门舍人→（庆元三年）金国告哀副使	《宋会要·礼三四》二五；《宋史全文》卷二九上，庆元三年十一月丁未条
C	林可大	（庆元六年）金主告哀副使	《宋史全文》卷二九上
C	陈良彪	（庆元五年）武状元→阁门舍人→贺生辰副使→（嘉定四年）知邕州	《宋史全文》卷二九下，《后乐集》卷一
D	戴炬	阁门舍人（嘉泰元年）	《宋会要·职官三四》一〇
D	林管	阁门舍人、武学博士（嘉泰元年）	《宋会要·选举二一》九，《尊白堂集》卷五
C	周师锐	（嘉定元年）武状元、秉义郎→阁门舍人→（嘉定六年）贺金主登位副使	《宋会要·选举二一》一七，《淳熙三山志》卷三一

（续表）

	姓名	履历	出典
D	林汝浃	（嘉定四年）武状元→阁门舍人	《宋会要·选举二一》一七，《淳熙三山志》卷三一
B	王霆	（嘉定四年）武举绝伦异等→承节郎→从军都钱粮官→（理宗）浙西副都监→镇江计议官→知应州、兼沿边都巡检使→阁门舍人、武功大夫→知濠州→横班→知光州、兼沿边都巡检使→吉州刺史→阁门舍人→达州刺史、右屯卫大将军、兼知蕲州→淮西马步郡副总管、兼淮西游击军副都统制→提举崇禧观→知高邮军→提举云台观→左领军卫大将军→沿江制置副使司计议官→知寿昌军→知蕲州	《宋史》卷四〇八
D	陈孝严	（嘉定七年）武举特科进士→阁门舍人	《淳熙三山志》卷三一
C B	吴衡	阁门舍人→知阁门事、兼客省四方馆事→（嘉定元年正月）金国通谢副使→（嘉定二年五月）在外宫观→知池州（嘉定四年十二月）、宫观	《宋会要·职官五一》四四、《职官七四》四一，《宋史全文》卷三〇
C	周登	阁门舍人→（嘉定元年）贺金国登位副使→（嘉定二年九月二十日）放罢	《宋史全文》卷三〇，《宋会要·职官七三》四三
C	陈万春	阁门舍人→（嘉定八年）贺金主正旦副使	《宋史全文》卷三〇
B	陈琰	（嘉定十六年）武举进士→阁门舍人、知辰州	《经义考》卷一八九，《春秋》引《金华府志》
B	焦焕炎	（绍定二年）武举状元→阁门舍人、淮西制司计议→知池州、兼沿江制置→武功大夫、知镇江府	《（嘉靖）宁国府志》卷八
A	朱熠	（端平二年）武状元→阁门舍人→知沅州→知横州→阁门舍人、知雷州→带御器械、兼干弁皇城司→知兴国军→度支郎官→监察御史、兼崇政殿说书→右正言→殿中侍御史、兼侍讲→侍御史→（宝祐六年）左谏议大夫→端明殿学士、签书枢密院事→同知枢密	《宋史》卷四二〇

(续表)

	姓名	履历	出典
		院事→（开庆元年）参知政事、兼知枢密院事→（景定元年）知枢密院事、兼参知政事→兼太子宾客→（以旧职）知庆元府、沿海制置使→奉祠→（被弹劾）处州居住→（咸淳四年）自便→（五年）卒	
D	黄南叔	（嘉熙二年）武举进士→阁门舍人	《淳熙三山志》卷三二
D	潘柽	用父赏授右职→阁门舍人、福建兵钤	《直斋书录解题》卷二〇，《宋会要·职官三四》一〇
D	朱子美		《尊白堂集》卷五《朱子美阁门舍人制》

* 阁门舍人的晋升过程可分为以下四类：
A：知阁门事等皇帝亲近官员
B：转迁地方官
C：作为赴金使节时的临时头衔
D：其他（不详、转迁普通武官等）

注："阁门舍人"与"阁门宣赞舍人"名称相近，所以可能出现混用的情况。考虑到乾道六年设置阁门舍人以后的史料，基本上都对二者加以区别，因此这里只找出了被冠以"阁门舍人"之人。但其中也有像乾道年间的张延年一样，在《玉海》卷三四《隆兴御书诗》中被称为"阁门舍人"，而在《宋会要·崇儒六》二二中又有被称为"宣赞舍人"的情况。相同的例子如傅昌朝在《齐东野语》卷三《绍熙内禅》中被称为"阁门舍人"，但在《宋史》卷三九二、卷四三四中又被称为"宣赞舍人"。所以尽管笔者尽可能多地检阅了史料，但如陈雷、林可大、陈万春等只出现在单一史料中的人物，可能需要被归入灰色地带。

终　章

　　在此首先再论述一遍本书各章的主旨。

　　序章回顾了迄今为止围绕宋代"君主独裁制"的相关研究，并指出了其中存在的问题。

　　此前所说的"君主独裁制"，到最后指的是皇帝放弃政治主动权，委托给士大夫等科举官僚，这也意味着当时的政治运作基本上遵循的是这些人的意志。也就是说，这是表里如一的"士大夫政治"制度，皇帝虽是政策的最终裁决者，但他几乎是按照士大夫官僚的舆论来行动的，是被动的君主。构建这一体制的是北宋第二代皇帝太宗，他扩充科举并将当时的新兴势力作为士大夫吸收进政权，但他本人绝不能算是被动的君主，相反，他可以称得上一位掌握政治主动权的积极君主。他塑造的"君主独裁制"成为后代皇帝们的束缚，被称为"祖宗之法"。这一体制使不想发挥自主性的君主能够将政权运作委托给士大夫，从而获得更加安定的君主地位。第三代皇帝真宗就是如此。第四代仁宗时，士大夫政治走向成熟，并迎来了全盛期。

　　然而，建国百年后，政治、社会矛盾已到了无法弥合的程度，并逐渐趋于表面化,第六代皇帝神宗决定重新审视"祖宗之法"。他首先起用王安石,在政治体制、经济政策等方面实行新法,结果引起了新法党与追求墨守"祖宗之法"的旧法党之间激烈的党争。王安石下台后,神宗本人发挥政治自主性,继续实行此前提出的新法。这就是"君主独裁制"下原本应当绝无可能出现的"亲政"体制。神宗在此构建了皇帝亲自出面主导政策的皇帝"亲政"体制。他在元丰官制改革的同时导入了三省制,从而对士大夫实行分割统治,使将自己的意见具象化的内降手诏得以颁布。

作为其背景,当时士大夫阶层的国家观已经发生了很大的变化。宋初以来,当士大夫官僚主动运作政治时,皇帝遵从士大夫舆论这一点被视作理所当然,仿佛被冠以"皇帝机关说"的被动君主才是他们理想中的帝王形象。与之相对,由于各类社会矛盾逐渐表面化,士大夫中也出现了将皇帝视为独一无二之君的看法,拥有自主性的积极君主形象逐渐被接受。

这种政治体制的变化和神宗"亲政"体制的出现,对宋初构建的"君主独裁制"而言,又该置于怎样的位置呢?是否意味着将其完全否定?恐怕并非如此。因为构成此前所谓"君主独裁制"的诸要素在此基本没有发生变化。也就是说,当时并不存在诸侯、贵族等势力,而作为同时代唯一权威的皇帝的存在,以及接受儒学教养并通过科举考试获得证明的辅弼者士大夫官僚这一要素是不变的。变化的是他们的政治地位。

所以,神宗带来的皇帝"亲政"体制可以说是"君主独裁制"的变异体,在这个意义上也可以说,它开启了后世创造新政体的可能性。这也是对"祖宗之法"的变更,宋初以来的"君主独裁制"

进入了全新的阶段。北宋末的新旧党争不仅围绕经济政策层面的问题展开，双方争论的焦点还在于神宗之后的君主究竟应该选择继承宋初太宗时期开始的"祖宗之法"，还是应该继承神宗的"亲政"体制（"绍述"）而承认对祖宗之法的变更？

在此登场的正是徽宗皇帝。徽宗最终将"绍述"新法定为目标，这也意味着他将向皇帝"亲政"体制进一步摸索前进。为此他采取了一项非常重要的手段，即"御笔手诏"，徽宗朝正是"御笔手诏"的定型期。在这样一条历史脉络之中，徽宗将如何发挥自主性，与权相蔡京展开周旋？对这一点详加考察，正是本书的意图所在。

第一章至第三章考察的是徽宗朝前期，即元符三年至政和六年（1100—1116）的政治状况，聚焦于各个不同时期的象征性事件，进一步探索当时的政治状况。

第一章明确了蔡京在徽宗朝起始阶段的政治地位，修正了将他第一次当国时期的终结仅仅归咎于徽宗个人的论调，考察了当时的政治背景。

崇宁五年（1106）正月，彗星出现的天变刚刚发生，蔡京就失势下了台。迄今为止的研究认为，徽宗畏惧天变，所以在毫无根据的情况下罢免了蔡京，并否定了他此前的一系列政策。此外，这一事件的背景其实与自前年以来延续至今的宋辽外交交涉有关。西夏迫于宋军的攻势压力，向辽寻求帮助，辽继而遣使赴宋，要求双方缔结和约，并且宋朝还需要将获得的土地还给西夏。面对辽方的出马，徽宗想要采取宥和政策，接受条件，但与之相对，蔡京持强硬主张，企图迫使交涉决裂。因此，辽方的态度也逐渐变得强硬，宋辽之间陷入紧张状态。对宋一方而言，对辽关系无疑是最为重要的事项之一，这一点自不必说，稍有差池则必然导致危急事态。但围绕对辽外交方针，皇帝与宰相的意见产生了对立。此时发生的就是崇宁五年正月的政变，蔡京因此遭到罢免。他的继任者是赞同宥和政策的赵挺之。

同年，辽使再次到来，以强硬姿态交涉的同时，还在边境布置了军队。面对这种情况，徽宗与赵挺之耐心应对，在让步后终于顺利完成了交涉。朝廷内部的蔡京派虽仍然叫嚣着不惜一战，但徽宗与赵挺之压制住了这些声音，最终将交涉引向成功。

关于崇宁五年正月政变的原因，既有的看法只将其归咎于徽宗的性格。这是因为对徽宗存在偏见，认为他毫无政治能力又缺乏自主性。然而，在当时对辽交涉的漩涡中，徽宗与蔡京二人围绕政治方针存在意见对立，所以政变背后是高度对立的政治策略问题。

第二章以大观元年发生的诏狱为例，分析了从这一事件中窥见的蔡京第二次当国时期的政治姿态。

大观元年（1107）蔡京第二次当国开始不久便发生了张怀素狱，罪名是企图谋反。张怀素凭借妖术与口才，与吕惠卿、蔡卞等著名士大夫往来，案件中作为其同谋被捕的吴储等人亦出身名家，其中甚至还有王安石的外孙。他们与流放各地的旧党人士也有关联，或许是想要纠合对蔡京政权心怀不满之人。

这起诏狱的案发契机是一个名叫范寥之人的告发，他本人也出身于神宗朝的原宰相之家。他离家出走，流浪各地，还见到了流放广西的黄庭坚。一部分史料认为，是范寥照顾黄庭坚直到他去世，但依笔者的考证，这一点非常值得怀疑。实际上，范寥是张怀素一伙之人，他应是受了张怀素的指示来劝诱黄庭坚的。劝诱失败的范寥害怕遭张怀素责怪,所以设法筹集了路银,前往都城告发张怀素、吴储等人有谋叛嫌疑。

据说蔡京原本也是告发的目标人物之一,有遭连坐的危险,但担任裁决的官员是他的党羽,所以他才能够全身而退。不仅如此,他还利用这起诏狱打压政敌,发挥了显著的政治影响力。

这起诏狱是以江南地区为舞台的。在同一时期同一地区,蔡京还制造了苏州钱法狱。这一事件的情形与张怀素狱十分相似,即当地名门出身者作为主谋,连坐朝中高官,余烬持续燃烧了数年以上。张怀素狱甚至导致王安石的外孙被处以凌迟处斩的酷刑。两次诏狱是蔡京体制对江南地区的威压约束,也是此后由著名的花石纲引起的江南掠夺激化的基础。

第三章选取的是政和六年(1116)封禅计划中止一事,考察其政治背景以及大观至政和年间的政治状况。

在泰山等地举行的封禅仪式非常著名,是仅限于为国家带来和平的皇帝举行的国家最高级别仪式。中国历史上最后一位举行封禅的皇帝是北宋的真宗。然而实际上北宋末的徽宗朝也曾计划封禅,却最终在万事俱备的情况下于政和六年突然中止。其背景是当时的政权内部围绕国家仪礼应当如何的礼制问题存在分歧,徽宗与蔡京之间产生了对立。

该前提自大观年间已然存在。这一时期,徽宗旨在编纂与自己的治世理念相匹配的新仪礼书,也就是此后撰成的《政和五礼新仪》。负责编纂任务的机构是议礼局,指挥编纂之人是郑居中。郑居中一边确认徽宗的意向,一边组织作成新礼制,在这一过程中,二人一直共享关于应有礼制的认知。相反,蔡京与议礼局毫无关系，他在礼制方面发挥主导权是在《五礼新仪》完成之后的礼制局时期。他与徽宗的想法最终产生了差异。

此外，徽宗与蔡京在政治方面的分歧也越来越深刻。徽宗认为应当对蔡京的影响力加以限制，所以他着意拔擢从蔡京一党脱离出来的人才，利用他们反过来牵制蔡京。获得徽宗拔擢的是张商英、张康国、郑居中、刘正夫等人。最终，蔡京虽然下台并被逐出都城，但继他之后出任宰相的张商英不久也失势下台，于是蔡京返回都城，东山再起并位列三公。然而他的影响力已现颓势。

为挽回局势，蔡京以礼制局为中心再度推进曾经受挫的封禅计划，利用民众开展大规模的封禅请愿运动，完成各项准备工作。然而，对于正在发展以经书为基础的新礼制的徽宗而言，封禅已是毫无价值的仪礼。他追求的政权形象与坚决想要举行封禅的蔡京之间已有明显差别。至此，徽宗放弃了将政权委托给蔡京的可能性，将他置于仅在名目上"总三省事"的虚职之上，同时任命与自己拥有相同价值观、持反蔡京立场的郑居中、刘正夫为正式宰相。政和六年封禅计划的中止，象征着徽宗与自他即位以来断续存在的蔡京当国期的诀别。

第四章、第五章关注的是徽宗朝出现的颇具特征的官署与宫殿，考察其在政治上的作用。

首先，第四章选取的对象是殿中省。以《蔡行敕》这幅书法作品为起点，从它与蔡京一族以及殿中省的关系入手来考察。

辽宁省博物馆所藏的《蔡行敕》，是徽宗亲笔（御笔手诏）所写、关于蔡行请求辞任领殿中省事一职的慰留文，是一手史料。这里的殿中省是唐代已经存在的官署，任务是侍奉皇帝的私生活，北宋前期未置殿中省，直到北宋末徽宗朝才初次设置。并且殿中省伴随着徽宗朝的终结再次解体，经历靖康之变进入南宋后也再未设置，所以是非常具有特征的官署。《蔡行敕》的接收者蔡行既是殿中省的长官，也是蔡京的直系孙辈。

北宋末的殿中省这一官署本身，就是在蔡京强有力的影响下设置的。神宗时期虽也曾计划设置，但终因用地不足而搁置。蔡京就任宰相不久的崇宁二年（1103），这一计划终于得以实现。然而用地不足的情况依然没有得到改善，殿中省曾好几次变更所在地，由此可知其设置是强行推进的结果。

从内部构成来看，殿中省本身与其附属的实务机关六尚局是完全分离的。在实务层面，自宋初以来分散到数个机关的职务表面上又统一到了一块招牌之下，但由宦官承担实际职务这一点并未发生变化。因此，设置殿中省的意义实际上是创造了一个能够统辖六尚局的机构，并由士人来担任其中的官职。这就使得士人在禁中自上而下地抑制宦官势力成为可能，要知道，这一直以来都是他们难以插手的领域。

获任殿中监一职的是蔡京的党羽，尤其是他的亲族。蔡京的权势构建与徽宗的心情息息相关，所以他不得不对皇帝的私生活也加以关注。在此之前，关于这一点，他被认为依靠的是与宦官之间的勾结。然而，实际上通过任命亲族等出任殿中监，他在确保了与禁中拥有直接沟通途径的同时还抑制了宦官的行动。

接下来，第五章关注的是被认为很有可能是徽宗朝后期最重要政治场所的宣和殿，以及任职于此的宣和殿学士。另外，本章还探明了宣和殿是御笔文书作成场所的事实。

宣和殿以徽宗的宝物殿而著称。徽宗朝建造完成的这座宫殿，此后更名为保和殿，二者被认为指的是同一座建筑物。然而重新研究史料后可以发现，被称作"宣和殿"的建筑物有四种，即宣和殿、保和殿、宣和后殿、保和新殿，其中宣和后殿与保和新殿是同一座建筑，其他则不是。只是作为这些建筑物总称的宣和殿更名为"保和殿"，此后宣和殿还是与保和殿一同存在。并且宣和殿不仅是宝物殿，其中还包括宫中建造的第三座图书馆，甚至殿中的一角还有当时最受宠的刘皇后的房间。对于徽宗皇帝而言，宣和殿是最舒适的空间，实际上他几乎一整天都在此度过。

像这样作为皇帝日常所在的宣和殿，同样也是政治上的重要场所。代表徽宗朝政治状况的御笔手诏也是在宣和殿东廊完成的，宣和年间从事这一工作的是以"睿思殿文字外库"为职名的宦官与下级武臣。其中宦官有"直宣和殿"或"直保和殿"贴职，带职的是最主要的宦官。

与宣和殿相关的文官官职是宣和殿学士。宣和殿学士设于徽宗朝，最初获得任命的是蔡京之子蔡攸。宣和殿学士虽然没有特定的职责，但他们可以自由出入禁中的宣和殿，从这一点来说，相比当时的宰执，他们与皇帝的距离更近。虽然此后可以确认共有十六人曾出任这一官职，但从始至终与宣和殿相关的却只有蔡攸一人，也可以说宣和殿学士一职本身就是为蔡攸设置的。

早在徽宗即位之前，蔡攸就已受其知遇，此后徽宗对他的宠爱亦一如既往。蔡攸此前仅仅被看作蔡京之子，但实际上蔡京体制的成立与存续，在很大程度上有赖于徽宗对蔡攸的信赖。宰相难以插手在禁中作成的御笔，但有权自由出入禁中的宣和殿学士蔡攸是有可能对其加以掌控的。考虑到徽宗后期的政治状况，宣和殿这一场所与蔡攸这一人物应当都是非常重要的影响要素。

第六章将视线从徽宗朝移开，转而关注自北宋至南宋持续实施的皇帝与臣僚之间的谒见制度，解明其机制，并论述这些制度承担的政治任务及其变质的过程。

"转对"制度自北宋至南宋一直持续实行。北宋前期每五日实行一次，后期以降变成每月一日实行一次，似乎并没有严格执行的迹象。至南宋高宗朝，实行频率变成每日或每五日一次，称为"轮对"，是"轮当面对"的略称。当时，"轮对"是"转对"的特殊形式，二者起初并未分化。直至南宋中期，随着每月一次的转对的复活，轮对与转对开始区别开来。

从此以后，南宋人的意识中只有轮对，没有转对，在文集等其他史料之中，参加轮对之类的事也常被大书特书。因为轮对的劄子是向官场公开的，所以参加轮对并非只是向皇帝上奏意见而已，同时也是官员向当时的整个官场表达各种各样意见的机会，是政治演出的舞台。

因此，北宋的转对与南宋的轮对在官场上占据的分量是不同的，这是因为两宋的皇帝身处的状况大不相同。南宋的轮对始于高宗逃亡末期、好不容易在临安安定下来的不久之后，三年以前，高宗因明受之乱而被迫退位。对于尚未掌握禁军、仅依靠血统即位的高宗而言，这样的场合是很有必要的，不仅能够增加直面官僚的机会，还能倾诉衷肠对他们进行安抚，再以皇帝的身份赐予恩宠。基于这一状况实施并成为定制的，正是南宋的轮对。

第七章考察的是南宋第二代皇帝孝宗身上体现出的"亲政"志

向，以及与之相关的武臣馆职"阁门舍人"。另外还明确了御笔在当时得到广泛利用的事实。

孝宗的治世被认为是南宋的最盛期，特别是如果仔细审视当时的政治状况，可以看到他对武臣优待政策的推进。孝宗屡屡发言，认为应当文武平等，平时也经常偏袒武臣。关于这一点，向来被单纯认为是因为南宋与金尚处于紧张关系之中，所以当时实行的是重武政策，但实际上这是因为孝宗对士大夫政治的排斥。近年的研究已然明确的重用宗室政策，也有必要放在同一维度上来考虑。并且，孝宗的这种反士大夫态度，与他对士大夫之所以为士大夫的科举制度的排斥也有关系。

孝宗表露出反士大夫态度的原因之一，当然是为了防止出现前代高宗朝秦桧那样的权臣。此外还有一个原因，即当时的士大夫不愿就任实职，盛行清谈风潮，这令重视实务的孝宗感到十分不满。结果就是孝宗采取了皇帝"亲政"体制，越过作为士大夫的宰相等人，所有政策由他本人亲自处理。这一体制的成立有赖于出自皇帝亲笔、不经宰相而颁布的"御笔"，以及与宰相无关的"轮对"系统。

孝宗"亲政"体制成立的同时，他还设置了阁门舍人这一武臣官职。虽然是对武举进士的优待，但他们必须通过由中书舍人出题的召试，此后则可以与文臣馆职一样参加轮对。不仅如此，在孝宗的强力信任之下，他们还承担了传达最重要的命令文书及御笔的重要职责。他们中的一些人还能晋升为更上层的近侍官——知阁门事。士大夫的考试使得他们的才能有所保证的同时，皇帝左右集团的"公"性也得以维持，这就是为了抑制士大夫的反抗而全新设置的武臣的晋升过程。由此可知阁门舍人在史书中被誉为"武臣清要"的原因。

本书序章所述的目的之中,首先完成追溯徽宗朝政治史工作的是第一章至第三章。笔者在这三章中追寻了自徽宗即位之初至政和六年(1116)的动向。这一阶段大致相当于徽宗朝前期。在此期间,徽宗一方面信任蔡京,坚持推进新法政策,另一方面,二人之间又存在别的对立轴,当它显现之时,蔡京便屡屡失势下台。对立轴指的是,是否承认君主的政治自主性,以及是否脱离以"祖宗之法"为基础的"君主独裁制"、继承神宗所展现的皇帝"亲政"的可能性,本书聚焦的正是这些部分。二人自此形成了相克的关系,最终徽宗于政和六年占据上风,与此前的蔡京政权完成诀别。

然而,本书主要是从君主一侧来考察围绕上述政治体制的对立,所以将渊源追溯至神宗的"亲政"。因为他一度显示了可能性,所以向皇帝"亲政"的转变成了必然的趋势。而另一方面,也有看法认为蔡京的登场同样具有来自神宗"亲政"的制度背景。也就是说,从士大夫官僚一侧来看,神宗的元丰官制(特别是宰执之间的相互牵制体制)以部分否定的形式得到发展,其中存在使宰相(尤其是首相)长期掌权成为可能的制度基础。[1] 如此一来,北宋末的党争暗潮之中实际上存在两种看法:其一,原封不动继承神宗制度,则皇帝"亲政"成为必然;其二,批判地发展神宗制度,则宰相专制成为必然。而斗争的最前线可以说正是徽宗与蔡京之争。

在这个意义上,蔡京依然是宋代士大夫群体的一员。闯过科举难关又熬过激烈政争的他,作为士大夫,果然还是具有时代为政者的气概。而作为对比形象出现的正是他的儿子蔡攸,这一点非常有意思。

本书第四章、第五章所见，正是徽宗朝时侍奉皇帝左右，涉及殿中省、宣和殿等禁中相关重要组织的蔡攸一家（绝非蔡京一家）。当然，他们的行动或许有不少出自蔡京的蓄谋，尽管如此，蔡攸主要还是作为个人得到徽宗的信赖。正如前文所见，君臣二人之间独自形成了非常强的联系。恐怕这样的举动对于此前的士大夫而言是绝不可能得到的，其背景正如小林义广指出的那样，自北宋后期开始，士大夫的思考起了变化，产生了将皇帝视为独一无二存在的看法。[2] 无论如何，当初站在父亲蔡京这边的蔡攸最终依附徽宗，选择成为支持皇帝"亲政"的近侧官（曾被负面地称为"倖臣"）。接下来的宣和年间，可以看到蔡攸与蔡京的父子对立（还有与蔡絛的兄弟对立），这很可能是双方政治立场不同导致的。

通过关注蔡攸一家获得的发现之一是，皇帝的私人空间逐渐具有了政治空间的性质，这一点从殿中省、宣和殿即隐约可见。关于政治空间问题，平田茂树已反复指出其重要性。[3] 唐后期以降，皇帝与宰相们的接触比重从正殿向内殿转移。[4] 宋代则将在内殿崇政殿或承明殿（之后是延和殿）举行后殿视朝视作理所当然。但这至多不过是皇帝的私人空间向公共空间开放的过程，反过来说，也是公共空间侵蚀私人空间的过程。然而进入徽宗朝后期，御笔作成等工作正是在宰相们无法进入的禁中最深处的宣和殿进行的，参与其中的正是蔡攸等人，而他们却连宰相都不是。像这样的"场所"还不是受到制度保障的公共空间，可以说是制度外的"场所"，是私人空间政治空间化的产物。这是此前的宋代政治制度中不可能存在的政治空间，其背景是向与"祖宗之法"的"君主独裁制"不同的政治体制的转移。也就是说，这或许是向皇帝"亲政"方向转移途中出现的事物。

涉及"场所",好不容易逐渐制度化的是"直宣和殿"与"睿思殿文字外库使臣"等官职。他们归根结底是"亲政"者徽宗的辅佐之人,参与对皇帝"亲政"而言最重要的政治手段"御笔"的作成。这些官职可以说是皇帝"亲政"体制化、制度化的萌芽。问题是担任这些官职之人是宦官或皇帝近侧官,他们承担了政治权力的一部分,这对于作为史料记录者的士大夫而言,无非显示了皇帝的"恣意性"与"政治腐败",所以当然是需要批判的对象。因此,从留存至今的记载来看,徽宗朝后期的形象是非常负面的,是无序政治横行、宦官跋扈嚣张的时代。这一结论的前提是皇帝对这些人无法加以制御,但事实究竟如何呢?

这是由包含许多士大夫以外之人在内的左右近侍形成的皇帝"亲政"体制,它位于禁中深处,也就是所谓的"中朝"乃至"内朝"。简单的比较或许需要更谨慎一些,但它不禁让人想起外朝宰相处理日常事务、重要的政务裁决由皇帝及少数左右之人担当的汉代"中朝"。皇帝"亲政"的终点就是由他本人以及一部分近臣主导政治的"中朝(内朝)"。[5]

但另一方面,从士大夫的立场来看,这一时期也是前文所述的首相(首席宰相)专权可能性获得制度保障的时期,其后假定而成的就是公相制。从本书第三章所述蔡京当时所处的政治状况来看,公相的影响力是有限的,但仅从静态的制度来看,也可以说它的确源自元祐以来的官僚制度。所以就徽宗朝后期的政治状况而言,必须考察的是作为皇帝"新政"体制而形成的"中朝"与士大夫公相制之间是如何达成妥协的,以及第二位公相王黼与徽宗的"中朝"

之间有着怎样的关联。还有，与不久之后的北宋灭亡相关的对辽、对金政策又是由谁来主导的？对这些问题的解答，是在考察徽宗朝后期政治状况基础上留下的课题。

作为上一阶段的徽宗朝前期，是"君主独裁制"时代向下一阶段转移的胎动期，也是徽宗一边与代表士大夫政治的蔡京之间反复发生各种冲突，一边逐步获得政治主动权的过程。

最终的结果是，徽宗朝皇帝"亲政"体制的构建，因徽宗个人力量的问题以及北宋灭亡之故而遭遇挫败，并未作为制度得到确立。该课题遂延续到了南宋。本书第七章关注了南宋第二代皇帝孝宗的"亲政"，表面上看起来是很顺利的。孝宗似乎与至北宋前期为止的为政者们特性相异，他在对士大夫感到失望的同时却并不在意他们，所以他的"亲政"得以充分发挥作用。近年来的研究指出，孝宗找机会与许多官僚进行了接触，并注意听取他们的意见。[6]从本书第六章的论述来看，他也充分利用了转对的机会。孝宗独自进行政治决断、大量使用御笔的这一政治姿态，[7]可以说是北宋末以来一直期望的皇帝"亲政"的终点之一，因而他被称为"南宋第一明君"是令人信服的。

本书未涉及的是联结徽宗、孝宗两朝的南宋第一代皇帝高宗时期。这个承接北宋灭亡而成立、为仅存"天下半壁"但依然延续了一百五十年之久的南宋王朝打下基础的时代，围绕其政治、经济、文化等诸多方面存在着各种各样的研究课题。那么，高宗朝为达成皇帝"亲政"这一目标又做出了怎样的努力？在本书的最后，笔者希望借助先行研究来简单看一看这一时期的政治状况。

最常作为皇帝"亲政"象征的正是"御笔"，但高宗朝极少颁布御笔。准确地说，在常处于战时体制的建炎年间，颁布御笔的情况很多，但情势安定的绍兴年间，尤其是秦桧专权的大约二十年间，几乎见不到御笔的踪影。即便算上史料不足的原因，这一时期依然是御笔受到极端限制的时代：

> 上谕辅臣曰："今旦凡批降御笔处分，虽出朕意，必经由三省、密院，与已前不同。若或未当，许卿等奏禀，给、舍缴[驳]，[有]司申审。"朱胜非曰："不由凤阁鸾台，盖不谓之诏令。"（《宋会要·职官一》七九，绍兴二年九月十九日条）

早在绍兴初年，当时的宰执朱胜非、吕颐浩等人就已对御笔制度大加限制。接下来的秦桧时代则几乎从未提到御笔。

如今再来思考其中的缘由，首先应当指出的是高宗朝初期的皇权弱化。关于这一点，第六章已有言及，高宗政权是缺乏皇位继承正统性的亡命政权，甚至当时还曾发生因为叛变导致皇帝被迫退位的明受之乱。

再加上高宗本人也缺乏自主意志，态度消极。根据寺地遵的研究，他好不容易在绍兴七年（1137）明确表态，为了父亲徽宗的梓宫能够回归，必须与金进行外交谈判。[8] 他这么做或许是因为梓宫返还一事多少能够保障他即位的正统性。其结果就是秦桧得到起用，翌年第一次宋金和议达成。

然而对于皇帝表态一事，当时有不少来自士大夫的反对声音。可以发现他们之中的一些人秉持的正是"皇帝机关说"，即天下是祖宗的天下，帝位并非私物而是传统公器。[9] 这正符合北宋前期的

"君主独裁制",可见这一时期的士大夫思想已经倒退到何等地步。围绕主战还是主和的国家方针也存在对立与争论,是向家产国家及皇帝专制主义前进,还是向皇帝机关说、皇帝官僚制国家倾斜?这一点与南宋基本性质的选择与决定息息相关,[10] 也是北宋灭亡事态引发的神宗朝以降皇帝"亲政"可能性断绝所带来的结果。高宗使自己的意见表达成为可能,是因为有必要整理以皇帝"亲政"为目标的重要政治条件。但无论是军事上的皇帝一元化,还是对金和议这一国策的决定与坚决执行,几乎都是由秦桧一人主导的,高宗作为皇帝并未发挥自主性。

结果,秦桧掌握了此后的政治主导权。南宋的宰执体制(三省制)与北宋元祐以来一样,容许独相长期在任的制度基础已然完备,秦桧正是利用了这一点。[11] 另外,秦桧还与宦官、侍医、皇后勾结,占据皇帝左右,从而掌控皇帝的意志。[12] 相对于拥有制度基础、长期掌权的秦桧,高宗不仅缺乏即位的正统性,身边势力也受到了压制,因此他想要与秦桧争夺政治主导权是非常困难的。

此外,高宗不得不避免与秦桧对立的最主要原因,很可能是秦桧其人的特殊性。众所周知,因为秦桧的履历,常有传言说他与金人有所勾结。此事真伪尚无定论。但正因如此,高宗才无法对秦桧视而不见,因为金人当时正囚禁着有可能否定其即位正统性的钦宗。北宋末不曾有过的状况在这里出现了,当时的皇帝并非唯一的权威。"祖宗之法"的"君主独裁制"也好,皇帝"亲政"也好,与中古时代不同的是,其前提条件都是皇帝必须是同时代唯一的权威。在这一前提崩塌的情况下,几乎不可能再将此后的政治形态作为目标。

以上虽然不免杂乱,但高宗朝的政治状况正如前文所述。特别是权威等话题，是南宋第二代孝宗皇帝时与太上皇高宗相关的问题，有必要在此基础上对孝宗朝的"亲政"体制做进一步考察。

本书是宋代"君主独裁制"再探讨的第一步。迄今为止，缺乏政治自主性的君主被冠以"君主独裁制"之名，因为过于将其视作已然得到确立的制度，所以便认为它是宋初支配体制整备完成的产物。因此，偶尔出现的具有主动性的君主作为"专制君主"被另眼相看，而他们的影响也从未被考虑在内。然而，他们的个性反馈到后世的制度之中，正是对"君主独裁制"的阶段性更新与发展。他们期望的权力向君主集中这一点，也在制度层面上得到推进，并被后世继承。当然，如果后继者们缺乏自主性，则将再次向"君主独裁制"回归，此时的"君主独裁制"与具有主动性的君主登场之前相比，又得到显著的强化。像这样的构造基本上在不断重复，很可能正在阶段性地向明、清时期发展。"君主独裁制"并非铁板一块、不变的体系，根据可能的提示，它的振幅很广，是非常富有弹性的体系。

论文初刊目录

序章　　　　　新作

第一章　　　　「崇寧五年正月の政変―対遼交渉をめぐる徽宗と蔡京の対立」（史学研究会『史林』92-6，2009年）

第二章　　　　「妖人・張懐素の獄」（東洋文庫『東洋学報』93-4，2012年）

第三章　　　　「北宋末、封禅計画の中止―大観・政和の徽宗と蔡京」（奈良大学史学会『奈良史学』31，2014年）

第四章第一節　「宋徽宗「蔡行敕」考」（書論研究會『書論』36，2008年）

第四章第二節　「宋代の殿中省」（東方学会『東方学』114，2007年）

「北宋末の宣和殿―皇帝徽宗と学士蔡攸」（京都大学人文科学研究所『東方学報』81，2007年）

「宋代の転対・輪対制度」（第六十一回東北中国学会大会（仙台・東北大学）口頭発表，2012年）

「宋代輪対制度」（「宋都开封与十至十三世纪中国史」国际学术研讨会暨中国宋史研究会第十五届年

会（中国开封・河南大学）口头发表，2012年）

「武臣の清要―南宋孝宗朝の政治状況と閤門舎人」（東洋史研究会『東洋史研究』63-1，2004年）

终章　　　新作

注　释

序　章

1　宮崎市定：『水滸伝―虚構のなかの史実―』,『宮崎市定全集』12「水滸伝」第Ⅱ部, 岩波書店, 1992 年, 1972 年初刊。

2　详细记录北宋时代历史的史料《续资治通鉴长编》, 其中神宗、哲宗朝的大部分、徽宗和钦宗朝的全部内容均已缺失。而上述时期正是北宋后期党争激化的时期, 无法否定其缺失有可能是故意的。

3　「徽宗与其时代」,『アジア遊学』64, 勉誠出版, 2004 年；伊原弘编：『「清明上河図」と徽宗の時代―そして輝きの残照』, 勉誠出版, 2011 年。

4　Patricia Buckley Ebrey and Maggie Bickford(eds.) *Emperor Huizong and Late Northern Song China: The Politics of Culture and the Culture of Politics*, Harvard University Asia Center, 2006.

5　在此只整理了笔者关心的与"君主独裁制"相关的研究。关于宋代政治史的研究现状, 可以参见平田茂树：「宋代政治構造研究序説」(『宋代政治構造研究』, 汲古書院, 2012 年, 2006 年初刊)；宮崎聖明：「宋代官僚制度研究の現状と課題」(『宋代官僚制度の研究』, 北海道大学出版会, 2010 年)。

6　内藤湖南：「支那論」,『内藤湖南全集』第 5 巻, 筑摩書房, 1972 年, 1914 年初刊；「概括的唐宋時代觀」,『内藤湖南全集』第 8 巻, 筑摩書房, 1969 年, 1922 年初刊；「支那近代史」,『内藤湖南全集』第 10 巻, 筑摩書房，1969 年，1947 年初刊。

7 前注「概括的唐宋時代観」第 112 頁。

8 宮崎市定：『東洋的近世』，『宮崎市定全集』第 2 巻，岩波書店，1992 年，1950 年初刊；『中国史』，『宮崎市定全集』第 1 巻，岩波書店，1992 年，1978 年初刊。

9 前注『中国史』第 362 頁。

10 竺沙雅章：『独裁君主の登場 宋の太祖と太宗』，清水新書，清水書院，1984 年。

11 猪口孝、大泽真幸、冈泽宪芙、山本吉宣，Steven R. Reed 編：『政治学事典』(縮刷版)，弘文堂，2004 年，2000 年正版初刊。

12 周藤吉之、中嶋敏：『五代と宋の興亡』，講談社学術文庫，2004 年，『中国の歴史』5「五代・宋」，1974 年初刊。

13 前注 8『中国史』第 362 頁。

14 前注 8『中国史』第 127—128 頁。

15 松丸道雄等編：『世界歴史大系 中国史 3—五代～元一』，山川出版社，1997 年，第 256 頁，注 3。

16 同上，第 102 頁。

17 同上。

18 在此仅列举代表性论著。佐伯富：『中国史研究』第 1，東洋史研究会，1969 年；荒木敏一：『宋代科挙制度研究』，東洋史研究会，1969 年；梅原郁：『宋代官僚制度研究』，東洋史研究会，1985 年。

19 青山定雄：『唐宋時代の交通と地誌地図の研究』，吉川弘文館，1963 年；爱宕元：『唐代地域社会史研究』，同朋舎出版，1997 年；近藤一成：「宋代士大夫政治の特色」，『岩波講座世界歴史 9 中華の分裂と再生』，岩波書店，1999 年。

20 寺地遵：「宋代政治史研究方法試論—治乱興亡克服のために」，『宋元時代の基本問題』，汲古書院，1996 年。

21 平田茂樹：「宋代政治構造研究序説」(前注 5)。

22 王瑞来：《论宋代相权》，《历史研究》，1985 年第 2 期；《论宋代皇权》，《历史研究》，1989 年第 1 期；「皇帝権力に関する再論—あわせて冨田孔明氏の反論に答える」，『東洋文化研究』1，1999 年；「皇帝権力に関する再論（その二）—思想史の視点からの展開」,『東洋文化研究』3, 2001年;「中国における皇帝権力の実態再考—北宋の徽宗朝政治を中心に」(講演録),『学習院史学』45, 2007年。［日］富田孔明:「宋代の皇権と相権の関係に関する考察—王瑞来「論宋代相権」への批判をもとに」,『竜谷史壇』99、100, 1992年;「宋代史における君主独裁制説に対する再検討」,『小田義久博士還暦記念東洋史論集』, 龍谷大学東洋史学研究会, 1995年;「宋代史における君主独裁制説に対する再検討（続）—張邦煒氏の論を参照にして」,『東洋史苑』48、49, 1997年;「北宋士大夫の皇帝・宰執論」,『東洋文化研究』4, 2002年。

23　王瑞来:『宋代の皇帝権力と士大夫政治』, 汲古書院, 2001年。寺地遵（『広島東洋史学報』6, 2001年）与平田茂樹（『史学雑誌』112—6, 2003年）写有书评。

24　前注23引王瑞来书第7—15页。

25　前注8『中国史』第362页。

26　前注8『中国史』第362—363页。

27　若以韦伯所说的支配类型而言，虽是安定的"专制支配"，有时却也有"卡里斯玛支配"。结果就是"专制支配"下君主的权力集中愈加强化。暂时由曾是个人社会关系的卡里斯玛支配，在日常化、永续化的过程中，也逐渐变得传统化、合法化，还会发生向基于血统的"世袭卡里斯玛"之类转化的情况。

28　寺地遵:「五代北宋政治史概説」,『中国へのアプローチ—その歴史的展開』, 勁草書房, 1983年。

29　見城光威:「宋太宗政権考（上）唐宋変革期政治史研究の一つの試み」,『東北大学文学研究科研究年報』55, 2005年;「宋太宗政権考（中）唐宋変革期政治史研究の一つの試み」,『東北大学文学研究科研究年報』56, 2006年。

30　邓小南:《祖宗之法：北宋前期政治述略》, 生活・读书・新知三联书店, 2006年。

31　熊本崇:「倉法考—その施行の意義と変遷」,『集刊東洋学』38, 1977年;「北宋神宗期の国家財政と市易法—熙寧八・九年を中心に」,『文化』45—3、4, 1982年;「王安石の市易法と商人」,『文化』46—3、4, 1983年;「熙寧年間の察訪使—王安石新法の推進者たち」,『集刊東洋学』58, 1987年;「中書検正官—王安石政権のにないてたち」,『東洋史研究』47—1, 1988年;「元豊の御史—宋神宗親政考」,『集刊東洋学』63, 1990年;「慶暦から熙寧へ—諫官欧陽修をめぐって」,『東北大学東洋史論集』7, 1998年;「宋神宗官制改革試論—その職事官をめぐって」,『東北大学東洋史論集』10, 2005年;「宋執政攷—元豊以前と以後」,『東北大学東洋史論集』11, 2007年;「宋神宗立太子前後——哲宗定策問題序説」,『集刊東洋学』107, 2012年。

32 前注31「中書検正官—王安石政権のにないてたち」第78页。

33 同上。

34 宮崎聖明:「元豊官制改革の施行過程について」,『宋代官僚制度の研究』(前注5), 2004年初刊。

35 前注31「元豊の御史—宋神宗親政考」第56页。

36 前注31「宋神宗官制改革試論—その職事官をめぐって」第178、184页。

37 小林义广:『欧陽修—その生涯と宗族』, 創文社, 2000年。

38 同上, 第145页。

39 同上, 第215页。

40 同上, 第217页。

41 同上, 第396页。

42 此前大多认为新法改革是以王安石为中心的, 而叶坦(《大变法——宋神宗与十一世纪的改革运动》, 生活·读书·新知三联书店, 1996年)则主张应当关注改革真正的推动者神宗。

43 平田茂树指出, 两党之争中围绕针对双方象征人物——神宗与宣仁太后——的评价存在争论。(「『哲宗実録』編纂始末考」,『宋代の規範と習俗』, 汲古書院, 1995年)

44 熊本崇:「宋元祐三省攷—「調停」と聚議をめぐって」,『東北大学東洋史論集』9, 2003年;「宋元祐の吏額房—三省制の一検討」,『東洋史研究』69—1, 2010年。

45 中村裕一:『唐代制敕研究』, 汲古書院, 1991年;『唐代官文書研究』, 中文出版社, 1991年;『唐代公文書研究』, 汲古書院, 1996年;『隋唐王言の研究』, 汲古書院, 2003年。

46 德永洋介:「宋代の御筆手詔」,『東洋史研究』57—3,1998年。

47 前注31「中書検正官—王安石政権のにないてたち」。

48 《宋会要辑稿》(以下简称《宋会要》)《职官五》一二,崇宁元年七月二十八日条:"诏'昨降置讲议司手诏内事件,许令中外臣庶具所见利害闻奏'。"

49 《宋会要·职官二八》一五,崇宁二年二月二十九日条:"臣僚言'乞诏有司,每遇有制书、手诏、告词,并同赏功罚罪事迹,录付准(进)奏院。本院以印本送太学并诸州军,委博士、教授揭示诸生。'从之。"

50 前注46引德永洋介文第10页。

51 同上,第21页。

52 脱脱:《宋史》卷三四五《任伯雨传》:"又言'比日内降浸多,或恐矫传制命。汉之鸿都卖爵,唐之墨敕斜封,此近监也'。"

53 《宋会要·职官二》一六,政和七年七月九日条:"起居郎李弥大奏:'伏见左右置史,实记言动。今起居注所载既有式例外,又有遇事并书。窃原立式之文盖欲备记言动,宣明德意,付之秘书省,事体非轻。惟王言之大,莫如手诏及御笔。自来承受官司因循次(沿)袭,并不关报,致前后更不该载,窃虑未尽修注之意。欲乞今后官司承御笔等并行关报,逐日修入。'从之。"

54 寺地遵:「韓侂胄専権の成立」,『史学研究』247,2005年,第34页。

55 例如以下研究。周藤吉之:「北宋における方田均税法の施行過程—特に王安石・蔡京の新法としての」,『中国土地制度研究』,東京大学出版会,1954年;草野祐子:「北宋末の市舶制度—宰相・蔡京をめぐって」,『史艸』2,1962年;中嶋敏:「北宋徽宗朝の大銭について」,『東洋史学論集—宋代史研究とその周辺』,汲古書院,1988年,1961年初刊,「蔡京の当十銭と蘇州銭法の獄」,同上,1975年初刊,「北宋徽宗朝の夾錫銭について」,同書,1975年初刊;近藤一成:「蔡京の科挙・学校政策」,『宋代中国科挙社会の研究』,汲古書院,2009年,1994年初刊。

56 林大介:「蔡京とその政治集団—宋代の皇帝・宰相関係理解のための一考察」,『史朋』35,2003年;久保田和男:「北宋徽宗時代と首都開封」,『宋代開封の研究』,汲古書院,2007年,2005年初刊;罗家祥:《朋党之争与北宋政治》,华中师范大学出版社,2002年,第5—7章;张邦炜:《宋

代婚姻家族史论》，人民出版社，2003年，《宋代政治文化史论》，人民出版社，2005年。
57 小岛毅：『中国の歴史』第7巻「中国思想と宗教の奔流—宋朝」，講談社，2005年。

第一章

1 陆游：《老学庵笔记》卷三："崇宁中，长星出，推步躔度长七十二万里。"
2 杨仲良：《续资治通鉴长编纪事本末》（以下简称《长编纪事本末》）卷一二四《追复元祐党人》，崇宁五年正月戊戌条："崇宁五年正月戊戌，是夕，彗星出西方，犯奎贯胃、昴、毕，至戊午，没。"
3 《长编纪事本末》卷一二四《追复元祐党人》，崇宁五年正月乙巳条："以星文变见，避正殿，损常膳。中外臣僚等并许直言朝廷阙失。"
4 将元祐旧法党和元符末上书诽谤绍圣新法党之人记名列表，包括他们的子孙在内，一律自在京差遣驱逐。首先，崇宁元年（1102）于开封太学端礼门竖立《元祐奸党碑》。翌年，增加人数的同时在全国范围内竖碑。
5 陈均：《皇宋编年纲目备要》（以下简称《编年备要》）卷二七，崇宁五年正月条："乃诏中外直言阙政，夜半遣黄门至朝堂毁石刻。翌日，京见之，厉声曰：'石可毁，名不可灭。'"王瑞来在「中国における皇帝権力の実態再考—北宋の徽宗朝政治を中心に（講演録）」（『学習院史学』45，2007年）中，认为"石可毁，名不可灭"的道白来自徽宗，并将其作为当时皇权与相权关系的佐证。但是这一道白实际上来自蔡京。
6 蔡京前后四度为相，本文沿袭久保田和男的称呼（「北宋徽宗時代と首都開封」，『宋代開封の研究』汲古書院，2007年，2005年初刊），将各时期分别称为第一次当国至第四次当国。第一次当国时期始于崇宁元年（1102），终于崇宁五年（1106）二月。
7 例如《长编纪事本末》卷一三《蔡京事迹》，崇宁五年二月丙子条引《挺之行状》："会彗见西方，其长数丈，竟天尾犯参之左足，上震恐责己，避殿撤膳，既深照京之奸罔，由是旬日之间，凡京之所为者，一切罢之。"需要注意的是，这条史料来自蔡京政敌赵挺之的行状。另外，久保田和男依据这些史料，同样强调"星变动摇了徽宗"（前注6，第279—280页）。
8 李焘：《续资治通鉴长编》（以下简称《长编》）卷五二〇，元符三年正月丁丑条："三省、枢密院诣内东门问圣体，至申时，入对于福宁殿。上着帽，背坐御座，神色安愉……是夕，三省、枢密院俱宿禁中。"同书同卷元符三年正月己卯条："上崩于福宁殿，寿二十有五。"

9 《宋史》卷三七八《胡交修传》："议徽宗配享功臣，交修奏：'韩忠彦建中靖国初为相，贤誉翕然，时号"小元祐"。'从之，人大允服。"

10 各种概说书也基本采用这一通说。例如，宫崎市定『水滸伝—虚構のなかの史実—』(『宫崎市定全集』十二「水滸伝」第II部，岩波書店，1992年，1972年初刊）第251—252页。

11 《宋会要·职官一》三〇，崇宁二年七月二十日条载，此后进入亲政期的徽宗，在曾是外戚的韩忠彦就任宰执时，虽"恭默"不敢言，却下诏曰：因本是不可为之事，不许为例。"诏曰：'朕观前世外戚擅事，终至祸乱天下。唯我祖考，创业垂统，承平百有余年，外戚之家未尝与政，厥有典则，以贻子孙。即政之初，以驸马都尉韩嘉彦兄忠彦为门下侍郎，继除宰相。方朕恭默，弗敢有言。给事中刘拯抗疏论驳，亦不果听，上违祖宗成宪，下袭前世祸乱之失。其自今勿以援忠彦例，以戚里宗属为三省执政官，世世守之，著为甲令。'"据此可以认为，起用韩忠彦是向太后而非徽宗的意思。

12 杜大珪：《名臣碑传琬琰集》下卷二〇《曾文肃公布传（实录）》："徽宗即位，召韩忠彦为相，惇既逐，布以定策功拜右银青光禄大夫、尚书右仆射。忠彦柔懦，天下事多决于布。"

13 《长编纪事本末》卷一二〇《逐惇卞党人》，元符三年三月乙酉条："翰林学士承旨蔡京以端明殿学士兼龙图阁学士、知太原府。郭知章先除河东帅，韩忠彦私与曾布谋，欲留知章，使京代之。黄履亦谓当然。于是同进呈：'河东久阙帅，乞趣知章陛辞之任。'忠彦遂言：'知章初任帅，岂可付以河东。河东须事体重，曾作帅知边事者乃可往。'布曰：'非不知此，但无人可差，故且以知章充选。'蔡卞曰：'自来须用曾经河北作帅人。'布曰：'旧例须用故相及前两府，今近上从官如吴居厚、安惇，皆不曾作帅。蒋之奇新自边上召还。'忠彦曰：'如此，只有蔡京。'上曰：'如何。'布曰：'若令京去，须优与职名。'章惇曰：'承旨自当除端明殿。'布曰：'兼两学士不妨。'蔡卞曰：'之奇曾经边帅，莫亦可去。'许将曰：'朝廷阙人，莫且教知章去。'上曰：'且教去。'将又曰：'且教知章去。'布曰：

'不知圣旨是且教知章去。是教京去。'上曰：'蔡京。'布曰：'如此，则批圣旨，蔡京除端明殿学士兼龙图阁学士、知太原府。'遂定。蔡卞曰：'兄不敢辞行，然论事累与时宰违戾，人但云为宰相所逐。'上不答。"

14 《长编纪事本末》卷一二〇《逐惇卞党人》，元符三年四月戊戌条："四月戊戌，端明殿学士兼龙图阁学士、新知太原府蔡京依前翰林学士承旨……（曾）布力陈京、卞怀奸害政，羽翼党援、布满中外，善类义不与之并立。若京留，臣等必不可安位。此必有奸人造作语言，荧惑圣听。上曰：'无他，皇太后但且欲令了史事。以神宗史经元祐毁坏，今更难以易人尔。'布曰：'臣等以陛下践祚以来，政事号令以至拔擢人才，无非深合人望，故虽衰朽，亦欲自竭一二，裨补圣政。中外善人君子郁塞已久，自闻初政，人人欣庆鼓舞。若事变如此，善类皆解体矣，朝廷政事，亦无可言者。'"

15 五月，宦官白谔上奏太后，请求立刻还政，后被外放地方编管。《宋会要·职官六七》三〇，元符三年五月二十二日条："内侍高品白谔编管唐州，坐奏疏乞皇太后不候升祔还政，仍以副本纳枢密院。上谕辅臣以故事内侍不许言事，故有是责。"

16 《长编纪事本末》卷一三〇《久任曾布》，元符三年六月辛亥条："范纯礼亦为布言：'上有所涵蓄，恐撤帘后，必更有所为。'"

17 王称：《东都事略》卷一〇《徽宗一》："七月丙寅朔，皇太后归政。"

18 相同的话亦见《宋史》卷三四六《陈师锡传》。

19 赵汝愚：《国朝诸臣奏议》卷三五，陈瓘《上徽宗论向宗良兄弟交通宾客》贴黄："臣闻绍圣之初，裴彦臣管干造慈云寺，因妇人阿王赴户部及御史台理会地界。后来并此一寺，屡曾迁徙，竟不成就。臣切恨此也。皇太后为追荐爱主，所以施财造寺，此寺既不成就，而郝随之徒，因缘恣横，敢慢东朝，外人皆有不平之心，所恨哲宗不知耳。当时户部及御史台官司，有以彦臣为是者，有以彦臣为非者。是非自有公议。以臣观之，只因彦臣干当不了，以致生事。"

20 关于坟寺，可参见竺沙雅章「宋代墳寺考」（『中国仏教社会史研究（增訂版）』，朋友書店，2002年，1979年初刊）。

21 沈括：《长兴集》卷二八《定国军节观察留后光禄大夫检校工部尚书使持节同州刺史兼御史大夫知青州兼管内堤堰桥道劝农使充京东东路安抚使兼

本州兵马都总管上柱国河间郡开国侯食邑一千一百户食实封二百户赠侍中向公墓志铭》。

22 《长编》卷四二七，元祐四年五月丁亥条："翌日，诏：'入内内侍省差内臣一名，并下吏部差三班使臣一名，同伴送蔡确至新洲交割讫回。所有前件指挥，令沿路州军差务郎以上官伴送，更不施行。'遂差内东头供奉官裴彦臣、三班奉职马经。"

23 "随龙"指的是即位之前已跟随皇帝的臣下，对徽宗而言指的是自端王时期已跟随他的臣僚。皇帝即位之后，其中大多数都会被拔擢为心腹之臣，得到晋升。裴彦臣因为陈次升的弹劾而下台时，特别说明不适用随龙之臣恩例，可知他应当属于这一范畴。《宋会要·职官六七》三二，元符三年十月十六日条："内侍裴彦臣追五官勒停，送峡州羁管，令开封府差人押送，其前降依随龙人例指挥勿行。坐勾当御药院阁守懃在御前进呈文字，而彦臣辄扣守懃之冠，高声与语，靳侮不恭，侍御史陈次升弹奏，乞正典刑，故有是责。"

24 《长编》卷三五四，元丰八年四月乙酉条："知成都府吕大防奏：'准内臣张琳公文，除十色紧丝来年织外，所有锦紧、丝鹿胎并依今样织行。已将未上机物帛依样织造，合行审取圣旨。'诏并权住织造。"

25 《长编》卷三六一，元丰八年十一月壬寅条："张士彦等五人，并西头供奉官张琳、石焘、高班韩遵、胡绚各与等第减年磨勘，奉旨依已得指挥。"

26 《长编》卷五二〇，元符三年正月庚寅条："诏随龙人昭宣使、遂郡刺史刘瑗特授宣政使、遂郡防御使，应随龙内臣及长宿车子，登位日供奉翊卫内臣四人张琳、张祐等各迁两官，余一官。"

27 《续宋编年资治通鉴》（以下简称《宋编年通鉴》）卷十四，元符三年八月条："蔡京请作景灵西宫，以奉神宗馆御，而哲宗次之。"《宋史》卷一九《徽宗一》，元符三年八月："庚子，作景灵西宫，奉安神宗神御，建哲宗神御殿于其西。"《宋编年通鉴》在《四库全书总目提要》中的书名是《续资治通鉴》，但一般以《续宋编年资治通鉴》之名为人所知，所以本书采用了后者。另外，此书是记载北宋事迹的十八卷本，与刘时举撰写的记载南宋事迹的十五卷本（同样收录进《四库全书》，题为《续宋中兴编年资治通鉴》）同名而不同书。本文使用的是《四库全书存目丛书》史部第3册，北京图书馆藏元建安陈氏余庆堂刻本景印本。参见杜泽逊《四库存目标注》(上海古籍出版社，2007年）第505—507页。

28 《长编纪事本末》卷一二〇《逐惇卞党人》，元符三年八月乙未条："秘书少监邓洵武为国史院编修官，从蔡京之荐也。给事中龚原、叶涛驳奏洵武不宜滥厕史笔，乃令中书舍人徐鹗书读行下。"

29 《长编纪事本末》卷一三〇《久任曾布》，建中靖国元年十一月壬午条："三省奏事讫，右仆射曾布独留，进呈内降起居郎邓洵武所进《爱莫助之图》。"

30 参见平田茂树：「『哲宗実録』編纂始末考」(『宋代の規範と習俗』，汲古书院，1995年）。

31 参见陈振孙：《直斋书录解题》卷四："神宗实录朱墨本二百卷""神宗实录考异二百卷"；《郡斋读书志》卷六："神宗实录二百卷。"

32 平田茂树：「『王安石日録』研究―『四明尊堯集』を手掛かりとして」(『宋代政治構造研究』，汲古书院，2012年，2002年初刊）。

33 《国朝诸臣奏议》卷三五，陈瓘《上徽宗论哲宗实录不当止差蔡京兼修》（元符三年九月）："今修哲宗实录，独用兼官而已，岂非以蔡京欲擅史局，而朝廷不欲重违其意乎。蔡京得兼局，而哲宗史事不得其官，轻一朝大典，违祖宗故事，皆以一京，则是朝廷之所以厚京者过于哲宗矣。"

34 《长编纪事本末》卷一二九《陈瓘贬逐》，元符三年九月庚辰条："上批：'陈瓘累言皇太后尚与国事，其言多虚诞不根。可送吏部与合入差遣。'三省请以瓘为郡，上不可，乃添差监扬州粮料院。"

35 《宋编年通鉴》卷十四，元符三年九月条："太后闻之怒，至哭泣不食，上再拜乞贬瓘，而怒犹未解。左右近习，或请擢蔡京执政，庶可解太后之怒，群臣皆莫敢言，乃以瓘添差监扬州粮料院。"

36 这是御史中丞丰稷、殿中侍御史陈师锡上奏文的一部分。杨士奇等《历代名臣奏议》卷一八〇《去邪》记为殿中侍御史龚夬发言。

37 《东都事略》卷四八《曾志尧传（附肇传）》："陈瓘以言东朝与政被谪，肇即上书以为：'瓘昨者所论，臣虽不知其详，以诏旨观之，瓘言虽狂，其意则忠。何则，瓘以疎远小臣，妄意宫闱之事，披写腹心，无所顾避，此臣所谓狂也。皇太后有援立明圣不世之大功，有前期归政人之盛德，万一有纤毫可以指议，则于清躬不为无累。瓘以忧君之诚，陈预防之戒，欲以开悟圣心，保全盛美，忘身为国，臣子所难，此臣所谓忠也。以臣愚计，皇帝以瓘所言为狂而逐之，皇太后以天地之量察瓘之忠，特下手诏而

38《长编纪事本末》卷一三一《蔡京事迹》,元符三年九月丁亥条:"诏新添差监扬州粮料院陈瓘知无为军。"
39 仅仅一个月后,蔡京就改知江宁府。由此可知,令蔡京知永兴军不过是将他从朝中驱逐出去的借口罢了。
40《国朝诸臣奏议》卷三五,陈次升《上钦圣皇后乞不以陈瓘之言为念》(元符三年十月):"臣窃惟哲宗皇帝弥留之际,殿下奋独断之明,斥排异议,援立真主,上当天心,下协人望,功施社稷,流于无穷。皇帝嗣服之初,殿下谦恭退讬,圣功不居。皇帝勤请,继之以泣,方同听政,暂济艰难,仍以祔庙为期。及夫因山之葬,载临宁神之礼未毕,又下手书,先复明辟。三尺之童,皆知参预国政非殿下所欲,诚出于不得已也。近者谏官陈瓘,风闻不审,犹以预政为言,皇帝重行贬降,以明其妄。谪命方下,改守军垒。中外相传,圣恩深厚,臣下何以图报。瓘之言虽甚不根,然臣採之舆论,窃谓皇帝躬行仁孝,晨省昏定之际,万几之务,虑或以闻。而殿下之意,岂欲参议哉。窃虑宫省执事之人,或但闻其语,而不知其详。或欲张大其事,而不考其实。妄有传播,盖亦未可知也。而瓘之言,乃得于传播之妄,乌足为盛德之累哉。况殿下自同听政之初,以至复辟之日,手书屡降,至诚勤恳,昭若日月,焉可诬也。伏望圣慈不以瓘之言为念,而以来忠谠,安社稷为心。雍容禁闼,粹养天和,是非不足以关其虑,万务不使以累其中,日加抚育之恩,以享荣养之乐。不独保圣寿于亿万斯年,而余光流泽,亦足以为族系之庆,岂不伟欤。"
41《宋史》卷四七一《曾布传》:"徽宗立,悼رب罢,遣中使召蔡京锁院,拜韩忠彦左仆射。京欲探徽宗意,徐请曰:'麻词未审合作专任一相,或作分命两相之意。'徽宗曰:'专任一相。'京出,宣言曰:'子宣不复相矣。'已而复召曾肇草制,拜布右仆射,其制曰:'东西分台,左右建辅。'"制见曾肇:《曲阜集》卷三,吕祖谦:《皇朝文鉴》卷三六《除曾布银青光禄大夫守尚书右仆射兼门下中书侍郎制》)。
42《宋会要·礼五四》一一,元符三年十一月十三日条:"诏曰:'朕丕承祖宗,奉若天命,思建皇极,嘉靖庶邦。盖尝端好恶以示人,本中和以立政,日谨一日,期月于兹。稽历数在躬之文,念《春秋》谨始之谊,肇新元统,国有常典。是遵踰岁之期,以易纪年之号。岂惟昭示朕志,永绥斯民，庶几仰协灵心，导迎景福。宜自来年正月一日改为建中靖国元年。'"

43《宋史》卷三二八《李清臣传》。

44《长编纪事本末》卷一三〇《久任曾布》，元符三年六月辛亥条："（龚夬）仍语（曾）布以勿与事，且曰：'韩（忠彦）、李（清臣）皆上亲擢，尚且退缩，何必尔。但戢敛，必无事。'"

45《长编纪事本末》卷一三〇《久任曾布》，建中靖国元年六月甲辰条："右司谏陈祐通判滁州。祐累章劾右仆射曾布自山陵还，不乞出……布之未还，祐已上两章。及祔庙，又连上数章，皆留中，祐遂缴申三省。布乃具榜子，不复朝参，而祐有是命。"

46 台谏在北宋前半期是皇帝的直属机关，其任命不接受宰执推荐，而是由皇帝掌握，作为"天子耳目"有权批判时政。但进入北宋后半期，他们与宰执结交，被批评是"宰执私人"。其背景是元祐后半期，台谏晋升通路固定化，宰相掌握了人事权。参见平田茂树「宋代の言路」（『宋代政治構造研究』，汲古書院，2012年，1992年初刊）。

47《宋编年通鉴》卷一四，元符三年十月条："曾布之相也，御史中丞丰稷欲率台属论之，遂迁稷工部尚书，以王觌为中丞。稷力丐补外，不允。"陈次升《谠论集》《奏弹曾布第四疏》："臣伏见，曾布自登揆路，首罢丰稷御史中丞，引用门人王觌为代，遂致人言，有渎天听。"此外，王觌以御史中丞兼任史官，因此遭任伯雨弹劾。（《宋史》卷三四五《任伯雨传》）史官原本就是蔡京党羽的据点，在政治上十分重要，所以曾布意识到有必要在这里打入一根楔子。

48《宋史》卷三四四《王觌传》："迁御史中丞。改元诏下，觌言：'"建中"之名，虽取皇极。然重袭前代纪号，非是，宜以德宗为戒。'时任事者多乖异不同，觌言：'尧、舜、禹相授一道，尧不去四凶而舜去之，尧不举元凯而舜举之，事未必尽同。文王作邑于丰而武王治镐，文王关市不征，泽梁无禁，周公征而禁之，不害其为善继，善述。神宗作法于前，子孙当守于后。至于时异事殊，须损益者损益之，于理固未为有失也。'当国者忿其言，遂改为翰林学士。"

49《宋编年通鉴》卷一五，建中靖国元年正月条："以赵挺之为御史中丞。时曾布与挺之俱在太后陵下，布谕挺之建议绍述，以合上意。挺之自此击元祐旧臣不遗余力，而国论一变也矣。"

注释　353

50 《长编纪事本末》卷一三〇《久任曾布》，建中靖国元年六月甲辰条："先是，曾布甚恶李清臣不附己，数使人讽公望：'能一言清臣，即以谏议大夫相处。'而公望所言乃如此。其后彭汝霖以论罢清臣，得谏议大夫云。"

51 《国朝诸臣奏议》卷五五，陈次升《上徽宗论除授台谏三省不得进拟》："臣窃以祖宗以来台谏阙员，诏近臣荐二员，召对便殿，去取选任，一出上意，报政大臣不得干预。盖台谏官所以司察大臣过失，若出大臣，则朋附之人至，忠谠之路塞，明主虽欲明目达聪，虚心听纳，嘉谋嘉猷何缘而至哉。近者监察御史阙二员，命翰林学士、御史中丞共荐六人。今闻所召者一人而已，未审出于陛下之意耶。复出宰执之意耶。若出陛下之意则可，然未应祖宗故事。若出宰执进拟，则权归大臣，朝廷阙失谁复拟议。此源既开，臣恐异日台谏皆出大臣之门，而陛下孤立矣。书曰：'惟辟作福，惟辟作威。'传曰：'庆赏刑威曰君。'愿陛下念兹，今后近臣奉诏荐举台谏官并须引对，亲阅人材，去取独出圣断，庶不废祖宗故事，台谏得人。"

52 《长编纪事本末》卷一三〇《久任曾布》，建中靖国元年六月甲辰条："曾布察上甚悦，因及（陈）祐章……上曰：'语诚类咒诅。'……而右司谏江公望对，请祐责词所谓'观望推引'之语。上曰：'欲逐曾布，引李清臣为相。'且曰：'如此何可容。旦夕当逐之。'"

53 岳珂:《愧郯录》卷五《副本缘起》："先是，曾布独对，上谕布人物有可诏对者，但奏取来，便当批付阁门。布寻出刘焘、王防、周焘、白时中四人名闻，上悉批令对。四人者，皆布门下士。清臣密启上，谓焘、防等为'四察八侦'。既而对众显白'四察八侦'不可为言事官。上色变，众莫晓其语。上以谕蒋之奇、章楶曰：'清臣盖指王防、刘焘等也。'令谕布知，且曰：'清臣所为，妇人女子之事。'……奏事毕，清臣留身请去，遂出居僧舍。上以清臣劄子付通进司，遣一老卒持送。故事，当遣御药封还。"

54 《长编纪事本末》卷一二〇《久任曾布》，建中靖国元年七月癸未条："三省奏事讫，曾布独留，极陈：'元祐、绍圣两党奸恶，皆不可令得志。使轼、辙、京、卞在朝，则更相报复，无有穷已，天下无安静之理。兼人亦不知威福在人主，但宰相一易，则非其党类，皆受祸矣。如此，岂朝廷之福。'上深嘉纳，曰：'卿自来议论平允。'"

55 《长编纪事本末》卷一三〇《久任曾布》，建中靖国元年九月己未条："是日，布入对，留身面谢，慰劳加勤。且谓布曰：'先朝法度，多未修举。'

又曰:'元祐小人,不可不逐。'布对曰:'陛下初下诏,以为用人无彼时此时之异。若臣下便能将顺奉行,则必不至今日如此分别。然偏见之人终不可率,当更缓治之。'上曰:'卿何所畏。'且曰:'卿多随顺元祐人。'布曰:'臣非畏人者,处众人汹汹中,独赖眷属,有以自立。偏见异论之人诚不少,彼不肯革面,固当去之。然上体陛下仁厚之德,每事不敢过当,故欲从容中节耳。若言臣随顺及畏元祐人,不知圣意谓为何如。'上笑曰:'岂有此。但人言如此,故及之。'"

56 《宋史》卷三二九《邓绾传(附洵武传)》:"时韩忠彦、曾布为相,洵武因对言:'陛下乃先帝子,今相忠彦乃琦之子。先帝行新法以利民,琦尝论其非,今忠彦为相,更先帝之法,是忠彦能继父志,陛下为不能也。必欲继志述事,非用蔡京不可。'京出居外镇,帝未有意复用也。洵武为帝言:'陛下方绍述先志,群臣无助者。'乃作《爱莫助之图》以献。其图如《史记》年表,列旁行七重,别为左右,左曰元丰,右曰元祐,自宰相、执政、侍从、台谏、郎官、馆阁、学校各为一重。左序助绍述者,执政中唯温益一人,余不过三四,若赵挺之、范致虚、王能甫、钱遹之属而已。右序举朝辅相、公卿、百执事咸在,以百数。帝出示曾布,而揭去左方一姓名。布请之,帝曰:'蔡京也。洵武谓非此人不可,以与卿不同,故去之。'布曰:'洵武既与臣所见异,臣安敢豫议。'明日,改付温益,益欣然奉行,请籍异论者,于是决意相京。"

57 《长编纪事本末》卷一二〇《逐惇卞党人》,建中靖国元年十二月辛卯条:"已而丁忧人曾诞持长书抵布,并奏疏一通。疏乃通封,所陈十事……韩忠彦见之,勃然怒诞之狂妄也。是日进呈,初议追官勒停,又议编管,而忠彦欲除名送湖南,上从之。"

58 关于知大名府的人选,曾布推荐刘奉世,韩忠彦因想拉拢蔡京而推荐了他(《长编纪事本末》卷一二〇《逐惇卞党人》,崇宁元年二月辛丑条)。但这一点与韩忠彦的政治姿态不符,所以包括其真实性在内还有再讨论的余地。

59 《长编纪事本末》卷一三一《蔡京事迹》,崇宁元年条:"四月乙未,蔡京入对。"

60 《长编纪事本末》卷一二一《禁元祐党人》,崇宁元年五月乙酉条。

61 《长编纪事本末》卷一三二《讲义司》,崇宁元年七月甲五条。

62 《编年备要》卷二七,崇宁四年七月条:"行御笔手诏。(御笔手诏,放上书见羁管编管人还乡。御笔手诏始此。)"

63 《宋宰辅编年录》卷十一，崇宁元年八月庚辰："许将门下侍郎，温益中书侍郎，蔡京尚书左丞，赵挺之尚书右丞。"

64 《宋史》卷三五一《赵挺之传》："时蔡京独相，帝谋置右辅，京力荐挺之，遂拜尚书右仆射。"

65 《编年备要》卷二七，崇宁四年三月条："以赵挺之为右仆射。(时京为相，怀奸植党，诧绍述为名，纷更祖宗法度。人有献言于上者，则指为异端，必加窜斥。挺之为门下侍郎，奏曰：'今内外皆大臣党，若有忠告于陛下者，乃指为怀异议，沮法度。此大臣恐人议己之私，欲以杜天下之言尔。然则事有大者，孰敢启口以献人主。则上下之情隔矣。'……遂有是命。)"

66 《长编纪事本末》卷一二四《追复元祐党人》，崇宁五年正月丁未条："大赦天下。应合叙用人，依该非次赦恩与叙。应见贬责命官，未量移者与量移。应官员犯徒罪以下，依条不以赦降去官愿减者，许于刑部投状，本部具元犯因依闻奏，未断者，并仰依令赦原减。诏：'已降指挥除毁元祐党石刻，及与系籍人叙复注拟差遣，深虑鄙贱愚人妄意臆度，窥伺间隙，驰骛抵巇，觊欲更张熙丰善政，苟害继述，必寘典刑，宜谕遐迩，咸知朕意。'(《实录》有)中书省勘会崇宁二年三月六日已后所降元祐党籍指挥共二十二项，诏除冲罢外，其逐项指挥并罢。"

67 《长编纪事本末》卷一二四《追复元祐党人》，崇宁五年正月庚戌条："三省同奉圣旨，依下项收复。曾任宰臣执政官，刘挚，追复朝请大夫。梁焘，追复朝请大夫。李清臣，追复左中散大夫……以上见在人并在外任便居住，重者不得至四辅，轻者不得至畿县。内身亡者，据今来追复官品合得遗表恩泽，三分减一零数比类施行。一名者不减。"

68 《长编纪事本末》卷一二四《追复元祐党人》，崇宁五年正月癸丑条："诏：'元祐系籍人等，石本已令除毁讫。所有省部元镂印板并颁降出外名籍册，并令所在除毁，付刑部疾速施行。'"

69 《长编纪事本末》卷一三五《四学》，崇宁五年正月丁巳条："诏：'书、画、算、医四学并罢，更不修。盖书、画学于国子监撷屋宇充，每学置博士一员，生员各以三十人为额。'"关于其他政策，参见《长编纪事本末》卷一三六《当十钱》，卷一三七《水磨茶》，同卷《解池盐》。

70 《长编纪事本末》卷一二四《追复元祐党人》，崇宁五年正月己未条："中书省言：'近降恩霈，除石刻责降人已别降指挥外，余未经检举，叙复人数不少。'诏：'落职及曾任京职事官，监察御史已上，开封推举官及监司人，令刑部限半月类聚，一并申尚书省取旨外，其未复官并未复旧差遣人，并令刑、吏部不候投状，各限两月。内赃罪及私罪情重人，与依条叙复。其公罪不以轻重私罪情轻人，并复旧官，及与未责降已前本等差遣，如叙至两官以上者，取旨。'"

71 《长编纪事本末》卷一三一《蔡京事迹》，崇宁五年二月丙子条："赵挺之为特进、尚书右仆射兼中书侍郎，蔡京为司空、开府仪同三司、安远军节度使、中太一宫使，进封魏国公。"

72 《长编纪事本末》卷一三一《蔡京事迹》，崇宁五年二月丙子条所引《赵挺之行状》："明年春，（赵挺之）数乞归青州私第。诏从之。既办舟装，将入辞矣，会彗见西方，其长数丈竟天，尾犯参之左足。上震恐责己，避殿撤膳。既深照京之奸罔，由是旬日之间，凡京之所为者一切罢之，毁朝堂元祐党籍碑、大晟府、明堂诸置局、议科举、茶盐钱钞等法，诏礼部、户部议改，遣中使赉御笔手诏赐公曰：'可于某日来上。'"

73 前注6久保田和男文提到，虽然张商英阵营的郭天信利用天灾一事令蔡京下台，但此后蔡京搬出了时令论，反而扭转了局势。

74 近年来有研究将其称为"澶渊系统"或"澶渊体制"。参见〔日〕杉山正明：『中国の歴史』第八卷「疾駆する草原の征服者　遼西夏金元」（講談社，2005年）；〔日〕古松崇志：「契丹・宋間の澶淵体制における国境」（『史林』90-1，2007年）。

75 〔日〕河原正博：『漢民族華南発展史研究』（吉川弘文館，1984年）第二篇第三章「宋朝とベトナム李朝との関係」；黄纯艳、王小宁：《熙宁战争与宋越关系》（《厦门大学学报（哲学社会科学版）》，2006-6）。

76 关于青唐族，参见祝启源：《唃厮啰——宋代藏族政权》（青海人民出版社，1988年）；刘建丽：《宋代西北吐蕃研究》（甘肃文化出版社，1998年）。关于宋与西域的贸易往来，参见〔日〕前田正名：『河西の歴史地理学的研究』（吉川弘文館，1964年）。

77 〔日〕榎一雄：「王韶の熙河路経略に就いて」（『榎一雄著作集』第七卷「中国史」，汲古書院，1994年，1940年初刊）。

78 参见中嶋敏：「西羌族をめぐる宋夏の抗争」（『東洋史学論集—宋代史研

究とその周辺』,汲古書院,1988 年,初刊 1934 年)、「西夏における政局の推移と文化」(同書,1936 年初刊);[日]铃木隆一:「青唐阿里骨政権の成立と契丹公主」(『史滴』4,1983 年)。

79 关于自宋初至元祐时期宋夏之间的边境问题,参见金成奎:『宋代の西北問題と異民族政策』(汲古書院,2002 年);李华瑞:《宋夏关系史》(河北人民出版社,1998 年)。

80 《宋会要·蕃夷二》二九,元符二年三月十二日条。关于元符二年的宋辽交涉,毛利英介:「一〇九九年における宋夏元符和議と遼宋事前交渉―遼宋並存期における国際秩序の研究」(『東方学報』82,2008 年)一文有详细论述。

81 《宋大诏令集》卷二三三《答夏国诏》,元符二年十二月壬寅条。

82 《宋史》卷十九《徽宗一》,崇宁元年十二月癸丑条:"论弃湟州罪,贬韩忠彦为崇信军节度副使,曾布为贺州别驾,安焘为宁国军节度副使,范纯礼分司南京。"

83 《宋史》卷三四八《陶节夫传》:"崇宁初,为讲议司检讨官,进虞部员外郎,迁陕西转运副使,徙知延安府。以招降羌有功,加集贤殿修撰。筑石堡等四城。石堡以天涧为隍,可趋者唯一路,夏人窖粟其间,以千数。既为宋有,其酋惊曰:'汉家取我金窟埚。'亟发铁骑来争。节夫分部将士遮御之,斩获统军以下数十百人。夏人度不可得,敛兵退。连擢显谟阁待制、龙图阁直学士。"同时,邢恕为鄜延经略安抚使,紧接着移泾原路,经略西夏,但他谋划的策略却遭到了转运使李复的非议。徽宗赞同李复,但蔡京却强行起用邢恕。蔡京的积极性由此可见一斑。(《宋史》卷四七一《邢恕传》)

84 《长编纪事本末》卷一三九《收复湟州》:"崇宁二年正月丁未,东上阁门副使、新知岢岚军王厚权发遣河州,兼洮西沿边安抚司公事。""二月戊寅……诏:'……今差知河州王厚专切招纳,走马承受童贯往来勾当,仰本路经略安抚、都总管司公共协力济办。'""(六月)辛未黎明,大军入湟州,假(高)永年知州事,完其城而守之。攻凡三日,斩首八百六十四,生擒四十一人,临阵降者一百八十三人。前后招纳湟州境内漆令等族大首领潘罗溪兼篯七百五十人,管户十万。厚具捷书以闻。"

85 《长编纪事本末》卷一四〇《收复鄯廓州》:"四月庚戌,王厚、童贯率大军次湟州……于是定议，分出三路，厚与贯率中军，由缓远关、渴驴岭指宗哥城，都护高永年以前军由胜铎谷沿宗河之北，别将张诚同招纳官王端以其所部由汪田、丁零宗谷沿宗河之南，期九日会于宗哥城下。""乙卯，王厚、童贯引大军至鄯州，军于城东五里。伪龟兹国公主、前封齐安郡夫人青宜结牟及其酋豪李河温率回纥、于阗般次诸族大小首领开门出降，鄯州平。""辛酉，王厚入廓州，驰表称贺，命厚别将陈迪守之。"

86　西夏自乾统二年（崇宁元年，1102），屡次恳请辽下嫁公主，并派遣李造福、田若水向辽求援。脱脱：《辽史》卷二七《天祚皇帝一》："（乾统二年六月）丙午，夏国王李乾顺复遣使请尚公主……壬子，李乾顺为宋所攻，遣李造福、田若水求援。""（三年）六月辛酉，夏国王李乾顺复遣使请尚公主……（十月）庚申，夏国复遣使求援。""（四年六月）甲寅，夏国遣李造福、田若水求援。"

87　《宋史》卷十九《徽宗一》，崇宁三年十月戊午条："夏人入泾原，围平夏城，寇镇戎军。"

88　作为崇宁二年收复湟州的恩赏，"进蔡京官三等，蔡卞以下二等"（《宋史》卷十九《徽宗一》，七月辛巳条），可见此次计划是以这二人为中心的。蔡卞虽于元符三年下台，但蔡京开始第一次当国的崇宁元年十月，他就复位为知枢密院事。

89　《宋史》卷十九《徽宗一》，崇宁三年五月己卯条："以复鄯、廓，蔡京为守司空，封嘉国公。"

90　熙河兰会路改名熙河兰湟路。《宋史》卷二〇《徽宗二》："（崇宁）四年春正月庚午朔，改熙河兰会路为熙河兰湟路。"

91　旧青唐领地压制战之际，对于徽宗询问的将军人选，蔡卞举荐了王厚和高永年（《宋史》卷四七二《蔡卞传》）。另一方面，蔡京依据神宗朝宦官李宪故事，举荐童贯作为监军（《宋史》卷四六八《童贯传》）。

92　关于宋辽之间使节派遣的详细情况，参见聂崇岐：《宋辽交聘考》（《宋史丛考》下册，中华书局，1980年，初刊1940年）。

93　《辽史》卷二七《天祚皇帝一》，乾统四年六月甲寅："夏国遣李造福、田若水求援。"同书同卷乾统五年正月乙亥："夏国遣李造福等来求援，且乞伐宋。"

94　《辽史》卷二七《天祚皇帝一》，乾统五年正月丁酉条："遣枢密直学士高端礼等讽宋罢伐夏兵。"高端礼曾作为贺正旦副使,于元祐七年(1092)来宋(《长编》卷四六八,元祐六年十二月己卯条)。

95 《宋史》卷二〇《徽宗二》,崇宁四年四月辛未条:"辽遣萧良来,为夏人求还侵地及退兵。"自此不见高端礼的名字。考察到他们的官职与元符二年来宋的辽使完全相同,可知萧良是正使,高端礼是副使。因此,《宋史》本纪中只记载了正使的名字。

96 《辽史》卷二七《天祚皇帝一》,乾统五年三月壬申条:"以族女南仙封成安公主,下嫁夏国王李乾顺。"本条中的时间应是闰二月的误记。参见韩荫晟编:《党项与西夏资料汇编》(宁夏人民出版社,2000年)中卷第6册,第5788页。

97 《宋编年通鉴》卷二五,崇宁四年三月条:"西羌溪赊罗撒居临哥城,夏国人寇,迫宣威城下寨,陇右都护高永年、刘仲武发兵御之。仲武大败,永年帐兵皆所招蕃部熟户,执永年以叛,为溪罗巴所杀。乘胜犯熙河城,杨惟忠募敢死士接战,杀其酋而还。"

98 徽宗被高永年之死激怒,亲书(应是御笔手诏)欲惩处刘仲武等十八名相关人员,却因为侯蒙的谏言最终没有实行。《宋史》卷三五一《侯蒙传》:"西将高永年死于羌,帝怒,亲书五路将帅刘仲武等十八人姓名,敕蒙往秦州逮治……蒙奏言:'汉武帝杀王恢,不如秦缪公赦孟明。子玉缢而晋侯喜,孔明亡而蜀国轻。今羌杀吾一都护,而使十八将骈之而死,是自艾其支体也。欲身不病,得乎。'帝悟,释不问。"

99 《宋史》卷二〇《徽宗二》,崇宁四年三月戊午条;《长编纪事本末》卷一四〇《收复银州》。顺便一提,南宋初期名将韩世忠曾作为兵卒在银州之战中十分活跃。《宋史》卷三六四《韩世忠传》:"崇宁四年,西夏骚动,郡调兵捍御,世忠在遣中。至银州,夏人婴城自固,世忠斩关杀敌将,掷首陴外,诸军乘之,夏人大败。"

100 李埴:《皇宋十朝纲要》(以下简称《十朝纲要》)卷十六,崇宁四年条:"闰二月己巳朔,置河东、陕西诸路招纳司。"

101 《编年备要》卷二七,崇宁四年四月条:"蔡京谓辽书悖慢,京草答书言峻甚。"《十朝纲要》卷十六,崇宁四年五月丁未条:"辅臣进呈答大辽国书,蔡京草答词,欲使夏人造廷请命,乃议削地,待之如初。"

102 《十朝纲要》卷十六,崇宁四年五月丁未条:"上谕,今筑萧关、银州,即是已正削地之罪。又令改'造廷'作'扣关'字,使者乃受书。"
103 《十朝纲要》卷十六,崇宁四年五月壬子条:"命龙图阁直学士林摅为辽国回谢使,客省使高俅副之。"然而,《辽史》卷二七《天祚皇帝一》,乾统五年五月壬子条记载:"宋遣曾孝广、王戬报聘。"使者不同。关于曾孝广,《宋会要·职官六八》一一,崇宁四年十一月十二日条载:"天章阁待制曾孝广降一官,落职,与小郡知州。以充泛使北朝国信使,申奏语录隐漏,及与三节人从祓衣相见接坐等罪故也。"可见他曾出任国信使,但详细情况不甚明了。
104 《东都事略》卷一○二《林摅传》:"及辞,辽主欲为夏人求复进筑城砦,摅曰:'北朝往日夏人不庭,亦尝取唐隆镇,今还之乎。'敌不胜其忿。"
105 《文献通考》卷三四六《契丹下》:"崇宁中,朝廷讨西夏,夏人求救于辽。辽遣使来,蔡京为相,隙度所以来之意,议先遣使往乞师,以塞其请。延禧得乞师之书,怒曰:'我本遣人往南朝和解,今番来借兵,用相玩尔。'"
106 《宋史》卷三五一《林摅传》:"摅答语复不巽,辽人大怒,空客馆水浆,绝烟火,至舍外积潦亦污以矢溲,使饥渴无所得。如是三日,乃遣还。"
107 蔡絛:《铁围山丛谈》卷三:"及我使至彼,则亦有阁门吏来,但说仪而已,不必习而见。摅时奉使至北,而北主已骄纵,则必欲令我亦习其仪也,摅不从。因力强,不可。于是大怒,绝不与饮食。我虽汲,亦为北以不洁污其井。一旦,又出兵刃拥摅出,从者泣,摅亦不为动。既出即郊野,乃视摅以虎圈,命观虎而已,且谓:'何如。'摅瞋目视之,曰:'此特吾南朝之狗尔。何足畏人。'北素讳狗呼,闻之气泪。摅竟不屈还。"使者不屈于敌国之意,坚守自身态度之事,时有夸张。使者常在归国后得到赞扬。但林摅的情况很难说不会损害国家利益,因此不能认为是单纯的夸张。此外,洪皓所著《松漠记闻》也有记载:"初,大观中,本朝遣林摅使辽,辽人命习仪,摅恶其屑屑,以蕃狗诋伴使。天祚曰:'大宋兄弟之邦,臣吾臣也。今辱吾左右,与辱我同。'欲致之死,在廷恐兆衅,皆泣谏止,杖半百而释之。"("大观中"似是崇宁四年的误记)由此可以佐证,林摅在辽引起纷争一事留在了许多人的记忆中。但是,林摅受杖罚一事恐怕并非事实。
108 同年七月,于开封东西南北设置四辅。《宋史》卷二〇《徽宗二》,崇宁四年七月辛丑条:"置四辅郡,以颍昌府为南辅,襄邑县为东辅,郑州为西辅，澶州为北辅。"这是为了应对与辽日益紧张的关系而实行的都城防御策略，并非如史书非议的那样只是单纯为了增加官职。（参见《长编纪事本末》卷一二八《四辅》）

109 《辽史》卷二七《天祚皇帝一》，乾统五年六月甲戌条："夏国遣使来谢，及贡方物。"

110 《辽史》卷二七《天祚皇帝一》，乾统五年十二月己巳条："夏国复遣李造福、田若水求援。"赵彦卫所著《云麓漫钞》卷四记载："宣政间，林摅奉使契丹，国中新为碧室，云如中国之明堂，伴使举令曰：'白玉石，天子坐碧室。'林对曰：'口耳王，圣人坐明堂。'伴使云：'奉使不识字，只有口耳壬，却无口耳王。'林词屈骂之，几辱命。彼之大臣云：'所争非国事，岂可以细故成隙。'遂备牋奏上，朝廷一时为之降黜。"

111 崇宁四年十一月，林摅归朝，在激怒邻国、惹是生非的非议声中晋升礼部尚书，但终因辽对他失礼的责难而贬为知颍州。《宋史》卷三五一《林摅传》："归复命，议者以为怒邻生事，犹除礼部尚书。既而辽人以失礼言，出知颍州。"

112 《宋会要·职官五一》八，崇宁四年八月二十八日条："承议郎、尚书礼部侍郎刘正夫假资政殿学士、太中大夫，为辽国国信使。以林摅未毕使事，虏继遣使至，故再遣。"《十朝纲要》卷十六，崇宁四年八月；《宋史》卷二〇《徽宗二》，八月壬辰条。

113 《辽史》卷二七《天祚皇帝一》，乾统五年十二月癸酉条载："宋遣林洙来议与夏约和。"韩荫晟认为此处"林洙"是林摅的误记，但从时间上看有些抵牾。崇宁四年正月丁酉（二八日）任命萧良、高端礼为使，四月辛未（四日）抵达开封，行程大约三个多月。因此，十二月癸酉（十日）抵辽的宋使，应该是八月壬辰（二八日）任命的刘正夫。《辽史》很可能记录了错误的人名。

114 《编年备要》卷二七，崇宁四年秋八月条："上嘉之，遂有大用之意。"

115 《辽史》卷二七《天祚皇帝一》，乾统六年正月辛丑条："遣知北院枢密使事萧得里底、知南院枢密使事牛温舒使宋，讽归所侵夏地。"

116 《长编》卷三六一，元丰八年十一月己酉条："辽国贺登宝位使、琳雅、崇议军节度使耶律白，副使、朝议大夫、守崇禄少卿、充史馆修撰牛温舒以下见于紫宸殿，次见太皇太后于崇政殿。"

117 杨应询于边境雄州出迎辽使，其本传载："复遣其相臣萧保先、牛温舒来请，诏应询逆于境。既至，帝遣问所以来，应询对：'愿固守前议。'"(《宋史》卷三五〇《杨应询传》) 萧得里底的汉名为萧奉先，萧保先是他的弟弟（傅乐焕：《辽史复文举例》，《辽史丛考》，中书书局，1984年，第295页）。史料中似乎存在错综复杂的情况。

118《辽史》卷八六《牛温舒传》："（乾统）五年，夏为宋所攻，来请和解。温舒与萧得里底使宋。方大燕，优人为道士装，索土泥药炉。优曰：'土少不能和。'温舒遽起，以手藉土怀之。宋主问其故，温舒对曰：'臣奉天子威命来和，若不从，则当卷土收去。'宋人大惊，遂许夏和。"

119《编年备要》卷二七，崇宁五年三月："辽使来。契丹复遣泛使同平章事萧保先、牛温舒来为夏人请地。时边报称北房点集甚急，泛使至馆，人情汹汹。"《宋史》卷三五三《张近传》："辽使为夏人请命，而宿兵以临我。"宋派遣管师仁，防备边事。(《宋史》卷三五一《管师仁传》)

120《编年备要》卷二七，崇宁五年三月："时边报称北房点集甚急，泛使至馆，人情汹汹。张康国、吴居厚、何执中、邓洵武皆谓势须与北房交战。"

121《宋史》卷一九〇《乡兵河东陕西弓箭手》，崇宁五年三月条："赵挺之言：'湟、鄯之复，岁费朝廷供亿一千五百余万……若以昔输于三国者百分之一人于县官，即湟州资费有余矣。'帝深然之。翌日，知枢密院张康国入见，力言不可使新民出租，恐致扰动众情……挺之奏：'……'帝曰：'……'……故深以挺之所奏为然。"

122《长编纪事本末》卷一四〇《收复银州》，崇宁五年四月丙寅条："改银州为银州城，威德军为石堡寨。"

123《十朝纲要》卷十六，崇宁五年五月条："是月，熙河兰湟路等路经略安抚使童贯遣都总管刘法，率兵入夏国界，破席（虎）红河、大铁泉两堡。及攻马练川城，破之。"

124《十朝纲要》卷十六，崇宁五年七月条："是月，西人始遣使赴阙，上表谢罪，辞极恭顺。"

125《十朝纲要》卷十六，崇宁五年七月丙辰条："罢新边西宁、湟、鄯三州诸城寨主簿。"

126 当时，相互交换誓诏和誓表对于和议的成立而言是必需的。宋与西夏、越南之间，原则上需要后者先出誓表，然后宋再出誓诏。参见前引金成奎书第 17 页。

127 此后，西夏向辽控诉宋没有履行返还领地的承诺，所以宋很可能实际上并没有还地。《辽史》卷二七《天祚皇帝一》，乾统九年（大观三年，1109）三月戊午条："夏国以宋不归地，遣使来告。"

128《辽史》卷二七《天祚皇帝一》，乾统六年十月乙亥条："宋与夏通好，遣刘正符、曹穆来告。"此处的"刘正符"应是刘正夫的误记。

129《宋史》卷三五一《刘正夫传》记载："京罢，正夫又与郑居中阴援京。京憾刘逵次骨，而逵善正夫，京虽赖其助，亦恶之。"

130《宋史》卷四八六《夏国下》："大观元年，始遣人修贡。"

第二章

1　中嶋敏：「北宋徽宗朝の大銭について」（『東洋史学論集―宋代史研究とその周辺』，汲古書院，1998 年，1975 年初刊）。

2　近藤一成：「蔡京の科挙・学校政策」（『宋代中国科挙社会の研究』，汲古書院，2009 年，1994 年初刊）。

3　《编年备要》卷二七，崇宁五年十二月条："学士郑居中往来贵妃父郑绅家，多闻禁中事，故先知之，因乘间言：'今所建立，皆学校礼乐，以文致太平，居养、安济等法，乃厚下俗裕民，何所逆天而致谴怒。挺之所更张不当。'上大以为然。居中退，语礼部侍郎刘正夫，未几，正夫请对，如居中言，上遂外挺之与逵而复向京。时京虽罢相，退居赐第，然政令大纲，皆与闻之。于是御史余深、石公弼等劾奏：'逵怀奸徇私，愚视一相，乘间抵巇，取崇宁以来良法美意而尽废之。陛下息邪说以正人心，而逵取为元祐学术者。陛下斥朋党以示好恶，而逵进用党人之子孙。陛下罪诋诬以尊宗庙，而逵上书邪者。陛下勤继述以绍先烈，而逵更改熙、丰法令者。惟欲权出于己，引致朋邪，呼吸群小，如毛滂、翟汝文之徒，朝夕造请，岂容尚执政柄。'遂罢逵，自中书侍郎出知亳州。"

4　《长编纪事本末》卷一三一《蔡京事迹》，大观元年正月甲五条："安远军节度使、司空、开府仪同三司、中太一宫使、魏国公蔡京为尚书左仆射兼门下侍郎。"

5　《宋史》卷三一二《吴充传》："子安诗、安持。安诗在元祐时为谏官，起居郎。安持为都水使者，迁工部侍郎，终天章阁待制。安诗子储、安持子俅，官皆员外郎，坐与妖人张怀素通谋，诛死。"

6 《王荆公诗》卷四三、律诗《赠外孙》李壁注："乃吴俅也。其父安持，充次子，荆公壻。俅得公此诗，何止不克负荷。后乃更坐恶逆诛，累及其亲。"

7 "姚兴"为"关中一国主"，因此指的应该是五胡十六国时，支配关中、保护鸠摩罗什的后秦第二位皇帝姚兴。

8 在此，崇宁四年被当作了事件的发生时间，与先前所述《宋史》记载的大观元年有所矛盾。如后文所述，正确的时间应是大观元年。参见本书第80页。

9 关于凌迟处斩，可参见海老名俊树：「宋代の凌遅処死について」(『宋代の社会と宗教』，汲古書院，1985年）。

10 《王荆公诗》卷四三、律诗《赠外孙》李壁注："然东野用是积累至从官，晚年尝见卧床有人头无数，岂怀素之狱不能无滥耶。"

11 北宋末年，僧道等宗教信徒开始以各种形式活跃于民间。关于这一点，可参见松本浩一：「宋代の雷法」(『宋代の道教と民間信仰』，汲古書院，2006年，1979年初刊）。

12 《老学庵笔记》卷三："会稽天宁观老何道士喜栽花酿酒以延客，居于观之东廊。一日，有道人状貌甚伟，款门求见。善谈论，喜作大字，何欣然接之，留数日乃去。未几，有妖人张怀素号落托者谋乱，乃前日道人也。"

13 《宋史》卷三四八《洪彦昇传》："吕惠卿与张怀素厚善，序其所注般若心经云：'我遇公为黄石之师。'且张良师黄石之策，为汉祖定天下，惠卿安得辄以为比。"

14 《宋史》卷三四五《陈瓘传》："调湖州掌书记，签书越州判官。守蔡卞察其贤，每事加礼，而瓘测知其心术，常欲远之，屡引疾求归，章不得上。檄摄通判明州。卞素敬道人张怀素，谓非世间人，时且来越，卞留瓘小须之，瓘不肯止。"

15 周煇：《清波杂志》卷一二《张怀素》："蔡（元度）尝语陈莹中，怀素道术通神，虽蜚禽走兽能呼遣之。至言，孔子诛少正卯，彼尝谏以为太早。汉、楚成皋相持，彼屡登高观战。不知其几岁，殆非世间人也。"《宋史》卷四七二《蔡卞传》："妖人张怀素败，卞素与之游，谓其道术通神，尝识孔子、汉高祖，至称为大士，坐降职。"

16 张静：《黄庭坚的临终关怀者——范寥的传奇人生》(《文史知识》2006年

第6期）文中所描绘的范寥正如此前所见，与本文所述的人物形象不同。

17 费衮:《梁溪漫志》卷一〇《范信中》:"范寥字信中，蜀人，其名字见《山谷集》。负才豪纵不羁，家始饶给，从其叔分财，一月辄尽之。落莫无聊赖，欲应科举，人曰:'若素不习此，奈何。'范曰:'我第往。'即以成都第二名荐送。益纵酒，殴杀人，因亡命，改姓名曰:花但石，盖增损其姓字为廋语。遂匿旁郡为园丁，久之，技痒不能忍，书一诗于亭壁，主人见之愕然，曰:'若非园丁也。'赠以白金半笏遣去。乃往称进士，谒一钜公（忘其人），钜公与语，奇之，延致书室教其子。范暮出，归辄大醉，复殴其子。其家不得已，遣之。遂椎髻野服诣某州，持状投太守翟公（思），求为书吏。翟公视其书绝精妙，即留之。时公巽参政立屏后，翟公视事退，公巽前问曰:'适道人何为者。'翟公告以故。公巽曰:'某观其眸子，非常人，宜诘之。'乃问所从以来，范悉对以实。问习何经。曰:'治易、书。'翟公出五题试之，不移时而毕，文理高妙。翟公父子大惊，敬待之。已而归南徐，寘之郡庠，以钱百千畀州教授，俾时赒其急阙，且嘱之曰:'无尽豫之，彼一日费之矣。'顷之，翟公得教授者书云:'自范之留，一学之士为之不宁。已付百千与之去。不知所之矣。'未几，翟公捐馆于南徐，忽有人以袖掩面大哭，排闼径诣繐帷，阍者不能禁，翟之人皆惊。公巽默念此必范寥，哭而出，果寥也，相劳苦，留之宿。天明，则翟公几筵所陈白金器皿，荡无孑遗，访范亦不见。时灵帏婢仆、门内外人亦甚多，皆莫测其何以能携去而人不之见也。遂往广西见山谷，相从久之。山谷下世，范乃出所携翟氏器皿尽货之，为山谷办后事。已而往依一尊宿（忘其名），师素知其人，问曰:'汝来何为。'曰:'欲出家耳。''能断功名之念乎。'曰:'能。''能断色欲之念乎。'曰:'能。'如是问答十余反，遂名之曰:恪能。居亡何，尊宿死。又往茅山，投落托道人，即张怀素也……时怀素方与吴储、吴侁谋不轨，储、侁见范愕然，私谓怀素曰:'此怪人，胡不杀之。'范已密知之矣。一夕，储、侁又与怀素谋，怀素出观星象曰:'未可。'范微闻之。明日乃告之曰:'某有秘藏遁甲文字在金陵，此去无多地，愿往取之。'怀素许诺。范既脱，欲诣阙，而无裹粮，汤侍郎（东野）时为诸生，范走谒之，值汤不在。其母与之万钱，范得钱，径走京师上变。"

18《朱子语类》卷一三〇《自熙宁至靖康用人》:"范某，蜀公族人，入宜州，见鲁直。又见张怀素，甚爱之。"

19 参见《宋史》卷三三七《范镇传》。

20 陈靖华：《范信中其人》（《九江师专学报（哲学社会科学版）》2003年第4期）认为范寥是黄庭坚的妻兄，但可信度很低。

21 黄庭坚：《宜州乙酉家乘》（不分卷）："（崇宁四年三月）十五日壬子，晴。成都范寥来相访，好学之士也。"

22 黄䃤：《山谷年谱》卷三〇、崇宁四年："九月三十日，卒。"

23 《（雍正）广西通志》卷八六："其后山谷殁于宜，往护丧出岭，士夫义之。（临桂县志）"

24 参见《全宋笔记》第2编第9册《宜州家乘》点校说明（黄宝华整理，大象出版社，2006年）。

25 周南《山房集》卷八、《杂说》同样采用了范寥潜入说："范寥，蜀公之后也。初张怀素与吴储、吴侔有异谋，寥知之，将告之，惧莫能得其情也，遂以仆役投募于怀素。怀素问寥识字乎，曰自小力农，不能识也。怀素固未之信，则命掌一书室，室中皆四方达官贵人书，尽堆积案几，封题固在，皆密为认识，以测其移易取视。寥才入，则困卧榻上，鼻息沸然。使人穴壁窥之，则固农夫也。"

26 四朝指的是神宗、哲宗、徽宗、钦宗朝。参见〔日〕周藤吉之：「宋朝国史の編纂と国史列伝」（『宋代史研究』，東洋文庫，1969年）。但是其中的系年稍有不合理处，后文将另行论述。顺便一提，李壁是《长编》作者李焘之子。

27 《四库全书总目提要》史部传记类《京口耆旧传九卷》："其书采京口名贤事迹，各为之传，始于宋初，迄于端平嘉熙间。"另外，关于《提要》中提到的佚名编者，可参见余嘉锡《四库提要辨证》卷六，史部四。

28 正九品承事郎的料钱是十贯。参见衣川强：「宋代の俸給について―文臣官僚を中心として―」（『宋代官僚社会史研究』，汲古書院，2006年，1970年初刊）。

29 《梁溪漫志》卷一〇《范信中》："时蔡元长、赵正夫当国，其状只称右仆射，而不及司空、左仆射，盖范本欲并告蔡也。"

30 《宋大诏令集》卷五八《赵挺之拜右相制（崇宁四年三月）》、《宋史》卷二一二《宰辅三》。

31 《宋大诏令集》卷五八《蔡京司空左仆射兼门下侍郎制（大观元年正月）》《宋史》卷二一二《宰辅三》。
32 《宋史》卷三五四《姚祐传》："以亲老请郡，授显谟阁待制、知江宁府。时召捕张怀素，祐追获之，复为殿中监。"
33 《(景定)建康志》卷一三《建康表九》。
34 宋代的江宁府就是今南京，即张怀素预言有王气之地——金陵。
35 石田肇：「北宋の登聞鼓院と登聞検院」（『中嶋敏先生古稀記念論集』上，汲古書院，1980年）。
36 同上，第310页。
37 同上，第314—317页。
38 关于"当笔"，据《朱子语类》卷一二八《法制》载："如有除授，则宰执同共议定，当笔宰执判'过中'。"即宰执会议时的代表，人事上则是执笔"过中"等决定性签名的担当者。
39 《梁溪漫志》卷一〇《范信中》："(张怀素)有妖术，吕吉甫、蔡元长皆与之往来。"
40 陈东：《少阳集》卷二《辞诰命上钦宗皇帝书》(靖康元年四月十六日)："顷岁张怀素与吴储等谋反，为范寥所告，开封府制勘，怀素供备言京尝有谋。是时开封府尹林摅、御史中丞余深实主其事，二人乃京死党，力为掩覆，凡文款及京者必令焚毁，京遂幸免。其后摅、深骤迁宰执，皆京报之也。"
41 参见梅原郁：『宋代司法制度研究』(創文社，2006年)第1部第6章「中央政府の司法制度（2）御史台と司法問題」；平田茂樹：「宋代の朋党と詔獄」（『宋代政治構造研究』，汲古書院，2012年，1995年初刊）。
42 参见本书第一章（第53—56页）。
43 《宋史》卷三五二《余深传》："累官御史中丞兼侍读。治张怀素狱，事连蔡京，与开封尹林摅曲为掩覆，狱辞有及京者，辄焚之。京遂力引深与摅，骤至执政。大观二年，以吏部尚书拜尚书左丞。三年，转中书侍郎。四年，转门下侍郎。京既致仕，深不自安，累疏请罢，乃以资政殿学士知青州。"
44 林摅就任开封府尹的时间是大观元年（1107）（慕容彦逢：《摛文堂集》卷四《龙图阁直学士朝奉大夫林摅可开封尹制》）。

45 释惠洪：《冷斋夜话》卷四："舒王女，吴安持之妻蓬莱县君，工诗多佳句。"舒王即王安石。

46 《长编纪事本末》卷一三〇《久任曾布》，崇宁元年六月辛卯条："是日，布言，吴材缘引吕惠卿、蹇序辰等议论不能胜，王能甫乃吴安持婿。近臣以安持追削职名皆挟怨，故以此攻曾诚、王防，欲中伤臣耳。"

47 参见本书第四章。

48 曾敏行：《独醒杂志》卷三："范信中名寥，为士人，慷慨好侠。山谷寄校理范寥诗，有'黄犬苍鹰伐狐兔'之句。舒州张怀素以幻术游公卿间，与朝士安之子侄佺、储等结连。信中以其谋不靖也，入京告变。朝廷逮捕怀素等，穷竟其事。大观元年狱成，坐累者逾百数，佺、储皆处极刑，其父母亦皆贬窜。信中获赏甚厚，累迁诸路戎钤。"

49 《宋大诏令集》卷一七七《令诸路监司觉察张怀素余赏（党）御笔手诏》（欠卷，只有目录标题）。

50 李之仪：《姑溪居士集》卷一九《故朝请郎直秘阁淮南江浙荆湖制置发运副使赠徽猷阁待制胡公行状》："朝廷以怀素事，初有旨，申男女结社念经不茹荤之禁，不觉察者增其罪名。州县畏或累己，凡持数珠，偶同坐者，悉逮捕。吴越雅相习，至洶洶不相保。"

51 《(景定)建康志》卷一三《建康表九》。

52 不存在名为"忠义郎"的寄禄官，恐怕是宣义郎的误写。《梁溪漫志》载："宣德郎，御史台主簿。"《挥麈录》载："宣义郎，司农主簿。"二者构成了矛盾。

53 《京口耆旧传》卷五《范寥》："既怀素伏诛，徽庙嘉其功，欲超进士第一人，授文阶。蔡京以寥上变之日，适在其告，谓进不因己，曰：'彼素不由学校躐授文阶，不可第。'授供备库副使。"皇帝将要超拔他为状元，却因为奸臣而受阻，赞扬这样的主人公形象或许也是记述中的一环。

54 《梁溪漫志》卷一〇《范信中》："范但得供备库副使、勾当在京延祥观，后为福州兵钤。其人纵横豪侠，盖苏秦、东方朔、郭解之流云。"

55 "江南"这一地域概念依据时代而有所不同。在此暂且采用唐代以后所认知的长江下游流域，宋代大致指的是江南东路、两浙路和淮南东西路的南半部。

56 中嶋敏「蔡京の当十銭と蘇州銭法の獄」(『東洋史学論集』，汲古書院，

1988年，1975年初刊）。

57　当时的连坐者中包括翟汝文。《宋会要·职官六八》一三，崇宁五年十二月八日条："朝奉大夫、司勋郎中周彦质罢送吏部，王云追夺逐次所推恩例，毛滂、翟汝文、元时敏并送吏部与监当。皆以章绖盗铸连坐也。"

58　前注41引平田茂树文第166—167页。

第三章

1　参见沟口雄三、丸山松幸、池田知久编：『中国思想文化事典』(東京大学出版会，2001年)「祭祀」、小島毅：『東アジアのと礼』(山川出版社世界史リブレット，2004年)、尾崎雄二郎、戸川芳郎编：『中国文化史大事典』(大修館書店，2013年)。

2　《宋史》卷一〇四《礼志·封禅》："太宗即位之八年，泰山父老千余人诣阙，请东封。帝谦让未遑，厚赐以遣之。明年，宰臣宋琪率文武官、僧道、耆寿三上表以请，乃诏以十一月二十一日有事于泰山，命翰林学士扈蒙等详定仪注。既而乾元、文明二殿灾，诏停封禅，而以是日有事于南郊。"

3　小島毅：『中国思想と宗教の奔流(中国の歴史　宋朝)』(講談社，2005年)第76—80页。

4　刘浦江：《"五德终始"说之终结——兼论宋代以降统治政治文化的嬗变》，《中国社会科学》2006年第2期。日文版见小林隆道译：「「五徳終始」説の終結－兼ねて宋代以降における伝統的政治文化の変遷を論じる－」，『「宋代中国」の相対化』，汲古書院，2009年。

5　小島毅：「宋代の国家祭祀－『政和五礼新儀』の特徴」，池田温编：『中国礼法と日本律令制』，東方書店，1992年，第480页。

6　同上，第470页。

7　《编年备要》卷二八，政和七年七月条《置提举御前人船所》："乃请作提举淮浙人船所，命内侍邓文诰领之。京以曩备东封船二千艘，及广济兵士四营，又增制作牵驾人，乞诏人船所比直达纲法，自后所用，即从御前降下，使许应奉如数贡人，余皆不许妄进。"

8　《宋会要·礼二二》一九："(政和)四年正月十七日，兖州命官、学生、道释、耆老及至圣文宣王四十七代孙孔若谷等诣阙进表，请皇帝行登封之礼。诏许二月七日拜表，八日引见，并如河南府已得旨挥，赐[束]帛、缗钱各有差。内高年人成倩授承事郎，赐绯衣银鱼，张春授将仕郎，并致仕。所请不允。"

9 《宋会要·礼二二》一九："二月六日，郓、濮二州命官、学生、道释、耆老等并诣阙进表，请车驾登封泰山。三月四日引见，赐钱帛如兖州例，所请不允。二州合八千六百余人。自是，开德、兴仁、（颖）[颍] 昌府、郑州、广济军等处，并乞诣阙请封，止令递表以闻，优诏不允。"

10 《宋会要·礼二二》一九："（政和四年）四月二十五日，河南府命官、学生、耆老、道释等再诣阙拜表，请中封、二十六日引见，赐束帛、緡钱各有差，内高人张成特授将仁郎致仕，诏不允。"（政和四年）十月二十六日，郓、兖二州命官、学〔生〕、耆老、道释等并乞再诣阙恭请皇帝东封。"政和四年三月五日，永兴军言：'本州学生钮昌言等诣州陈请，欲具表诣阙请皇帝登封，亲祠后土。'诏免赴阙，只令进表。"

11 政和八年（重和元年，1118），兖州升格为袭庆府，因此张漴的计划是这之后的事。如今的岱庙位于泰山山麓，其中现存最大的石碑是宣和六年（1124）为纪念岱庙修复工程完工而立的《宣和重修泰岳庙记》，此碑的书篆者正是张漴。所以，他的封禅请愿或许与岱庙修复有关，为什么政和年间中止后，修复工程还在继续？是为了在完工后继续请愿封禅吗？关于其政治背景以后再做讨论，在此暂时只关注令下辖父老请愿的地方官们。

12 《宋史》卷三七二《翟汝文传》："擢议礼局编修官，召对，徽宗嘉之，除秘书郎。三馆士建议东封，汝文曰：'治道贵清净。今不启上述三代礼乐，而师秦、汉之侈心，非所愿也。'责监宿州税。久之，召除著作郎，迁起居郎。"

13 华镇：《云溪居士集》卷二六《乞东封劄子》："某辄有管见，上渎钧听。某窃惟皇天上帝以盛德妙道，付畀圣君贤相，非徒以善一人之身，将讬以成天下之民也。惟庶民不能以自治，故作之君以治之。惟一人不能以自为，故作之相以辅之。受天锡之勇智，得斯民之先觉。君臣相遇，或以大功定宇内，或以至德善天下者，皆定职于天，底功于世。功成治定，礼当告成。故治世盛时，莫不登封泰山，登封泰山，所以告也。其君则皇〔黄〕帝、尧、舜、禹、汤、文、武，其相则风后、力牧、皋、夔、伊、周。海内之事，自李唐遭安史之变，成尾大之釁，陵迟颓靡二百有余载，生灵涂炭，神祇厌乱。天乃笃生艺祖、太宗、真宗三圣，相继以神武平僭窃,以仁义宠生齿。付畀之功既成,海内之治既定,故真宗皇帝栉风沐雨,东幸岱宗,钦修大典,不敢怠忽,所以昭事上帝也。帝王之道,自成周失文武之绪,困强霸之说,浇漓失坠,千有余载,人不见德,法度散亡。天乃笃生神考、哲宗暨今上皇帝,聪明睿智,继继承承。熙宁中,神考以神尧之道、文武之法,责成于先正文公。文公以孔孟之学、周召之业,革旷世之弊,相熙丰之政。大功未既,横议有作,纷更沮坏,天下切齿。绍圣修复,未及者多。崇宁之初,爰立贤辅,同心一德,协谋大政,经营讲论,内外并作,修纲修纪,小大不遗。六年于兹,功德明茂,人安物阜,时和岁丰,政举刑消,礼制乐作,羌戎款附,人神绥和。珍符嘉瑞,近自圻辅,远及边陲,日月进献者,无有虚岁。窃以为圣人之能事既备,帝王之功业著矣,讲修东封,告成于天,宜在今日。伏惟钧慈,特赐留神,申明朝廷,振举大典,天下幸甚。"

14 傅察:《忠肃集》卷上《拟请东封表》:"伏以承天之序,孰先报本之方,治世之隆,必举升中之礼。盖不特发祥赜祉,流福祚于无穷,亦所以勒崇垂鸿,示休烈于不朽。皇皇哉,天下之壮观,洋洋乎,帝者之上仪。遐观古初,历选后辟,固有无功而用事,未闻至治而遗章。粤我宋之龙兴,宪先灵而远驾。太宗顺命以创制,尚挚三神之欢。真皇修德以锡符,独接千岁之统。重熙累洽,用迄于今。承明继成,宜若有待。恭惟秉执圣德,处于法宫之中,图任贤才,挤于岩廊之上。崇宽大而长和睦,务教化而省禁防。四鄙晏安,靡有兵革之事,万民和乐,长无繇役之劳。修礼乐以文太平,广学校以扬俊异。外致殊俗,内畅淳风,囹圄空虚,国无一人之狱,衣食滋植,家有九年之储。泽浸昆虫,恩及行苇。颂声并作,协气横流。三光全而寒暑平,上顺泰阶之政,五谷熟而草木茂,下均庶物之休。垂拱无为,众祥自致,精神所乡,嘉贶荐臻。百川理而络脉通,万化成而瑞应著。素雉朱鸟之事,比盛周家,白麟赤雁之歌,参华汉室。是以东土耆老,鲁国诸生,冀瞻穆穆之光,咸庆颙颙之望。况承天意以从事,固无进越之嫌,倪垂圣虑于勒成,允答神灵之眷。伏望皇帝陛下总集元命,顺考前规,采掂童之欢谣,悉五县之硕虑,鸣鸾按铎,奏乐介丘,检玉泥金,储休岱岳,追八九之遥迹,章祖宗之盛功,为万世无疆之休,寔千载一时之会。臣等不胜大愿。"

15 王明清:《挥麈录》后录卷三:"方通,兴化人,与蔡元长乡曲嬾娅之旧,元长荐之以登要路。其子轸，宏放有文采，元长复欲用之。轸闻之，即上书讼元长之过。既达乙览，元长取其疏自辩云：'大观元年九月十九日，敕中书省送到司空左仆射兼门下侍郎魏国公蔡京劄子。奏伏蒙宣示方轸章疏一项，论列……'"

16　宋乔年之女是蔡京长子蔡攸之妻。(《宋史》卷三五六《宋乔年传》)

17　参见本书第二章。

18　方轸认为这一封禅计划的目的是蔡京想要出任东京留守，但是否果真如此？可资参考的应当是真宗朝封禅之际作为权东京留守的向敏中(《宋会要·礼二二》一五，大中祥符元年九月三日条)，他曾出任宰相(咸平四至五年，1001—1002)，当时为兵部侍郎。然而，时任宰相王旦却作为大礼使陪伴真宗行幸泰山(《宋史》卷二八二《王旦传》)。这么看来，大观元年宰相蔡京陪伴徽宗行幸也是理所当然的。因此，认为蔡京推进封禅计划的目的在于出任东京留守这一点，或者是方轸的诬告，或者至多是他的个人推测而已。所以，在此只指出蔡京于大观元年已在计划封禅这一点。

19　参见片冈一忠：『中国官印制度研究』，東方書店，2008年。

20　《长编纪事本末》卷一二八《八宝》，大观元年十一月丙辰条："蔡絛《国史后补》云：'国初创业艰难，诸宝多阶石为之。元丰诏依古作天子皇帝六玺，有玉而未成。大观初，始得玉工之善者琢之，但叠篆而已，玉亦不大良。又元符初，得汉传国玺，实秦玺，乃蓝田玉，李斯之鱼虫篆也，其文曰："受命于天，既寿永昌"。然独得玺而无检，螭又不缺。疑其一角缺者，乃检也。自有玺篆，考验甚详，传于世，上独取其文，而黜其玺不用，因是作受命宝，其方四寸有奇。时又得古小玉印，文曰："承天福，延万亿，永元极"者，上又以其文仿李斯鱼虫作宝，大将五寸，皆为螭纽，其篆盖鲁公命季兄愫以意敩之，《受宝记》言："有以古篆进者"，谓是也。名为镇国、受命二宝，合先皇帝六玺，是为八宝。乃于大观二年元日受之，上自为之记焉。'"

21　以下关于徽宗朝礼制，参见方诚峰：《祥瑞与北宋徽宗朝的政治文化》(《中华文史论丛》2011年第4期)等。

22　参见村越贵代美：『北宋末の詞と雅楽』(慶應義塾出版会，2004年)。

23　《长编纪事本末》卷一二八《九鼎》，崇宁四年九月乙未条："以九鼎成，御大庆殿受贺，始用新乐。"

24 《长编纪事本末》卷一三三《议礼局》，大观四年四月丙申条。

25 《长编纪事本末》卷一三三《议礼局》："（政和元年）三月癸亥朔，御制御书《政和新修五礼序》。议礼局请刻石于太常寺，从之。""（政和元年）四月庚戌，知枢密院事郑居中等奏：'恭惟陛下德备明圣，观时会通，考古验今，沿情称事，断自圣学，付之有司，因革纲要，既为礼书，纤悉科条，又载《仪注》，勒成一代之典，跨有三王之隆。臣等备员参订，徒更岁月，悉禀训指，靡所建明。谨编成《政和五礼新仪》并序例，总二百二十卷、《目录》六卷，共二百二十六卷。辨疑正误，推本六经，朝著官称，一遵近制。上之御府，仰尘御览。恭候宸笔裁定。其当以治人神以辨上下，从事新书，其自今始。若夫蒐补遗逸，讲明稀阔，告成功而示德意。臣等顾虽匪材，犹当将顺圣志而成之。'诏令颁降。"

26 前注 5 引小岛毅文。

27 《长编纪事本末》卷一三四《礼制局》，政和三年七月己亥条："诏：'……今无礼以齐之而刑施焉，朕甚闵之。可于编类御笔所置礼制局，讨论古今沿革，具画来上。朕将亲览，参酌其宜，蔽自朕志，断之必行，革千古之陋，以成一代之典，庶几先王，垂法后世。'"

28 关于御书阁，参见本书第四章第一节。

29 实际上，现存史书之中并未明确记载议礼局是否被废止、何时被关闭、是否改组成了礼制局。《长编纪事本末》关于议礼局的记载止于政和三年七月，同月，礼制局开始运作。

30 参见《长编纪事本末》卷一三四《礼制局》，政和三年十月条、十一月乙巳条等。

31 参见本书第二章。

32 《编年通鉴》卷一五，大观二年正月条："蔡京表贺符瑞。京等奏甘露降侍郎厅，延福宫所奏竹生紫花黄蕊，秘阁槐枝连理。御笔曰：'昨日仙鹤三万余集盘旋云霄之上。'京又奏有仙鹤数万只蔽空飞鸣。又奏建州竹生花，结成稻米，搬入城市，货籴所收数十万硕。又奏穰县生瑞谷，安化县生芝草，都计五万本。汝州生码瑙山子一百二十坐及诸州双头莲连理木，甘露降，仙鹤集，双爪双头，芍药牡丹，凡五千三百种有奇。拜表称贺。又言冀州黄河清，汝州牛生麒麟，六十二处降甘露，二十处木皆连理，二处祥云见，三处见毫光祥烟。手诏云：'金芝产于艮岳万寿峰，宜改名寿岳.'蔡京导主上酷好祥瑞,而李巘以竹钉竖芝草于蟾蜍揩以献,及至一夕而解,故钉犹存。梁子野进嘉禾,则以胶黏纸缠,皆不之罪。范齐诈称牛生一物,今已被村民坏了。窃虑即麒麟也。程祈言扶邦彦家收得异禽,恐凤凰也。此等无根之语,不可胜数。天大雨雪,都城平地八尺,飞鸟尽死,九街水滑,人马莫行。腊月之雷,京等指为瑞雷,三月之雪,以为瑞雪,拜表称贺,作诗赞咏,灾异不书。其视天变,曾不若童稚之可侮,尽本安石之言,谓天变不足畏。噫,自古物以罕见为奇,岂有芝草五万本而仙鹤数万只,竹生米数十万石以为祥瑞。此等诳诞之语,君臣同为诬罔,岂不贻笑于后世哉。"

33 《宋史》卷三五一《张康国传》:"(崇宁)二年,为中书舍人。徽宗知其能词章,不试而命。迁翰林学士。三年,进承旨,拜尚书左丞,而以其兄康伯代为学士。寻知枢密院事。康国自外官为郎,不三岁至此。始因蔡京进,京定元祐党籍,看详讲议司,编汇章牍,皆预密议,故汲汲引援之,帝亦器重焉。"

34 《宋史》卷三五一《张康国传》:"京使御史中丞吴执中击康国,康国先知之。旦奏事,留白帝曰:'执中今日入对,必为京论臣,臣愿避位。'既而执中对,果陈其事,帝叱去之。他日,康国因朝退,趋殿庐,暴疾,仰天吐舌,舁至待漏院卒,或疑中毒云。"

35 蔡絛:《铁围山丛谈》卷三:"孟翊有古学而精于《易》。鲁公重之,用为学官。尝为公言:'本朝火德,应中微,有再受命之象。宜更年号、官名,一变世事,以厌当之。不然,期将近,不可忽。'鲁公闻而不乐,屡止俾勿狂。未几,大观三年夏五月,天子视朔于文德殿,百寮班欲退,翊于群班中出一轴,所画卦象赤白,解释如平时言,以笏张图内,唐突以献。上亦不乐,编管远方,而翊死。"

36 前注史料认为,蔡京虽曾对孟翊的行为加以制止,但孟翊依旧贸然行事,所以这件事与蔡京无关。但这条史料出自蔡京之子,其中或许有维护父亲的意图,并不能完全采信。

37 《宋史》卷四七二《蔡京传》:"(大观)三年,台谏交论其恶,遂致仕。犹提举修哲宗实录,改封楚国,朝朔望。"

38 《长编纪事本末》卷一三一《蔡京事迹》,大观三年六月辛巳条:"太学生陈朝老上书曰:'蔡京奸雄悍戾,诡诈不情,徒以高才大器自处,务以镇压天下，以为自古人臣惟一切因循苟简以为治，无敢横身为国建议立制者，于是出而锐意更张，以为天下后世无以复加。陛下倾心俯纳，所用之人惟京为听，所行之事惟京为从，故蔡京得以恣其奸佞玩弄，无所畏忌，直欲败坏而后已。'"《宋史》卷四七二《蔡京传》："太学生陈朝老追疏京恶十四事，曰：'渎上帝、罔君父、结奥援、轻爵禄、广费用、变法度、妄制作、喜导谀、箝台谏、炽亲党、长奔竞、崇释老、穷土木、矜远略。乞投畀远方，以御魑魅。'其书出，士人争相传写，以为实录。"

39　《宋史》卷三四八《徐勣传》："勣与何执中偕事帝于王邸，蔡京以宫僚之旧，每曲意事二人，勣不少降节。"

40　参见本书第一章第30页。

41　《长编纪事本末》卷一三一《蔡京事迹》，大观四年四月癸未条："蔡京上《哲宗实录》。"

42　《长编纪事本末》卷一三一《蔡京事迹》，大观三年十一月己巳条；《编年备要》卷二七，大观三年十月条。

43　曾敏行：《独醒杂志》卷二："大观四年五月，彗星出于奎、娄之间，又自三月不雨至五月，上颇焦劳。"

44　蔡絛：《铁围山丛谈》卷三："大观末，鲁公责宫祠，归浙右。吾侍公舟行，一日过新开湖，睹渔艇往还上下。"卷六："江湖间小龙号灵异，见诸传说甚究……至大观末，鲁公责东南，舟行始抵汴口，而小龙又出迨鲁公。然小龙所隶南北当江湖间，素不至二浙也。政和壬辰，鲁公在钱塘，居凤山之下私第，以正月七日小龙忽出佛堂中，于是家人大小咸叹异，亦疑必有故。明日而鲁公召命至，复加六字王。"

45　《长编纪事本末》卷一三一《张商英事迹》，大观四年六月乙亥条："通议大夫、守中书侍郎张商英为通议大夫、尚书右仆射兼中书侍郎。"

46　《长编纪事本末》卷一三六《当十钱》，大观四年七月己未条："张商英言：'当十钱，自唐以来，为害甚明，行之于今，尤见窒碍。盖小平钱出门，有限有禁，故四方客旅、货物交易，得钱者必人中来盐钞，收买官告、度牒，而余钱又流布在街市小民间，故官私内外，交相利养。自当十钱行，一夫负八十千，小车载四百千。钱既为轻斋之物，则告牒难售，盐钞非操虚钱，布得实价则难行，重轻之势然也。今欲权于内库并密院、诸司借支应于封桩金银物帛并盐铁等，下令以当十钱盗铸伪滥害法，限年更不行用。今民间尽所有，于所在州军送纳，每十贯官支金银物帛四贯文。择其伪铸者，送近便改铸小平钱，存其如样者，俟纳钱足十贯，作三贯文，各拨还元借处。然后京城作旧钱禁施行，乃可议榷货通商钞法。'"

47 久保田和男：『宋代開封の研究』（汲古書院，2007年）第280—281页。

48 《长编纪事本末》卷一三一《张商英事迹》，政和元年八月丁巳条："诏张商英罢尚书右仆射，除观文殿大学士、知河南府。"

49 《宋史》卷三五一《张商英传》："（张商英）劝徽宗节华侈，息土木，抑侥倖。帝颇严惮之，尝葺升平楼，戒主者遇张丞相导骑至，必匿匠楼下，过则如初。"

50 《宋史》卷三五一《张商英传》："杨戬除节度使，商英曰：'祖宗之法，内侍无至团练使。有勋劳当陟，则别立昭宣、宣政诸使以宠之，未闻建旄钺也。'讫持不下，论者益称之。"

51 《编年备要》卷二八，政和元年四月条："中丞张克公又言：'商英尝毁谤先烈，比中宫建立，阴怀异意。又引党人陈瓘、龚夬、邹浩之徒使上书。且以己意令其客唐庚讽台谏击善良。纵中书吏漏泄命令。纳结近臣，务使更革，以鼓动天下。'凡数罪，而给事中蔡嶷亦助克公排之。"

52 《宋史》卷三五六《刘嗣明传》："张商英居相位，恶其不附己。时郑居中虽以嫌去枢密，然阴殖党与，窥伺益固。嗣明与之合，计倾商英。门下省吏张天忱贬秩，嗣明驳弗下，商英争之。诏御史台蔽曲直，商英以是罢。"

53 参见本书第二章。

54 《长编纪事本末》卷一三一《蔡京事迹》，政和二年二月戊子条："诏：'太子太师致仕蔡京两居上宰，辅政八年，首建绍述，勤劳百为，除秩居外，荐历岁时。况元丰侍从被遇神宗者，今则无几，而又累经恩霈，理宜优异。可特复蔡京太师，仍旧楚国公致仕，于在京赐第居住。'"

55 前注47引久保田和男书，第276、281—282页。

56 《长编纪事本末》卷一二五《官制》，政和二年九月癸未条："诏曰：'……公、少若除三公，即为宰相，合不带太宰、少宰、左辅、右弼之任。三少、特进以下，即带太宰等官称治省事。三公新官，太师旧官太师，太傅旧官太傅，太保旧官太保。此古三公之官，为宰相之任，今为三师。古无三师之称，合依三代为三公，论道经邦，燮理阴阳，官不必备，惟其人为真相之任……新官太宰旧官左仆射，新官少宰旧官右仆射。门下省新官，左辅旧官侍中，中书省新官，右弼旧官中书令．'"

57 《长编纪事本末》卷一三一《蔡京事迹》，政和二年三月乙亥条："诏：'太师致仕蔡京到阙，令二十五日朝见引对，拜数特依元丰中文彦博例，仍择日垂拱殿赐宴，许依旧服玉带，佩金鱼，赐对见例物。遇六参日趋赴起居，在大班退，亲王后入．'"

58 关于太清楼宴会与蔡攸的立场，参见本书第五章。

59 前注5引小岛毅文。

60 前注4引刘浦江文（日文版）第151—153页。

61 前注5引小岛毅文，第468页。

62 这条史料原注如下："句似有脱误。别本'亲涎'作'龙涎'，亦未详。"

63 《编年备要》卷二七，大观三年五月条："制违御笔法。诏中外官司辄敢申明冲改御笔处分者，以大不恭论。"

64 邓小南：《掩映之间——宋代尚书内省管窥》（《朗润学史丛稿》，中华书局，2010年）。

65 实际上二人并非同族，但因为同姓，所以郑居中似乎很早就自认是郑贵妃的从兄弟。《宋史》卷三五一《郑居中传》："初，居中自言为贵妃从兄弟，妃从藩邸进，家世微，亦倚居中为重，由是连进擢。"

66 《宋史》卷二一二《宰辅表》，大观元年闰十月丙戌："郑居中自资政殿学士、太中大夫、中太乙宫使兼侍读、实录修撰，仍前官同知枢密院事。"

67 《宋史》卷三五一《郑居中传》："居中始仕，蔡京即荐其有廊庙器。既不合，遂因蔡渭理其父确功状，追治王珪。居中，珪婿也，故借是撼之，然卒不能害。"

68 《宋史》卷三五一《郑居中传》："都水使者赵霖得龟两首于黄河，献以为瑞。京曰：'此齐小白所谓"象罔"，见之而霸者也．'居中曰：'首岂宜有二。人皆骇异，而京独主之，殆不可测．'帝命弃龟金明池，谓：'居中爱我'，遂申前命，进知院事。"

69 黄葆光曾抨击礼制局官员数量过多，其矛头很可能同样指向蔡京阵营。《宋史》卷三四八《黄葆光传》："自崇宁后，增朝士，兼局多，葆光以为言。乃命蔡京裁定，京阳请一切废罢，以激怒士大夫。葆光言：'如礼制局详议官至七员，检讨官至十六员，制造局至三十余员，岂不能省去一二，上副明天子之意．'时皆壮之。"

70 致仕翌年，政和七年（1117）何执中去世，年七十四。(《宋史》卷三五一《何执中传》)

71 参见本书第一章。

72 《宋史》卷三五一《刘正夫传》："京憾刘逵次骨，而邃善正夫，京虽赖其助，亦恶之。因章縡铸钱狱辞及正夫，时使辽还，京讽有司追逮之。帝知其情，第贬两秩。京又出之成都，入辞，留为翰林学士。京愈不能平，谋中以事。作春宴乐语，有'紫宸朝罢衮衣闲'之句，京党张康国密白帝曰：'衮衣岂可闲？'竟改龙图阁直学士，知河南府。"

73 《长编纪事本末》卷一三三《议礼局》，政和三年闰四月壬戌条："诏：'议礼局官曾经应奉修皇后册仪注，并预讨论武选官制文字，及《五礼新仪》了当，中书侍郎刘正夫、尚书右丞薛昂并转正议大夫，礼部尚书强渊明等并转一官。'"

74 《长编纪事本末》卷一三一《蔡京事迹》，政和六年五月甲午朔条："御笔：'蔡京遇朔望许朝，三日一知印、当笔。不赴朝日，许府第书押。不押敕劄，不书钞。'"

75 此后，蔡京上书请求每日朝参，可见他对于当时的状态（三日一朝）非常不满。《长编纪事本末》卷一三一《蔡京事迹》，政和六年八月庚辰条："太师蔡京奏：'臣昨以年逮七十，加之疾病，乞解机务。蒙恩特许三日一朝。今臣疾病既已痊复，筋力尚可勉强。伏望许臣日奉朝请，其治事即依已降指挥。'从之。"

76 《宋史》卷二二《徽宗本纪》，政和六年五月庚子条："以郑居中为少保、太宰兼门下侍郎，刘正夫为特进、少宰兼中书侍郎。"

第四章

1 文物出版社、講談社编：『遼寧省博物館　中国の博物館　第三卷』，講談社，1982年。

2 关于殿中省官署与官职的概述，可参见龚延明《宋代官制辞典》(中华书局，1997年)，第262—269页。

3 本书编辑委员会编：《清宫散佚国宝特集》书法卷（中华书局，2004年）第167—174页。在该书作品说明（黄伟利作）之中，这一文书的作成时间是宣和四年（1122），不知他做出这一判断的依据是什么。宣和年间应基本没有疑问，但断定是在宣和四年，则尚有疑问。或许是徽宗草书《千字文》作于宣和四年的缘故，所以被带偏了（同书中《草书千字文》在《蔡行敕》之前）。

4 《辽宁省博物馆藏法书选集》第一集第八册《宋徽宗赵佶书蔡行敕》（线装本）（文物出版社，1961年）。据原版缩印。

5 朱惠良、杨美莉编：《中华五千年文物集刊》法书篇三（台北故宫博物院，1985年）第86—93页，『中國書蹟大觀』四「遼寧省博物館」上（講談社，1986年）第220页。

6 如后文所述，《三希堂帖》将之归类为"宋太宗"书。

7 中田勇次郎编：『中国書道全集』第五卷·宋Ⅰ（平凡社，1987年）第204—206页。此后中村裕一的巨著『唐代制敕研究』（汲古書院，1991年）第三章「敕書」第五节「論事敕書」也有刊载（第591—593页）：图版21《徽宗敕蔡行诏书》。

8 《中国书迹大观》序言称，从馆藏墨迹之中选择了具有代表性的真迹百十幅，其中也包括《蔡行敕》。另外解说又称，有人推测是掌诏书的翰林所书之物，但依据不明。

9 西川寧：「宋徽宗の瘦金書千字文」（『西川寧著作集』第二卷「中國書法叢考 二」，二玄社，1991年，1964年初刊），第173—181页。

10 他所指阮元《石渠随笔》卷二记载，即："徽宗祀方丘敕，宫嫔墨迹。用厚绢黄绿红诸色，分五段织成行书字，方约三寸，共十三行，行五字六字不等。末书大'敕'字。钤'御书之宝'方印五〈方约四寸〉。后幅附郑居中割子。此剧真迹。后有袁桷跋，亦极详核。"

11 曹宝麟：《宋徽宗〈蔡行敕〉考》（《抱瓮集》，文物出版社，2006年）。

12 杨仁恺：《宋徽宗赵佶书法艺术琐谈》、《宋徽宗赵佶〈蔡行敕〉考辨》（《杨仁恺书画鉴定集》，河南美术出版社，1999年），《辽宁省博物馆藏法书选集》（前注4引附记，以下简称《附记》）。

13 《宋史》卷四七二《蔡京传》："子攸、儵、翛，攸子行，皆至大学士，视执政。"

14 关于徽宗禅位始末与蔡攸的结局，参见本书第五章。

15 《挥麈录》后录卷七："御书碑额，其始见之宋次道《退朝录》。御书阁名，或传蔡元度为请祐陵书以赐王荆公家，未详也。次道所纪碑名之后……

御书阁名，王文公曰：'文谟丕承'，蔡元长曰：'君臣庆会'，元度曰：'元儒亨会'……刘德初曰：'儒贤亨会'……蔡攸曰：'济美象贤'……王黼曰：'得贤治定'，蔡持正曰：'襃忠显功'，蔡攸曰：'缙衣美庆'，朱勔曰：'显忠'，童贯曰：'襃功'，高俅曰：'风云庆会'，秦会之曰：'一德格天'，杨正父曰：'风云庆会'，史直翁曰：'明良亨会'。其它尚多，未能尽纪，当俟续考。"关于当时的御书阁，李心传《建炎以来朝野杂记》甲集卷九也有记载："宣政间，大臣赐书阁，多得以御笔阁名。若蔡京曰：'君臣庆会'，王黼曰：'得贤治定'是也。绍兴初，高宗以平江朱勔南园赐韩忠武，题其赐书阁曰：'懋功'。后秦申王阁曰：'一德格天'，杨和王阁曰：'风云庆会'，史会稽王阁曰：'明良庆会'云。（皇甫坦赐书阁，名'绍兴焕文'）。"此外，《宋会要·崇儒六》——，宣和二年四月十六日载蔡庄之请："近日大臣及从官被受御书，例皆建阁，伏望锡之美名。"最终他获准建阁，并赐名"襃忠显功"。像这样关于御书阁的记载，同篇之中可见多例。

16 庄绰：《鸡肋编》卷中："黄策在平江府出卖蔡京籍没财物，得京亲书《亲奉圣语劄子》。"可见蔡京的家财于南宋初期被贩卖。

17 其中《石渠宝笈初编》将之列入上等，断定其为真迹。但当时乾隆皇帝的鉴赏水平并不佳。参见古原宏伸『中国画論の研究』（中央公論美術出版社，2003年）「乾隆皇帝の画学について」。

18 其中可以确认图版的只有③郑清之跋（《辽宁省博物馆藏法书选集》、『中国書道全集』第205页、《中华五千年文物集刊 法书篇三》第94页），其余只有诸书录文。因此，只有③显示改行之处。

19 《长编》卷四三四，元祐四年十月己亥条："国子祭酒、直集贤院兼徐王府翊善郑穆为给事中。"

20 关于这两则，杨仁恺《附记》已有指摘。此外，顾复《平生壮观》卷二记载："蔡行敕，白纸，行书。'敕蔡行。省所上劄子，辞免殿中省事，具悉（云云）'。后'十四日。敕蔡行。御书之宝'。穆拜观，黄庭坚跋（真迹想为人换去）、郑清之跋。乌伤王袆记题伯温所藏。项氏收藏。"他认为黄庭坚真迹已被人调包。

21 然而，卞永誉认为王袆被害于洪武六年，而《明史》卷二《太祖本纪》、卷二八九《王袆传》作洪武五年，只有卷三一三《云南土司传》作六年。本传记载的日期是十二月二十四日，死讯则于次年（六年）传至朝廷。因此，文中作洪武五年。
22 图版未确认。据《石渠宝笈初编》。
23 参见上海博物馆编:《中国书画家印鉴款识》(文物出版社,1987年)。三十六种印文:"天籁阁""神品""退密""项叔子""项子京家珍藏""项墨林鉴赏章""子京""神游心赏""项墨林印""墨林""子京父""帝陶唐之苗裔""桃里""平生真赏""项墨林父秘笈之印""若水轩""项元墨印""墨林子""子京所藏""子孙永保""墨林秘玩""墨林主人""子孙世昌""檇李项氏世家宝玩""墨林秘玩""项氏子京""寄傲""有何不可""田畴耕耦""项翰墨印""檇李""考古正今(攷古证今)""墨林博雅堂宝玩印""元汴""墨林嬾叟""宫保世家"。
24 据《石渠宝笈初编》。
25《钦定四库全书总目提要》卷一一三《子部二三·艺术类二》:"砢玉亦以其父爱荆与嘉兴项元汴交好……惟其所载法书,颇有目睹耳闻,据以著录,不尽其所自藏。乃一例登载,皆不注明,未免稍无区别。"
26 井上充幸:「明末の文人李日華の趣味生活ー『味水軒日記』を中心に」『東洋史研究』59-1,2000年;増田知之:「明代における法帖の刊行と蘇州文氏一族」『東洋史研究』62-1,2002年;中砂明徳:『江南ー中国文雅の源流ー』講談社選書メチエ,講談社,2002年。
27《珊瑚网》《式古堂书画汇考》此处作"太宗皇帝",《石渠宝笈初编》则注记"欠一字",前两者中的"太宗皇帝",恐怕是依各编者之意擅自补充的。另就图版而言,只有《辽宁省博物馆藏法书选集》可以确认这一污渍。
28 这一《跋太宗御书》,于清人倪涛《六艺之一录》卷三一三再录之际,改题名《宋太宗赐张齐贤御札》。若依据这一名称,则《石林燕语》有相关记载。叶梦得:《石林燕语》卷三:"张仆射齐贤为相,其母晋国夫人,年八十余,尚康强。太宗方眷张,时召其母入内,亲款如家人。余尝于张氏家见赐其母诗云:'往日贫儒母,年高寿太平。齐贤行孝侍,神理甚分明。'又一手诏云:'张齐贤拜相,不是今生,宿世遭逢。本性于家孝,事君忠。婆婆老福,见儿荣贵。'祖宗诚意待大臣,简质不为饰,盖如此也。"(相同记载亦见于叶梦得《避暑录话》卷下)
29 顺便一提,同样是太宗书法的《题宋熙陵御书后》,其题目亦载王祎学友宋濂《文宪集》卷一三,似乎在明初的知识人之间非常有名。

30 黄虞稷《千顷堂书目》卷一七记载其编修时间是永乐五年（1407）。这很可能是因为杨士奇序所述"皇上嗣大统之五年"的缘故。但序中杨士奇的官衔是正统三年（1438）以后的，王祎改谥忠文也是在正统年间。

31 《王忠文公文集》，北京图书馆古籍出版编辑组：《北京图书馆古籍珍本丛刊》第98册，书目文献出版社，1988年。但据王重民：《中国善本书提要》（上海古籍出版社，1983年），北京图书馆所藏版本（12册24卷）是万历七年金华府修缮版本。

32 由"重刻序"可知，是刊本而非抄本。

33 殿中省自北宋末靖康元年（1126）废止以来，元、明均未再设。与之相对的，中书省的废止则是明初的洪武十三年（1380）。

34 参见井上进：『中国出版文化』（名古屋大学出版会，2002年）。特别是第十一章，他认为洪武至天顺这百年间，是中国古代史上史学最萎靡的时期。

35 杨士奇等编：《文渊阁书目》（正统六年撰成）采录《王子充文集》，称"一部二册"为"完全"。无论从书名还是从册数来看，都与现存的北京图书馆本（二十四卷十二册）大相径庭。

36 姜绍书：《韵石斋笔谈》卷下《项墨林收藏》："大兵至嘉禾，项氏累世之藏，尽为千夫长汪六水所掠，荡然无遗。讵非枉作千年计乎。物之尤者，应如烟云过眼观可也。"

37 前注26引中砂明德书。

38 《清史稿》卷四《世祖本纪》，顺治二年闰六月癸卯条："嘉兴、湖州、严州、宁波诸郡悉平。"

39 井上充幸：「徽州商人と明末清初の芸術市場－呉其貞『書画記』を中心に」『史林』87-4，2004年。

40 关于吴其贞，参见前注引井上充幸文。

41 《凤池帖》详情不明，或是《凤墅帖》之误。《凤墅帖》是南宋曾宏父的丛帖，正帖二十卷、续帖二十卷、画帖二卷、题咏二卷，合计四十四卷，收集宋代著名人物的墨迹。其中被认作太宗书法的有正帖卷一《七朝宸翰》、续帖卷一七《太宗杂书》（摹刻自他帖）（曾宏父《石刻铺叙》卷下）。虽然早已散佚，但近年上海图书馆藏宋拓残帙十二卷，收入启功、王靖宪编《中国法帖全集》第八卷（湖北美术出版社，2002年）。太宗书法部分未有留存。

42 参见新世纪万有文库:《书画记》(辽宁教育出版社,2000年)邵彦《本书说明》。
43 参见朱彝尊:《曝书亭集》卷七二《前进士高公墓表》。
44 康熙二十一年《嘉兴府志》卷一七。
45 王岱:《了菴诗文集》卷九《高寓公先生传》:"戊子,感怀赋诗,绝笔而逝。时年四十六。"戊子即顺治五年。
46 高承埏之子的名字,依据光绪《嘉兴府志》卷五一《嘉兴文苑》。
47 潘光旦:《明清两代嘉兴的望族》(《民国丛书》第三编,上海书店,1991年,1947年初刊)将高道素、承埏、佑釲等人归入(36)高氏(编号是潘光旦论文中的望族编号)。
48 《书画记》卷三《怀素天姥吟草书一幅》:"卷后文文水、项墨林长篇题识。墨林又题:'其值八百金。'"
49 其他的"五福五代堂古稀天子宝""八徵耄念之宝""三希堂精鉴玺""御书房鉴藏宝""乾隆鉴赏"为乾隆皇帝所有,而"无逸斋精鉴玺""宣统鉴赏"则是宣统帝溥仪所有,这一点自不必说。
50 片冈一忠:『中国官印制度研究』(東方書店,2008年)第Ⅰ部第六章「五代・宋朝の官印—九畳篆印の登場」。
51 『中国書道全集』第203頁「恭事方丘敕」,『書跡名品叢刊』156「宋　徽宗　楷書千字文　神霄玉清万寿宮碑」(二玄社,1987年;其后合订版第20卷,2001年)。
52 李心传:《建炎以来系年要录》卷一,建炎元年正月庚申条:"金人索九鼎、八宝、天下图籍、本朝开国登位敕书、西夏进贡书本。于是皇帝殿玉宝十四,金宝九,皇后、皇太子妃金宝印各一,尽予之。(《靖康要盟录》云:'金人又取皇帝殿白玉宝十四。"承天休,延万亿,永无极"一也。"受命于天,既寿永昌"二也。"天子之宝"三也。"天子行宝"四也。"天子信宝"五也。"皇帝之宝"六也。"皇帝行宝"七也。"皇帝信宝"八也。"御书之宝"九也。"御书之印"十也。无字宝十一也。"皇帝恭膺天命之宝"十二也。"宣和御笔之宝"十三也。又"皇帝恭膺天命之宝"十四也……金宝九。"御前之宝"一,"宣和殿宝"二,"御书之宝"三,"天下同文之宝"四,"天下合同之宝"五,又"御前之宝"六,"御前锡赐之宝"七,"书诏之宝"八,"皇帝钦崇国祀之宝"九……')惟上皇所作"定命宝"在。"亦载于《三朝北盟会编》卷七九，靖康中帙，靖康二年二月七日条引《要盟录》。

53 《大金集礼》卷三〇《舆服下·宝》载："天眷元年九月，编类到宝印、圭璧。下项。玉宝十五面，并获于宋。受命宝一（咸阳，三寸六分，文曰：'受命于天，既寿永昌'。系蓝田秦玺，并白玉。盖螭虎纽）、传国宝一（螭虎纽）、镇国宝一（大观，二面并碧色，文曰：'承天依〔休〕，延万亿，永无极。'）、受命宝一（大观，文曰：'受命于天，既寿永昌。'）、天子之宝、天子信宝一、天子行宝一、皇帝之宝一、皇帝信宝一、皇帝行宝一（系八宝）、皇帝恭膺天命之宝二（四寸八分。内一面，螭纽白玉，伴环并绶白玉，盖金，玉检牌及玉座子沈香云盆一，玉童子二）、御书之宝二（龙纽一、螭纽一）、宣和御笔之宝（螭纽）并八宝，共一十三面，并白玉……金宝并印八面，获于宋。天下同文之宝一、御前之宝二、御书之宝一、宣和殿宝一、皇后之宝一、皇太子宝一、皇太子妃印一。"

54 赵彦卫:《云麓漫钞》卷一五："朝会陈于御坐前，大礼则列于仗。"陆游:《家世旧闻》卷下："先君言，玉玺旧有六而已，其文曰：'皇帝之宝'、'皇帝行宝'、'皇帝信宝'、'天子之宝'、'天子行宝'、'天子信宝'。虽各有所施，其宝皆藏而不用。凡诏书，别铸'书诏之宝'，而内降手札及与契丹国书用'御前之宝'而已。"

55 关于作为禁中女官组织之一、参与文书作成的尚书内省，可参见邓小南《掩映之间——宋代尚书内省管窥》(《朗润学史丛稿》，中华书局，2010年）。

56 然而《题宋高宗赐答罗尚书手诏》不见于宋濂的文集《宋学士文集》卷四四（《芝园集》卷四）。

57 关于"书诏之宝"的用例，留有如下石刻，因为是通达各地的文书，所以确实不可能是亲笔。毕沅:《山左金石志》卷一八《徽宗奖谕敕书碑》（在兖州府）："右刻奖谕七行，字体大小不等，首行'敕'字上有御玺文，曰：'书诏之宝'。"

58 例如现藏于北京故宫博物院的徽宗《雪江归棹图》，"宣和殿制"四个瘦金体字之后可见有御押，上为"御书瓢印"、下为"天下一人"。此外，以下史料中的"天水"、"宣和"、"政和"印玺，应当也包括在"帝笔印玺"之中。夏文彦:《图绘宝鉴》卷三："徽宗……画后押字，用'天水'及'宣和'、'政和'小玺志，或用瓢印，虫鱼篆文。"文震亨:《长物志》卷五

《御府书画》:"宋徽宗御府所藏书画,具是御书标题,后用宣和年号、玉瓢御宝记之,题画书于引首一条,潤仅指大。"

59 也有天顺年间刊《宋学士先生文集补辑》。

60 《宋徽宗书法全集》(朝华出版社,2002年)第156页。《北京图书馆藏中国历代石刻拓本汇编》第43册(中州古籍出版社,1990年)第53页。

61 陶宗仪:《南村辍耕录》卷二六《传国玺》。

62 《明史》卷六八《舆服志·皇帝宝玺》:"明初宝玺十七。其大者曰:'皇帝奉天之宝',曰:'皇帝之宝',曰:'皇帝行宝',曰:'皇帝信宝',曰:'天子之宝',曰:'天子行宝',曰:'天子信宝',曰:'制诰之宝',曰:'敕命之宝',曰:'广运之宝',曰:'皇帝尊亲之宝',曰:'皇帝亲亲之宝',曰:'敬天勤民之宝'。又有'御前之宝''表章经史之宝'及'钦文之玺'……成祖又制'皇帝亲亲之宝''皇帝奉天之宝''诰命之宝''敕命之宝'……弘治十三年,鄠县民毛志学于泥河滨得玉玺,其文曰:'受命于天,既寿永昌'……嘉靖十八年新制七宝,曰:'奉天承运大明天子宝''大明受命之宝''巡狩天下之宝''垂训之宝''命德之宝''讨罪安民之宝''敕正万民之宝'。与国初宝玺,共为御宝二十四,尚宝司官掌之。"也可参见沈德符:《万历野获编》卷一《列朝·玺文》。

63 传世的书画作品之中,大多数被加盖的都是南宋高宗的作品,很可能是因为南宋重新制作并使用了这一御宝。清代的乾隆皇帝也曾将其作为收藏印使用(例如范宽的《雪景寒林图》)。

64 若此处所指"中书舍人"包含元丰以前的话,则是错误的。北宋前期的中书舍人至多不过是寄禄官而已,并未承担实务。

65 唐代"手诏(手制)"哪怕是由皇帝亲笔起草,也需要经过与一般的诏书(制书)一样的定立过程。前注7引中村裕一书。

66 据说这出自蔡京之子蔡絛之手。参见『書跡名品叢刊』(前注51)。

67 前注7引中村裕一书第591—593页。

68 此处《三朝北盟会编》为光绪三十四年刊本(上海古籍出版社景印,1987年)。光绪四年铅印本、四库全书本,"惹笔"作"诺笔"。

69 关于徽宗朝后期御笔手诏与宦官之间的关系,将在本书第五章《北宋末的宣和殿》中再论述。

70 关于梁师成,参见本书第五章第207—208页。

71 参见前注55邓小南文。
72 问题是我们并不清楚宦官们加盖在御笔手诏之上的御宝的印文究竟是什么。起初因分别使用"御书之宝"与"书诏之宝"，可以区分皇帝亲笔与女官代笔，但宣和年间以降，与御笔作成相关的宦官、使臣们使用的究竟是哪一种印文的御宝？很遗憾，根据现在的史料无法得知详情。
73 杜佑《通典》卷二六《职官志八·殿中监》："魏置殿中监官，晋、宋并同。齐有内外殿中监各八人，梁、陈因之，其资品极下。后魏亦有殿中监。北齐有殿中局，置监四人，属门下省，掌驾前奉引。隋改为殿内局，置监二人。大业三年，分门下、太仆二司，取殿内监名，以为殿内省，有监、少监、丞各一人，掌诸供奉，领尚食、尚药、尚衣、尚舍、尚乘、尚辇等六局。每局各置奉御二人以总之，置直长以贰，属门下省。大唐改为殿中省，加置少监二人，丞亦二人。其官局职任，一如隋制，为一司，不属门下。龙朔二年，改殿中省为中御府，改监为中御大监、少监，改丞为中御大夫，咸亨初复旧。"
74 《宋史》卷一六四《职官志四·殿中省》："旧殿中省判省事一人，以无职事朝官充。虽有六尚局，名别而事存，凡官随局而移，不领于本省。"
75 《长编》卷三二六，元丰五年五月癸未条："诏。如闻官制新行，诸司不知所属，可一切申尚书省。其旧官司如殿中省、翰林院之类，有现任官者，令依旧治事，候新官上即对罢。其妄称疑废，讬故避事，以擅去官守律论。"尽管如此，这或许是针对设想中所属殿中省的六尚局（或类似机关）的措施。反过来说，这表明在当时作为统辖官厅的殿中省尚未设立。
76 《宋史》卷一九《徽宗本纪》，崇宁二年二月条："辛酉，置殿中监。"
77 宫崎圣明：「北宋徽宗朝の官制改革について」，『宋代官僚制度の研究』，北海道大学出版会，2010年，2008年初刊。张复华：《宋徽宗朝官制改革之研究》，《北宋中期以后之官制改革》，文史哲出版社，1991年。
78 《长编》卷三二七，元丰五年六月己巳条，以及《宋会要·仪制五》一九、《职官八》五，也记载有相同内容。熊本崇指出，由上殿规定中第三位的丞视六曹第二位的侍郎这一点来看，很可能从一开始就只打算令监、少监中的某一人上殿（「宋神宗官制改革試論－その職事官をめぐって－」，『東北大学東洋史論集』10，2005年）。此后新设殿中省，比如据《宋会要·刑法一》二七，政和三年二月七日条载，殿中监高伸与少监曹昱就同时存在。

79 《长编》卷三二七,元丰五年六月丁丑条:"详定官制所言:'御辇院乞依旧隶太仆寺,其舆辇及应供奉事隶殿中省。牛羊司隶光禄寺,其养牛、乳牛兵匠入牛羊司。'从之,惟御辇院不隶省寺。"

80 《宋史》卷三四六《陈次升传》:"又论卞客周穜贪鄙,郑居中憸佞。由是惇、卞交恶之,使所善太府少卿颜致己意,尝以美官。"

81 《宋史》卷一六四《职官志四·殿中省》:"(崇宁)三年,蔡京上修成殿中省六尚局供奉库务敕令格式并看详凡六十卷,仍冠以'崇宁'为名。"

82 《宋会要·职官一九》四一七。仅单纯合计其中出现的人数(簿、令史以下)就已超过两千。

83 孟元老:《东京梦华录》卷一《大内》:"(文德)殿前东西大街,东出东华门,西出西华门。近里又两门相对,左右嘉肃门也。南去左右银台门。自东华门里皇太子宫,入嘉肃门街,南大庆殿后门,东西上阁门街,北宣祐门,南北大街,西廊面东曰凝晖殿,乃通会通门,入禁中矣。"

84 关于北宋开封宫城构造的详情,参见久保田和男:「宋代の時法と開封の朝」(『宋代開封の研究』第七章,1995 年初刊);平田茂樹:「宋代の宮廷政治―「家」の構造を手掛かりとして―」(笠谷和比古编:『公家と武家Ⅱ「家」の比較文明史的考察』,思文閣出版,1999 年);本书第五章附图(第 187—188 页)。

85 《事物纪原》卷七《真坛净社部》:"崇夏寺。东京记曰:'唐大中三年置。建隆中,石守信以寺门窄狭重造。二年八月,门成,车驾临幸。宋朝会要,守信重修二门,诏治宫材也。'"太祖行幸见《长编》卷二,事在建隆二年(961)八月辛亥。

86 《文献通考》卷七七《郊社考》一〇:"太祖、太宗时,凡京师水旱稍久,上亲祷者,则有建隆观、大相国、太平兴国寺、上清太一宫。甚则再幸,或撤乐减膳,进蔬馔。遣官祷者,则天齐、五龙、城隍、祆神四庙、大相国、开宝、报慈、乾明、崇夏五寺及建隆观。"

87 《东京梦华录》卷六:"收灯毕,都人争先出城採春……州东,宋门外,快活林、勃脐陂、独乐冈、砚台、蜘蛛楼、麦家园、虹桥王家园。曹宋门之间,东御苑、乾明、崇夏尼寺。"

88 从姓氏来看,这里所指"见任执政官",应当是自崇宁元年六月至三年八月出任门下侍郎的许将。然而《宋史》等诸多史料之中，仅见许将之子许份（字子大）。

89 《历代名臣奏议》卷一一五《学校》："崇宁初，左司谏慕容彦逢上奏曰……"

90 蔡京的皇城改造不止于此，例如还有著名的营造延福宫、设置明堂、移动秘书省等。

91 关于唐代的殿中省六尚局，可参见黄正建：《唐六尚长官考》（《魏晋南北朝隋唐史资料》21，2004年）。唐前期的六尚局长官是清选官，也是皇帝的亲信。除了一部分有能力的技术人员，就任者大多是皇族、功臣子弟。

92 根据前注引黄正建论文，伴随唐后期闲厩使的设立，六尚局中的尚乘局逐渐变得有名无实。可参见宁志新：《唐代的闲厩使》（《中国社会经济史研究》1997年第2期）。

93 参见前注82。

94 《宋史》"管勾"作"管干官"。《宋史》卷一六四《职官志四·殿中省》："又置提举六尚局及管干官一员。"

95 殿中监可以"殿中省"名义行移文书。《宋会要·职官一九》七，崇宁二年二月十四日条："同日，殿中监言：'本监今来行移文字，乞依秘书省例以殿中省为名。'从之。"

96 《职官分纪》卷二六《入内内侍省都都知》："国朝入内内侍省。国初，有内中高品班院。淳化五年，改入内内班院，又改入内黄门班院，又改内侍省入内内侍班院。景德三年，其东门取索司可并隶内东门司，余入内都知。内东门都知司、内侍省入内内侍班院可立为入内内侍省，以诸司隶之，遂定管勾事。"与之相对被称为"前省"的内侍省，沿袭北齐传统，承担对外杂役。

97 《东都事略》卷五〇《张耆传》："诚一任枢密院副承旨时，尝开耆之棺椁，略取财物，解父所系排方犀带。后任观察使，为谏官论列，责官而卒。"据说张诚一曾对自己父亲的墓采取暴行，掠夺陪葬品，所作所为十分恶劣。元祐年间所写关于熙丰时代的记录，必然需要对此多加斟酌。反之亦然。

98 《宋会要·职官五六》一《官制别录》："神宗元丰三年六月十五日，诏中书置局详定官制，命翰林学士张璪、枢密副都承旨张诚一领之，祠部员外郎王陟臣、光禄寺丞李德刍检讨文字，应详定官名制度，并中书进呈。"

99 然而这则史料还有下文："至崇宁初，蔡京相徽宗，置殿中监，近侍遂有分职。郑居中执改［政］，议武选，其后命下，文武具称郎、大夫，内侍预焉。自是押班、都知、殿头、内养等各一切革去。盖京与（郑）居中皆结阉寺以进，故与之为地如此。"根据这一记载，殿中监的设置也是与宦官勾结的结果。但如后文所见，关于殿中省的设置，二者的利害关系是相反的。

100 关于张诚一与宦官们的关系，《长编》卷三七〇，元祐元年闰二月条载："伏见韩缜自备位宰府以来，内外文武百执事，至于闾阎聚落之人，无不窃议交毁，以为非据……在密院则诣事张诚一，待以家人礼，每宴饮大笑，款密无间，欲因诚一以结宦官，此最为士论所深疾者也。"吕陶弹劾韩缜的理由之一，就是他企图通过张诚一与宦官勾结。

101《宋史》卷三四七《席旦传》："新建殿中省，命为监，俄拜御史中丞兼侍讲……（席）旦立朝无所附徇，第为中丞时，蔡王似方以疑就第，旦纠其私出府，请推治官吏，议者哂之。"

102《宋史》卷三一二《曾公亮传（附孝蕴传）》："崇宁建殿中省，擢为监。居数月，言者论其与张商英善，以集贤殿修撰出知襄州，徙江浙荆淮发运。"

103《宋史》卷二八八《范雍传（附坦传）》："召为户部侍郎，论当十及夹锡钱之弊……时张商英为相，坦多与之合。"

104《编年备要》卷二六，崇宁二年八月条："张商英罢。初，商英与蔡京在神宗朝同为讲官，雅相好。及是，言多不合，商英言'京奸邪有才，为相国，志在逢君'等语。中丞石豫、御史朱绂、余深以为张商英非所宜言。"

105《宋史》卷三五四《姚祐传》："六尚局官制成，凡所以享上率属、察举稽违、殿最勤惰之法，皆祐裁定。"

106《宋代京朝官通考》认为许敦仁就任殿中监的时间是崇宁五年，但当年正月曾发生政变，蔡京一时失势，情势变得十分微妙（参见本书第一章），则有可能他的就任并非出自蔡京授意。许敦仁的履历如下：监察御史→右正言→起居郎→殿中监→御史中丞→兵部侍郎。根据《宋代京朝官通考》"兵部侍郎"一项，他曾于崇宁三年至五年就任兵部侍郎，这里就产生了矛盾。在除《宋史》本传外并无其他史料的现状下，无从判断究竟哪一项是错误的，也不可能确定每个具体官职的就任时间。因此，本书将他的就任时间归为"崇宁年间"。

107《宋史》卷三五三《张阁传》："京免相，阁当制，历数其过，词语道拔，人士多传诵之。"

108 李心传:《建炎以来系年要录》卷一,靖康元年正月壬辰条:"延康殿学士高伸落职,左金吾卫大将军高杰降充左卫率府率。杰、伸皆俅兄,坐根括犒军金银而相与隐匿,为婢所告也。"

109 高伸曾为宣和殿学士。参见本书第五章第 220—221 页。

110 陈次升:《谠论集》卷五《奏弹内侍刘瑗》。

111 关于保和殿大学士,参见本书第五章。

112 这一流行是从童贯开始的。原本他兼任枢密使时,为了与正任有所区别,所以使用"领"字,蔡攸、郑居中等也曾使用。逐渐地,它被认为位在"知"字之上。徐度:《却扫编》卷上:"童贯之始入枢府也,官已为开府仪同三司,而但以为'权签书枢密院河西北面房公事'。顷之,乃进称'权领',盖以谓所掌止边防一事且姑使为之而已。又数月,乃正称'领枢密院事',自是不复改。其后蔡攸以少师居枢府,亦称'领',郑太宰居中以故相居枢府,亦称'领'……靖康间,何丞相㮚以资政殿学士,李丞相纲以资政殿大学士,皆领开封府职事,而别置尹。初贯之不称'知'而称'领'者,非尊之也,盖犹难使之正居执政之位,故创此名,然邓枢密洵武以少保知院,而实居其下。庆历间,吕许公以首相兼判枢密院事,论者以为'判'名太重,未几,改兼枢密使。元丰官制,废枢密使不置,则知院为长官。今'领'居'知'上,则判院之任也。按,汉制有'领尚书',有'平尚书','领尚书'则将军、大司马、特进为之,'平尚书'则光禄大夫、谏大夫之徒皆得为之,则'领'之为重也久矣。"

113《宋史》卷四七二《蔡攸传》:"子行领殿中监。"

114 同样举殿中省的例子,《宋会要·刑法一》二七载政和三年二月七日,《殿中省六尚供奉敕令》完成之际,赏"详定官、朝请郎、殿中监高伸"。《宋会要·刑法一》二七,政和三年二月七日条:"《殿中省六尚供奉敕令》书成,诏详定官朝请郎殿中监高伸、朝议大夫殿中少监曹昱、删定官朝散郎殿中丞王逈、朝奉郎殿中省主簿赵士谞各转一官。"

115 苗书梅等点校《宋会要辑稿·崇儒》(河南大学出版社,2001 年)"诏殿中监察、行户部侍郎王义叔"有注:"殿中监察 按宋代无此官名,疑有误。"

116 与蔡行相关的记载,时间下限如下:《宋会要·选举九》一六,宣和六年五月二十日条:"诏通议大夫、守殿中监、兼校正御殿前文籍蔡行特赐进士出身。"

117《宋会要·后妃四》一二《内职杂录》，宣和七年八月四日条："诏：'婕妤王氏隆诞，亲属可依下项推恩。亲叔、起复朝散大夫、试殿中监王义叔，亲娣之夫、武节郎、开德府兵马钤辖士溃，承节郎、鄢陵县巡检郝诵，各与转行一官。'"

118《宋会要·职官七七》一四，宣和七年十一月一日条："诏：'持服前中奉大夫、殿中监王义叔丁祖母忧，特令起复，差遣依旧。候卒哭日供职，不许辞免。'"

119 其背景是，殿中省不在监察御史的"六察"范围之内，而是与三省、内侍省一样，接受御史台长官（御史中丞）与言事御史的监察（《长编》卷三二九，元丰五年八月癸丑条），有时或许被排除在通常的监察对象之外。

120《宋会要·职官一九》一二，靖康元年正月四日条："诏六尚局并依祖宗法。"

第五章

1 《会编》卷二五，宣和七年十二月二十二日条："又曰，初粘罕之犯境也，茹越寨得虏之牒文，及开拆，乃檄书，其言不逊，所不忍言。贯得之归，与大臣议，恐伤天子意而不敢奏。时又议下诏求言，而诏本数改易，未欲下也。（贯奉命乃宣抚河北、河东诸路，及其遁也，无上命而遽还。宰相、枢府咸不能诘，方引之都堂，共商议下求言诏，又不召翰林学士，乃用贯参谋宇文虚中草辞，大凡皆不正。）李丞相邦彦谓：'不若以檄书进，用激圣意。冀得求言之诏亟下尔。'二十三日，大臣于宣和殿中以檄书进呈，上果涕下无语，但曰：'休休，卿等晚间来商量。'是晚，大臣既再对于玉华，而宇文虚中与吴敏适亦请对。上谓大臣曰：'卿等可候，引虚中及敏对罢，却来相见。'虚中对，后次敏见。遂及禅议，上因留敏于外，少俟，复召大臣，忽气塞不省，坠御床下。近臣急呼左右扶举，仅得就保和殿之东阁。群臣共议，以再进汤药，俄少苏，因举臂索纸笔，上以左手写曰：'我已无半边也，如何了得大事。'大臣无语。又书：'诸公如何又不肯耶。'左右顾，无应者，遂自书曰：'皇太子某其可即皇帝位，予以教主道君退处龙德宫。'又谓吴敏：'朕自拔擢，今日不负朕，可呼来作诏。'禅位诏，敏辞也。时敏草诏进入，上手指其后曰：'自此可称"予"。'遂召东宫来视疾，至则大臣当榻前谕旨，以御袍衣之。东宫因顿首辞，且谓之：'受则不孝矣。'举体自扑，终不敢当，因亦得疾。太上又命召中宫，至，同加敦谕曰：'官家老矣，吾夫妇欲以身讬汝也。'犹力辞，上坚命立之，是为孝慈渊圣皇帝。初敏见建牧，深以为未快，必一切付之而后可，时太上意切于避狄，故敏适以是晚对，因得进言，促成大计，谓必付讬之重，而后可去。故太上尤善之，遂内禅。"以下《会编》据光绪三四年刊本。光绪四年铅印本、四库全书本于"玉华"后有"阁"字。小栗英一「徽宗下の宇文虚中」(『人文論集(静岡大学人文学部)』26，1975年)一文曾言及禅位场景。

2 《会编》卷二七，靖康元年正月三日条："是日夜漏二鼓，出通津门御舟东下。太上皇后及王子、帝姬接续皆行，童贯、蔡攸、朱勔卫护，扈从车驾，侍从百官往往逃遁。"

3 《长编纪事本末》卷一四六，宣和七年十二月庚申条："上皇曰：'莫须称疾。'敏曰：'陛下至诚沱大策，恐亦不须。'上皇曰：'待更思之。'"

4 平田茂树：『科挙と官僚制』(世界史リブレット) 東京，山川出版社，1997年；「宋代の宮廷政治ー『家』の構造を手掛かりとしてー」(笠谷和比古編『公家と武家II「家」の比較文明史的考察』，思文閣出版，1999年)。

5 周宝珠：《宋代东京研究》，河南大学出版社，1992年。刘春迎：《北宋东京城研究》，科学出版社，2004年。

6 现存的三种元刊本《事林广记》(后至元刊本一种、至顺刊本二种)之中，后至元刊本无该图，据称保留着最早的至元年间版本原貌的和刻本(以泰定二年刊本为底本)之中也没有。关于《事林广记》的成书与版本，请参见下列研究。森田憲司：「『事林廣記』の諸版本についてー国内所蔵の諸本を中心に」，『宋代知識人ー思想・制度・地域社会』，汲古書院，1993年；宮紀子：「「混一疆理歴代国都之図」への道ー14世紀四明地方の「知」の行方」，『モンゴル時代の出版文化』，名古屋大学出版会，2006年，2004年初刊；「叡山文庫所蔵の『事林廣記』写本について」，『史林』91-3，2008年；「対馬宗家旧蔵の元刊本『事林廣記』について」，『東洋史研究』67-1，2008年。

7 傅熹年：《山西省繁峙县岩山寺南殿金代壁画中所绘建筑的初步分析》，《傅熹年建筑史论文集》，文物出版社，1998年。

8 久保田和男：「北宋徽宗時代と首都開封」,『宋代開封の研究』, 汲古書院, 2007 年, 2005 年初刊。
9 《宋会要·方域一》一九《东京杂录》："（神宗熙宁八年）是年, 造睿思殿……绍圣二年四月二日, 宣和殿成。初哲宗以睿思殿先帝所建, 不敢燕处。乃即睿思殿之后, 有后苑隙地仅百许步者, 因取以为宣和殿焉。宣和殿者, 止三楹, 两侧后有二小沼, 临之以山殿, 广袤数丈, 制度极小。后太皇太后垂帘之际, 为臣僚论列, 遂毁拆, 独余其址存焉。及徽宗亲政, 久之, 宣和于是旋复。徽宗亦踵神宗、哲宗故事, 昼日不居寝殿, 又以睿思时为讲礼、进膳之所, 乃皆就宣和燕息。大观二年, 既再缮葺之, 徽宗乃亲书为之记, 甚详, 而刻诸石。及重和元年, 议改号, 因即以为宣和元年, 乃改宣和殿为保和殿者, 宣和之后殿, 重和元年所创也。"《宋会要·方域一》二〇, 宣和二年二月一日条："诏：'宣和已纪年号, 殿名易为保和殿。'"
10 《宋史》卷八五："宣和殿。（在睿思殿后, 绍圣二年四月殿成, 其东侧别有小殿曰凝芳, 其西曰琼芳, 前曰重熙, 后曰环碧。元符三年废, 崇宁初复作。大观三年, 徽宗制记刻石, 实蔡京为之。）"
11 关于改称保和殿的年份, 诸史料记载并不相同。《宋史》卷二二《徽宗本纪》宣和元年二月庚辰条："易宣和殿为保和殿。"关于这一问题, 将在后文探讨。
12 宴会之日并非九月一日, 而是十二日。史料载于后文（后注 14）。
13 此处"保和新殿（B）"在史料中仅记载为"保和殿"。现将之分别称为"保和殿（A）""保和新殿（B）"。
14 王明清：《挥麈录》余话卷一：蔡京《太清楼特宴记》《保和殿曲燕记》。其中,《太清楼特宴记》亦见于庄绰《鸡肋编》卷中《太清楼侍宴记》, 以及《编年备要》卷二八, 政和二年四月《燕蔡京内苑》。《宋史》卷二〇三载徽宗书"太清楼特宴记一卷"。明叶盛《水东日记》卷二五亦载"徽宗亲书《太清楼特宴记》", 并刻于开封府学之壁。参见后注 41。
15 《宋史》卷二一《徽宗本纪》载, 政和二年四月："甲午, 宴蔡京等于太清楼。"时日有误。
16 王明清：《挥麈录》余话卷一《太清阁特宴记》："祐陵癸巳岁, 蔡元长自钱塘趣召再相, 诏特锡燕于太清楼, 极承平一时之盛。元长作记以进云：

'政和二年三月，皇帝制诏，臣京宥过眚愆（省愆），复官就第。命四方馆使荣州防御使臣童师敏赍诏召赴阙，臣京顿首辞。继被御札手诏，责以大义，惶怖上道。于是饮至于郊，曲燕于垂拱殿，被褆于西池，宠大恩隆，念无以称。上曰：'朕考周宣王之诗，吉甫燕喜，既多受祉。来归自镐，我行永久。饮御诸友，炰鼈脍鲤。其可不如古者。'诏以是月八日开后苑太清楼（宴太清楼），命内客省使保大军节度观察留后带御器械臣谭稹、同知入内内侍省事臣杨戬、内客省使保康军节度观察留后带御器械臣贾祥、引进使晋州管内观察使勾当内东门司臣梁师成等五人，总领其事。西上阁门使忠州刺史尚药局典御臣邓忠仁等一十三人，掌典内谒者职。有司请办具上，帝弗用。前三日，幸太清，相视其所，曰：'于此设次'，'于此陈器皿'，'于此置尊罍'，'于此膳羞'，'于此乐舞'。出内府酒尊、宝器、琉璃、玛瑙、水精、玻璃、翡翠、玉，曰：'以此加爵。'致四方美味，螺蛤虾鳜白、南海琼枝、东陵玉蕊与海物惟错，曰：'以此加笾。'颁御府宝带，宰相、亲王以玉，执政以通犀，余花犀，曰：'以此实筐。'教坊请具乐奏，上弗用，曰：'后庭女乐，肇自先帝。隶业大臣未之享。'其陈于庭，上曰：'不可以燕乐废政。'是日，视事垂拱殿。退召臣何执中、臣蔡京、臣郑绅、臣吴居厚、臣刘正夫、臣侯蒙、臣邓洵仁、臣郑居中、臣邓洵武、臣高俅、臣童贯崇政殿阅弓马所子弟武伎，引强如格，各命以官。遂赐坐，（召臣执中、臣侯、臣偲、臣京、臣绅、臣居厚、臣正夫、臣蒙、臣洵仁、臣居中、臣洵武、臣俅、臣贯于崇政殿赐坐，）命宫人击鞠。臣何执中等辞请立侍，上曰：'坐。'乃坐。于是驰马举仗，翻手覆手，丸素如缀。又引满驰射，妙绝一时，赐赉有差。乃由景福殿西序入苑门，就次以憩。诏臣蔡京曰：'此跬步至宣和，即昔言者所谓金柱玉户者也，厚诬宫禁。其令子攸掖入观焉。'东入小花径，南度碧芦丛，又东入便门，至宣和殿，止三楹（殿止三楹），左右挟［左右掖亦三楹］，中置图书、笔砚、古鼎、彝、罍、洗。陈几案台榻［床榻］，漆以黑。下字纯朱，上栋饰绿，无文采。东西庑侧各有殿，亦三楹，东曰琼兰。积石为山，峰峦间出。有泉出石窦，注于沼北。有御札'静'字榜梁间，以洗心涤虑。西曰凝方（凝芳）［凝芳］，后曰积翠，南曰瑶林（琼林），北洞曰玉宇。石自壁隐出，崭岩峻立，幽花［奇化］异木，扶疏茂密。后有沼曰环碧，两旁有亭曰临漪、华渚。沼次有山，殿曰云华，阁曰太宁。左

（左右）〔左右〕蹑道以登，中道有亭，曰琳霄、垂云、骞凤、层峦，不大高峻〔百尺高峻〕，俯视峭壁攒峰，如深山大壑。次曰会春阁，下有殿曰玉华。玉华之侧〔前殿之侧〕有御书榜，曰三洞琼文之殿（玉洞琼文之殿），以奉高真。旁有种玉、缘云轩相峙。臣奏曰：'宣和殿阁亭沼，纵横不满百步，而修真观妙，发号施令，仁民爱物，好古博雅，玩芳、缀华咸在焉。楹无金琪，壁无珠珰，阶无玉砌，而沼池岩谷，谿涧原隰，太湖之石，泗滨之磬，澄竹山茶，崇兰香茝，葩华而纷郁。无犬马射猎畋游之奉，而有鸥凫雁鹜、鸳鸯、鸂鶒、龟鱼驯驯，雀飞而上下。无管弦、丝竹、鱼龙曼衍之戏，而有松风竹韵，鹤唳鹦啼，天地之籁，适耳而自鸣。其洁齐清灵（絜齐清虚），雅素若此，则言者不根，盖不足恤。（后略）'"《鸡肋编》卷中《太清楼侍宴记》相比《挥麈录》的记载字数更少，更加简略。字句异同已于《挥麈录》引文中用（）标识。《编年备要》卷二八，政和二年四月条的开头部分与《挥麈录》不同，如下："夏四月，燕蔡京内苑。辅臣、亲王皆与，上亲为之诏，略曰：'诏有司扫除内苑太清楼，涤内府所藏珍用之器，集四方之美味。前期阅集，亲幸其所。用宫中女乐，列奏于庭。命子楷侍饲勤劳。又出嫔女鼓琴玩舞，劝以琉璃、玛瑙、白玉之盃。'京亦上记，略曰：'太清之燕，上曰："此跬步至宣和，令子攸掖入观焉。"……'"后文内容与《挥麈录》中《太清楼特宴记》相同。字句异同已于《挥麈录》引文中用〔〕标识。

17 宣和殿曲宴亦于政和五年（1115）举行。周煇：《清波杂志》卷八："政和五年四月，燕辅臣于宣和殿。先御崇政殿，阅子弟五百余人驰射，挽强精锐，毕事赐坐，出宫人列于殿下，鸣鼓击柝，跃马飞射，翦柳枝，射绣球，击丸，据鞍开神臂弓，妙绝无伦。卫士皆有愧色。上曰：'虽非妇事，然女能之，则天下岂无可教。'臣京等进曰：'士能挽强，女能骑射。安不忘危，天下幸甚。'见《从游宣和殿记》。"李埴《皇宋十朝纲要》卷一七，政和五年四月乙丑条："召宰执等，阅臣庶子弟五百余人武技于崇政殿。因至宣和殿，赐宴于苑中，蔡京作曲宴记。"此处亦有蔡京作文之事，但文不传今。此外，关于由曲宴情景窥见徽宗与蔡京之间关系，亦可参见衣若芬考察绘画资料、诗歌题材的文章：「天子の盛宴―徽宗「文会図」とその題画詩」（村越貴代美译，『橄欖』十四，2007年）。

18 关于宣和殿左右殿名，《挥麈录》作"凝方"，《编年备要》《鸡肋编》作

"凝芳"。王明清《玉照新志》卷二记载如下:"乃若天子燕息之所也,宣和秘殿,翚飞跂翼。究睿思之始谋,因绍圣之故迹。凝芳、琼兰、重环、照碧,轮焉奂焉,光动两侧。听政之暇,来游来息。搜古制于鼎彝,纵多能于翰墨,致一凝神,优入圣域。爰命迩臣,于焉寓直,罄启沃之丹诚,庶密效于裨益。""琼兰殿""凝芳殿"应是正确名称。关于其位置,《挥麈录》与《宋史》的记载东西相反,今从《挥麈录》。另外关于南殿名,《挥麈录》与《鸡肋编》作"瑶林",《编年备要》作"琼林"。考虑到东殿名作"琼兰",为避免"琼"字重复,正确名称应是"瑶林"。

19 前注 10 引用史料,但"琼兰殿"作"琼芳殿"。

20 王明清:《挥麈录》余话卷一《保和殿曲燕记》:"宣和元年九月十二日,皇帝召臣蔡京、臣王黼、臣越王俣、臣燕王似、臣嘉王楷、臣童贯、臣嗣濮王仲忽、臣冯熙载、臣蔡攸燕保和殿〔保和新殿〕,臣蔡儵、臣蔡脩、臣蔡翛〔、臣行、臣徽、臣术侍,赐食文字库。于是由临华殿门入,侍班〕东曲水朝于玉华殿。上步西曲水,循酴醿架〔循蔡蘼洞〕,至太宁阁,登层峦、林霄〔琳霄〕、骞凤〔褰风〕、垂云亭,景物如前,林木蔽荫如胜。始至保和殿,〔屋〕三楹,楹七十架,两挟阁,无綵绘饰侈,落成于八月,而高竹崇桧,已森然〔森阴〕蓊郁。中楹置御榻,东西二间列宝玩与古鼎彝器玉〔古鼎彝、玉芝〕,左挟阁曰妙有,设古今儒书、史子、楮墨。右〔挟阁〕曰日宣〔宣道〕,道家金柜玉笈之书,与神霄诸天隐文。上〔御〕步前行,〔至〕稽古阁有宣王石鼓。历邃古、尚古、鉴古、作古、传古〔访古〕、博古、秘古诸阁,藏祖宗训谟,与夏、商、周尊彝鼎鬲爵斝卣敦盘盂,汉、晋、隋、唐书画,多不知识,骇见上亲指示,为言其概。因指阁内:'此藏卿表章字札无遗者。'命开柜,柜有朱隔,隔内置小匣,匣内覆以缯绮,得臣所书撰《淑妃刘氏制》。臣进曰:'札恶文鄙,不谓袭藏如此。'念无以称报,顿首谢。抵玉林轩,过宣和殿、列岫轩、天真〔太真〕阁。凝德殿之东〔凝真殿,殿东〕,崇石〔崇岩〕峭壁,高百丈〔百尺〕,林壑茂密,倍于昔见。过翠翘、燕阁诸处〔燕处阁〕。赐茶全真殿,上亲御击注汤,出乳花盈面,臣等惶恐,前曰:'陛下略君臣夷等,为臣下烹调,震悸惶怖,岂敢啜。'顿首拜。上曰:'可少休。'乃出瑶林〔琼林〕殿。中使冯皓传旨,留题殿壁,喻臣笔墨已具,乃题曰:'琼瑶错落密成林,桧竹交加午有阴。恩许尘凡时纵步,不知身在五云深。'

顷之就坐，女童乐作。坐间赐［香圆］荔子、黄橙、金柑相间，布列前后，命［邓］师文浩剖橙分赐。酒五行，再休［少休］。许［诏］至玉真轩，轩在保和［殿］西南庑，即安妃妆阁。命使传旨曰：'雅燕酒酣添逸兴，玉真轩内看［见］安妃。'诏臣赓补成篇，臣即题曰：'保和新殿丽秋辉［晖］，诏许尘凡到绮闱。'方是时，人［于是人人］自谓得见妃矣。既而但画像挂西垣，臣即以［以诗］谢奏曰：'玉真轩槛暖如春，只见丹青未有人。月里嫦娥［姮娥］终有恨，鉴中姑射未应真。'须臾，中使召臣［传旨］至玉华阁，上于持诗曰：'因卿有诗，况姻家，自当见［姻家白应相见］。'臣曰：'顷缘葭莩，已得拜望，故敢以诗请。'上大笑。妃素妆，无珠玉饰，绰约若仙子。臣前进，再拜叙谢，妃答拜。臣又拜，妃命左右掖起。上手持大觥酌酒，命妃曰：'可劝太师。'臣奏［因进］曰：'礼无不报，不审酬酢可否。'于是持瓶注酒，授使以进。再坐，彻［撤］女童，去羯鼓。御侍奏细乐，作《兰陵王》、《杨州散［教］》古调［水调］，酬劝［劝酬］交错……臣请序其事，以示后世，知今日燕乐，非酒食而已。夜漏已二鼓五筹，众前奏丐罢，始退。十三日臣京序。"《编年备要》卷二八，宣和元年条亦有相同记载："九月，燕蔡京保和新殿。蔡京等请见安妃，许之。京作记以进，略曰……"《挥麈录》的记载更详细，脱文、字句异同已于引文中用［］标识。

21 这座假山同样见于史料I《太清楼特宴记》,《挥麈录》中"不大高峻"的描述显得不太自然，而《编年备要》中的描述则是"百尺高峻"。史料II《保和殿曲燕记》的描述，《挥麈录》作"百丈"，而《编年备要》作"百尺"。据此后记录金代开封状况的史料记载，应为宣和殿所在的地方仍有假山留存。《大金国志》卷三三《地理·汴京制度》载："(仁智)殿后有石曡成山，高百尺，广倍之。最上刻石曰：'香石泉山'，山后挽水上山，水自上流下，至荆玉涧，又流至涌翠峰。"文中亦描述为"高百尺"。百尺约为三十米，百丈则为三百米。现今位于北京故宫北面的景山可俯瞰故宫全景，高度约四十三米，由此可见"百尺"更为妥当。另外，元代白珽《湛渊静语》卷二《使燕日录》亦有与《大金国志》相同的记载，只是山名作"百泉山"。

22 见本书第 190—191 页引用史料。

23 前注8，参见久保田和男文第二章 a「明堂と延福宫の建设と蔡京政権」。

24 《宋史》卷八五:"延福宫,政和三年春,新作于大内北拱辰门外,旧宫在后苑之西南,今其地乃百司供应之所。"

25 南宋绍兴年间,依据宋金和议,开封曾一度回到南宋手中。当时,南宋使者前来开封城内确认状况,留下了相关记载。《建炎以来系年要录》卷一二九,绍兴九年条:"六月己酉朔,签书枢密院事楼炤与东京留守王伦同检视修内司,趋入大庆殿……入睿思殿门,登殿,左曰'玉銮',右曰'清微',后曰'宣和殿',庭下皆修竹,自此列石为山,分左右斜廊,为复道、平台。台上过玉华殿,殿后有轩曰'稽古',西庑下曰'尚书内省'。西出后苑,至太清楼下。"郑刚中《北山集》卷十三《西征道里记》:"绍兴乙未,上以陕西初复,命签书枢密楼公谕以朝廷安辑混贷之意,某以秘书少监被旨参谋……入睿思门,登殿,殿左曰玉銮,右曰清微,后曰宣和,庭下皆修竹。殿后曰迎真轩,右曰玉虚轩。迎真之上曰妙有阁,玉虚之上曰宣道阁,又一殿忘其名。自此列石为山,分左右斜廊,为复道平台,台上过玉华殿。由玉华下,乃抵后石屏,亦御书。左序有轩,曰稽古、宣和。东庑下五库,以圣、德、超、千、古为号,皆涂金抹绿小牌。库上曰翰林司,曰宝阁。西庑下曰尚书内省,余不能记。复由宣和西趋曲水,出后苑,至太清楼下,壁间有御书千字文、法帖之类。登瑶津亭,亭在水间,四面楼殿相对,不能遍至。自瑶津趋出,过拱辰门,上马出。"他们看过宣和殿后,"西趋曲水,出后苑",可见宣和殿位于后苑之东。

26 蔡絛:《铁围山丛谈》卷一:"重和者,谓'和之又和'也。改号未几,会左丞范致虚言犯北朝年号。盖北先有重熙年号,时后主名禧,其国中因避'重熙',凡称'重熙'则为'重和',朝廷不乐。是年三月,遽改重和二年为宣和元年。宣和改,上自以常所处殿名其年,然实欲掩前误也。"也就是说,虽然严格来说辽曾用的年号是"重熙",但后因避讳而改为"重和"。

27 关于宣和殿改称的时间,不同史料的记载错综复杂。本文引用的《宋会要·职官》记作宣和元年二月一日,同样的记载还有《宋会要·方域一》二〇:"宣和二年二月一日,诏,宣和已纪〔犯〕年号,殿名易为保和殿。"另一方面,《宋会要·仪制三》四五的记载内容完全相同,只是时间记作"宣和二年二月四日"。另外,《玉海》亦记作宣和二年改称。《宋史》卷二二《徽宗本纪》关于改元宣和的记载如下:"(宣和元年)二月庚辰,改元。易宣和殿为保和殿。"乍一看这一记载似乎支持宣和元年二月改元，但重和二年/宣和元年二月丁丑为朔，庚辰为四日，即不存在宣和元年二月一日。因此诸史料虽有出入，但宣和二年二月一日颁布改称御笔的可能性很高。此外，《会编》卷四将改元之日记作三月丁未朔。以上皆见《续资治通鉴长编拾补》卷三九。

28 《玉海》卷五六，《宣和博古图》："政和二年七月己亥，置礼制局。三年六月庚申，因中丞王甫乞颁宣和殿博古图，令儒臣考古制度，遂诏讨论三代古器及壇壝之制，改作俎豆笾篚之属。《中兴书目》博古图三十卷，宣和殿所藏彝鼎古器，图其形，辨其款识，推原制器之意，而订正同异。"

29 邵博：《邵氏闻见后录》卷二七："宣和殿聚殷周鼎、钟、尊、爵等数千百种。国破，房尽取禁中物，其下不禁劳苦，半投之南壁池中。后世三代彝器，当出于大梁之墟云。"

30 桑世昌：《兰亭考》卷六所载《沈癸跋》："旧见里中人藏此本，卷末有何子楚跋语云：'……大观间，诏取石龛置宣和殿。丙午，与岐阳石鼓，俱载以北。'子楚。"

31 关于宋代财库，梅原郁有「宋代の内蔵と左蔵－君主独裁制の財庫－」（『東方学報』42，1971年）一文，其中"宣和殿"曾于「三 第三の財庫」中登场（第158页）。与"宣和殿小库"之间的关系不详。

32 派遣郑望之为使一事，载于《宋史》卷三七三《郑望之传》，其中有"以珠玉遗金人"之语。

33 关于宋朝宫廷书库，可参见以下研究。封思毅：《宋代图书政策》，《国立中央图书馆馆刊》22-1，1989年；傅璇琮、谢灼华：《中国藏书通史》，宁波出版社，2001年；彭慧萍：《两宋宫廷书画储藏制度之变——以秘阁为核心的鉴藏机制研究》，《故宫博物院院刊》，2005年第1期。

34 袁褧：《枫窗小牍》卷下："崇宁二年五月，秘阁书写成二千八十二部，未写者一千二百一十三部，及阙卷二百八十九，立程限缮录。"

35 《宋会要·崇儒四》一九，大观四年五月七日条："秘书监何志同言：'汉者《七略》，凡为书三万三千九百卷，隋所藏至三十七万卷，唐开元间八万九千六百卷。庆历间，常命儒臣集四库为籍，名之曰《崇文总目》，凡三万六百六十九卷。庆历距今未远也，按籍而求之，十才六七，号为全本者不过二万余卷，而脱简断编、亡散门（阙）逸之数浸多。谓宜及今有所搜採，视庆历旧录有未备者，颁其名数于天下，选文学博雅之士，求访《总目》之外，别有异书，并借传写，或官给劄，即其家传之，就加校正，上之策府。'从之。"

36 《文献通考》卷一七四："宣和初，提举秘书省官建言，置补写御前书籍所于秘书省，稍访天下之书，以资校对。以侍从官十人为参详官，余官为校勘官。进士以白衣充检阅者数人，及年赏命以官。四年四月，诏曰：'朕惟太宗皇帝底宁区宇，作新斯文，屡下诏书，访求亡逸。策府四部之藏，庶几乎古，历岁浸久，有司玩习，多致散缺，私室所阙，世或不传。可令郡县谕旨访求，许士民以家藏书在所自陈，不以卷帙多寡，先具篇目，申提举秘书省以闻，听旨递进，可备收录，当优与支赐。或有所秘未见之书，有足观采，即命以官，议加崇奖，其书录竟给还。若率先奉行，访求最多州县，亦具名闻，庶称朕表章阐绎之意。'又诏曰：'三馆图书之富，历岁滋久，简编脱落，字画讹舛，校其卷帙，尚多逸遗，甚非所以示崇儒右文之意。''乃命建局，以补全校正文籍为名，设官总理，募工缮写，一置宣和殿，一置太清楼，一置秘阁，俾提举秘书省官兼领。''凡所资用，悉出内帑，毋费有司，庶成一代之典。'三诏同日而下，四方奇书，自是间出。"《宋史》卷二二《徽宗本纪》："（宣和四年）夏四月丙午，诏置补完校正文籍局，录三馆书置宣和殿及太清楼、秘阁。又令郡县访遗书。"《宋史》卷二〇二："徽宗时，更崇文总目之号为秘书总目。诏购求士民藏书，其有所秘未见之书足备观采者，仍命以官。且以三馆书多逸遗，命建局以补全校正为名，设官总理，募工缮写。一置宣和殿，一置太清楼，一置秘阁。自熙宁以来，搜访补辑，至是为盛矣。"

37 《文献通考》卷一七四："（宣和）五年二月，提举秘书省言：'有司搜访士民家藏书籍，悉上送官，参校有无，募工缮写，藏之御府。近与三馆参校荣州助教张颐所进二百二十一卷，李东一百六十二卷，皆系阙遗，乞加褒赏。'诏，颐赐进士出身，东补迪功郎。七年，提举秘书省又言：'取索到王闸、张宿等家藏书，以三馆、秘阁书目比对所无者，凡六百五十八部二千四百一十七卷，及集省官校勘悉善本，比前后所进书数稍多。'诏，闸补承务郎，宿补迪功郎。然自熙宁以来，搜访补缉，至宣和盛矣。"徐度《却扫编》卷下："予所见藏书之富者，莫如南都王仲至侍郎家……（其子）彦朝……宣和中，御前置局求书，时彦朝已卒，其子问以《镇库书》

献，诏特补承务郎，然其副本具在。"

38 也有可能是神霄派领袖林灵素的演出，若如此则可以说，这是他着眼于宣和殿在现实世界中的重要性而采取的行动。关于林灵素与徽宗朝的关系，可参见吉川忠夫「僧を改めて德士と為すー北宋徽宗時代の仏法受難」(『禅学研究』79，2000 年)、前注 8 引久保田和男文。

39 《长编纪事本末》卷一二七，政和六年十月甲申条："蔡絛《史补》，政和七年，有林灵素者，温州人也……又谓上宠妃刘氏曰九华玉真安妃也。天子心独喜其说，乃赐号通真先生。"

40 本书序章注 28 引文。

41 《宋史》卷四六八《梁师成传》："梁师成字守道，慧黠习文法，稍知书。初隶贾详书艺局，详死，得领睿思殿文字外库，主出外传道上旨。政和间，得君贵幸，至窜名进士籍中，积迁晋州观察使、兴德军留后……时中外泰宁，徽宗留意礼文符瑞之事，师成善逢迎，希恩宠……师成实不能文，而高自标榜，自言苏轼出子。是时，天下禁诵轼文，其尺牍在人间者皆毁去，师成诉于帝曰：'先臣何罪。'自是，轼之文乃稍出。以翰墨为己任，四方俊秀名士必招致门下，往往遭点污。多置书画卷轴于外舍，邀宾客纵观，得其题识，合意者，辄密加汲引，执政、侍从可阶而升。"

42 《宋史》卷四六八《梁师成传》：王黼父事之，虽蔡京父子亦谄附焉，都人目为"隐相"，所领职局至数十百。

43 叶盛《水东日记》卷二五："偶阅旧碑，得徽宗亲书《太清楼特宴记》不完本三幅。此石多在今开封府学墙壁周遭，当时草草打得此，不知尚存他石可完否。按《宋史》，特宴在政和壬辰（二年）去京之死财十五年，亦万世之大戒也。噫。太清楼特宴记……奋于百世之下，断而行之，迄用有成。凡厥万事，其视于兹，因笔以诏天下后世。

　　　　　　　　　　　　　　　　　政和甲午六月朔日记。
　　　　　　　　　翰林书艺局镌字艺学　臣严奇
　　　　　　　睿思殿御前文字外库镌字艺学　臣徐珣
　　　　　　　　　　　　　　　　　　　臣张世亨
　　　　　　　　　　待　　　诏　　　　臣朱章
　　　　　　　　　　　　　　　　　　　臣邢肃
　　　　　　　　　　　　　　　　　　　臣张仲

　　　　　　　　文　书　待　诏　　　　臣王公琬
　　　　　　　　待　诏　赐　绯　　　　臣倪士宣
　　　　　　　　　　　　　　　　　　　臣封士宁
　　　　　　　　从　义　郎　　　　臣张士永模刊
　　　　睿思殿御前文字外库袛应武翼郎臣俞迈题写
　　　　　　　　通　侍　大　夫　　　　臣梁师成
　　　　通侍大夫保康军节度观察留后　臣贾管勾上石"

44　赵彦卫：《云麓漫钞》卷一五："上又制一宝，亦螭纽曰'范围天地，幽赞神明，保合太和，万寿无疆。'凡十六字，实命鲁公赋其文，篆亦鱼虫，然韵颇不古，乃梁师成所主，命睿思殿文字外库人为之，不知为何人书也。至于制作之工，则几于秦玺矣。其宝大九寸，有检，亦九寸，古人所无，号曰'定命宝'，合前八宝为九，下诏，以乾元用九焉。"

45　《铁围山丛谈》卷一亦有睿思殿文字外库相关之人登场："又有老吏，尝主睿思殿文字外殿库事，能言，偶得见泰陵时旧文簿注一行，曰：'绍圣三年八月十五日奉圣旨，教坊使丁仙现袛应有劳，特赐银钱一文。'呜呼，累圣俭德，类乃如此。"

46　前注9引用史料。

47　前注19引《大金国志》载，使者自睿思殿门入，至旧宣和殿。另外，本章第一节表明，定武兰亭的石刻于大观年间曾被嵌入宣和殿，但俞松《兰亭续考》卷一载荣次新跋语又称："宣和中，有旨取旧石置睿思殿。"虽然进入御府的时间不同这一点令人在意，但在此希望关注的则是定武刻石放置的场所，一作宣和殿，一作睿思殿。傅熹年之图（图2）亦支持这一点。

48　《高丽史》卷一二一《洪灌传》。

49　《高丽史》卷一二《肃宗世家》，肃宗九年七月辛卯条："遣枢密院使崔弘嗣、秘书监郑文，如宋，谢恩进方物。"

50　《皇朝事实类苑》卷五〇《太宗棋品第一》载："棋待诏贾玄"，《宋会要·职官三六》———，淳化五年五月条载："琴待诏骆偘。"此外，邓椿《画继》卷一〇《杂说论近》亦载："又诸待诏每立班，则画院为首，书院次之，如琴院、棋、玉、百工，皆在下……睿思殿日命待诏一人能杂画者宿直，以备不测宣唤，他局皆无之也。"可见睿思殿由待诏（"画待诏"之类）充塞。

51 当时不少内制出自宰相之意,其中一部分由待诏至宰相"私第"书写,这一点非常有意思。宰相"私第"指的应当是赐第。也就是说,一部分政务并非在官府,而是在赐第处理。

52 慕容彦逢《摛文堂集》卷七《承制武道纪崇班丁克彦皇城副使杨球入内西京左藏库副使陈思温供奉官周觉卢贽杨安国王昺耿维康陈谔王方徐中立侍禁秦纯吴之纪杜卿张晟乐僖赵士旼殿直孙丹方承约张显郭璹毋玉王士亨奉职陈子渊徐昇借职司孟吕师严可各转一官制》中提到"皇城副使杨球"。慕容彦逢于崇宁二至三年为中书舍人,五年至大观元年为权翰林学士(《摛文堂集》附卷,蒋瑎《慕容彦逢墓志铭》)。

53 《宋会要·选举三一》二〇,绍兴元年:"七月三日,诏成忠郎杨球、令中书门下省召试策一道,与换文资。九月九日,侍御史沈与求言:'伏见陛下追复祖宗故事,间诏四方贤隽之士,令中省策以当世之务,观其所长,或用之省,或储之馆阁,皆极一时之达〔选〕。若球者系蔡京使臣杨哲之子,今为敕令所检阅文字,盖吏职也。考之众论,初不闻其有才,夫以使臣而为吏职,乃得四方贤隽之士,并试于中书,他日或有异能之士,陛下即欲召之,其肯至哉。乞罢球归于右选,自此以后,精加审择。'从之。"

54 《建炎以来系年要录》卷四七,绍兴元年九月壬寅条:"条令所小吏、成忠郎杨球,蔡京家吏杨哲之子也。范宗尹荐于上,令后省策试,授以文资(七月丁巳日降旨)。侍御史沈与求以为不可,乃罢之。"熊克:《中兴小纪》卷一一,绍兴元年九月条亦有相同记载。

55 邓椿:《画继》卷七《屋木舟车》中登场的刘宗古亦如此:"宣和间,以待诏官至成忠郎。"即自翰林待诏成为成忠郎。

56 徽宗是否夜宿宣和殿不确。历代皇帝的正寝殿是福宁殿,从以下史料可知,至少在宣和殿创建以前,徽宗是将福宁殿作为寝殿的。《铁围山丛谈》卷一:"崇宁甲申,议作九鼎,有司即南郊为治。用中夜时,上为致肃不寐,至是于寝望之,焚香而再拜焉。既乃就寝,傍四鼓矣。忽有神光达禁中,政烛福宁殿,红赤异常,宫殿于是尽明如昼,迨晓始熄,鼎一铸而成。"

57 《宋史》卷二一《徽宗本纪》,政和五年四月条:"癸亥,置宣和殿学士。"

58 朱彧:《萍洲可谈》卷一:"宣和殿,燕殿也……始置学士命蔡攸。"

59 《宋会要·职官七》一〇,政和六年四月二十四日条:"诏宣和殿学士立班叙位,在翰林学士之下,诸殿学士之上。"日期与先前置宣和殿学士的引文记载完全相同,据此,或许二者均为宣和五年事。

60 这一人事变动是明堂落成的恩赏。《长编纪事本末》卷一二五,政和七年六月己未条:"童贯加检校少傅,威武军节度使梁师成为检校少保、兴德军节度使,宣和殿学士蔡攸为宣和殿大学士,太中大夫、开封府王革迁三官,宣和殿学士、太中大夫盛章迁两官,显谟阁待制蔡絛、蔡絛并为龙图阁直学士,皆以明堂成推赏也。"另外,最终殿阁学士序列如下。《宋史》卷一六八《元丰以后合班之制》:观文殿大学士,观文殿学士,资政、保和殿大学士,翰林学士承旨,翰林学士,资政、保和、端明(延康)殿学士,龙图、天章、宝文、显谟、徽猷、敷文阁等诸阁学士,枢密(述古殿)直学士,诸阁直学士,保和殿待制,诸阁待制。

61 《宋会要·帝系八》五七,政和八年三月十六日条:"以太师、鲁国公蔡京男脩为朝散郎、宣和待制,充驸马都尉,尚康福帝姬。"同书帝系八-五八,宣和六年四月十七日条:"诏通议大夫、保和殿待制、驸马都尉、提举上清宝箓宫蔡脩,自除侍从选尚,已六年。可特与保和殿直学士。"

62 梅原郁:『宋代官僚制度研究』(同朋舍,1985年)第四章「宋代の館職」第四节「最上級の館職」(第391—392页)。

63 据《宋会要·职官七》一〇,政和五年四月二十四日条补缺。

64 当然,一般认为"直宣和殿"即宿直宣和殿。关于这条史料,梅原郁亦认为,意思是宦官、高官等均在宣和殿侍奉。但是,先前所见史料中有"置直殿"之语,"直殿"应是某一种职官名称才对。所以,此处的含义应是中贵人官高者均为直宣和殿。

65 《长编》原注写道:"按,德刍所云多不实,故具注此,当考。"可见李焘并未全然采信《郡斋读书志》。但他怀疑的矛头指向的是引文中省略的关于服制的说明,对于本文关注的"直睿思殿、宣和殿"应无疑问。

66 《长编》卷一九二,嘉祐五年十一月辛卯条:"(吕)诲又言:'伏闻已前诸阁分内品之类,不过一二十人。比来增及数倍,除身分俸外,更请本阁料钱、四时衣服,又破三司折食价钱,冗费甚多。縠此历天章阁、后苑、内东门、御药院最为优厚,或因监都督功作一切小劳,便理绩效,得圣旨画下,则超资躐等,谓之闇转……伏乞指挥入内内侍省检会诸阁分宝元以前人数,比类今日,如员数过多,即行减省。及管勾天章阁、后苑、内东门、御药院，各限定员数，或与三年一替。'"此处"后苑"指的是后苑造作所。参见《宋会要·职官三六》七六，《后苑造作所》。

67 《宋会要·职官三六》一三，《神宗正史职官志》亦载："愿进外官，推恩加等，迁至内殿崇班，则寄理资级。押班以上秩高者，加昭宣、宣政、宣庆、景福殿、延福宫使，领刺史至观察留后止。其要近职任，则彰善阁、延福宫，迁后苑，次龙图、天章、宝文阁，（内）东门司，御药院，乃除带御器械或押班。"要职差遣的顺序为彰善阁、延福宫，后苑，龙图、天章、宝文阁，内东门司，御药院，带御器械，押班，包含上述四职。

68 龚延明:《宋代官制辞典》，中华书局，1997年，第155页。

69 参见前注62引梅原郁书第四章「宋代の館職」第三节「貼職をめぐって」，第367页。

70 《宋会要·职官五六》四四，政和六年九月十七日条："手诏。天下人材富盛，趋事赴功者甚众。旧贴职惟直秘阁、直龙图阁、右文殿修撰，不足以待多士。可增置直徽猷阁、直显谟阁、直宝文阁、直天章阁，秘阁修撰、集英殿修撰，并旧为九等。"

71 例如，《会编》卷一八，宣和五年七月戊午条："起复太尉、武信军节度使、充上清宝箓宫使、兼神霄玉清万寿宫副使、直睿思殿、充河东燕山路、兼河北宣抚使谭稹，授起复检校少保。"《山右石刻丛编》卷一八《圣母庙谢雨文》："维宣和五年岁次癸卯，五月朔癸丑，初七日己未，起复太尉、武信军节度使、充上清宝箓宫使、兼神霄玉清万寿宫副使、直睿思殿、河东燕山府路宣抚使谭稹，谨以清酌庶羞之奠，致祭于显灵昭济圣母……"《宋会要·运历一》一八，政和八年闰九月一日条："……承受官、拱卫大夫、廉州防御使、直睿思殿冯浩，各转一官。"

72 举例如下。《宋大诏令集》卷九四《童贯检校少保开府仪同三司护国军节度使制》(政和六年九月三十日)："太尉、武信军节度使、充中太一宫使、直宣和殿、陕西河东路宣抚使、雁门郡开国公、食邑四千五百户、食实封一千三百户童贯……可特授检校少保、充护国军节度使、开府仪同三司，依前中太一宫使，加食邑五百户，食实封三百户，差遣封如故。"赵希弁:《读书附志》卷上《绍述熙丰政事十卷》："右政和八年十月一日招云，可以绍述熙丰政事书布告施行。此即布告之本也。具列诏书于前，而载十一人姓名于后。今详书之，以见当时之官制云……检校少傅、护国军节度使、中太一宫使、直宣和殿、明堂兼在京神霄玉清万寿宫、提举通领颁朔布政详定事臣梁师成。"《会编》卷一七，宣和五年五月十一日癸亥条："太师、剑南东川节度使童贯，依前太师，进封徐豫国公、少傅、镇海军节度使、兼侍读、直保和殿、充上清保箓宫使、河东河北路安抚使。"《建炎以来系年要录》卷一一，建炎元年十二月庚午条："除名勒停人李志道……宣和末，为检校少保、庆远军节度、醴泉观使、直保和殿。靖康末，坐典炮失职，有旨俟解严日远窜。"如上所见，现存史料之中，进入宣和年间，与"直殿"相关之记载，恰好自"直宣和殿"变更殿名为"直保和殿"。此外，直睿思殿与直保和殿亦是同时期登场。《闽中金石略》卷八《神霄玉清宫碑》：

"宣和元年八月十五日奉圣旨立石

……

□侍大夫、保康军承宣使、直睿思殿、同知入内内侍省事、同提点皇城司、充在京神霄玉清万寿宫提点（臣）□

检校少师、镇东军节度使、太一宫使、直保和殿、明堂兼在京神霄玉清万寿宫提举、提辖使（臣）梁师成立石"

73 《铁围山丛谈》卷一："汉魏以来，警夜之制不过五鼓，盖冬夏自酉戌至寅卯，斗杓之建盈缩终不过五辰，故言甲夜至戊夜，或言五更而已。然日入之后，未至甲夜，则又谓之昏刻。至五更已满，将晓之时，则又有谓之旦至，夜漏不尽刻。国朝文德殿钟鼓院于夜漏不尽刻，既天未晓，则但挝鼓六通而无更点也，故不知者乃谓禁中有六更。吾顷政和戊戌未得罪时，曾侍祠于宣和殿。深严之禁，尝备闻之。"

74 王安中自御史中丞迁翰林学士的时间为政和七年（1117）九月丙申（《长编纪事本末》卷一三一《蔡京事迹》），同书《王安中行状》亦可见蔡攸恳请徽宗一事。另外，从这一时期来看，此处所指"直宣和殿"或许并非职官名称。蔡攸与直宣和殿之间的关系将在后文论述。

75 王革成为大名尹的时间是宣和四年或五年前后，蔡靖出知燕山府亦是此后不久之事。参见表格。

76 这是程俱为蔡絛代笔之作。

77 宣和末，蔡靖于地方任上被授予保和殿大学士。

78 《宋会要·职官四一》一九，政和六年正月五日条："诏太尉、武宁军节度

注 释

使、中太一宫使童贯差直宣和殿、陕西河东路宣抚使。"

79 《宋会要·职官四一》二〇，宣和四年四月八日条："诏太师、剑南东川节度使、陕西河东河北路宣抚使、楚国公童贯为河北河东宣抚使，少保、镇海军节度使、开府仪同三司、上清宝箓宫使、直保和殿蔡攸副之。"

80 《宋会要·职官一》三，宣和五年五月十一日条："少傅、镇海军节度使、兼侍读、直保和殿、河北河东路宣抚使蔡攸特授少师、安远军节度使，抚定燕山也。"

81 徐自明：《宋宰辅编年录》卷一二，宣和五年六月辛亥条："蔡攸领枢密院事。(自上清宝箓宫使、兼神霄玉清万寿宫使、兼侍读、河东河北宣抚使，落直保和殿，依前少师、安远军节度使除。)"

82 前注 62 引梅原郁书第 360—361 页。

83 《闽中金石略》卷八《神霄玉清宫碑》：

"宣和元年八月十五日奉圣旨立石

……

保和殿直学士、朝请大夫、提举上清宝箓宫、编类御笔、兼礼制局详议官、校正内经痛详定官、赐紫金鱼袋臣蔡脩奉圣题额。"

84 《宋会要·方域四》二三："政和六年二月十九日，诏，支降御前钱二万贯，于京师起第一区，赐盛章居住。"

85 徐度：《却扫编》卷下："王保和革为开封尹，专尚威猛，凡盗一钱，皆杖责配流。一日杖于市，稠人中有掷书一册其旁者，亟取视之，则其卧中物也，因大惊，捕逐竟不得。宣和末，河北盗起，以选出守大名，惨酷弥甚，得盗辄杀之，然盗愈炽。革自以杀人既众，且惩开封之事，常惧人图己，所居辄以甲士环绕。然每对客，必焚香，吕本中舍人时从辟为师〔帅〕属，私语曰：'此止（正）所谓"兵卫森画戟，宴寝凝清香"〔韦应物《郡斋雨中与诸文士燕集》〕者也。'"其就任保和殿大学士事亦见于同书卷上（后注87）。

86 关于这一时期的殿中省，参见本书第四章。

87 徐度：《却扫编》卷上："童贯之始入枢府也，官已为开府仪同三司，而但以为'权签书枢密院河西北面房公事'，顷之，乃进称'权领'。盖以谓所掌止边防一事且姑使为之而已。又数月，乃正称'领枢密院事'，自是不复改。其后蔡攸以少师居枢府，亦称'领'。郑太宰居中以故相居枢府，亦称'领'。宣和间，凡官品已高而下行职事者，皆称'领'，如蔡行以保和殿大学士领殿中省，高俅以开府仪同三司领殿前司，王革以保和殿大学士领开封尹之类，是也。靖康间，何丞相㮟以资政殿学士，李丞相纲以资政殿大学士，皆领开封府职事，而别置尹。初贯之不称'知'而称'领'者，非尊之也。盖犹难使之正居执政之位，故创此名。然邓枢密洵武以少保知院，而实居其下。庆历间，吕许公以首相兼判枢密院事，论者以为'判'名太重，未几，改兼枢密使。元丰官制，废枢密使不置，则知院为长官。今'领'居'知'上，则判院之任也。按：汉制有'领尚书'，有'平尚书'。'领尚书'则将军、大司马、特进为之，'平尚书'则光禄大夫、谏大夫之徒皆得为之，则'领'之为重也久矣。"

88《靖康要录》卷四，靖康元年四月十五日条《臣僚上言》："方今天下奸恶如织，芜秽郡县，戕贼黎元，凡才无烂羊之能，冒宠有续貂之叹。吏部充塞，无阙以拟注，版曹空匮，不给于禄廪，若不一大铲革，恐终不可有为。今以军兴多故，郡县饷运，鞭笞良民，无直而籴，上下皆弊，公私甚劳，而奸宄无用之人坐糜仓廪之蓄，此所谓繁其华者伤其实，披其枝者伤其根者也。愿诏吏部稽考庶官，凡由杨戬、李彦之公田，王黼、朱勔诸道之应奉，童贯、谭稹等西北之师，孟昌龄父子河防之役。与夫夔蜀湖南之开疆、关陕河东之改币、吴越山东茶盐陂田之利、宫观池苑营缮之功、后苑书艺局文字库所与之赏，淫朋比德，各从其类。又若近习所引、献颂所采、效用有力、应奉有劳特赴殿试之流，此皆殃民蠹国、败俗妨贤，奸宄取位，赇贿买官，所叨恩数，不限高卑，一切褫夺，还其本秩。若非此族而横窃名器，如横行节度之贵仕，秘阁延殿之华资，或以童稚奴仆而滥膺，或以商贾胥役而货取，人人论列，简牍徒繁，愿令吏部各具阀阅，诸台谏分使看详，上之朝廷，次第裁抑。其坐公田得罪如鲜于可非理遣逐，宜自元断月日复其资秩恩数而升擢之，以劝忠谠。然后位著可清，贤能可进，生民可安，国用可节。昔唐斜封墨敕官，一日停数千员不以为疑，今亦何难哉。夫粪土为墙，匠石不能施涂塈。郑卫调瑟，后夔难以致箫韶。《诗》曰：'周虽旧邦，其命维新。'愿陛下顺天休命而一新之也。"《历代名臣奏议》卷一四一将之作为许翰之言："翰为御史中丞上言曰"（许翰文集《襄陵文集》卷五亦将之收入其中，名为《慎用人材疏》，但注明"按此首从名臣奏议中补入"）。几乎相同的内容，在《宋会要·选举二三》

一二，靖康元年四月十三日条，被作为监察御史胡舜陟之言。

89《宋会要·职官七六》三七《收叙放逐官》："高宗建炎元年五月一日赦……刑部限三日检举。惟蔡京、童贯、王黼、朱勔、李邦彦、孟昌龄、梁师成、谭稹及其子孙，皆误国害民之人，更不收叙。"此外，同书《刑法四》四一，绍兴元年正月一日条载德音之中，这些人亦"更不移放"。

90《宋会要·方域一五》二九，宣和二年八月二十日条："诏……提领措置官、保和殿学士、银青光禄大夫孟昌龄，兴国军节度使王仍，各转一官。"

91《宋史》卷四七〇《王黼传》："遭父忧，阅五月，起复宣和殿学士，赐第昭德坊。故门下侍郎许将宅在左，黼父事梁师成，称为恩府先生，倚其声焰，逼许氏夺之，白昼逐将家，道路愤叹。"关于赐宅王黼，《宋会要·方域四》二三载，政和六年"十一月六日，诏，赐宣和学士王黼昭德坊第宅一区"。

92《宋史》卷三二八《薛向传（附嗣昌传）》："嗣昌亦以吏材奋。崇宁中，历熙河转运判官，梓州、陕西转运副使，直龙图阁、集贤殿修撰，入为左司郎中，擢徽猷阁待制、陕西都转运使，知渭州，改庆州。监公使库皇寘坐狱，嗣昌奏请之。遂以监临自盗责安化军节度副使，安置郢州。起知相州，复待制、知太原府。论筑泾原三仓劳，加显谟阁直学士。又以抚纳西羌功，进延康、宣和殿学士，拜礼部、刑部尚书。坐启拟反覆罢，提举崇福宫。久之，迁延康殿学士、知延安府，赐第京师。当迁官，丐回授其子昶京秩。"《宋史》卷四五六《申积中传》："政和六年，以奉议郎通判德顺军。翰林学士许光凝尝守成都，得其事荐诸朝，召赴京师，擢提举永兴军学事，道卒。光凝复与宣和殿学士薛嗣昌、中书舍人宇文黄中表其操行，诏予一子官。"《宋史》卷三五六《刘昺传》："加宣和殿学士，知河南府，积官金紫光禄大夫。与王寀交通，事败，开封尹盛章议以死，刑部尚书范致虚为请，乃长流琼州。死，年五十七。"刘昺为大晟乐的制定鞠躬尽瘁。参见村越贵代美：『北宋末の词と雅楽』(慶応義塾大学出版会，2004 年) 第二章「大晟府の人々」。

93《会编》卷二五，宣和七年十二月二十二日条："三省、枢密院同奉圣旨。宇文虚中命除保和殿大学士、充河北河东宣谕使，其请给、人从依宰执例施行，不得辞避，日下受告。"后来，宇文虚中为请求返还徽钦二帝，作为祈请使赴金，但目的并未达成，他本人亦留金为官。关于此事经纬，可

参见以下研究。前注1小栗英一论文及「靖康の変前夜における宇文虚中」(『人文論集（静岡大学人文学部）』27, 1976年）；中嶋敏：「南宋建炎対金使節について―宇文虚中のことなど―」，『東洋史学論集　続編』，汲古書院，2002年，1993年初刊。

94 相同记载见于后注96《会编》引《国史后补》。

95 参见本书第一章第一节。

96 《会编》卷五六，靖康元年九月十五日条："《国史后补》曰：'伯氏鲁公之长子，又所最爱。当元符初官裁造院，上为端邸时，每退朝出内北门。伯氏适来趋院，必下马拱立门首，以俟上过而后退。上询为何人，左右曰：'蔡承旨衙内也。'由是上心善之。其后常以为言，况凭藉家世，遭逢异宠又如此。假若稍加修饬，则宰相、三公不属他人矣，亦何必作为谐媒，用荡上心，依恃妇人，破坏骨肉，至违背天性，上孤恩纪。上既睿明，在宫中反笑谓左右：'蔡六讵应为宰相耶。'是徒为时主所窥。凡所劳心，不亦惜乎。'"《铁围山丛谈》卷二："政和初，至尊始踵唐德宗呼陆贽为'陆九'故事，目伯氏曰'蔡六'。是后兄弟尽蒙用家人礼，而以行次呼之。至于嫔嫱宦寺，亦从天子称之，以为常也。目仲兄则曰'十哥'，季兄则曰'十一'，吾亦荷上圣呼之为'十三'。而内人又皆见谓'蔡家读书底'。呜呼，无以报称且奈何。"

97 《宋史》卷四七二《蔡京传（附攸传）》："入辞之日，二美嫔侍上侧，攸指而请曰：'臣成功归，乞以是赏。'帝笑而弗责。"关于"念四"、"五都"，刘永翔曾于《清波杂志校注》（中华书局，1994年）中进行考证（第82页）。

98 王称：《东都事略》卷一〇一《蔡攸传（附攸传）》："钦宗必欲诛之，命御史陈述即所在斩之，攸死。年五十。"

99 《宋史》卷四七二《蔡京传（附攸传）》："崇宁三年，自鸿胪丞赐进士出身，除秘书郎，以直秘阁、集贤殿修撰，编修国朝会要，二年间至枢密直学士。京再入相，加龙图阁学士兼侍读，详定九域图志，修六典，提举上清宝箓宫、秘书省两街道录院、礼制局。"

100 杨万里：《诚斋诗话》："蔡攸幼慧，其叔父卞，荆公壻也。卞携攸见公，一日公与客论及《字说》，攸立其膝下，回首问曰：'不知相公所解之字，为复是解苍颉字，为复是解李斯字。'公不能答，拊其顶曰：'你无良，你无良。'见刘尚书美《中说》。"

101 陆游:《老学庵笔记》卷一〇:"蔡攸初以淮康节领相印,徽宗赐曲宴,因语之曰:'相公公相子。'盖是时京为太师,号公相,攸即对曰:'人主主人翁。'其善为谐给如此。"

102《编年备要》卷二八,宣和元年九月条之中,其妻为"朱氏",但因字形相似,所以或许只是单纯的错字。此处的"视执政",依据《宋史》卷一六九、职官志《叙迁之制》,说明行、守、试三等之后的记载:"宣和以后,官高而仍旧职者谓之领,官卑而职高者谓之视,故有庶官视从官,从官视执政,执政视宰相。"也就是说,北宋末的这一时期,存在以低官阶履行上级职务的"视官"制度,"视执政"指的正是蔡攸在官位不高的情况下,履行执政的职务。关于视官,可参见龚延明《宋代官制辞典》第668页。

103 宋代出入禁中管理之严,据岳珂载:"汉时宫禁与外间无大别异⋯⋯国朝家法最为严备,群臣虽肺腑,无得进见宫禁者。"(《愧郯录》卷一二《宫禁进见》)哲宗朝吕大防亦称:"禁中事,虽从官亦无缘知。"(《宋会要·职官三六》一九,元祐八年十一月一八日条)原本正如本章第一节所见,对于当时的蔡京而言,禁中的宣和殿是他未曾见过的地方,因此他才利用曲宴之机前往参观,再写成文章向世人宣传。毫无疑问,这是一般士人轻易无法进入之地。

104 此处《朱子语录》依照的是中华书局理学丛书本(1986年)。朝鲜抄本的徽州本《朱子语录》,"攸妻刘""出嫁攸"两处,均缺"攸"字(中文出版社1982年景印本,卷一三九《本朝》)。关于《朱子语录》的诸版本,参见冈田武彦:「朱子語類の成立とその版本」(『中国思想における理想と現実』,木耳社,1983年)。

105 二人之中的明节皇后曾于本章第一节中登场,即当时最受徽宗宠幸的"刘安妃"。明达皇后在刘安妃之前受到宠幸,两人虽然实际上并无血缘关系,但因同姓之谊,据说明达曾将明节收为养女。

106 前注20引用史料。此外,这一场景亦见于《说郛》引谢枋得《碧湖杂记》。陶宗仪:《说郛》卷一九下,谢枋得《碧湖杂记》:"宣政间,禁中有保和殿。殿西南庑有玉真轩,轩内有玉华阁,即安妃妆阁也。妃姓刘,进位贵妃,林灵素以左道得幸,谓徽宗为长生之帝君,妃为九华玉真安妃。每神降,必别置妃位,画妃像于其中。每祀妃像,妃方寝而觉有酒容。群臣蔡元长最承恩遇，赋诗殿壁曰：'琼瑶错落密成林，桧竹交加午有阴。恩许尘凡时纵步，不知身在五云深。'侍宴于保和殿，令妃见京，帝先有诗曰：'雅兴酒酣添逸兴，玉真轩内见安妃。'命京赓补成篇，京即题曰：'保和新殿丽秋晖，恩许尘凡到绮闱。'云云，须臾，命京入轩，但见妃像，京又有诗云：'玉真轩内暖如春，只见丹青未见人。月里嫦娥终有恨，鉴中姑射未应真。'已而至闱，妃出见京劝酬至再，日暮而退。"

107《会编》卷六，宣和四年五月九日条引《北征纪实》："童贯以四月十日行，而攸以五月九日降旨，十一日敕出，十三日拜命。攸辞免如常礼，批答云：'朕以童贯宣抚北道，独帅重兵，其头领将佐及四路守臣、监司，并其门人故旧，贯已昏耄，所施为乖谬，故相隐匿，蔽不以闻，致边事机会差失，为朝廷之害，莫大于此。'"

108《会编》卷一一，宣和四年十一月二十七日条："初童贯行，上遣内侍李某，微服于贯军中，探其去就。燕京既失，州县复陷，人民奔窜，内侍尝密奏之，上以手札责贯曰：'今而后，不复信汝矣。'"同书卷一二，宣和四年十二月十一日条引《北征纪实》："先是，上命小珰主邮事，不隶宣司，戒之曰：'得燕山，尔自遣驰报。'而贯亦自作牌，大书曰：'克平燕山路。'以伺，皆谓唾手可得。及药师、可世人燕山城，是日报至，贯匿之。中夜始约伯氏，同作奏以牌等，即驰上捷，才二日半至阙下，然迟小珰犹半时许。"

109最终的结果是，在宣抚司时代二人达成合作关系，正如后文所述，蔡攸作为领枢密院事统领讲义司时对童贯亦有提携。但若因此认为他们从一开始就是合作关系，则是不正确的。

110利用宦官监察地方并不只限于这一时期，徽宗朝只是将其更进一步强化。徐度：《却扫编》卷中："祖宗时，诸路帅司，皆有走马承受公事二员，一使臣，一宦者，属官也。每季得奏事京师军旅之外，他无所预。徽宗朝，易名廉访使者，仍俾与监司序官，凡耳目所及，皆以闻。于是与帅臣抗礼而胁制州县无所不至，于是颇患苦之。宣和中，先公守北门，有王褒者，宦官也。来为廉访使者，在辈流中，每以公廉自喜，且言素仰先公之名德，极相亲事。会人奏回传，宣抚问毕，因言比具以公治行奏闻。上意甚悦，行召还矣。先公退语诸子，意甚耻之，故谢表有曰：'老若李郇，久自安于外镇，才非萧傅，敢雅意于本朝，长兄惇义之文，盖具著先公之意也.'（据《新唐书·李鄘传》，李鄘为淮南节度使："先是，吐突承璀为监军，贵宠甚，鄘以刚严治，相礼惮，稍厚善。承璀归数为荐之，召拜门下侍郎、同平章事。鄘不喜由宦倖进，及出祖乐作，泣下谓诸将曰：'吾老安外镇，宰相岂吾任乎。'至京师不肯视事，引疾固辞，改户部尚书。"）

111 《宋史》卷二二《徽宗本纪》，宣和五年七月条："己未，童贯致仕。"

112 前注96《会编》引文，徽宗"蔡六讵应为宰相耶"之语，应是此时所说。其中看不到他对蔡攸的非难，反而令人感觉是兄长对弟弟、前辈对后辈的揶揄。

113 《东都事略》卷一〇一《蔡京传（附攸传）》："及将谋内禅，亲书'传位东宫'字以授邦彦，邦彦却立不敢承。时中辈在侧，徽宗踌躇，以付攸。攸退，属其客给事中吴敏，敏即约李纲共为之，议遂定。"

114 关于这一点，《长编纪事本末》记载接受御笔之人为李邦彦。《长编纪事本末》卷一四六《内禅》："初，上皇谕内禅于宰执，白时中久执不可。上皇屡左书纸尾曰：'少宰主之。'时中久乃受诏。"不仅如此，《长编纪事本末》还记载，自禅位前日起，李邦彦、吴敏始终在与徽宗商议，这一点与其他史料很不一样。

115 后来朱熹认为，关于此次禅位，吴敏的记载最为详细。《朱子语录》卷一二七："宣和内禅，惟有吴敏有《中桥居士记录》，说得最详。"

116 《建炎以来系年要录》卷一五一，绍兴一四年四月条："丁亥，秦桧奏乞禁野史。上曰：'此尤为害事，如靖康以来私记，极不足信。上皇有帝尧之心，禅位渊圣，实出神断，而一时私传以为事由蔡攸、吴敏。上皇曾谕宰执谓：'当时若非朕意，谁敢建言。'必有族灭之祸。'楼炤曰：'上皇圣谕亦尝报行，天下所共知也。'"

117 《宋史》卷三五二《吴敏传》："大观二年，辟雍私试首选。蔡京喜其文，欲妻以女，敏辞。"

118 《靖康要录》卷七，靖康元年七月十三日条《御史中丞陈过庭言》："臣谨按少宰吴敏不才而喜为奸，无识而好任数。又其天资险佞，鐩篠威施，面若畏人，退而害物。自童幼时为蔡京父子养于门下，侧媚狎昵，日益亲附。方郑居中作相，与京构隙，京乃峻擢敏辈，列于侍从，分布亲党，四面刺探，当时被其中伤者不可胜计。奸迹既彰，久被弃斥。前年攸及子絛覆出为恶，首加荐引。敏知京、絛将败，而攸及李邦彦齐驱并进，于是又背京而从仗。夷考其行，岂宜寘诸庙堂，以污宰辅之任。伏自上皇禅位，陛下登极之初，授受揖逊，若唐尧、虞舜，初无间言，乃贪天之功以为己力，每于章疏，喋喋自明，此敏之罪一也。"

119 李纲:《靖康传信录》卷上:"敏曰:'监国可乎。'余曰:'不可，唐肃宗灵武之事，当时不建号，不足以复邦。而建号之议，不出于明皇，后世惜之。上聪明仁慈，倘感公言，万有一能行此，金人且将悔祸退师，宗社底宁，岂徒都城之人获安，天下之人皆将受赐，非发勇猛广大慈悲之心，忘身徇国者，孰能任此。'"

120《会编》卷一九九，绍兴十年正月十五日条《秀水闲居录》:"李纲，字伯纪，闽人，蔡京之子攸党也。宣和末，渊圣受禅，纲与吴敏以攸诡计取执政。"

121 引用前后如下:"臣窃观李纲札子称:'上皇厌万机之烦，欲授圣子，意未有发，臣与少宰吴敏力建大策赞成内禅。'臣伏观，上皇以神器授陛下，盖知天命人心有所归属，奋然独断。岂假人谋，此帝尧盛德之事也。当时蔡攸出入禁中，刺得密旨，报吴敏、李纲，欲使二人进用，为己肘腋。吴敏时权直学士院，身在翰林院，故其议先达。纲为太常少卿，疎外无由以进，而纲遂怀此札子，诸路示士大夫，人无不见之，所论三事，内禅乃其一也。"

122 庄绰:《鸡肋编》卷中:"金人南牧，上皇逊位，乃与蔡攸一二近侍，微服乘花纲小舟东下，人皆莫知。"李纲:《靖康传信录》卷中，靖康元年二月十七日条:"初道君以正月初三日夜出通津门，乘舟以行，独蔡攸及内侍数人扈从，以舟行为缓，则乘肩舆。又以为缓，则于岸侧得搬运砖瓦船乘载，饥甚，于舟人处得饼一枚，分食之。"

123《编年备要》卷三〇，靖康元年三月条:"道君既渡江，敏、南仲言于上，谓:'童贯、朱勔、蔡攸、絛将奉道君复辟于镇江'，或陈唐明皇'与我剑南一路自奉'之语，朝夕撼于上前。上忧且疑之。"

124《建炎以来系年要录》卷一，靖康元年正月条:"江淮发运副使卢宗原以行宫之命遏漕舟与邮传，俾不得西趣京师，又留浙兵。泗州司录事詹大和言:'童贯且为变。'"《靖康传信录》卷中:"初，恭谢行宫所，以都城围闭，止绝东南递角，又止东南勤王之师，又令纲运于所在卸纳，泗州官吏以闻。朝廷不以为然，道路藉藉，且言有他故。"

125 李光:《庄简集》卷八《乞奉迎上皇札子》:"臣闻，唐明皇避寇幸蜀，肃宗即位灵武，及二京平，李泌为群臣通奏，具言天子思恋晨昏，请促还以就孝养。若泌者，可谓善处人父子之间矣。恭惟陛下天性仁孝，伏自上皇东幸暴露，日夜忧思，至避殿减膳，不遑宁处，群臣士庶莫不知之。而军兴之际，朝廷多事，道路隔绝，臣恐陛下至意未能感通，而奸邪之人易成间隙，以上贻宗庙之忧，下为群臣之祸。治乱之原，安危之机，尽在于是。臣愚伏望陛下亲降诏旨，令三省、枢密院集两省台谏官合议奉迎上皇典礼，使陛下大孝之美纯粹光显，过于未登大位之时，实天下幸甚。取进止。"关于徽宗与钦宗之间微妙的父子关系，可参见张邦炜：《靖康内讧解析》(《宋代婚姻家族史论》，人民出版社，2003 年)。

126《东都事略》卷一○一《蔡京传(附攸传)》："靖康元年，攸从徽宗南下，言者或云将遂复辟于镇江。(吴)敏为言，乞令陪扈还京师，以功赎过。"

127《十朝纲要》卷一九，靖康元年三月条："丁卯朔，遣徽猷阁待制宋焕奉表道君皇帝行宫。"

128 此后徽宗因宋焕之功，赐予他御笔以表示感激之意。李纲：《梁溪集》卷一六一《道君太上皇帝赐宋焕御书跋尾》："方靖康丙午春，臣备位枢廷，被旨奉迎道君于南都。时徽猷阁待制、淮南、江浙、荆湖制置发运使宋焕，适自淮甸召还入对，又奉渊圣御书如行宫，邂逅相见甚款，听其言盖惓惓有意于两宫者。及绍兴丙辰夏，臣承乏江西帅事，复与焕会于豫章，焕出示道君御书，所以褒奖之者甚厚，翰墨如新。伏读相与流涕，乃知前日之言，信不诬也。"《会编》卷四三，靖康元年三月十五日条："缘此三事，奸人乘间造言，缘饰形似，遂致朝廷之疑。每见台札名敕州县，而实及予躬，兴言及此，不觉流涕。比缘嗣圣遣宋焕赍书至行宫，遂得通父子之情，话言委曲，坦然明白，由是两宫释然，胸中无有芥蒂。重惟宗庙再安，虽赖大臣翊赞之助，至若使父子之间欢然略无纤毫忧疑者，焕竭力为多也。传言：'求忠臣必于孝子之门。'若张仲在周，而宣王有成功，信孝子锡类之效矣。焕周旋两宫，庶几古人有足称者，因书其事，以赐宋焕。"

129《十朝纲要》卷一九，靖康元年三月条："癸未，遣知枢密院李纲迎候道君皇帝于南京。甲申，道君至南京。"

130 在此之前，接受陈东诛杀六贼之请的钦宗曾想派遣聂山，但也被李纲阻止，原因是害怕童贯等人做出过激行为。《靖康传信录》卷中："太学生陈东上书乞诛六贼,谓蔡京、蔡攸、童贯、朱勔、高俅、卢宗原。于是议遣聂山为发运使密图之。山请诏书及开封府使臣数十人以行。余因奏事福宁殿,留身白上曰:'此数人者罪恶固不可恕,然聂山之行,恐朝廷不当如此措置。昔肃宗欲发李林甫墓,李泌谏谓其如明皇何。肃宗抱泌颈泣曰:"思不及此。"使山之所图果成,惊动道君,此忧在陛下。使所图不成,为数人所觉,万一挟道君于东南,求剑南一道,陛下何以处之。'上感悟曰:'奈何。'余对曰:'不若罢山之行,显责童贯等,乞道君去此数人者,早回銮舆,可以不劳而事定。'上以为然。山乃不果行,而童贯等相继皆去。"

131 《十朝纲要》卷一九,靖康元年四月己亥条:"上迎道君皇帝于迎春苑,奉道君皇帝入居龙德宫。"

132 李光:《庄简集》卷九《奏议论蔡攸欲潜入都城札子》:"臣伏见,蔡京父子当国日久,窃弄威柄,败坏纪纲,使朝廷失信于四方,至上皇负谤于天下,军民怨愤,士论沸腾,前后臣寮论列非一。其它元恶巨奸,悉已窜逐,独京父子尚迟回近甸,未正典刑。访闻攸不自引避,欲以扈卫行宫为名,侥幸入都。窃听民言,深可忧虑。若攸果入都城,则百姓必致生变,万一惊犯上皇属车之尘,则臣坐不预言之罪。伏望陛下特降睿旨,早赐黜责施行。"

133 《长编纪事本末》卷一四八《诛六贼》,靖康元年四月癸亥条:"诏:'蔡京等久稽典宪,众议不容。京可移韶州,贯移英州,勔移循州,攸责授节度副使,永州安置,勔子孙分送湖南。'"

134 《宋史》卷二三《钦宗本纪》,靖康元年九月辛未条:"移蔡攸于万安军,寻与弟翛及朱勔皆赐死。"《会编》卷五四,靖康元年九月壬申条:"蔡攸移万安军安置。"《会编》卷五六,靖康元年九月十九日壬午条:"赐蔡攸自尽。"

135 参见本书第四章。

136 南宋时期,包含保和殿馆职在内的殿阁学士序列,载于《宋史》卷一六八《职官志·绍兴以后合班之制》,以及《庆元条法事类》卷四《职制令》。此外,同书同卷《官品令》载:观文殿大学士从二品;观文殿学士,资政、保和殿大学士,翰林学士承旨,翰林学士,资政、保和、端明殿学士,龙图、天章、宝文、显谟、徽猷、敷文、焕章、华文阁等诸阁学士,以及枢密直学士正三品;诸阁直学士从三品;保和殿待制、诸阁待制从四品。参见本章末附表。

第六章

1 平田茂樹:「宋代の政策決定システム—対と議」,『宋代政治構造研究』,汲古書院,2012 年,1994 年初刊。
2 徐东升:《从转对、次对到轮对——宋代官员轮流奏对制度析论》,《厦门大学学报(哲学社会科学版)》,2009 年第 5 期。
3 松本保宣『唐王朝の宮城と御前会議—唐代聴政制度の展開』,晃洋書房,2006 年。
4 《宋会要·职官六〇》一,建隆三年二月二十二日条:"内出御礼〔札〕曰:'朕膺运开基,推诚待物,顾干戈之渐偃,欲华夏之永安,渴听谠言,庶臻治道。今后每遇内殿起居,应在朝文班朝臣及翰林学士等以次转对,即须指陈时政阙失,明举朝廷急务。或有刑狱冤滥,百姓疾苦,并听采访以闻。凡关利病,得以极言,朕当择善而行,无以逆鳞为惧。如有事干要切,即许非时上章,不必须候轮次,亦不得将闲慢事应副诏旨。仍许直书其事不在广有援引。卿等或累朝旧德,或间代英才,当思陈力事君,岂得缄言食禄。伫神阙政,用副旁求。'"
5 《宋会要·职官六〇》一,淳化二年十一月一日条:"诏复百官次对。唐制,百官入阁,有待制次对官,各举论本司公事。德宗兴元中,诏延英座日,常令朝官三两人面奏时政得失。至后唐天成中,诏百官每五日内殿起居,拜舞讫便退,因此遂废侍〔待〕制次对之官。每欲起居日,令百官转对言事。至长兴初,诏今后五日内殿起居,宜停转百官如有轮〔论〕奏,许非时上言。晋天福中,诏依旧五日内殿起居,以两人转对,各具实封以闻。汉乾祐初,陶穀奏停谒阁门拜章。至是始复旧制,每起居日,常参官两人次对,阁门受其章焉。"
6 《宋史》卷一一八《礼志·百官转对》:"大中祥符末,罢不复行。景德三年,复诏:'群臣转对,其在外京官内殿崇班以上,候得替,先具民间利害实封,于阁门上进,方得朝见。'"
7 《长编》卷一〇七,天圣七年三月癸未条:"诏百官转对,极言时政阙失如旧仪,在外者实封以闻。既而上谓辅臣曰:'所下诏,宜增朋党之戒。'(景德三年四月,诏群臣转对,不知何时罢,今又复之。王称《东都事略》："诏曰：'国家设制策之科，将博询于鲠议，有能规朕躬之过失，陈宰相之阙遗，纠中外之奸回，斥左右之朋比，述未明之机事，贡无隐之密谋，以至台省之官，阿私而罔上，郡国之吏，专恣以滥刑。或通受货财，潜行请讬。或恃凭权势，敢事贪残。并许极言，朕当亲览。其令百官遇起居日转对，在外臣僚，亦许具实封以闻。'")

8 《宋会要·职官六〇》五，熙宁四年八月十九日条："御史台言：'检会仪制，两省及文班官候转对将遍，先申中书门下。今来员数不多，乞预赐指挥。'诏候未经转对人周遍，即罢。"

9 然而李焘认为，原因是大臣们对转对之时批判政权过多一事感到不悦。《长编》卷一〇九，天圣八年九月丙辰条："罢百官转对。自复转对，言事者颇众，大臣不悦也，故复罢之。"

10 《诸臣奏议》卷七七，江公望《上徽宗乞因日食命百官转对》："臣伏见神宗皇帝即位三月，即诏内外文武群臣直言时政。至十一月，再下诏书，每遇起居日，轮百寮转对。当是时日食来年正旦，故神宗寅畏天威，谘询阙失，以图消伏，以广聪明，甚盛德之举也。"

11 苏轼：《东坡全集》卷五五《轮对条上三事状》："元祐三年五月一日，侍读苏轼状奏：'准御史台牒，五月一日文德殿视朝，臣次当转对。'"

12 苏辙：《栾城集》卷四一《转对状》（元祐三年五月）："准御史台牒，五月一日文德殿视朝，臣次当转对。"

13 《宋史》卷一一八《礼志·百官转对》："绍圣初，臣僚言：'文德殿视朝轮官转对，盖袭唐制，故祖宗以来，每遇转对，侍从之臣亦皆与焉。元祐间因言者免侍从官转对，续诏职事官权侍郎以上并免，自此转对止于监、郎官而已。请自今视朝转对依元丰以前条制。'"

14 《宋史》卷一一八《礼志·百官轮对》，重和元年条："臣僚言：'祖宗旧制，有五日一转对者，今惟月朔行之，有许朝官转对者，今惟待制以上预焉。自明堂行视朔礼，岁不过一再，则是毕岁而论思者无几。请遇不视朝，即令具章投进，以备览观。'"

15 《历代名臣奏议》卷四九《治道·隆兴间起居郎胡铨上疏》："况臣于今月二十三日准御史台牒，契勘今年三月一日视朝月分，依条于文班内从上轮二人充至日转对。依检准续降指挥节文，今后视朝转对官，如当日不作视朝，亦合前一日赴阁门投进文书。"

16 《历代名臣奏议》卷二四六《荒政·胡铨上疏》："铨又上疏曰：'臣准御史台牒，契勘今年十月一日视朝月分，依条转对，检准续降指挥，合前一日赴阁门投进文书。'"

17 《历代名臣奏议》卷三四九《四裔》："乾道四年，敷文阁待制汪应辰《转对论自治劄子》曰：'右，臣准御史台牒，十一月一日视朝，当臣转对者。'"

18 《历代名臣奏议》卷三三九《御边·吴昌裔上疏》："准御史台牒，轮当十二月一日视朝转对。有已见下项事，须至奏闻者。"

19 刘克庄：《后村先生大全集》卷一一二《杂记》："丙午（淳祐六年）十月一日，余为少蓬，当转对论国本大略。"

20 例如，《诸臣奏议》卷一一六《财赋门》，王存《上神宗乞崇用忠实仁厚之吏》："臣准御史台告报，当臣转对者。"

21 《宋会要·职官六〇》一，淳化二年十一月一日条："至是始复旧制，每起居日，常参官两人次对，阁门受其章焉。"

22 同前注16。

23 范祖禹：《范太史集》卷二二《奏议·转对条上四事状》（十一月三十日）："准御史台牒，十二月一日文德殿视朝，轮当转对奏事。"

24 参见前注1引平田茂树文。

25 强至：《祠部集》卷一三《代转对劄子》："伏睹朝堂晓示近降中书劄子，奉圣旨，臣僚已授差遣，并令依例朝辞，许当日实封转对文字，于阁门投进者。"

26 姚范：《援鹑堂笔记》卷四五《南丰年谱》。

27 《诸臣奏议》卷七七《百官门·转对》，杨绘《上神宗乞因转对召访以事阅其能否》："今之转对者，前一日入奏上阁，至其日再拜于上前而退，则所奏之事有可采者，或假手于人，若因而进用之，则伪滥者何由而旌别乎。欲乞先观其言，设有可采，即于转对之时，召而访以事，阅其能否真伪之状。"

28 同上。

29 《长编》卷四七，咸平三年十二月壬子条："诏有司别录转对章疏一本留中。"

30 蔡幼学：《育德堂奏议》卷一《淳熙轮对劄子（十四年十二月）》一－三、《绍熙轮对劄子（三年十一月）》一－三、卷二《开禧转对奏状（三年五月）》。

31 宋人文集等现今可见的汉籍多已散佚，大部分是清人从类书《永乐大典》中辑成的。在这种情况下，不能否定清人有意识地添加标题的可能性。文中列举的《育德堂奏议》是宋代刊行的版本，其标题应当也是宋代添加的。

32 同样记载转对劄子与轮对劄子的南宋文集还有如下几种。刘克庄：《后村先生大全集》卷五一《轮对劄子（端平二年七月十一日）》一一二、卷五二《转对劄子（十月一日）》；杜范：《清献集》卷五《军器监丞轮对第一劄》《第二劄》、卷七《太常寺卿转对劄子》；胡寅：《斐然集》卷一〇《轮对劄子》一一一三、《转对劄子》；杨万里：《诚斋集》卷六九《壬辰轮对第一劄子》《壬辰轮对第二劄子》《癸巳轮对第一劄子》《癸巳轮对第二劄子》《乙巳轮对第一劄子》《轮对第二劄子》《轮对第三劄子》《转对劄子》。

33 魏了翁：《鹤山集》卷七三《朝请大夫太府少卿直宝谟阁致仕张君午墓志铭》："诏任满，赴行在奏事。君入对，首言君德三事，曰仁，曰明，曰武。次论蜀祸已极。愿早择帅臣。寻因转对又极论军政之弊。轮对，言……"

34 记载相同内容的《中兴两朝圣政》《宋史全文》中，"日轮一人专对"作"日轮一人转对"。

35 《宋史》卷二七《高宗本纪》，绍兴二年六月条："辛亥，免台谏官轮对。"

36 《宋会要·职官六〇》九，绍兴三年三月二十七日条："诏：'今后轮当面对官，如有为患请假，上殿未得，并不许趋赴朝参，依在将理假条法。痊安日，待制已上依议〔仪〕制入见。余官门见讫，次日挽补上殿。'"

37 《宋史》卷四三四《叶适传》："迁博士，因轮对，奏曰……读未竟，帝蹙额曰：'朕比苦自疾，此志已泯，谁克任此，惟与卿言之耳。'及再读，帝惨然久之。"叶适：《水心先生文集》卷一《上孝宗皇帝劄子》。

38 林希逸：《竹溪鬳斋十一藳续集》卷二三《宋龙图阁学士赠银青光禄大夫侍读尚书后村刘公状》："丙申〔午〕（淳祐六年，1246）八月望，入修门，二十三日面对三劄。"

39 刘克庄：《后村先生大全集》卷五二《召对劄子（淳祐六年八月二十三日）》。

40 《宋会要·职官六〇》九，绍兴五年十二月十一日条："给事中吕祉言：'近诏行在职事官并轮日面对，切详侍从官以论思献纳为职，岂可令与庶官轮对。愿诏侍从官免轮对，如有己见，即许请对，不拘时限之数。'从之。"

41 《宋会要·职官六〇》九，绍兴五年十二月二十三日条："殿中侍御史周葵言：'轮对之法，肇自祖宗，陛下首复此制，然尚有可言者。今监尚书六部门，非若监登闻检、鼓院之隶谏省也，而轮对之际，检、鼓院弗与焉。枢密院编修官与敕令所删定官，均为书局也，而轮对之际，删定官弗与焉。望诏有司，俾监登闻检、鼓院官依监六部门，删定官依编修官，同预面对之列。'从之。"

42 《宋会要·职官六〇》一〇，绍兴六年十月十九日条："《宋会要》职官六〇-一〇，绍兴六年十月十九日条："左司谏陈公辅言：'仰惟陛下求言之切，令行在职事官轮对，所以广览兼听，口闻天下之事，非小补也。比缘巡幸，驻跸平江，而随驾臣僚不多，已降指挥面对一次。今闻所轮之人相次已周，目今台谏官止有三员，逐日上殿班次亦少，欲令见在行审计、官告、粮料、榷货、盐仓及茶场等元不系面对，缘系文臣，皆朝廷选差之人，今若有己见愿面对者，许轮对一次。庶使臣下得尽其所言，而艰难之际，亦可少裨圣政。'从之。"

《宋会要·职官六〇》一〇，绍兴六年十一月四日条："诏应轮对官如有疾病、事故，许实封投进文字，更不引对。"

43 《建炎以来朝野杂记》甲集卷八《故事·百官转对》："其后秦相当国久，恶闻人言，于是百官当对者多托疾不上。十七年八月，诏：'自今当对而在告者，竢疾愈日上殿，命吏部约束之。然所对者不过大理寺官十余人，故应故事而已。'"

44 《系年要录》卷一六一，绍兴二十年二月庚戌条："军器监丞齐旦面对乞：'春月禁民采捕。'秦桧曰：'正为孳育之时。'上曰：'此系利害。'乃下之刑部，既而本部言：'春月在法不许采捕。若止科违令之罪，恐难禁止。今欲犯者杖八十。'从之。"

45 《系年要录》卷一六二，绍兴二十一年十二月癸未条："户部员外郎李涛面对论：'近置诸州惠民局，虑四远药方差误，望以监本方书印给。'从之。"

46 《系年要录》卷一六二，绍兴二十一年十二月癸未条："论［轮］官面对，正欲闻朝廷之利害、天下之休戚。今以权奸在位，不言其当春禁樵采，则言惠民局药方差误，所言仅及此，而稍涉时政，则禁不敢发口，是则果何取于论［轮］对哉。言路不通国事，从可知矣。"

47 《系年要录》卷一六七，绍兴二十四年八月壬辰条："上谕秦桧曰：'近轮对者，多谒告避免。百官轮对，正欲闻所未闻。可令检举已降指挥约束施行.'于是申严行下。"《宋史》卷四七三《秦桧传》："帝尝谕桧曰：'近轮对者，多谒告避免。百官轮对，正欲闻所未闻，可令检举约束。'桧擅政以来，屏塞人言，蔽上耳目，凡一时献言者，非诵桧功德，则讦人语言以中伤善类。欲有言者恐触忌讳，畏言国事，仅论销金铺翠，乞禁鹿胎冠子之类，以塞责而已。故帝及之，盖亦防桧之壅蔽也。"

48 以下史料也是相同内容。《宋会要·职官六〇》六，绍兴二十七年六月十一日条："宰执进呈著作佐郎黄中言：'百僚转对，今行之二十年，而大臣专恣，好佞恶直。一时习尚，往往以言为讳，凡所建明，不过务为塞责而已。望申饬在位，自今已往，应转对之官有所闻〔开〕陈，要在竭诚尽忠，切于治道，毋得蹈常习旧，攡摭细微，以应故事。然后陛下观其人，择其言，而为之虚心访问，俾得以尽其情实。积日累月，庶几有补于万一，则旧章不为虚设矣。'上曰：'所论极是。朕方欲与卿等相度指挥，大抵转对之法，恐朝政有阙失，民间利病有不得上闻者，皆当论奏。自秦桧当国，转对之名虽不废，而所论者但应故事，初无鲠切有及于时者，如此则谬悠之谈，何补于国。今黄中所言颇合朕意。'诏可。"

49 即使在绍兴二十九年，轮对的上奏内容依然多是空论。《宋会要·职官六〇》八，绍兴二十九年三月十七日条："守侍御史朱倬言：'凡侍从、常参下逮百执事，每五日一次奏对，而献言之臣视为彝仪，多取无益之空言，或建难行之高论，以应故事。间有言之而不可行，行之而不可久，甚失陛下所以求言〔问〕〔开〕纳之意。望戒饬有司，今后臣僚面对劄子，若委于旧法有弊合改，即乞下所属讨论参计，然后颁行。庶几献言者不为虚文，而奉行者可为永式。'从之。"

50 《宋会要·职官六〇》一三，绍兴三十二年六月二十七日条："诏百官日轮面对，候既周复旧。殿中侍御史张震奏：'伏见绍兴二年五月三十日诏书，其略曰："昔我太祖皇帝常令百官轮次对日，并须指陈时政得失，举朝廷急务，凡关利害，得以极言，可自今后行在百官日轮一员面对。朕当虚伫以听其言，且观其行，将有非次之选，用觊多士之宁。"盖方是时，太上皇帝躬履艰难，思欲明目达聪以防壅蔽，考察能否以知下情，故于听纳不倦如此。恭惟陛下初承圣绪，即诏中外士庶咸贡直言，广览兼听，不遗疏远，甚盛德也。今侍从、言事官非时得以己见奏闻，惟是卿、监、郎官以次暨百执事，皆愿亟望清光，披露心腹，而既限以五日，又间以休假，非阅再岁，莫能周徧，未称陛下急欲求古之意，且无以轮在朝惓惓之忠。欲望举行旧典，许令百官以序进，陛下反复咨询，使竭尽，陈时政之得失，条边防之利害，凡系于国体，关于民事，皆得尽言。如其所论或干机密，则乞留中省览，余皆付外类聚详阅，择其可采者而施行之。则数日之间，议论毕陈，而贤愚可以概见。俟其既周，即复依旧五日轮对，亦不为烦，此于初政诚非小补。'故诏从之。"

51 《宋史》卷三四《孝宗本纪》，乾道七年十二月庚申条："诏阁门舍人依文臣馆阁以次轮对。"

52 吕祖谦:《东莱别集》卷八·尺牍《与朱侍讲元晦》："某轮对初谓在三四月间，近乃知所谓阁门舍人亦轮对，班序在下，如此则须迤逦至五六月也。"

53 刘克庄:《后村先生大全集》卷八二《玉牒初草》，嘉定十一年四月条："癸亥，阁门舍人熊武轮对。"

54 《宋会要·职官六〇》一一，乾道八年六月八日条："成忠郎、阁门祗候、武学博士孙显祖劄子：'伏睹指挥，百官轮对奏事。显祖虽武弁小官，而所任差遣忝在职事官之列，合行轮对，欲望指挥。'有旨依。"

55 《宋史》卷三六《光宗本纪》，淳熙十六年二月丁亥条："诏百官轮对。"《宋史》卷三七《宁宗本纪》，绍熙五年七月戊子条："诏百官轮对。"

56 《宋史全文》卷二七下，淳熙十六年二月壬戌条："诏职事官日轮面对，用绍兴二年、三十二年之制。"

57 《宋史》卷三六《光宗本纪》，绍熙二年五月条："辛亥，诏六院官许轮对，仍入杂压。"

58 《建炎以来朝野杂记》甲集卷一〇《六院官》："六院官，检、鼓、粮料、审计、官告、奏进也，例以京官知县有政绩者为之，亦有自郡守除者，则继即除郎，如鹿伯可是也。故恩数略视职事官，而不入杂压。绍兴十一年，胡汝明以料院除监察御史，遂迁副端。乾道后，相继入台者，有宋敦书、萧之敏、陈升卿、傅淇等数人，而六院弥重，号为察官之储矣。淳熙初，龚实之秉政，其内弟林宓干办审计司，遇郊恩而林尚京秩，乃白上以六院官班寺监丞之上，林用是得封赠父母。龚后为谢廓然所论南窜，此其一事也。绍熙二年夏，六院官始复入杂压，在九寺簿之下焉。（五月庚戌降旨）"

59 徐元杰:《楳野集》卷三《嘉熙戊戌轮对劄子》。

60 徐元杰:《楳野集》卷三《甲辰冬轮对劄子》。

61 佚名:《宋季三朝政要》卷四,度宗咸淳七年条:"王唐珪为司农簿,以轮对言天下守令不得人,忤似道罢。"

62 《宋会要·职官六〇》一三,绍兴三十二年六月十五日条;"诏面对班改用三、八日。先是,面对班用一、五日,以其日分军驾诣德寿宫,故有是命。"

63 周必大:《文忠集》卷一三四·正字轮对劄子二首《论荆襄两淮利害》(绍兴三十年十月二十五日)。

64 《宋会要·职官六〇》一三,绍兴三十二年六月二十七日条:"同日,阁门状:'昨降指挥,车驾诣德寿宫起居用一、五日,其面对班改用三、八日。今续准指挥,车驾诣德寿宫起居用初八日、二十二日,所有日后面对官,未审合与不合于三、八日引对。'诏:'初八日改用初七日,二十二日改用二十四日。'"明明只更改八日即可,没有必要将不属于"三、八日"的二十二日改作二十四日,缘何成为规定,目前仍不甚明了,或许是《宋会要》将"二十三日"误写为"二十二日"。

65 前注50引用史料。

66 在此期间的隆兴元年三月,是在乙巳日(十四日)轮对,与"六、三日"并不相符。《宋史全文》卷二四上,隆兴元年三月乙巳条:"臣僚轮对,奏言……"

67 《系年要录》卷一二二,绍兴八年十月条:"甲子,诏自今从官上殿,令次台谏,在面对官之上。"

68 胡寅:《斐然集》卷一〇《轮对劄子》三:"臣恭睹陛下虚心求言,日昃不倦。凡职事官以上悉许面对。资众谋,屈群策,以收恢复之功,德意甚美。而比来待对之人,隔下班次有五六日,至于旬时者。卑官冗吏,职有常守,既尔徘徊,不无妨废。其间嘉言谠论,稽于上达,又无以称陛下见贤若渴之心。臣愚欲望特降指挥,凡当面对臣僚,若遇其日引对未及,即令退具所欲论奏之言,依祖宗时百官转对故事,实封于阁门进入。则陛下有达聪之美,臣子无底滞之叹,两得之矣。取进止。"

69 《宋会要·职官六〇》一一,淳熙四年四月二十四日条:"诏自今面对官依旧六、三日引。"

70 周必大:《文忠集》卷一七二《思陵录》上,淳熙十四年十一月己未条:"知阁龙雩先呈……又奏:'今后遇一、五日,诣梓宫前烧香。所有轮对班如何。'上令改作四、九日。"

71 周必大:《文忠集》卷一七三《思陵录》下,淳熙十五年三月己未条:"权礼部郎中官倪思奏:'太上掩攒以前,除宰执内殿奏事外,轮对引见班并乞权停。'有旨依。"

72 后文考察轮对实绩时,基本上仅限于年月日全部判明的情况。

73 前注66引用史料。

74 周必大《文忠集》卷一三五《垂拱殿轮对劄子一首》《论听言责实》(乾道六年九月十五日)。《宋史全文》卷二五上,乾道六年十一月己丑条:"国子录姚崇之轮对,论:'大将而下有偏裨、准备将之属,岂无人才可膺王佐之任。乞骤加拔擢,如古人拔卒为将。'上曰:'苟得其人,不拘等级。'"《宋史全文》卷二五上,乾道六年十二月戊午条:"太学录袁枢轮对,因论:'今日图恢复,当审察至计,以图万全之举。'上曰:'卿言极是,当如此。'"《宋史全文》卷二五下,乾道七年六月乙丑条:"宗正寺丞戴几先轮对,因论:'人才当以核实为先。'上曰:'尧舜用人,敷纳以言,明试以功,此责实之政。'"《宋史全文》卷二五下,乾道八年正月戊寅条:"太常博士杨万里轮对,论及人材。上曰:'人材要辨实伪,要分邪正。'又曰:'最不可以言取人。孔子大圣,犹曰:"始吾于人也,听其言而信其行。今吾于人也,听其言而观其行。"故以言取人,失之宰予。'"周必大:《文忠集》卷一三七《论任官理财训兵三事》(淳熙二年八月一日)。喻良能:《香山集》卷一六《丁未二月十三日廷和轮对》。魏了翁:《鹤山集》卷一六《十一月二十三日轮对劄子》。

75 刘爚:《云庄集》卷一七《庚午六月十五日轮对奏劄》。真德秀:《西山文集》卷二《庚午六月十五日轮对奏劄》《八月一日轮对奏劄》;卷三《对越甲稿·轮对劄子》。

76 刘克庄:《后村先生大全集》卷八二《玉牒初草》嘉定十一年四月癸亥条、五月丙申条。

77 胡知柔:《象台首末》卷二《嘉定壬午六月五日轮对第一劄》《嘉定甲申正月二十二日轮对第一劄》。

78 《宋史全文》卷三一,宝庆元年七月壬戌条:"将作监张忠恕轮对,奏求言事。上曰:'诏已下两月,应者绝少,纵有之,亦未尽忠谠也。'恕奏曰:'臣闻已上之疏多有鲠论,而圣谕如此,足见陛下好直恶佞之切。'"《宋史全文》卷三四,淳祐十二年六月丙子条:"大理正尹桂轮对,乞置阙于禁严,非特父子之情浃洽,亦所以为事制曲防之虑。"高斯得:《耻堂存稿》卷一《轮对奏劄(原注六月六日,时为著作佐郎)》。姚勉:《雪坡集》卷四《庚申轮对(八月十一日上殿)》。《宋史全文》卷三五,宝祐三年四月癸未条:"考功郎官洪勋轮对,奏至杜衍封还事,上曰:'朕每谕丞相,事有不可行者,但缴奏来。'"《宋史全文》卷三五,宝祐四年三月壬寅条:"著作佐郎兼资善堂直讲郑雄飞轮对,奏毕,上问皇子读书如何,雄飞奏:'皇子天姿聪明,尝辑录圣训,一日以示臣。陛下贻训正大明切,皇子又能谨藏习诵之。'上曰:'能如此。'"

79 黄震:《黄氏日抄》卷六九《戊辰轮对劄子一(咸淳四年七月二十一日)》。
80 楼钥:《攻媿集》卷一〇四《朝奉大夫李公墓志铭》:"特改承奉郎,轮对便殿,进止详雅,敷奏明白,历陈救荒、漕运、附试三事,孝宗嘉纳,悉以付中书。"
81 周必大:《文忠集》卷一三五《垂拱殿轮对劄子一首 论听言责实》。
82 喻良能:《香山集》卷一六《丁未二月十三日廷和轮对》。
83 刘克庄:《后村先生大全集》卷五一《录圣语申时政记所状》:"闰月一日,赴后殿奏事例二件。"
84 梅原郁:「南宋の臨安」(『中国近世の都市と文化』,京都大学人文化学研究所,1984年)。
85 卫泾:《后乐集》卷一七《盖经行状》:"淳熙二年十月轮对,赐见选德殿。"
86 王化雨:《南宋宫廷的建筑布局与君臣奏对——以选德殿为中心》,《史林》2012年第4期。
87 陈耆卿:《筼窗集》卷八《朝散郎秘书丞钱公抚墓志铭》:"对便殿言……再岁两轮对首言……"
88 同前注52。
89 吴泳:《鹤林集》卷二九《与李悦斋书》、薛季宣《浪语集》卷二三《答陈同父亮书》。
90 实际上的轮对日期是七月十一日。刘克庄:《后村先生大全集》卷五一《轮对劄子(端平二年七月十一日)》一一二、《录圣语申时政记所状》。
91 《宋史》卷四三四《叶适传》:"因轮对,奏曰……读未竟,帝蹙额曰:'朕比苦目疾,此志已泯,谁克任此,惟与卿言之耳。'及再读,帝惨然久之。"《宋史全文》卷二五上，乾道四年十月辛卯条："前四川制置使汪应辰面对，读劄子至：'畏天爱民'，上曰：'人心易怠，鲜克有终，当以为戒。'上又曰：'朕日读《尚书》，于畏天之心尤切。'应辰奏：'尧、舜、禹、汤、文、武皆圣人，然一部《尚书》中，君臣更相警戒，言语虽多，要皆不出此道。圣训及此，实天下之福。'"

92 周密：《癸辛杂识》后集《蕞薾》："木待问轮对，误读蕞尔之国作撮音，寿皇厉声曰：'合作在最反读为是。'"

93 袁燮：《絜斋集》卷一《轮对陈人君宜勤于好问劄子》："臣不佞，四月六日，猥以庸陋，获对清光，敷陈治道，劝陛下以延访英髦。读毕，臣复口奏，申述延访之意，谓陛下欲周知是非得失之实，要在勤于好问，陛下首肯再三，圣语云：'问则明。'"刘克庄：《后村先生大全集》卷八三·玉牒初草·嘉定十二年三月丁卯朔条："太学博士楼昉面对，读札至：'事力不敌，犹当掩击攻劫。'口奏云：'虏欲求和，皆非实意。若不能自立崖岸，彼岂肯退听。'上曰：'当立些崖岸。'又读至：'变宫军怯懦之习。'口奏云：'若朝廷能驾驭将帅，能激昂官军，人人敢战，山东一边自然不会头重。'上曰：'然。'"

94 周必大：《文忠集》卷六六·平园续稿《敷文阁学士李文简公焘神道碑》："公轮对言：'唐虞三代专以辅弼，汉唐或谋卿士。今舍二途，近习必进。此治乱之机，惟圣虑过防。'盖有所指也。又奏：'省闱取士本不立额，乞参皇祐四百之限，稍加裁定。旧时奏名虽赐出身，罕授职任。近两榜至八百五十余人放选注官，而贤良方正一科则寂无应诏当责举者。'读毕，遂言：'天下有变，经营北方未见可付之人。'上曰：'朕当自将。'公曰：'圣谕及此，与真宗济澶渊合矣。'上曰：'此朕家法，太祖平泽潞，取维扬，太宗平太原，皆是也。'公请先自治以待时。上耸听不倦，近侍皆跂倚。明日谕三省议省额、特恩二事，有沮之者乃已。"

95 胡寅：《斐然集》卷一〇《轮对劄子三》："臣愚欲望特降指挥，凡当面对臣僚，若遇其日引对未及，即令退具所欲论奏之言，依祖宗时百官转对故事，实封于阁门进入，则陛下有达聪之美、臣子无底滞之叹，两得之矣。"

96 真德秀：《西山文集》卷三·对越甲稿《轮对劄子（二月十一日当对，已草就，初八日改除右史，不曾上。）》。

97 杨简：《慈湖遗书》卷五《象山先生行状》："（淳熙）十一年，当轮对，期迫甚，犹未入思虑，所亲屡累请，久乃下笔。缮写甫就，厥明即对。上屡俞所奏。"

98 《文忠集》卷一三七《轮对前一日封入奏状一首 论任官理财训兵三事》。

99 关于这次"对"的情况，《癸辛杂识》亦有记载。周密：《癸辛杂识》前集《孝宗行三年丧》："会敕令所删定官沈清臣论丧服六事，凡八千言，展读甚久，极合上意。知阁张巍奏已展正引例隔下，清臣奏读如初，久之，巍又云：'简径奏事。'上目之，令勿却。已而甚久，巍前奏恐妨进膳，清臣正色曰：'言天下事。'读竟乃已。上劳之曰：'卿二十年间废，今不枉矣。'于是上意益坚。"文中除沈清臣是敕令所所定官外，还有几处文字异同。沈清臣的劄子长达八千字，其中六本与太上皇驾崩后的丧服有关，这正合孝宗之意。当时孝宗与群臣之间正因服丧方式产生轻微对立，孝宗抑制知阁门事张巍（《癸辛杂识》作"张巍"），优先与自己意见相同的沈清臣，或许也是出于这一隐情。但据《思陵录》载，沈清臣的其中一本劄子是与谒见贺正旦使相关的内容，并非六本全与丧服制度相关。《文忠集》卷一七二《思陵录》上，淳熙十四年十二月辛巳条："清臣劄子中一项，论贺正人使乞不见如前日，本无可疑，恐有奸臣献起衅之说，切勿听之。前日不见，何尝起衅。上甚以为然，且云：'初意本欲止见之而不受其礼，谓礼官必有公议，姑付之使定其论，不谓礼官只尔定来，甚无义理。今念彼再来，不见非人情，止当见之，决不受其礼为是。'沈极称赞云：'陛下只恐见义理不的，若已见得义理明，自不用惑纷纷之说。'上沈（深）以为是。"

100 刘宰：《漫塘文集》卷二八《故兵部吴郎中墓志铭》："(嘉定元年)其年七月面对陈三劄。"《历代名臣奏议》卷一四八《杨简上奏》："嘉定元年冬十有二月，臣获轮对，三劄奏陈。"卫泾：《后乐集》卷一〇《辛亥岁春雷雪应诏上封事》："臣一介疏远，去岁十月，尝因轮对望清光，三劄所陈。"

101 王应麟：《玉海》卷六一《建隆转对 淳化次对》："（绍兴）五年二月庚子，命孙近、胡交修编类章疏，进入。"

102 刘克庄：《后村先生大全集》卷八二《玉牒初草》，嘉定十一月辛巳条："上曰：'所进故事与轮对劄子一同，若有益于治道者，当付出行之。'"

103 张端义：《贵耳集》卷下："寿皇大喜，即日除浙漕。却不及作侍从，曾作太府卿。"

104 举例如下。《宋史》卷三八五《葛邲传》："轮对，论州县受纳及鬻爵之弊，孝宗奖谕曰：'观所奏，知卿材。'除著作郎兼学士院权直。"《宋史》卷三八六《王蔺传》："迁枢密院编修官，轮对，奏五事，读未竟，上喜见颜色。明日，谕辅臣曰：'王蔺敢言，宜加奖擢。'除宗正丞，寻出守舒州。"周必大：《文忠集》卷三二·省斋文稿·《朝散大夫直显谟阁黄公石墓志铭》："乾道元年九月，轮对论二事，其一曰……其二曰……时庄文太子留意于诗，公故及之。上大喜曰：'朕固尝以此谕太子，卿言正与朕合。'退朝，以章送东宫，旦〔且〕批付中书：'黄某与升擢差遣，今晚便可拟来。遂除校书郎，入馆不试，盖异恩也。'"

105 佚名：《南宋馆阁续录》卷六《故实·秘阁校勘》："四年正月，御笔：'李心传已经轮对，议论详明，尽言无隐，所当褒表。可特赐同进士出身，与升擢差遣。'"

106《系年要录》卷一七四，绍兴二十六年八月壬申条："宰执进呈大理寺主簿郭俶转对论差役事，上曰：'自有成法，不须更改。今祖宗法令，无不具备，但当遵守。比来轮对及之官得替上殿官，多是无可奏陈，致有率意欲轻变成法。有司看详，尤宜详审。朕观《汉史》，曹参遵萧何画一之法而汉大治。盖何所定律令既已大备，若徒为纷更，岂所谓治道贵清净耶。'"

107《宋史》卷四二四《孙梦观传》："迁司农少卿兼资善堂赞读。轮对，谓：'今内外之臣，恃陛下以各遂其私，而陛下独一无可恃，可为寒心。'次论：'郡国当为斯民计，朝廷当为郡国计。乞命大臣应自前主计之臣夺州县之利而归版曹者，复归所属，庶几郡国蒙一分之宽，则斯民亦受一分之赐。'帝善其言。迁太府卿、宗正少卿，兼给事中、起居舍人、起居郎。"

108《宋史》卷四三八《黄震传》："擢史馆检阅，与修宁宗、理宗两朝国史、实录。轮对，言当时之大弊，曰民穷，曰兵弱，曰财匮，曰士大夫无耻。乞罢给度僧人道士牒，使其徒老死即消弭之，收其田入，可以富军国，纾民力。时宫中建内道场，故首及此。帝怒，批降三秩，即出国门。用谏官言，得寝。"

109 方大琮：《铁庵集》卷一七《与郑金部逢辰书》七："犹忆在班行时，得兄囊封与面对副本，读之皆鲠切靡隐。又侍立时，见兄秉笏立庭下，衔袖有疏，料其言必有惊倒灶下婢者，惜不果上。"徐经孙：《矩山存稿》卷一《劾厉文翁疏》："臣今月二十一日得厉文翁轮对副本，读之见其心术险微，辞淫言伪，是何其敢于丑正罔上也。"姚勉：《雪坡集》卷三二《答许司门书》："八月十一日轮对之疏，读之者已怒生瘿矣。"

110《宋史》卷四二一《包恢传》："尝因轮对曰：'此臣心恻隐所以深切为陛下告者，陛下恻隐之心如天地日月，其闭而食之者曰近习，曰外戚耳。'参知政事董槐见而叹曰：'吾等有惭色矣。'"

111《后乐集》卷一七《盖经行状》："及召对，问公家世，喜曰：'朕固知卿磊落。'阅所进疏，见公阶八品，曰：'卿未改官耶。'即日特旨改宣教郎，盖异恩也。"

第七章

1 王德毅：《宋孝宗及其时代》，《宋史研究集》一〇，1978年（1973年初刊）；柳立言：《南宋政治初探——高宗阴影下的孝宗》，《历史语言研究所集刊》57-3，1986年；王德忠：《宋孝宗加强专制集权浅论》，《东北师大学报（哲学社会科学版）》1989年第1期；何忠礼：《南宋政治史》，人民出版社，2008年，第四章《孝宗朝的外交和内政》。

2 青木敦：「淳熙臧否とその失敗—宋の地方官監察制度に見られる二つの型（1）」（『東洋文化研究所要』132，1997年）。文章列举宋孝宗朝特征，在经济方面如开垦、水利改造、维持会子制度，在官僚制度方面如恢复吏部职能、分散人事权、改革礼制、法制等。

3 安倍直之：「南宋孝宗朝の皇帝側近官」，『集刊東洋史』88，2002年。

4 梅原郁：『宋代官僚制度研究』，同朋舎，1985年；「宋代の形勢と官戸」，『東方学報』60，1988年。

5 关于武臣提刑，可参见曾我部静雄：『宋代政経史の研究』（吉川弘文館，1974年）第二章「宋代の巡検・県尉と招安政策」。

6《增入名儒讲义皇宋中兴两朝圣政》（以下简称《两朝圣政》）卷五一，乾道八年三月是月条。

7《宋史》卷三四《孝宗本纪》，三月戊子朔条："诏寄禄官及选人并去左右字。"

8 John W. Chaffee, *Branches of Heaven: A History of the Imperial Clan of Sung China*. Harvard University Asia Center, 1999, pp.181-189.

9《朝野杂记》乙集卷三《孝宗论用人择相（史文惠论忠厚岂有过）》："己亥之冬，赵卫公为相，荐刘后溪召试馆职。刘公答策，论科场取士之道。及进入，上亲批其后数百言，略曰：'用人之弊，人君患在乏知人之哲，寡于学而昧于道，况又择相不审，至于怀奸私，坏纪纲，乱法度，及败而逐之。不治之事，已不可胜言矣。宰相不能择人，每差一官，则曰此人中高第，真好士人也。终不考其才行何如。国朝以来，过于忠厚，宰相而误国者，大将而败军师者，皆未尝诛戮。要在人君必审择相，相必为官择人，懋赏立乎前，严诛设乎后，人才不出，吾不信也。'御笔既出，中外大耸。议者皆谓曾觌实与视草。盖刘公甲科及第，故觌有宰相不能择人之说也。"

10 《朝野杂记》乙集卷三《孝宗论用人择相（史文惠论忠厚岂有过）》："一日，上遭觌持示史魏公。史公奏曰：'……我太祖皇帝深以行一不义、杀一不辜为戒，而得天下，制治以仁，待臣下以礼。列圣传心，至仁宗而德化隆洽。至于朝廷之上，耻言人过，故本朝之治，独与三代同风，此则祖宗之家法也。而圣训则曰过于忠厚。夫为国而底于忠厚，岂易得哉。而岂有过者哉。臣恐议者以陛下自欲行刻薄之政，而归过祖宗，此不可不审思也。若必欲宣示于外，乞改曰一于忠厚，尚庶几焉。'史公为人重厚，进说上前，务存大体，多所裨益，此其尤粹也。会丞相亦为上言，宰相如司马光，政恐非懋赏严诛所能勉胁。上悔，乃改削其辞，召从官宣示都堂，仍付史馆。（元本今藏赵氏。）"

11 前注 1 引王德毅文、前注 3 引安倍直之文。

12 参见寺地遵：『南宋初期政治史研究』（溪水社，1988 年），第 309 页。

13 《宋史全文》卷二四下，乾道二年十一月乙卯条："诏：'执政私第接见宾客，除侍从禀议职事外，其余呼召取覆官，止许各接见一次。'"《两朝圣政》卷五四，淳熙二年十一月甲戌条："诏：'大臣日见宾客，有妨治事。累有指挥，如侍从、两省官、三省、枢密院属官有职事，于聚堂取禀。私第，除侍从外，其余呼召取覆等官，每日各止许接见一次，出榜私第。可常切遵守施行。'"

14 "须人"指的是自选人改京朝官之际，必须成为知县、参与地方行政实务的规定。可参见前注 4 引梅原郁书第 31、208—209 页。

15 先前所举《两朝圣政》卷六一，淳熙十一年丙戌朔条，也有"晋室之风"登场。

16 不限于这一时期，宫崎市定「宋代の士風」（『宫崎市定全集』卷十一「宋元」，岩波书店，1992 年，1953 年初刊）中已有论述，宋代士大夫之风并非总是淳良。

17 《两朝圣政》卷二九〔四六〕，乾道三年正月癸丑条："何逢原除金部郎官。上曰：'恐儒者不肯留意金谷事。如吕摭，问簿籍，都不知。卿等可面谕何逢原，令留意职事。'"

18 《两朝圣政》卷二九〔四五〕，乾道二年五月丁巳条："上宣谕宰执曰：'近日臣僚劄子，多言大臣不任事。'"

19 南宋孝宗朝前期，程学作为道学尚在朱熹集大成之前夕，曾几度被诬为"伪学"，但王夫之推测，其背景之中有苏轼之学的存在（《宋论》卷一三《宁宗》）。确实，这一时期兴起苏轼书画热潮，孝宗本人也被认为喜好苏轼的文章。苏轼怀有向往陶渊明的隐退思想，曾表达关于禅与净土的理解。朱熹主张不沉湎于内心思索，而需要伴随外在实践，从他不喜欢像苏轼一样的思想氛围这一点亦可窥见，当时的士大夫已将目光从实际政治上转移开（合山究「朱熹の蘇学批判―序説―」『中国文学論集』三，1972年）。

20 关于同时期的武臣提刑，曾我部静雄认为，其选考标准与其说是为了选择"公正廉明且熟习法令之人"，不如说是为了"强化行刑管理"，也就是说，这是因内政原因而出现的。

21 关于龙大渊、曾觌，《朝野杂记》乙集卷六《台谏给舍论龙曾事始末》中有归纳。另外，前注3引安倍直之文亦有详述。

22 赵翼：《廿二史劄记》卷二六《宋四六多用本朝事》。

23 刁忠民：《宋代台谏制度研究》（巴蜀书社，1999年），第一章第73页。

24 前注3引安倍直之文。

25 陈俊卿为绍兴八年进士，自绍兴末起一直是对金强硬派，曾与张浚一同参与孝宗初年的北方作战。他深得孝宗信赖，甚至于此后的淳熙九年（1182）与史浩一同陪祀明堂。

26 《两朝圣政》卷四七，乾道四年七月条："于是上嘉俊卿之言，多所听从，大抵政事复归中书矣。"

27 《宋史》卷三八三《陈俊卿传》："俊卿奏：'自今百司承受御笔处分事，须奏审方行。'从之。"

28 《宋会要·刑法二》三三，熙宁元年十二月四日条："诏，今后，内批降指挥，俟次日覆奏讫，即于当日行下文字。守为永式。"

29 《宋史全文》卷二四，隆兴元年五月是月条："右仆射史浩罢知绍兴府，寻奉祠。浩以不与出师之议，力丐免，侍御史王十朋亦有言也。""侍御史王十朋论太府丞史正志之罪，诏罢之。时张浚欲命李显忠、邵宏渊引兵进取，而史浩数从中止之，因城瓜洲，白遣正志以太府丞视之。正志合两淮帅守、监司，备谕以庙堂指意。正志有口辨，既见浚，亦云云，而浚之意不回。浩亦数因书为言兵少而不精，二将未可恃，浚不听。时上意方向浚，故浩拜右仆射，而浚亦有枢使都督之除。會上将之进取，命从中出，三省、枢院不预，浩遂丐去，而正志亦罢斥云。"参见《朝野杂记》乙集卷七《史文惠以直谏去位》。

30 淳熙二年有闰七月。

31 此处选取的是空缺十日以上的情况。不包含前任的罢免日和新任的就职日，只统计空缺日。另外，孝宗朝以外宋代宰相空缺时期如下：

太祖开宝六年（973）八月癸酉—九月己巳（二十四日间）
真宗景德元年（1004）七月丙戌—八月己未（三十二日间）
天禧四年（1020）六月丙申—七月丙寅（二十九日间）
神宗熙宁三年（1070）十月戊寅—十二月丁卯（十九日间）
徽宗崇宁元年（1102）闰六月壬戌—七月戊子（二十五日间）
高宗绍兴元年（1131）七月癸亥—八月丁亥（二十三日间）
绍兴二十五年（1155）十月丙申—二十六年五月壬寅（一百八十五日间，秦桧死后）
宁宗庆元元年（1195）二月戊寅—四月己未（四十日间）
嘉泰三年（1203）正月庚辰—五月戊寅（一百一十七日间）
开禧三年（1207）十一月甲戌—十二月辛酉（四十六日间，韩侂胄伏诛后）
嘉定元年（1208）十二月丙寅—五月丙申（一百四十九日间，史弥远丁忧期间）
理宗宝祐四年（1256）六月癸未—七月乙卯（三十一日间）

32 前注12引寺地遵书第309页。

33 清水浩一郎：「南宋高宗朝の給事中と中書舎人―呂中『皇朝中興大事記』「再除給舎」をてがかりに」（『歴史（東北史学会）』106，2006年）认为，即使给事中、中书舍人空缺，也不妨碍政务运行。

34 关于阁职，可参见前注4引梅原郁书第二章「宋代の武階」第三节「閣職一武臣の館職」第133—142页。

35 《文献通考》卷五八《职官考》及《宋史》卷一六六《职官志》的记载也基本相同。

36 《周益文忠公集》卷七二《高州赵史君（介）墓志铭》："召试阁门舍人，淳熙二年也。"

37 《水心文集》卷二二《厉领卫墓志铭》："其人阁门，试而后命。"

38 《宋史》卷四〇八《王霆传》："大帅荐之，召试为阁门舍人。"

39 《周益文忠公集》卷一〇〇《中书后省召试阁门舍人策问一首（正月二十六日燕炳）》："问，在昔汉氏开基于高祖，而中兴于孝宣，其事业盖可考矣。怀王诸老将曰：'沛公素宽大长者。'高起、王陵曰：'陛下使人攻城略地，所降者因以与之，与天下同利也。'及考本纪则不然。项伯可罪而爵之，丁公可贷而戮之，封所爱而诛仇怨，微张良之言亦殆矣。其攻陈豨在十年九月，而从入蜀汉伐楚之赏未遍行也。所谓宽大长者，能与天下同利，固如是乎。孝宣之治在于信赏必罚，综核名实。然胶东流民自占者八万余口，此岂难见，王成乃冒其赏。愿代京兆者数万人，其政可知，（赵）广汉乃竟戮焉。越职踰法以取名誉，则有元康之诏。务为欺谩以避其课，又在二十五年之后。当是之时，赏罚名实亦少戾矣。岂抑扬迟速固自有意欤。将设施次第或不可尽纪欤。不然，何史氏之牴牾也。共惟圣主方以尧舜三代为法，固无取于汉事，然日奉轩陛，当思备清问之及，试为言之。"

40 《宋会要·职官一》七八《宋续会要》："自中兴建炎间……中书后省，以中书舍人为长官。六员为额，常除二员，一以领吏房左选及兵、工房，一以领吏房右选及礼、刑上、下房，掌行诰命，随所领房命词定词，佥押前省诸房文书，及召试人聚议选题，试毕考试定，缴申三省。"

41 关于资序，可参见前注4引梅原郁书第三章「差遣—職事官の諸問題」的「序の二—資序」。尤其关于武臣亲民资序，可参见第196—199页。

42 关于需供职两年后才能授予边郡知州军差遣的规定，如正文所示，从诸多史料中均可得到确认。但《宋会要》载有需供职十年后才能授官的诏书。《宋会要·职官三四》八，乾道六年八月六日条："同日，诏：'阁门舍人如供职及十年，愿补外任者，并宜优异与郡守差遣。'"这份诏书虽于设置阁门舍人的当日颁布，但十年与两年差距甚大。关于这一点应当怎样解释？

是否最初规定十年，再缩短为两年？抑或授予的州级别不同，两年只授予"边郡"，即与金交界地域的知州，而十年则"优异与郡守差遣"？由于现存史料不多，关于这一点并不能完全确认。

43 叶适：《水心文集》卷一七《蔡知阁墓志铭》、卷二二《厉领卫墓志铭》。

44 《宋会要·仪制八》三六，乾道六年八月十九日条也有相同记载，只是字句不同："诏置阁门舍人十员，专掌觉察诸殿失仪兼侍立，驾出觉察失仪，并行幸去处觉察，兼侍立，六参、常朝、后殿引亲王起居。"

45 叶适：《水心文集》卷二二《厉领卫墓志铭》："君中绍熙元年武举，任侍卫步军司议官，武学谕，阁门舍人，副贺生辰者使于虏。出知安丰军，复还阁门，出知和州。"

46 这一时期的文臣馆职也需要授予亲民官并积累经验，才有机会回到朝中。《宋史全文》卷二四，乾道元年春正月庚午条："诏，馆职朕所以招延天下之英俊，以待显擢。苟不亲吏事、知民情，则将来何以备公卿之任，可今后更迭补外，历试而出，以称朕乐育真才之意。"

47 《南宋馆阁续录》卷六，故实《淳熙临幸》："又诏令文臣台谏并在京及临安府官见任直秘阁、秘阁修撰、右文殿修撰及曾任前件职、见寄职人并曾任馆职人，武臣阁门舍人，并令立班迎驾起居……将至秘书省，提举国史院官并提举国史日历所官、秘书省国史院官、台官、右文殿修撰等、阁门舍人并迎驾常起居讫。皇帝入秘书省门。至右文殿，上降辇，鸣鞭归幄。俟右文殿入内官喝排立，行门、禁卫等排立定。阁门报引知阁门官并簿书官、宣赞舍人以下并修注、枢密院逐房副承旨、诸司祗应官、御带、环卫官并干办皇城司官一班，斗班面殿立定。阁门引秘书省国史院官、台官、右文殿修撰等、阁门舍人殿下相向立。次报引宰执、使相、侍从、正任并管军殿下相向立定。次阁门提点报引皇太子赴殿下东壁面西立定。阁门奏'班齐'，皇帝服靴袍出，鸣鞭，行门、禁卫等并入内省执骨朵使臣并迎驾，自奏：'圣躬万福。'皇帝坐，舍人揖知阁门官已下宣名奏'万福'讫，知阁门官、修注升殿侍立。知阁门官殿上当头躬奏宣到皇太子已下，舍人、提点分引皇太子已下面殿斗班立定，宣名奏'万福'讫，直身立。知阁门官殿上当头躬承旨讫，临阶东壁面西，宣曰'升殿'，再揖躬身两拜讫，直身立。舍人、提点分引升殿，相向侍立。次引秘书省国史院官、台官、右文殿修撰等、阁门舍人一班，宣名奏'万福'讫，班退。"

48 叶适:《水心文集》卷一七《蔡知阁墓志铭》。

49 四库全书本《鹤林玉露》中删去了蔡必胜的名字。他在之后因为韩侂胄的关系而失势。

50 关于韩侂胄掌权的过程，可参见小林晃:「南宋中期における韓侂胄専権の確立過程－寧宗即位（1194年）直後の政治抗争を中心として」(『史学雑誌』115-8，2006年）。

51 《宋史》卷一六六《职官志》:"旧制有东、西上阁门，多以处外戚勋贵。"

52 《宋史全文》卷二四所引《大事记》:"故洪适于晚对，而见御屏列监国郡守姓名。"《朱子语类》卷一二七:"问:'或言孝宗于内殿置御屏，书天下监司、帅臣、郡守姓名，作揭贴于其上。果否。'曰:'有之。'"

53 关于孝宗的"亲政"体制，不能遗忘的是作为皇帝以外权威存在的太上皇。关于太上皇高宗与皇帝孝宗的关系，可参见小林晃:「南宋孝宗朝における太上皇帝の影響力と皇帝側近政治」(『東洋史研究』71-1，2012年）。

54 寺地遵:「南宋中期政治史の試み（講演録）」(『日本歴史学協会年報』18，2003年）。

55 《桯史》卷五《大小寒》:"韩平原在庆元初，其弟仰胄为知阁门事，颇与密议，时人谓之大小韩。求捷径者争趋之。"根据这一记载，韩侂胄之弟仰胄为知阁门事，与侂胄密谋政事，时人称之为"大小韩"。这表明掌握皇帝亲近官员是必不可少的。另外，也可参见前注50引小林晃文。参见本章末附表。

终　章

1　本书序章注31、注44引熊本崇诸文。

2　本书序章注37引小林义广书。

3　本书序章注21引平田茂树书，第16、471—511页。

4　松本保宣:『唐王朝の宮城と御前会議－唐代聴政制度の展開』，晃洋書房，2006年。

5　张邦炜:《两宋无内朝论》(《宋代婚姻家族史论》，人民出版社，2003年）曾涉及徽宗朝的宦官内朝，认为他们的权势并不在外朝宰相之上。

6　王化雨:《南宋宫廷的建筑布局与君臣奏对——以选德殿为中心》，《史林》2012年第4期。

7　平田茂樹:「周必大『思陵録』・『奉詔録』から見た南宋初期の政治構造」（本书序章注 21 引平田茂樹书）认为这一时期的御笔专门用于皇帝向宰相沟通意见，其用途是限定的。
8　本书序章注 20 引寺地遵书第 145—160 页。
9　同上，第 172 页。
10　同上，第 173 页。
11　清水浩一郎:「南宋高宗朝の給事中と中書舎人一呂中『皇朝中興大事記』「再除給舎」をてかがりに」,『歴史』106, 2006 年;「南宋告身の文書形式について」,『歴史』109, 2007 年。另外，清水浩一郎还认为，秦桧擅权并不需要对皇帝加以制约，依照从来的官僚制度自然会如此。
12　本书序章注 20 引寺地遵书第 310、316—319 页。另外他还指出，因为中书舍人的空缺，皇帝失去了"制敕劝"。但现在可以对此加以否定，反倒是南宋初期尚书省劄子拥有命令文书的效力，而与中书舍人相关的外制则逐渐趋于形式化（参见前注引清水浩一郎文「南宋高宗朝の給事中と中書舎人」第 74—75 页）。

后　记

本书是以我2009年向京都大学提交的学位申请论文为基础，加上后来陆续发表的一些考论，再经大量修改、润色而成的作品。本书的出版曾受到京都大学2013年青年研究者出版经费的资助，在此表示感谢。另外，我还要向本书的编辑、京都大学出版社的国方荣二先生，以及卷末中文提要的作者、浙江大学的王海燕女士表达谢意。

于我而言，本书的出版完全出乎意料。近年来，课程博士的存在变得越来越平常，与之相对应的，青年研究者著书被读到的机会也有所增加。但我一直以为出版是与自己毫不相干的事情。因为迄今为止我所发表的考论，从一开始就不是在确定的单一目标下完成的，仅仅是对偶尔关心的命题进行研究的成果而已，所以我原以为这些文章是无法结集成书的。作为最差劲的研究者，从发表第一篇论文开始，我就认为能够在同一个大命题下展开论述的人实际上应该不多，至少我每次写论文的时候，都在一点一点慢慢更新自己的思考。因此，对于近年出版著作的诸位前辈以及同龄的研究者们，尽管研究的领域、时代不同，但哪怕只是将研究结集成书这一点，就已经令我由衷地感到敬佩。所以这一次轮到自己的论文要出版的时候，我终究还是觉得不太可行，所以对于出版一事非常犹豫。自己的论文究竟能不能集合在同一本书里呢？即使真的成书，是不是有出版的价值呢？

就在这个时候，我想起了毕业论文中期发表时的一件事。这是本科四年级的夏天里唯一一次可以表达毕业论文构想的机会，我选择的报告主题是"唐、五代、宋的枢密使"。（报告并不是发表研究，只是讲述自己想做的主题、内容，真的只是"报告"而已。）阅读《水浒传》时，我对童贯以宦官的身份做到了枢密使一职并领军出征一事产生了兴趣，这也是我选择这一主题的契机。当然，《水浒传》只是小说，实际上宋代的枢密使从未领军出征。但我对此很感兴趣，依靠先行研究再加上一些原典史料，在之后写成并提交了毕业论文《五代的枢密使》。中期发表时，杉山正明老师注意到我对"权力"一词的使用太过随意。的确，当时我经常用到"权力"一词。唐后期至五代的枢密使拥有"权力"，北宋前期也存在"权力"中枢，这就是我当时的说明。现在看来，当时自己是知道该说什么的，而且也不算完全说错，但对"权力"这一概念的处理确实非常直接而幼稚。我一直坚信"权力"是以某种形态具体存在的事物。所以当老师重新问道"那么权力是什么"的时候，我什么也答不上来。

现在想来，那之后的自己似乎一直都在中国历史中追寻着"权力"。虽然实际存在却无法用眼睛看到的"权力"，这一概念的实相在历史中是以怎样的形态出现的？在我如今的研究领域宋史中，与"权力"紧密相关的概念就是"君主独裁制"。那么我又是怎样与它产生联系的呢？迄今为止每次完成论文时那一点一点转变的兴趣，都与涉及"君主独裁制"的宋代皇帝"权力"有关。所以这次就将以前写的论文以这本书的形式集结展现出来。原本我就不太擅长理论性的论述，虽然无法完全表现和言过其实的方面还有很多，但本书的内容就是我到目前为止的研究成果，虽然有些遗憾，但这就是我现在的实力。非常感谢给予我这样一次机会，让我能够像这样回顾自己的足迹，重新确认自己的现状。

当我对出版一事犹豫不决之时，在背后强有力地推动我前进的是担任我博士论文主审的中砂明德老师。不仅如此，他还为出版相关的学部审查写了推荐文，并为本书的内容提供了许多恳切的意见。在他的帮助和指导下，我订正了许多错误，还修改了一些表达方式。因为老师的鼎力相助，这本书多少还能读下去。当然，如果内容有欠周详，那都是我个人的责任。回想起来，从本科阶段开始，我就受到了中砂老师的关照。我第一次阅读不经标点注释的汉文原文，就是在本科四年级时中砂老师的课上。进入硕博阶段，当我对汉文读解感到困惑时，曾和同级的其他学生一起，请中砂老师给我们进行特训，老师就利用课外时间予以我们帮助。在这里再次向中砂老师表示感谢。

当然，还要感谢本科、硕博阶段就读于京都大学时关照过我的砺波护、夫马进、杉山正明、吉本道雅、高岛航诸位老师。还有接受我现在作为日本学术振兴会特别研究员的岩井茂树老师，我常在讲义、研究班等各种场合得到他的教导，受到他的学术启发。承蒙诸位老师的教导，我也能算得上一名勉强及格的研究者了。再次感谢他们对我的学术指导。

还有富谷至老师。他不但在课上教给我许多汉学基础知识，还在学术之外予以我关怀。他时常对我长年卧病的父亲表达关切之情，还曾在父亲葬礼时来电吊唁。在这前后，我结婚、独自留学中国、归国生子，老师在生活和经济方面一直对我非常关心。几年前，当我迫于经济压力决定放弃研究，转而开始准备其他资格考试时，老师并没有勉强我继续留下，而是和我商量并给我有益的建议。既然已经决定放弃，对于招募特别研究员这件事我也就没放在心上，但老师建议我只要有可能还是要提出申请。托老师的福，我又回到了学术研究这条路上。我想要向老师表示深切的、诚挚的谢意。

另外，虽然无法一一列举姓名，但我还是要感谢在研究室、学会活动等关照过我的所有人。

最后，是一直在身边支持我进行研究的我的家人。先父康彦和母亲晴美养育了我，总是以我的期望为先，让我能够自由选择人生。我发自内心地感谢他们。我的岳父母高桥氏一直温暖守护着生活依旧不稳定的我，在此也要向他们表达敬意。元气满满地去幼儿园、在家时常妨碍我进行研究、还邀请我一起玩的长男昂，我总能从他一天天的成长里收获幸福。还有身患先天疾病、作为低体重新生儿出生、还从未走出过医院的次男翼，作为父亲的我真的感到非常抱歉，但很高兴你能来到这个世界。还有一直理解我、接受我的所有、与我一同漫步人生的妻子，我想将这本书献给她，对她表示最大的感谢。

藤本　猛
2013 年 11 月

图书在版编目（CIP）数据

风流天子与君主独裁制 /（日）藤本猛著；沈揣译.
北京：九州出版社, 2025. 4. -- ISBN 978-7-5225
-3563-0

Ⅰ．K827=441；D691.2

中国国家版本馆 CIP 数据核字第 2025TS6503 号

著作权合同登记号：01-2025-0421

FURYU TENSHI TO《KUNSHU DOKUSAISEI》by Takeshi Fujimoto
Copyright © Takeshi Fujimoto 2014
All rights reserved.
First published in Japan in 2014 by Kyoto University Press.
This Simplified Chinese language edition published by arrangement with
Kyoto University Press, Kyoto in care of Tuttle-Mori Agency, Inc., Tokyo

风流天子与君主独裁制：北宋徽宗朝政治史研究

作　　者	［日］藤本猛 著　沈揣 译
责任编辑	杨宝柱　白斯宇
出版发行	九州出版社
地　　址	北京市西城区阜外大街甲 35 号（100037）
发行电话	（010）68992190/3/5/6
网　　址	www.jiuzhoupress.com
印　　刷	小森印刷（天津）有限公司
开　　本	880 毫米 × 1094 毫米　32 开
印　　张	14
字　　数	312 千字
版　　次	2025 年 4 月第 1 版
印　　次	2025 年 7 月第 1 次印刷
书　　号	ISBN 978-7-5225-3563-0
定　　价	99.80 元

★ 版权所有　侵权必究 ★

责任编辑｜杨宝柱　白斯宇
特约编辑｜陈　晖　林立扬
封面设计｜王柿原